ISBN 978-0-656-96474-1
PIBN 10678886

Forgotten Books is a registered trademark of FB &c Ltd.
Copyright © 2018 FB &c Ltd.
FB &c Ltd, Dalton House, 60 Windsor Avenue, London, SW19 2RR.
Company number 08720141. Registered in England and Wales.

For support please visit www.forgottenbooks.com

HISTOIRE

DU

CHRISTIANISME

ET DES ÉGLISES CHRÉTIENNES.

II ÉPOQUE.

HISTOIRE DES CHRÉTIENS LATINS ET DE LEURS CONCILES, DES CATHOLIQUES ROMAINS ET DE LEURS PAPES, APRÈS CHARLEMAGNE.

PREMIÈRE PARTIE.

POLITIQUE.

LIVRE PREMIER.

NEUVIÈME, DIXIÈME ET UNE PARTIE DU ONZIÈME SIÈCLE.

CHAPITRE I.

Les empereurs païens étaient souverains et pontifes.— Le christianisme, élevé sur le trône, brise l'unité sociale. — Devenus chrétiens, les empereurs se font sectaires. — Ambitieuse servilité des évêques. — Les papes, monarques absolus pour le spirituel. — Ils menacent les trônes.— Comment ils devinrent puissans.— Forts contre le despotisme, ils préparent leur chute en se faisant despotes eux-mêmes.— Charlemagne. — Il met des bornes à l'autorité religieuse qu'il avait créée. — Après lui tout se confond. — Conciles du neuvième siècle. — Rébellion des fils de Louis-le-Débonnaire.— Grégoire IV les favorise.—Menaces des évêques français contre le pape.—Louis, excommunié et déposé.—Absous et réhabilité.—L'empereur Lothaire déposé à Aix-la-Chapelle.

Les empereurs païens régnaient, à la fois, au nom du pouvoir civil et de la puissance religieuse : ils étaient souverains et pontifes. Nous avons vu, dans la première Époque, comment Constantin affaiblit sa propre

autorité et celle des monarques chrétiens , ses successeurs, en confiant à un corps séparé dans l'état le
dangereux privilége de parler et de commander aux
peuples au nom de la Divinité.

Le christianisme, en proclamant l'égalité , de droit
divin, de tous les hommes, avait aboli ce privilége,
du moins pour l'avenir; il avait formellement reconnu
que tous les hommes portent en eux la loi de Dieu,
avec la faculté de la comprendre et de s'y conformer,
et que tous, un jour, réaliseraient leur droit de l'interpréter par eux-mêmes et de ne plus obéir qu'à ses
inspirations éclairées par la raison universelle de l'humanité. Mais tant que le principe de l'égalité chrétienne, converti en fait, n'était pas passé dans la pratique de la vie sociale, c'était aux organes de la loi civile
à traduire en langage légal positif les sentimens de sym-
pathie et de justice que la Providence s'est bornée à
déposer en germes dans le cœur humain. Les chrétiens
qui, pendant trois siècles, n'avaient reconnu d'autre
autorité que celle des chefs de leur association religieuse, les avaient naturellement investis du soin de
formuler la loi éternelle, en les investissant de celui
de les représenter, eux, les dépositaires et les fidèles
de cette loi. La conversion de Constantin changea entièrement la face des choses. Il y eut dès lors deux autorités qui commandaient, l'une comme gouvernant
l'état, l'autre comme régissant l'église; et le chrétien
eut à obéir à deux espèces de lois qui pouvaient n'être
pas toujours identiques, qui pouvaient même se contre-
dire, à celle de ses prêtres comme fidèle , et à celle

du prince comme sujet. Pour que l'unité se conservât, ou si on le préfère, se rétablît sous le christianisme, telle qu'elle avait existé sous le paganisme, il aurait fallu, puisque, l'église n'étant pas encore soumise à un chef unique, il était impossible de confondre en une seule personne le monarque et le pape, que l'empire eût repris la forme aristocratique de la république romaine, et qu'un sénat d'évêques, le concile des chrétiens, eut régné sur le monde.

Rien de cela n'eut lieu. L'unité sociale était brisée sans retour, jusqu'au moment où les peuples la reconstitueaient pour eux-mêmes et surtout par eux-mêmes. Le triomphe du christianisme, dont ni les chrétiens ni le prosélyte couronné n'avaient su tirer parti pour améliorer le sort de l'humanité, ne fut plus qu'un simple accident qui, laissé au hasard, livra la société en proie à l'antagonisme funeste de deux principes sous l'influence desquels les hommes ne cessèrent plus de se haïr et de s'entr'égorger. Nous avons montré les suites déplorables de l'ambitieuse humilité de Constantin, en traçant l'histoire ecclésiastique des cinq derniers siècles, histoire si pleine de la misère des peuples que se disputaient pour les opprimer des théologiens sur le trône et des despotes à l'autel. Cependant, et nous l'avons fait remarquer, la politique sacerdotale n'avait pas encore acquis toute la force que pouvaient lui donner les ruses et l'audace du clergé, l'ignorance générale et la disposition favorable des circonstances. Point d'unité dans les opérations, aucun plan fixe; l'ambition personnelle des pontifes chrétiens qui, pour mieux

la satisfaire et plus promptement, baissaient la tête
devant les maîtres de l'empire, paralysait souvent les
constans efforts du sacerdotalisme pour usurper l'autorité des souverains. Les empereurs grecs, tantôt les
instrumens, tantôt les émules, tantôt les maîtres des
évêques, entraient avec eux dans la lice, épousaient
une opinion, la défendaient avec les armes de la con-
troverse, portaient la fureur jusqu'à persécuter les
partisans de l'opinion contraire, excitaient aux troubles
et aux massacres. Vainqueurs tour à tour dans ces
luttes théologiques, et tour à tour vaincus, chefs quelquefois de la secte qui est devenue catholique, et quelquefois fauteurs de ce que l'on a depuis nommé hérésie, ils sacrifiaient à des disputes oiseuses le bonheur
de leurs sujets, la prospérité de l'empire et leur propre
gloire, tandis que la tourbe des évêques toujours prête
à changer d'opinion et de langage, elle qui connaissait
si bien la vanité des questions qu'elle était appelée à résoudre, vendait son appui et ses suffrages à la cour
qui voulait bien y attacher assez d'importance pour les
acheter, et acquérait ainsi du pouvoir réel sur une
société qu'elle coopérait si puissamment à abrutir et à
corrompre pour mieux l'asservir dans la suite; c'est
sur ce théâtre dégoûtant, et entre tant d'événemens
scandaleux, tant de traits de violence et de perfidie,
d'hypocrisie et de fanatisme, que, de conciles en conciles, la religion chrétienne impériale poursuivait ses
innombrables évolutions (¹). Nous les avons suivies,

<hr/>

(¹) « Il n'y a point d'histoire qui fournisse plus de sujets de scandale,

avec les contradictions palpables qui forment leur essence, dans les premiers volumes de cet ouvrage.

L'histoire ecclésiastique présentera un aspect bien
différent dans l'espace que nous allons parcourir. Le
schisme entre les Grecs et les Latins, en faisant disparaître le contre-poids qui balançait l'énorme pouvoir du patriarche de ces derniers, changea peu à peu,
dans l'Occident, la république représentative chrétienne en une monarchie absolue, et remplaça l'aristocratie des évêques par la domination suprême des
papes. Dès lors, plus d'indécision sur le but à se proposer, plus de variation dans la marche à prendre, plus
d'intérêts opposés : tout tend vers un point unique,
la monarchie universelle; toutes les volontés seront
réunies sous l'ordre du chef qui pourra le plus sûrement l'établir. On cessera de briguer les faveurs que
distribue la main des princes, quand l'autorité religieuse, d'abord au niveau du pouvoir des princes, et
bientôt élevée au dessus de toute puissance humaine,
en répandra de plus brillantes et de plus réelles. C'est
ainsi que nous verrons les évêques de Rome, après
s'être mis au rang des monarques de la terre, faire
dominer leur siège sur les sièges de tous leurs collègues
en Occident, et, de leur trône, menacer les trônes de
tous les rois.

Cette révolution, si avantageuse à la position personnelle des papes, ne fut pas l'effet de la puissance ou du

ni un théâtre plus choquant de passions, d'intrigues, de factions, de
cabales et de ruses, que celle des conciles. » — Bayle, dictionn. histor.
art. *Bagni*, note (B), t. 1, p. 447.

HISTOIRE

DU

CHRISTIANISME

ET DES ÉGLISES CHRÉTIENNES.

canons et se rapportait au gouvernement de l'église.
Cet ordre de choses ne fut pas de longue durée : bientôt les évêques réglèrent seuls leurs propres affaires ;
et siégeant dans les conseils des rois, des comtes, des
ducs et des seigneurs, ils statuèrent avec eux sur les
intérêts temporels des peuples (¹).

Les premiers conciles tenus dans le neuvième siècle,
ne roulent la plupart que sur la discipline ecclésiastique. Mais, à cette époque, tout se mêlait et se confondait, droits et devoirs, privilèges et vexations, usurpations et oppression : on ne se formait une idée nette
que du fait existant qui constituait à lui seul les relations de droit et de devoir, et les modifiaient à mesure
que les circonstances et le temps le modifiait lui-même.
Ces immunités du clergé entravaient à chaque pas la
marche libre et régulière du pouvoir civil qui, à son
tour, pour reprendre ce qui lui appartenait, empié-
tait souvent sur la juridiction sacerdotale. Il fallait déjà
user de tous les détours d'une prudence méticuleuse,
pour obtenir que les prêtres contribuassent, par une
petite portion de leurs immenses revenus, aux besoins
de l'état qui légalisait leurs exactions. Les armées
étaient conduites par des clercs (abus qu'on ne parvint
jamais à extirper, tout en le condamnant cependant
comme tel) ; mais aussi les évêchés et les abbayes devinrent la proie des employés civils et militaires, des
courtisans et des favoris des rois. Les conciles n'eurent

(¹) Muratori, antiquitat. ital. med. ævi, dissertat. 31, t. 2, p. 930 ;
dissertat. 22, p. 236. — Lud. Thomassin. de veter. et nov. eccles.
discipl. part. 2, l. 3, cap. 46 et seq, t. 2, p. 397.

ni la force ni peut-être l'intention de remédier à tous ces désordres; ils étaient composés d'hommes intéressés pour la plupart à les maintenir, et qui, aussi souvent qu'il fut possible de le faire, négligèrent la réforme du clergé pour ne s'attacher qu'à celle du gouvernement, de même que les chefs de l'état fermèrent les yeux sur les abus de l'organisation civile, et se récrièrent seulement sur ceux de l'église (').

Les assemblées provinciales des évêques à Mayence, Arles, Toürs, Châlons, Reims, etc., s'occupèrent principalement du maintien et du rétablissement de l'ordre dans l'exercice du culte, comme nous venons de le voir. Louis-le-Pieux plus connu dans l'histoire de France sous le nom de Louis-le-Débonnaire ('), convoqua un concile à Aix-la-Chapelle, en 816, afin d'étendre la nouvelle institution des chanoines à toutes les églises de France, d'Allemagne et d'Italie. Dix ans après, soixante-trois évêques se réunirent à Rome pour le même motif; ils publièrent trente-huit canons, et ils appuyèrent surtout sur la nécessité d'enseigner aux chrétiens à lire et à écrire. Quatre conciles furent tenus en France, l'an 828, pour la correction du clergé et du peuple; celui de Paris, l'année suivante, outre les

---

(') S. Paschas. Ratbert. in vit. V. Walæ, abb. l. 2, cap. 2, 3 et 4, apud Dachery et Mabillon, act. sanct. ord. S. Benedict. sæcul. iv, t. 1, p. 492 et seq. — Murat. antiq. ital. med. ævi. dissert. 70, t. 5, p. 913 et seq. — Id. dissertat. 78, t. 6, p. 802. — De laud. Berengar. apud Murat. rer. ital. script. t. 2, part. 1, p. 393 et 394. — Chron. farfens. t. 2, ibid. part. 2, p. 468 et alibi.

(') Nous l'appellerons toujours Louis-le-Pieux, avec les anciens historiens que nous copions.

affaires de l'église, voulut encore régler celles de l'état,
en donnant aux empereurs des préceptes pour le gouvernement de leurs sujets (¹). De son côté, Lothaire I,
vers la même époque, publia des décrets insérés maintenant dans le recueil des lois lombardes, et qui con-
tiennent des conseils aux prêtres pour leur apprendre à
mieux édifier les fidèles ;. il y est dit que l'étude des
lettres était absolument éteinte en Italie, par l'incurie
et l'incapacité des ministres tant religieux que civils (²).
Cette confusion des pouvoirs augmenta, à mesure que
la puissance religieuse acquit de nouvelles forces. Vers
le milieu du neuvième siècle, nous trouvons un concile tenu à Rome sur la discipline de l'église (³), et

(¹) Labbe, collect. concil. t. 7, p. 1231 ad 1286. — Ibid. p. 1307
et seq. et p. 1580. — Concil. parisiens. vi, l. 2, c. 1 et seq. ibid. et
ad ann. 829, p. 1656 et seq. — Ibid. t. 8, p. 112, c. 34. — Chron.
hildensheim. apud Duchesne, t. 3, p. 509.

(²) Les ministres ignorans dont se plaignait Lothaire, ne faisaient
que se conformer aux préceptes du pape saint Grégoire-le-Grand, qui
reproche avec aigreur à un évêque d'avoir enseigné la grammaire ou les
belles-lettres aux fidèles : le zélé pontife dit que cela serait abominable,
même pour un laïque pieux, puisque la bouche qui chante les louanges
de Jésus-Christ, ne doit pas proférer celles de Jupiter. — Vid. S. Gregor!
l. 11, epist. 54 (alias 48) ad Desider. Gall. episcop. t. 2, p. 1140. —
Il est vrai cependant que le même pape a beaucoup loué l'étude de la
grammaire profane, dans un autre endroit de ses ouvrages. Voyez l'In-
troduction, t. 1, p. ccxxvij.

(³) Anastase, prêtre cardinal, y fut excommunié et déposé pour avoir
été, pendant cinq ans, absent de Saint-Marcel, sa paroisse. Quinze ans
après, Eleuthère, frère du même Anastase qui venait de rentrer en
grâce près du pape Adrien II, enleva la fille de ce pontife suprême et
l'épousa de force, quoiqu'elle fût fiancée à un autre seigneur romain.
Adrien II reprit sa fille, et Eleuthère excité par le cardinal qui n'avait
point encore renoncé à l'espoir de se venger un jour des persécutions

deux à Pavie pour l'organisation du royaume des Lombards : les évêques prirent place dans les diètes convoquées pour l'élection du roi d'Italie ; et la prépondérance qu'ils devaient au caractère dont ils étaient revêtus, fit bientôt de ces assemblées autant de conciles politiques (').

L'an 830, avait éclaté une révolution de palais, subite et terrible. Les fils ambitieux de Louis , irrités du nouveau partage que celui-ci voulait faire de ses vastes états, afin d'en assigner une portion au jeune Charles, fils de l'impératrice Judith, alors toute puissante en Occident, avaient, en peu de mois, déposé l'empereur, et forcé Judith à prendre le voile ; mais ils s'étaient vus obligés presque aussitôt de se soumettre de nouveau à l'autorité souveraine. Louis leur pardonna ; et, par ordre du pape et des évêques français, il reprit sa femme, dont les vœux furent déclarés

du saint-siége , tua la femme et la fille d'Adrien. Le pape demanda des juges à l'empereur, pour faire condamner Eleuthère à mort. Il excommunia lui-même Anastase. Arsinius, père de l'un et de l'autre, mourut à la cour où il s'était rendu pour gagner par ses richesses l'impératrice Angelberge , et empêcher , de cette manière , que l'empereur ne rendît justice au pontife chrétien ; il y mourut sans communion et en s'entretenant avec le diable, comme s'expriment les annales de Saint-Bertin (vid. Annal. Francor. bertin. apud Duchesne , t. 3, p. 230). Ce trait peut donner tout à la fois au lecteur une idée des mœurs de cette époque, de la manière d'écrire l'histoire , et de la souveraineté des empereurs français dans la ville de Rome.

(') De episcop. caus. cap. 6, apud Murat. rer. ital. script. t. 1, part. 2, p. 151. — Leg. longobard. ibid. p. 158. — Ibid. t. 2, part. 1 , p. 416 viij. — Concil. ticinens. part. 2, t. 2, ibid. p. 150. — Antiquitat. ital. med. ævi, dissertat. 3, t. 1 , p. 79 ad 98 , etc. — Labbe, concil. t. 8 , p. 70, 101 et seq. et 146.

... ...
... ... tout ...
... ... saint-Denys ... ...
... ... le Gentila,
... ... que Pascase Rat-
... ... renfermes
... ... principaux conjures et
... ... Trois ans après, la guerre se ral-
... ... de nouveau. Le pape Grégoire IV appelé en France
par Lothaire, fils de Louis-le-Peux, son collègue et
... d'Italie, s'y était rendu sans en avoir reçu l'ordre
de l'empereur. Quoique Grégoire fût immédiatement
soumis au maître de l'occident, on craignit qu'il ne
se laissât corrompre par celui qui tenait le royaume
d'Italie sous son influence. Le bruit se répandit même
que le pape, pour faciliter la révolte des fils de Louis,
avait formé le projet de frapper l'empereur des censures ecclésiastiques. Les évêques français non accoutumés encore à cette extension de l'autorité pontificale,
firent savoir à Grégoire qu'ils étaient loin de vouloir
le soutenir dans l'exécution de ses projets; « que, s'il
était venu pour excommunier, il s'en retournerait
excommunié lui-même; que c'était là ce qu'il méritait,

(¹) Le lecteur trouvera dans la note supplémentaire du livre 3, chapitre 4, tout ce qui concerne les duels juridiques, long-temps tolérés et
quelquefois même ordonnés par l'église.

(²) Astronom. de Ludov. pii, apud Duchesne, t. 2, p. 307. —
Thegan de gest. Ludov. cap. 36 ad 38, ibid. p. 281. — Paschas. Ratbert vit. V. Walæ, apud Mabillon, act. sanct. S. Benedicti, sæcul. IV,
t. 1, p. 495.

en transgressant aussi ouvertement les anciens canons
de l'église (¹).

On vit alors une de ces scènes que nous ne rencon-
trerons que trop souvent dans le cours de cette Époque. Lothaire, après les trompeuses négociations du
Champ-du-mensonge, dont le pape avait été l'instrument et peut-être même le complice; Lothaire, devenu
maître des états et de la personne de son père, fit assembler à Compiègne les évêques de son parti : le
cruel et impudique Ebbon, archevêque de Reims,
disent les auteurs du temps, présidait cette scandaleuse
réunion. On accusa Louis-le-Pieux d'avoir fait mourir,
quinze ans auparavant, son neveu Bernard, roi d'I-
talie, crime qui devait retomber en grande partie sur
l'impératrice Ermengarde et sur les autres conseillers
du faible empereur (²); crime d'ailleurs que Louis avait
confessé publiquement devant ses évêques, aux états
d'Attigny (822), et pour lequel il avait rempli la pénitence qui lui avait été prescrite. Les pères de Compiègne accusèrent, en outre, l'empereur d'avoir changé
la première division de l'empire, et d'avoir ainsi exigé
de ses sujets deux serments de fidélité contradictoires;
d'avoir fait la guerre pendant le carême, etc., etc. :

(1) Astronom. vit. Ludov. pii, apud Duchesne, t. 2, p. 309. — Annal.
Francor. bertin. et metens. t. 3, p. 187.

(2) L'impératrice et ses lâches ministres avaient appelé Bernard à la
cour, sur la foi d'un sauf-conduit; après avoir fait condamner ce malheureux prince à perdre les yeux, ils avaient dirigé la cruelle opération
de manière à l'y faire succomber. — Vid. Andream presbyter. in chron.
apud Joan. Burchard. Mencken. rer. german. script. t. 1, p. 94. — Murator. antiquitat. ital. dissertat. 1, t. 1, p. 45.

ils lui imputèrent les homicides, les sacriléges, les
adultères, les rapines, les incendies, l'oppression des
malheureux, qui avaient eu lieu pendant ses expéditions militaires. Louis fut excommunié; on lui fit
croire qu'il devait de nouveau faire pénitence, s'il
voulait sauver son ame. On le dépouilla des ornemens
impériaux qui furent déposés devant l'autel de Saint-
Médard et Saint-Sébastien; on le couvrit d'un cilice :
et l'empereur, déchu de ses titres et de ses prérogatives, fut retenu prisonnier par son fils Lothaire ([1]).

Louis, roi de Bavière, autre fils de l'empereur, se
repentit bientôt de sa révolte, ou, pour mieux dire,
il eut pitié du malheur de son père, malheur dont
Lothaire seul avait profité. L'infortuné Louis avait été
maltraité indignement par l'empereur rebelle : deux
armées marchèrent contre celui-ci ([2]); il fuit lâche-
ment à leur approche, et Louis-le-Pieux, replacé sur
son trône, n'osa reprendre les rênes de l'empire que,
lorsque absous par les évêques il eut obtenu d'eux la
permission formelle de rentrer dans ses premiers
droits. Non content de cela, l'année suivante (835),
Louis voulut de plus grandes sûretés encore pour le
repos de sa conscience, et les pasteurs qui siégeaient
à la diète de Thionville, ne crurent pas devoir rien
refuser à leur maître. Ils déposèrent aussi Agobard,

([1]) Thegan. de gest. Ludov. pii, cap. 23, apud Duchesne, t. 2, p. 280;
cap. 24, p. 282. — Astronom. vit. Ludov. ibid. p. 301 et 310. — Act.
exauctorat. Ludov. pii, ibid. p. 333. — Eginhard. annal. Francor. ad
ann. 818, p. 262; ad ann. 822, p. 265.

([2]) Le roi Pépin s'était joint à Louis de Bavière, son frère.

archevêque de Lyon, un des plus perfides courtisans de Lothaire. L'archevêque Ebbon ne tarda pas à avoir le même sort; il se fit justice lui-même pour prévenir sa condamnation, confessa ses péchés et se déclara indigne du caractère de pasteur chrétien. Il n'y eut plus alors d'obstacle à l'entière réintégration de l'empereur : cette cérémonie se fit bientôt à Metz; elle fut précédée cependant de sept absolutions nouvelles, prononcées par sept archevêques différens (¹).

Les malheurs de la maison des Carlovingiens ne se terminèrent pas là. Trois ans après la mort de l'empereur Louis-le-Pieux, le roi Louis de Bavière et Charles-le-Chauve vainquirent ou plutôt poursuivirent Lothaire, leur frère et leur maître; ayant convoqué un nombreux concile à Aix-la-Chapelle, ils firent déclarer l'empereur régnant déchu de ses droits, à cause de sa conduite scandaleuse envers son père, et, ce qui est surtout remarquable, à cause de la guerre qu'il faisait pour se défendre contre leurs attaques. Les prélats profitèrent du besoin que des princes ambitieux croyaient avoir de leur influence : ils en exigèrent la promesse de bien gouverner, et leur *ordonnèrent* de régner sur les états de leur frère. Ce décret des pères n'eut aucune suite; et nous ne l'eussions point mis au rang des conciles politiques, s'il ne servait à démontrer de quelle manière les évêques parvinrent à usurper et, sous quelques rapports, à légitimer l'autorité de l'église sur les royaumes. L'an 843, les fils de Louis-le-Pieux

(¹) Astronom. vit. Ludov. apud Duchesne, t. 2, p. 343.

IV.

consentirent à un partage plus stable des états de
leur père; l'accord fut conclu à Verdun, et les trois
frères le ratifièrent, l'année suivante, au concile de
Thionville (¹).

(¹) Nithard. Carol. magn. nep. hist. l. 4, apud Duchesne, t. 2, p. 376.
— Annal. Francor. motens. ibid. t. 3, p. 302. — Labbe, concil. ad
Theodon. Vill. t. 7, p. 1800.

CHAPITRE II.

Concile à Savonières. — Charles-le-Chauve traite avec hauteur le pape Adrien II. — Il est couronné empereur par Jean VIII, pour de l'argent. — Il se sert du pape pour humilier le clergé français. — Jean VIII entièrement dévoué à la France — Il est maltraité par les Allemands et les Italiens. — Il cherche à se venger. — Jalousie entre le pape et l'archevêque de Milan. — Le pape Formose, ennemi des Français. — Il appelle le roi de Germanie. — Dixième siècle. — Les papes, ignorans et corrompus. — Othon-le-Grand, empereur.

Le premier concile politique et religieux, sous l'empire de Louis II, fut le concile de Savonières, l'an 859; quoique tenu en présence du roi Charles-le-Chauve et de ses neveux, Charles et Lothaire, les évêques y jurèrent une ligue indissoluble entre eux, pour la réforme des rois, des grands et du peuple (¹). Nous verrons bientôt comment le roi de France trouva le moyen d'humilier son clergé.

Il eut avant tout besoin d'humilier le pape luimême. Charles-le-Chauve, à la mort du roi Lothaire (869), avait occupé la Lorraine, malgré les droits qu'avait à cette succession l'empereur Louis, son neveu. Celui-ci, alors retenu au siége de Bari contre les Sarrasins, eut recours à Adrien II, qui menaça Charles de toutes les foudres de l'église, s'il osait troubler l'empereur dans la possession légitime de ses états. L'année suivante, Louis, roi d'Allemagne, se fit céder une partie de la Lorraine, à laquelle, à cette époque, il pouvait prétendre aussi bien que le roi de France,

(¹) Concil. tullens. I, apud Saponarias. Labbe, e. 2, t. 8, p. 683.

puisqu'il avait une armée aussi forte que la sienne. Le
pape continua à se plaindre; il ajouta à ses menaces
des menaces nouvelles; il appela le roi parjure, tyran,
perfide, usurpateur des biens du clergé : mais toujours
en vain. Charles lui répondit avec hauteur; le fameux
et savant Hincmar, archevêque de Reims et bon cour-
tisan, parla sur le même ton; et plusieurs évêques du
royaume suivirent son exemple (¹). « Les rois de France,
dit Hincmar au nom de son maître, les rois de France,
issus de race royale, ne sont pas les lieutenans et délégués des évêques; mais bien les seigneurs de la terre.
Le pape Léon et le concile de Rome ont reconnu que
les rois et les empereurs établis par la puissance divine, avaient, d'après les saintes lois, laissé souvent
aux évêques la faculté de juger les affaires du monde,
mais qu'ils ne s'étaient pas pour cela faits les valets de
ces évêques. Saint Augustin dit : la propriété repose
sur les lois royales; mais le droit des évêques ne va pas
jusqu'à rendre les rois de simples fermiers et des agens
de l'église. Le Seigneur lui-même a ordonné de donner
à César ce qui est à César, et à Dieu ce qui est à Dieu.
L'apôtre veut que l'on serve les rois; il veut qu'on les
honore, non qu'on les foule aux pieds...... Si vous re-

(¹) Voici encore une autre humiliation que le pape eut à souffrir de
la part des Français. L'évêque de Laon, nommé Hincmar comme l'archevêque de Reims, son oncle, avait été déposé et excommunié au
concile de Douzi (871), pour violences, manque de respect au roi et
abus de son énorme pouvoir. Il en appela au saint siége; mais le clergé
de France n'eut aucun égard à ses réclamations, et Adrien II qui s'était
d'abord mêlé de cette affaire, fut enfin obligé de s'adoucir et de céder.
— Vid. Labbe, concil. t. 8, p. 1549, etc., etc.

passez dans votre mémoire les actes des papes vos prédécesseurs ; des ordres tels que ceux qui se lisent dans
les lettres que vous m'avez fait remettre par l'évêque
Actard, certes vous ne trouverez pas que vos devan-
ciers en aient jamais adressé de pareils aux miens. »
Croirait-on que, peu de mois après, Adrien II demanda très humblement pardon à Charles-le-Chauve,
de tout ce qu'il avait pu lui écrire d'offensant, ou plutôt de ce que ses conseillers lui avaient surpris, pour
ainsi parler, à son insu ; il devint un plat adulateur du
roi de France, et poussa les choses au point de lui promettre la couronne de l'empire, si Louis II mourait
avant lui. Le pape ne rougit pas de déclarer, dans une
de ses lettres, que le roi Charles était seul digne de
cette autorité suprême, « à cause de ses hautes vertus,
sa sagesse, sa justice, sa noblesse, sa figure, sa prudence, sa tempérance, sa force et sa piété. En vérité,
croyez-m'en, dit-il encore, j'aime ces vertus en vous
comme mon ame même (¹). »

La mort empêcha Adrien de tenir sa parole ; mais il
légua ses dispositions toutes françaises à son successeur, Jean VIII, qui couronna Charles-le-Chauve empereur d'Occident, l'an 875, après en avoir toutefois
reçu une grosse somme d'argent, comme prix de sa
complaisance. Ce fut alors que Charles s'occupa de mo-
dérer le pouvoir que les évêques de son royaume s'é-

(¹) Hincmar. epist. 41, et Carol. calvi epist. 42 ad Hadrianum, pap.
in Hincmar. archiep. rhemens. oper. t. 2, p. 689 ad 717. — Labbe,
concil. t. 8 . epist. 25 Hadrian. pap. II ad Hincmar. rhemens. archiep.
p. 925 ; epist. 23 ad Carol. calv. reg. p. 922 ; epist. 33 ad eumd. p. 934 ;
epist. 34 ad Carol. calv. reg. p. 936, etc., etc.

taient arrogé dans les affaires civiles. L'esprit du siècle;
ne lui permettait pas de s'en emparer lui-même; il
crut pouvoir le transporter sans danger des évêques
aux papes, dont il craignait moins l'influence immédiate sur la France, surtout sous le règne d'un pontife
qui lui était si dévoué. Dans cet accord entre les représentans suprêmes des deux grandes puissances sociales,
le pape eut bien soin de se faire sacrifier le prêtre audacieux qui avait osé marcher sous un autre drapeau
que celui de l'église et même combattre contre elle.
C'était tout à la fois une vengeance pour le passé et
une menace salutaire pour l'avenir. L'archevêque
Hincmar, qui avait soutenu avec tant de zèle les intérêts de Charles contre Adrien II, fut abandonné à la discrétion de Jean VIII : les légats de ce pape en France
saisirent tous les prétextes pour vexer le monarchique
prélat (¹). Au reste, Jean ne fut pas ingrat envers le
prince son bienfaiteur. Quoiqu'il eût imploré plusieurs

(¹) La même année que Jean VIII flattait Charles-le-Chauve, il tint
un concile de cent trente évêques à Ravenne, et publia dix-neuf canons
sur la discipline ecclésiastique. Il excommunia aussi Serge II, duc de
Naples, parce qu'il correspondait avec les Sarrasins, fit massacrer vingt-
quatre soldats du même Serge, prisonniers de guerre du prince de Salerne, et approuva hautement l'horrible cruauté d'Athanase, évêque de
Naples et frère du duc, qui, dans l'espoir d'acquérir une souveraineté
temporelle, fit arrêter ce dernier par trahison, lui arracha les yeux et
l'envoya captif au pape : Jean VIII se hâta de lui en payer le prix convenu. Mais, à peine l'évêque napolitain eut-il supplanté son frère, que
la politique le força également de contracter des alliances avec les
Maures, ses voisins; il fut excommunié pour ce motif, ainsi que les
Amalfitains, l'an 881. — Epist. 66 Johann. pap. VIII ad Athanas. episcop. neapol. ; 241 ad eumd. ; 67 ad Neapolitan. ; 225 et 242 ad Amal-
fitan. apud Labbe, concil. t. 9, p. 52 ad 54, 162 et 172. — Ibid. p. 299.
— Leo ostiens. chron. l. 1, cap. 40, t. 4, rer. ital. p. 318.

fois le secours de l'empereur contre les Sarrasins qui
dévastaient le duché de Rome, et que ce secours ne
fût jamais arrivé, il défendit Charles avec ardeur
contre les justes plaintes et les menaces du peuple romain, offensé de cette coupable apathie de son chef.
Pour donner plus de poids encore à ses paroles,
Jean VIII assembla un concile, où il ratifia et fit ratifier
par tous les évêques l'élection de Charles-le-Chauve.
Il s'y montra flatteur servile comme il avait déjà fait en
d'autres circonstances; le caractère noble et grand
qu'il prêta à son héros, l'histoire est bien loin de l'a-
voir confirmé. Il termina son panégyrique par une excommunication formelle contre quiconque oserait troubler, en la moindre chose, le nouvel ordre établi; et
il déclara que les rebelles à l'empereur seraient considérés comme les ministres du diable, les ennemis de
Dieu, de l'église et de toute la chrétienté (¹).

Le pape ne fut pas long-temps tranquille. En 877,
Carloman, fils de Louis, roi de Germanie, avait succédé, dans le royaume d'Italie, à Charles-le-Chauve;
et il faisait de continuelles démarches pour obtenir la
couronne impériale. Il est facile de s'imaginer à quel
point ces événemens déplaisaient à Jean VIII, haute-

(¹) Annal. Francor. fuldens. ad ann. 875 apud Duchesne, t. 2
p. 568. — Ibid. annal. Francor. metens. ad ann. 877, L. 3, p. 347. —
Regino, in chron. l. 2, ad ann. 874, apud Pistor. script. rer. german.
t. 1, p. 78, et ad ann. 877, p. 79. — Dchesb. presbyt. langobard. apud
Daniel, hist. de France, t. 1, p. 794 et seq. — Concil. antiq. Galliæ,
ex edit. J. Sirmondi, t. 3, p. 434 ad 447. — Act. concil. pontigonens.
apud Labbe, t. 9, p. 280 et seq.; principaliter n. 4, cap. 8, p. 293 et
in notis. — Ibid. p. 295.

ment blâmé par le cardinal Baronius, de sa propension exclusive pour la branche carlovingienne de France. Carloman prit le parti de réduire le pape par la force : il envoya à Rome Lambert, duc de Spolète, et Adelbert, duc de Toscane; et ces deux seigneurs commirent, sous son nom, les violences les plus condamnables. Ils mirent le pontife en prison, et exigèrent des principaux citoyens romains le serment de fidélité à Carloman qui, comme simple roi des Lombards, n'avait encore aucun droit à cet hommage. Non contens de ces actes tyranniques, ils troublèrent les processions des évêques, introduisirent dans Rome les ennemis de Jean, afin de faire naître une émeute, et ils saccagèrent la ville et son territoire. Jean VIII, après avoir fermé toutes les portes de la basilique de Saint-Pierre, et avoir empêché que qui que ce fût n'y vînt faire des prières (ce qui, même alors, ne fut pas généralement approuvé), se retira en France, avec Formose, évêque de Porto, qu'il avait excommunié et qu'il retenait dans les fers (¹). Lambert et Adelbert, loin de demeurer tranquilles après la fuite du pape, continuèrent à exciter partout des désordres. Jean excommunia alors les deux ducs, ce qu'il confirma encore, la même année, devant un nombreux concile tenu à Troyes : dans une lettre à Louis-le-Bègue, roi de France, il sortit de la gravité de son caractère, en parlant du duc Lambert qu'il appela « racine de perdition et membre de l'antechrist; » il accusa gratuitement Rothilde, sœur de

---

(¹) Voy. part. 2 de cette Époque, liv. 1, ch. 1, tome 6.

celui-ci et épouse d'Adelbert, d'être une femme adultère, et il fit passer le duc Adelbert lui-même pour un voleur (¹).

Il n'y a rien d'étonnant, d'après ce que nous venons de rapporter, si le pape chercha à susciter un rival au roi Carloman. Il choisit à cet effet l'ambitieux Boson, duc de Provence, dont il avait reçu un accueil flatteur pendant son passage en France. De retour en Italie, il convoqua un concile à Pavie, pour effectuer ses desseins politiques; mais aucun des seigneurs et des évêques lombards qu'il avait invités, n'osa se rendre à cette réunion. Devenu plus sage ou au moins plus prudent après cette tentative infructueuse, Jean VIII feignit de se soumettre à Carloman, et il retourna à Rome, où, contre l'usage ordinaire, les instrumens publics portèrent le nom du roi d'Italie. Carloman témoigna sa reconnaissance envers le pape, en le déclarant son vicaire dans la Lombardie (²).

Nous avons dit que Jean VIII feignit seulement de

(¹) Baron. annal. eccles. ad ann. 876, n. 17, t. 15, p. 290. — Annal. Francor. fuldens. apud Duchesne, t. 2, p. 571. — Johann. pap. VIII epist. 84 ad Johannem archiep. ravennat. et epist. 85 ad Berenger. comit. apud Labbe, concil. t. 9, p. 68. — Ejusd. epist. 87 ad Ludov. balbum, reg. ibid. p. 72. — Labbe, concil. collect. t. 9, p. 309.

(²) Annal. Francor. fuldens. loco citato. — Johan. pap. VIII epist. 126 et 127 ad Anspert. archiep. mediol.; epist. 128 ad Berengar. comit.; epist. 130 ad Suppon. comit. etc., etc., apud Labbe, concil. t. 9, p. 92 et seq. — Ejusd. pap. epist. 237 ad Anton. episcop. et Berengar. comit. ibid. p. 169. — Fr. Maria Fiorentini, memorie di Matilda, la gran contessa d'Italia, colle annotazioni di Gian-Domenico Mansi, l. 3, p. 380. La Lombardie ne se bornait pas alors à la seule province qui a retenu ce nom : elle comprenait tout le royaume d'Italie, fondé par les Lombards et possédé ensuite par les successeurs de Charlemagne.

se soumettre au roi Carloman : pour le prouver, il suffira de rapporter l'absolution du marquis ou duc Adelbert, et la réparation d'honneur faite à la comtesse
Rothilde, sa femme, dans le seul but de les rendre
partisans de Boson. La conduite du pape envers Anspert, archevêque de Milan, ne servira pas peu de son
côté à éclaircir ce point d'histoire. Voyant la santé de
plus en plus chancelante de Carloman, Jean avait
voulu, une seconde fois, réunir les évêques lombards
et donner un nouveau chef à l'Italie. Anspert à qui il
communiqua son projet, justement étonné d'une prétention aussi extraordinaire et aussi mal fondée, refusa
de se rendre à Rome, et s'attira, de la part du pontife, une excommunication dont il ne s'inquiéta pas
beaucoup. Le pape, cependant, ne laissa pas de l'appeler à un autre concile : il lui défendit seulement de
nommer un roi d'Italie, sans sa participation, et il
soutint ce point intéressant par une citation des canons des apôtres ('). Nouvelle contradiction à la mort
de Carloman, arrivée en 880 : Jean VIII, malgré son
antipathie reconnue pour les princes allemands, pré-
féra donner sa voix à Charles-le-Gros, roi de Germanie,
que de n'avoir point de part à sa nomination comme
roi des Lombards. L'archevêque Anspert, qui avait
prétendu pouvoir disposer librement du royaume d'I-
talie, comme le pape disposait avec une indépendance

(') Johann. pap. VIII epist. 164 ad Boson. glorios. princip., et 255 ad
Adelbert. marchion. apud Labbe, t. 9, p. 106 et 186. — Ejusd. pap.
epist. 155 ad Anspert. archiep. mediol. ibid. p. 103. — Ejusd. pap. epist.
181, 182 et 196 ad eumd. ibid. p. 115, 116 et 127.

entière de la couronne de l'empire, fut déclaré déchu
de son siége, et Jean ordonna au clergé de Milan de
choisir un autre pasteur : une des raisons qu'il allégua
de cette dureté fut le mépris qu'Anspert avait fait éclater pour les premières censures apostoliques. Au reste,
l'année suivante, Jean VIII éleva le même Charles-le-
Gros sur le trône impérial; mais, presque en même
temps, de peur que ce prince ne devînt trop redoutable, il excommunia Romain, archevêque de Ravenne, parce qu'il avait osé s'adresser à lui et implorer
sa protection [1].

Formose, évêque de Porto, que le pape Jean avait
traîné partout à sa suite, pour mieux exercer sur lui
sa vengeance, et dont nous aurons souvent occasion
de parler, devait avoir puisé, dans sa haine contre le
pontife, des sentimens opposés à ceux qu'avait manifestés Jean VIII. Déjà le pasteur des chrétiens dont le
devoir était de les diriger tous, du moins ceux de sa
secte, dans la voie du perfectionnement et du bonheur,
sans distinction de nom ni d'origine, n'était plus
que le pape, tantôt des Français, tantôt des Allemands,
toujours pour l'avantage que, comme puissance ter-
restre, il attendait lui-même des uns ou des autres, et
la république chrétienne était en proie aux désordres
qu'y suscitait son suprême modérateur. Formose dé-
testait la branche régnante de France, et il était bien

[1] Johann. pap. VIII epist. 22, ad clerum mediolan. et epist. 222 ad
Carol. reg. apud Labbe, concil. t. 9, p. 159; epist. 256 ad Anspert.
archiep. mediolan. p. 185; epist. 271 ad Roman. archiep. ravennat.
p. 191, et epist. 278 ad Ravennat. p. 204.

décidé à lui substituer celle d'Allemagne, lorsqu'il s'agirait de donner un maître à l'Italie. Les évêques de la Lombardie s'étaient réunis à Pavie, l'an 889, et, dans un concile politique, où, de treize canons, neuf regardaient uniquement leurs immunités, leurs droits et leurs priviléges, ils avaient mis sur le trône, à la place de Bérenger, duc de Frioul, qu'ils avaient élu roi d'Italie après la déposition de Charles-le-Gros, Gui, duc de Spolète, vainqueur de leur nouveau maître, sous condition qu'il se serait efficacement occupé de l'exaltation et de l'agrandissement de l'église; ils avaient ainsi révoqué eux-mêmes les résolutions qu'ils avaient prises quelques mois auparavant. A peine monté sur le siége de saint Pierre, Formose crut le moment favorable pour l'exécution de ses desseins. Il appela Arnolphe (plus connu sous le nom d'Arnoul), roi d'Allemagne, pour qu'il délivrât l'Italie des tyrans qui, dit-il, l'opprimaient, savoir de Gui et de Bérenger; et, quoiqu'Étienne, son prédécesseur, eût accordé la couronne impériale au duc Gui, quoique lui-même devenu pape eût confirmé, dans la dignité suprême en Occident, Lambert, fils de l'empereur, il ne cessa jamais d'entretenir une correspondance séditieuse avec Arnolphe. Il le décida enfin à une seconde expédition en Italie, en 895, et, l'année suivante, il le plaça sur le trône des césars. Cette opération politique fut une des causes principales des malheurs de Formose, que nous exposerons dans la seconde partie de cette Époque : deux ans après, à l'occasion de la réhabilitation du même pape par le

concile de Rome, l'élection de l'empereur Lambert fut
de nouveau ratifiée, et « la nomination *barbare* de l'é-
tranger Arnolphe » fut cassée et annulée définitivement (¹).

De même que le dixième siècle ne donna naissance
à aucune hérésie nouvelle qui mérite l'attention, de
même il ne nous offrira que peu de conciles politiques,
dans le stricte sens de ce mot, c'est-à-dire de conciles
où les prêtres s'arrogèrent une partie du pouvoir civil
pour lutter avec plus d'avantage contre ceux qui en
étaient les dépositaires, et se rendre finalement les
maîtres uniques et absolus. A cette époque, le clergé,
dans ses assemblées particulières, ne songeait qu'à
défendre les domaines ecclésiastiques contre les usurpations des grands, et les anathèmes *éternels* qui n'é-
taient point rares alors, se lançaient le plus souvent
contre les ravisseurs des possessions religieuses (²).
Les papes étaient trop ignorans (³) et trop corrompus,

(¹) Labbe, concil. t. 9, p. 502.—Synod. ticinens. pro elect. seu con-
firmat. Widon. reg. Ital. t. 2, part. 4, rer. ital. p. 416 vij et seq. —
Chron. farfens. part. 2, ibid. p. 446. — Antiquitat. ital. med. ævi,
dissertat. 5, t. 4, p. 83 et seq. — Hermann. Contract. in chron. apud
Joann. Pistor. script. rer. german. t. 4, p. 249. — Annal. Francor.
fuldens. apud Duchesne, t. 2, p. 579.

Ces deux passages bien entendus, prouvent qu'il s'agit du pape Formose, et que le premier appel d'Arnolphe eut lieu l'an 891. — Vid.
Muratori, annal. d'Italia, t. 5, part. 1, p. 260. — Annal. fuldens. ad
ann. 895, p. 582. — Hermann. Contract. ad ann. 893, p. 250.

(²) Voyez la 2ᵉ note supplémentaire du chapitre 4, livre 6, partie
première de cette Époque, au présent volume.

(³) Nous avons réuni quelques preuves remarquables de l'ignorance
des pasteurs de l'église à diverses époques, dans la première des notes
supplémentaires placées à la fin de ce chapitre.

comme le cardinal Baronius s'en plaint justement dans ses annales ecclésiastiques, pour pouvoir s'occuper beaucoup de leurs projets d'agrandissement temporel (¹). Leur affaire principale, leur seule affaire était de satisfaire leurs passions déréglées, de l'emporter en violence ou en perfidie sur d'autres papes, leurs rivaux, et, après la victoire, d'en tirer les plus cruelles vengeances. Les évêques italiens suivaient l'exemple de leurs chefs. Aussi ne trouvons-nous qu'une seule circonstance où le pape ait influé sur le sort politique de l'Italie : ce fut lorsque Jean XII, d'accord avec Walbert ou Gualbert, archevêque de Milan, offrit et donna les couronnes de Lombardie et de l'empire à Othon-le-Grand, roi d'Allemagne (²).

(¹) Nous renvoyons à la note supplémentaire, n° 2, à la fin de ce chapitre, la traduction de ce passage des annales ecclésiastiques de Baronius. Nous y ajouterons quelques autres preuves de la corruption des chrétiens et de leur clergé.

(²) Baron. in annal. eccles. ad ann. 912, n. 8, t. 15, p. 571. — Anonym. salernitan. part. septem, apud Camill. Peregrin. rer. ital. t. 2, part. 1, p. 299. — Liutprand. hist. l. 6, cap. 6, apud Duchesne, t. 3, p. 627. — Reginon. chron. l. 2, ann. 960, apud Pistor. t. 1, p. 108.

NOTES SUPPLÉMENTAIRES.

I

No 1. — Ignorance des prélats et du clergé romain.

Dès l'an 746, on trouve des prêtres si étrangers à la langue latine dont cependant ils se servaient pour remplir les devoirs de leur ministère, administrer les sacremens, etc., qu'ils conféraient le baptême : *In nomine Patria, et Filia et Spiritu-Sancta.* Et de peur probablement de priver l'église de tout service canonique, le pape Zacharie approuva et légitima la formule baroque que nous venons de citer et autres de même genre, pourvu seulement qu'elles eussent été employées de bonne foi, par erreur involontaire et par simplicité, sans malice. — Corp. jur. can. decret. part. 3, *de consecrat.* dist. 4, cap. 86, *Retulerunt*, t. 1, p. 476.

Les capitulaires ordonnent aux évêques de veiller à ce que les prêtres croient ce qu'ils doivent croire, à ce qu'ils sachent administrer canoniquement le baptême, et comprennent, outre les prières contenues dans l'office de la messe (et missarum preces bene intelligant); au moins l'oraison dominicale, afin de pouvoir l'expliquer aux fidèles et pour que chacun sache avec précision ce qu'il demande journellement à Dieu (et dominicam orationem ipsi intelligant et omnibus prædicent intelligendam, ut quisque sciat quid petat a Deo). Il était spécialement requis des prêtres à cette époque (et cela seul prouve la grande ignorance du clergé), de savoir baptiser selon les règles, de posséder l'intelligence du *pater* et du *credo*, de connaître les canons de l'église et le calendrier à son usage. — Capitular. L. 1, cap. 66, t. 1, p. 713. — Capitula Guillebert. ibid. t. 2, append. p. 1377.

Le pape Eugène II et son concile de Rome (826) ordonnèrent de suspendre les sous-diacres, les diacres, les prêtres et même les prélats, qu'on aurait trouvés incapables de remplir les fonctions de leur ministère, jusqu'à ce qu'ils se fussent fait instruire. Ils se plaignirent amèrement de la négligence et du manque d'étude des ecclésiastiques, et ils voulurent que désormais il y eût en tous lieux des maîtres préposés à l'enseignement des lettres divines et humaines. Léon IV, vingt-sept ans après, fut obligé de renouveler cette loi dans un autre concile (Concil. roman. c. 4, apud Labbe, t. 8, p. 106; c. 34, p. 112, et p. 117). Il ne faut donc pas s'étonner si les livres sacrés de cette époque se ressentaient de l'ignorance de ceux à qui ils devaient servir : par exemple, on invoquait dans les litanies carolines, les anges saint Orihel, saint Raguhel et saint Tobihel (Uriel, Raguel et Tobiel), quoique le pape Zacharie eût décidé

avec son onzième concile de Rome (745) que ces prétendus anges,
ainsi qu'Uriel, Tubuas, Sabaoc et Simiel, étaient des diables, n'y ayant
que trois vrais anges, savoir Michel, Gabriel et Raphaël (non enim
nomina angelorum præter nomen Michaëlis, sed nomina dæmonum
sunt.... non autem.... plusquam trium angelorum nomina cognos-
cimus, id est Michaël, Gabriel, Raphaël). On annonçait avec pompe,
dans les églises de France, le jour de la fête de Noël, « que le Verbe
était entré dans le monde par l'oreille de la sainte Vierge, et qu'il en
était sorti par la porte dorée, » comme le rapporte saint Agobard qui
critique cette cérémonie avec aigreur, quoique saint Augustin, saint
Éphrem et le pape Félix eussent enseigné, dans leurs écrits, une partie
des erreurs reprochées à ce verset du chant latin, ainsi que nous l'avons
vu dans la première Époque (S. Agobard. de correct. antiphon. cap. 7,
in opera Baluz. t. 2, p. 89. — Mabillon, veter. analect. t. 2, p. 682 et
690. — Labbe, concil. t. 6, p. 1561).

A la fin du neuvième siècle, Alfred-le-Grand se plaignait que de
l'Humber à la Tamise il n'y avait pas un seul prêtre qui eût quelque
idée de son service, ni qui comprit la liturgie, ni qui fût capable de
traduire du latin en anglais une partie des saintes écritures : il en était
de même au-delà de l'Humber; et au midi de la Tamise, il n'y en avait
pas davantage lorsque Alfred monta sur le trône. Il nous fait cet aveu
dans la préface de son *Heardmans booke* ou *Pastoral*, qu'il traduisit en
anglais pour ses compatriotes. Nous insérerons ici les propres paroles
d'Alfred; elles feront plaisir aux amateurs des anciennes langues du
Nord, « Swa clæne heo wæs othfeallen on Angelcynne, that swithe feawa
wæron be heonan Humbre the hira thenunge cuthon unterstaudan on
englisc; oth the furthon an ærendgewryt of ledene on englisc areccan;
and ic wene that naht monige begeondam Humbre næron. Swa feawa
heora wæron, that ic furthon anne ænlepne ne meg gethencan be-
suthan Thamise that thaic to rice feng. » — Asser. de Ælfred. reb. gest.
apud Guill. Camden. angl. normann. hibern. script. p. 25.

Nous trouvons dans les écrits de Rathérius, évêque de Vérone, qui
vivait plus de cent ans après saint Agobard dont il a été question plus
haut, des preuves palpables de l'ignorance du clergé d'alors.

La plupart des prêtres de son temps étaient *anthropomorphites*, c'est-
à-dire qu'ils croyaient Dieu corporel; ils ne connaissaient ni le symbole
des apôtres, ni celui de la messe, ni celui de saint Athanase; ils réci-
taient l'oraison dominicale sans y rien comprendre (vid. Rather. oper.
in serm. 2 de quadrages. ; de contemptu can. ; in itiner. ; discord. , etc.;
seu apud Dachery, in specileg. t. 2) : le concile de Monson (994),
dont nous parlerons dans la seconde partie, liv. 1, ch. 8, de cette
Époque, tome 6, vient à l'appui de nos assertions.

Il paraît que le progrès des lumières et des sciences ne fut pas aussi prompt chez les prêtres catholiques que dans les autres classes de la société, puisqu'au seizième siècle, Maillard prêchait encore contre ceux qui, pourvus de gros bénéfices avec charge d'ames, ne savaient pas même décliner leur nom. — Oliv. Maillard. serm. de advent. fer. 2 secund. domin. advent. serm. 21, f° 61 verso. — Et Jean Clérée parle des simoniaques qui, craignant de devoir restituer leurs profits illicites, n'osaient pas pour cela se confesser à leur curé et s'adressaient aux marchands d'indulgences ou à quelque autre prêtre ignorant qui ne savait peut-être ni le latin ni le français (vel ad alium sacerdotem ignorantem qui forte non intelligit nec latinum nec gallicum). — J. Clérée, domin. 2 quadrages.

Le même prédicateur fait mention de prêtres qui savaient à peine *lire* la messe, et dont toute la science se bornait, si tant est qu'encore ils en eussent l'intelligence, au *Pater noster* et à l'*Ave Maria*; et de confesseurs qui disaient le *De profundis* au lieu de la formule sacramentelle de l'absolution (qui vix scit legere missam suam, sed tamen puto quod bene scit pater noster et ave maria, et de profundis loco absolutionis). — Id. fer. 4 post domin. prim. sec. part.

No 2. — Corruption du clergé chrétien et de son troupeau.

Voici ce que dit le cardinal Baronius, dans ses annales. La comparaison des expressions dont se sert l'écrivain romain, avec celles que nous nous sommes permises dans cette histoire, nous fera peut-être pardonner, du moins par les dévots de bonne foi, la sévérité de nos jugemens et la crudité de notre langage.

«Quel horrible aspect ne présentait pas alors la sainte église romaine, s'écrie le zélé annaliste, lorsque d'infâmes courtisanes disposaient à leur gré des siéges épiscopaux, et, ce qui est également terrible à prononcer et à entendre, lorsqu'elles plaçaient leurs amans sur le trône même de saint Pierre! Qui pourrait appeler pontifes légitimes des intrus qui devaient tout à des femmes de mauvaise vie? Car on ne parlait plus de l'élection du clergé : les canons, les décrets des papes, les anciennes traditions, les rites sacrés étaient ensevelis dans le plus profond oubli; la dissolution la plus effrénée, le pouvoir mondain, l'ambition de dominer avaient pris leur place. Le Christ assurément, continue Baronius, dormait alors d'un profond sommeil, dans le fond de sa barque, tandis que les vents soufflaient de tous côtés, et qu'ils la couvraient des flots de la mer.... Et, ce qui est bien plus malheureux encore, les disciples du Seigneur dormaient plus profondément que lui; ils ne pouvaient le réveiller ni par leurs cris, ni par leurs clameurs.

Quels auront été les cardinaux choisis par de tels monstres! etc., etc. »

Environ un siècle et demi après l'époque dont il parle, Baronius ne trouve pas l'église plus recommandable qu'au dixième. Il est vrai qu'il ne fait mention alors que des chrétiens en général, dont la corruption, la cupidité, la violence et la cruauté étaient parvenues à un tel excès qu'il n'y avait plus moyen pour les chefs ecclésiastiques de se distinguer de la masse par leurs vices et leurs crimes. Enfin, au seizième siècle, Pic de la Mirandole disait devant Léon X lui-même, présidant un concile œcuménique, que les prêtres et les prélats de son temps étaient ambitieux, avares, tout entiers aux délices du luxe et de la volupté, sacrifiant tout au plaisir de la table et prostituant aux courtisanes l'argent des pauvres et de l'autel : il ne leur aurait, dit-il, demandé qu'un peu de modération et de modestie, quelque pudeur, les apparences, pour ainsi parler, de la chasteté, et les élémens au moins de l'instruction la plus vulgaire; hé bien, cela même, il ne le trouvait plus dans aucun d'eux. Il en conclut hardiment, et cette conclusion remarquable ne fut attaquée, ni par les pères du concile, ni par le pape, que, comme l'a avancé saint Jean Chrysostôme, tout mal en ce monde a sa source dans le temple, le culte, et que, comme a écrit saint Jérôme, on ne trouve de séducteurs du peuple que parmi les membres du sacerdoce (nec sane mirum quando malum omne prodire de templo Johannes Chrysostomus censet; et Hieronymus scribit se invenisse neminem qui seduxerit populos, præterquam sacerdotes).

A ce passage sérieux ajoutons-en un d'un autre genre, publiquement prêché en chaire, à peu près à la même époque : après quoi, il sera difficile de ne pas conclure que le christianisme n'a servi en rien au perfectionnement de l'humanité; il s'est corrompu avec elle, et maintenant il s'épure parce qu'elle avance dans la voie de la civilisation. Hâtons de nos efforts les progrès de celle-ci, et laissons, tant qu'il existera, le christianisme se développer à sa suite et par elle.

« *Le diable*, dit le prédicateur Clérée, *ne péchait* (autrefois), *sinon à la ligne; nunc autem à la retz*. Il y avait au temps passé quelque honnêteté de vivre dans le mariage; *maintenant c'est toute chiennerie*. Jeunes filles, alors les hommes de trente ans savaient à peine ce que c'est que l'acte de la chair; à présent ils s'y adonnent dès l'âge de douze et de quinze ans. Partout donc le diable pêche au filet. *Gens de vie scandaleuse, notoires macquerelles*, usuriers, blasphémateurs publics, *pipeurs, trompeurs*, détracteurs, qui, par vos langues de serpent et vos mauvais exemples, entraînez les autres au péché, vous êtes les aides et les agens du grand diable dans sa pêcherie (vos estis coadjutores magni diaboli in sua piscatoria). Mais, mon frère, quelle récompense auront ces gens-là? Je dis qu'ils pleureront tous quand on les fera frire, avec ceux qu'ils

ont trompés, dans la ppële ou la chaudière d'enfer (dico quod luge-
bunt omnes cum fuerint frixati cum aliis quos deceperunt in patella vel
caldaria inferni). » — Baron. annal. eccles. ad ann. 1049, n. 40 et seq.
t. 17, p. 23 ; n. 17, p. 34 et seq. ; ad ann. 1059, n. 38 et seq. p. 160 ; et
passim. — Comit. Mirand. de morib. reform. orat., apud Orth. Grat. in
fascicul. rer. expetend. ac fugiend. t. 1, p. 417 ad 424. — J. Clérée,
sermon. quadrages. feria 6 paschæ.

CHAPITRE III.

Au commencement du onzième siècle, il y eut un différend politique entre le souverain pontife et l'archevêque de Milan. Celui-ci était tout-puissant à cette époque, où la plus grande confusion régnait en Europe, selon l'historien Bernardin Corio : l'empereur, par un simple acte de son caprice, nous dit l'écrivain milanais, déposait le pontife suprême de l'église romaine, et le pape ne ménageait pas davantage le chef civil de la république chrétienne en Occident. L'autorité chancelante des empereurs en Italie paraissait avoir passé tout entière dans les mains des prélats lombards; ils commençaient à lever des troupes et à faire la guerre, à l'insu du chef de l'empire et de ses ministres. Les papes, au contraire, ne se reconnaissant encore assez de forces que pour conserver le pouvoir que des souverains plus puissans qu'eux leur accordaient, avaient souffert de la faiblesse de leurs maîtres immédiats. Ce fut ce qui détermina le parti que prirent, tant le pape que l'archevêque, à l'occasion de ce que nous allons rapporter. L'empereur Henri II avait fait déposer l'évêque d'Asti, à cause de la partialité qu'il avait montrée pour Ardouin, roi d'Italie, et il l'avait remplacé, vers l'an 1046, par Oldéric, frère de Manfrédi ou Mainfroi, marquis de Suse. Arnolphe, archevêque de Milan, refusa de consacrer le nouveau prélat. Oldéric se porta à Rome, où le pape, moins scrupuleux et charmé peut-être d'avoir trouvé l'occasion d'obliger l'empereur et d'étendre sa propre juridiction, accorda à Oldéric tout ce qu'il demandait. Arnolphe, irrité de cette usurpation de ses droits, assembla un concile, excommunia l'intrus Oldéric, et, non content de cela, courut encore, avec tous ses vassaux et ses évêques suffragans, mettre le siége devant la ville d'Asti. Le marquis Manfrédi et l'évêque, son frère, furent obligés de se rendre à discrétion : ils durent faire publiquement la confession de leurs fautes, le premier portant un chien entre les bras, selon les coutumes anciennes des Francs et des Suèves, le second tenant en main le livre des évangiles (¹). Oldéric déposa les ornemens épiscopaux, et le marquis paya une forte contribution ; moyennant quoi, ils obtinrent leur pardon de l'archevêque : l'évêque d'Asti reçut, en outre, l'ordination canonique (²).

Nous voyons les mêmes circonstances amener plu-

(1) Une loi ou plutôt une ancienne coutume des Francs et des Suèves voulait que celui qui était convaincu de rebellion, portât, avant de mourir, d'un comté dans l'autre, un chien, s'il était noble ; une selle, s'il était vassal manœuvre ; la roue d'une charrue, s'il était colon ou cultivateur. — Vid. Otton, frisingens. de reb. gest. Frederici, l. 2, cap. 29, rer. ital. t. 6, p. 702.

(2) Bernard, Corio, istor. di Milano, anno 1046, part. 4, fol. 9 verso. — Arnulph. hist. mediolan. l. 1, cap. 18 et 19, rer. ital. t. 4, p. 43.

Nous nous contenterons, pour toutes réflexions, de rapporter ici ce que les auteurs du temps disent de cette expédition de Léon IX. Nous verrons, à chaque pas, en avançant dans cette histoire, des évêques endosser la cuirasse et ceindre l'épée, quoique les canons de l'église s'y fussent toujours opposés ; nous croyons superflu, désormais, de signaler ce fait à une attention plus spéciale. L'annaliste allemand, d'où nous avons extrait en partie le récit de la guerre malheureuse faite par le pape aux Normands, ajoute à ces détails que Léon n'eut de reproches à faire qu'à lui-même, ses malheurs étant provenus d'un jugement secret de la Providence, qui voulait lui apprendre à ne se mêler que des intérêts spirituels qui lui avaient été confiés. Brunon, évêque de Segni, va plus loin : il dit clairement que si Léon fut poussé par le zèle du Seigneur à son entreprise militaire, il ne put pas se flatter d'en avoir eu la sagesse. Enfin, le pape Nicolas I t le cardinal Pierre Damien refusent aux souverains pontifes la puissance du glaive sans exception (¹), en

---

p. 295. — Gaufred. Malaterræ hist. sicul. l. 1, cap. 14, apud Murat. rer. ital. scriptor. t. 5, p. 553.

(¹) Saint Pierre Damien s'exprime de cette manière : « Puisqu'il n'est jamais permis de recourir à la force, même lorsqu'il s'agit de défendre la foi qui constitue l'essence de l'église universelle, comment n'avons-nous point de honte de prendre les armes pour protéger les intérêts temporels et passagers de cette même église ?... Comment la perte d'un bien vil et méprisable peut-il porter le fidèle à verser le sang d'un autre fidèle qu'il sait bien avoir été, comme lui, racheté par le précieux sang de notre Sauveur. » Au reste, le savant cardinal observe que le pape Léon IX, quoiqu'il eût souvent fait la guerre, a cependant obtenu les honneurs de la sainteté, « de même que saint Pierre a mérité d'être le chef des apôtres, malgré le péché qu'il avait commis en reniant le Seigneur. »

quoi ils sont d'accord avec le droit ecclésiastique ; cependant , le cardinal Baronius blâme fortement Pierre Damien pour une opinion qu'il va même jusqu'à appeler hérétique, inventée par Tertullien, et répandue par Julien-l'Apostat. On en vint , dans la suite, au sentiment plus modéré et par conséquent plus juste, d'accorder aux papes, comme princes régnans, la faculté d'une défense légitime par le moyen de leurs lieutenans , leur ôtant seulement, avec Grégoire IX , celle de porter eux-mêmes l'épée ('). Cette sage restriction ne fut pas toujours respectée par les successeurs de saint Pierre.

Nicolas II ; bien mieux conseillé que le pape LéonIX, tâcha, après lui (²), d'attirer les Normands dans le

C'est ici le cas de rappeler que le droit canon , appuyé sur une décision de saint Grégoire-le-Grand, ordonne aux prêtres de monter la garde sur les murs des villes , sans qu'ils puissent alléguer aucun prétexte ou privilége quelconque pour s'en exempter : car, y est-il dit, ce n'est que par le concours de tous les citoyens généralement sans exception qu'avec l'aide de Dieu la cité peut être défendue contre les ennemis du dehors. Un concile tenu en 844 va beaucoup plus loin : il suppose que les évêques allaient tous personnellement à la guerre ; et il enjoint à ceux d'entre eux qui , soit par privilége particulier, soit à cause de leur faiblesse physique, en étaient exempts, de ne pas manquer d'envoyer leurs soldats pour combattre sous les ordres des capitaines royaux. —S. Gregor. pap. I , l. 8, epist. 18, t. 2, p. 909. — Decretal. Gregor. IX, l. 3. tit. 49, cap. 2 , t. 2, corp. jur. can. p. 197. — Concil. vernens. II , c. 8, apud Labbe, t. 7, p. 1808.

(¹) S. Bruhon. astens. vit. S. Leon IX pap. in biblioth. patr. t. 20 , p. 1782. — Nicol. pap. 1 , epist. 8 ad Michael. imperat, apud Labbe, t. 8, p. 524. —S. Petr. Damian. l. 4, epist. 9 ad Olderic. episcop. firman. t. 1, p. 52. — Baron. ad ann. 1053, n. 14, t. 47, p. 77, et n. 17, p. 79. — S. Gregor. pap. IX, in epist. 6 ad Germ. archiep. Graecor. apud Labbe, concil. t. 11 , part. 1, p. 325. — Murat. antiq. ital. med. aevi , dissertat. 26, t. 2, p. 450, etc., etc.

(²) Il est inutile d'avertir ici que, comme dans la première Époque,

la cour impériale, de concert avec un grand nombre
d'évêques, infirma et cassa tout ce que ce pape avait
statué. Enfin, la donation de Constantin, généralement
reconnue aujourd'hui comme fausse, est insérée en
son entier dans le corps du droit canon : autrefois,
cette circonstance suffisait pour la faire croire authentique; maintenant, elle contribue à rendre plus
palpable l'absurdité du code des lois de l'église (¹).

Entre les pontificats de Léon IX et de Nicolas II,
avait siégé Étienne IX qui, d'abord légat à Constantinople du premier de ces papes, vers le milieu du
onzième siècle, à l'occasion du schisme de Michel
Cérulaire, avait amassé de grandes richesses. Le pouvoir que lui donnaient celles-ci, joint à l'espoir qu'il
avait d'être soutenu par sa famille alors toute-puissante
en Italie, lui fit imaginer le plan le plus vaste qui eût
encore été conçu par les papes pour l'indépendance
italienne. Il voulut mettre la couronne impériale sur
la tête de Godefroi, son frère, duc de Toscane et mari
de Béatrix, mère de la comtesse Mathilde (²). Son règne
fut trop court pour exécuter un projet aussi gigantesque, et les empereurs allemands continuèrent à

p. 42 e seg. — P. Pagi, crit. ad Baron. ann. 847, n. 7, t. 43, p. 591. —
M. Lod. Ariosto, Orlando fur. cant. 34, st. 84, p. 325.

(¹) S. Leon. pap. IX epist. 4 ad Michaël. constant. patriarch. cap. 43,
apud Labbe, t. 9, p. 956. — S. Petr. Damian. in opuscul. 4, t. 3, p. 25
et 27. — Decret. part. 4, dist. 96, cap. 44, Constantinus, t. 4,
p. 449.

(²) Liutprand avait déjà dit que le marquis de Toscane ne différait
d'un roi que par le nom seulement. (Vid. hist. l. 2, cap. 40, apud Duchesne, t. 3, p. 582.)

dévaster l'Italie ([1]). L'ambition du pontife, louable
pour autant qu'elle n'eût point entraîné le saint-siége
dans les démêlés de la politique, et contribué de cette
manière, sans cependant rétablir l'unité sociale, à
confondre de plus en plus le temporel avec le spirituel,
confusion d'où naquirent ensuite tous les maux qui
accablèrent l'état et l'église; cette ambition, disons-
nous, ne fut plus imitée que par deux des successeurs
d'Étienne IX, par Nicolas III en faveur de la famille
des Orsini, et par Alexandre VI en faveur des Borgia,
mais avec aussi peu de succès. ([2]).

Nous terminerons ce livre en indiquant l'origine
des discussions entre l'autorité souveraine et le cardinal Hildebrand, si fameux dans la suite sous le nom
de Grégoire VII. A la mort de Nicolas II, les Romains,
selon la coutume d'alors, demandèrent un nouveau
pape à Henri IV, roi de Germanie, leur empereur
futur. Les cardinaux, Hildebrand à leur tête, voulaient s'affranchir d'un joug qui les humiliait; et ils
choisirent Alexandre II, qu'ils consacrèrent sans le
consentement ou l'approbation de la cour. Agnès,
impératrice régente, ne crut pas devoir tolérer cette

([1]) Étienne IX mourut empoisonné (1058) par un de ses familiers,
qui, jaloux d'une selle ornée d'or que le pape avait reçue en don de
l'empereur grec Constantin Monomaque, lors de sa légation à Constantinople, mêla du poison au vin dont Étienne se servit pour célébrer
solennellement la messe, une des grandes fêtes de l'année. — Chron.
Mediani-Monast. auct. Joan. de Bayon, ex lib. 2, cap. 55, apud D. Calmet, preuv. de l'hist. de Lorraine, t. 2, p. lxxij.

([2]) Leo ostiens. chron. l. 2, cap. 99, rer. ital. t. 4, p. 414. — F. Maria Fiorentini, memorie di Matilde, l. 1, p. 64. — Baron. in annal. eccles. ad ann. 1058, n. 2, t. 17, p. 138.

nouveauté : les évêques lombards lui avaient envoyé
une ambassade pour demander un pape pris dans leur
royaume, qu'ils appelaient le jardin de l'Italie ; elle
leur accorda Cadaloüs, évêque de Parme (¹).

 « Rien n'est plus curieux que de lire aujourd'hui les
injures vomies par Benzon, évêque d'Alba dans le
Montferrat, contre les électeurs d'Alexandre II.
Ce prélat, dans sa ridicule prose rimée, nous dit :
« Il est inoui, depuis les siècles des siècles, que la
consécration d'un pape ait dépendu des moines (Hildebrand était religieux), et de quels moines encore ?
Je l'avouerai, à la honte des chefs de l'église, de
moines diffamés en tous lieux pour leurs parjures,
et souillés par leur commerce impur avec les vierges
consacrées à Dieu ; de moines qui, hier, couverts de
lambeaux, demandaient le pain de l'aumône, et, aujourd'hui, font entendre arrogamment leur voix insolente (²). » Benzon lui-même fut envoyé par la cour
vers le pape d'Hildebrand : il s'attacha à lui prouver,
devant le peuple assemblé, qu'il occupait illégalement

(¹) Hermann. Contract. ann. 1060, apud Pistor. t. 1, p. 299.—Card.
de Arágon. vit. Alexandr. II, ser. ital. part. 1, t. 3, p. 302.

(²) On ne peut rapporter qu'en latin les sales et ridicules expressions
de l'évêque : pour satisfaire la curiosité des lecteurs, nous violerons la
loi que nous nous étions prescrite de tout traduire ; nous ne savions pas
alors à quoi cela nous engageait. «Nam eorum (monachorum) panni-
culi erant sine utraque manica ; in dextro latere pendebat cucurbita, in
sinistro mantica : barbata vero genitalia nesciebant *sarabara*, et hodie
coram elevato simulacro, resonantibus tubis, perstrepunt *taratantara*...»
Selon Benzon, les Romains dirent entre autres choses au pape : «Vade,
leprose ; exi, bavose ; discede, perose. Deus omnipotens, contra cujus
dispositionem agis, percutiat te ægyptianis plagis, etc., etc. »

la chaire de saint Pierre, et que son devoir était d'en descendre au plus tôt; et la populace assaillit Alexandre des cris les plus dégoûtans (1).

Au reste, la double élection (d'Alexandre et de Cadaloüs) fut bientôt suivie d'une guerre terrible entre les deux prétendans : Alexandre II fut d'abord vaincu; mais ses forces s'étant accrues ensuite, Cadaloüs, autrement appelé Honorius II, fut forcé de céder à son tour. L'historien Lambert d'Aschaffenhourg remarque, à ce sujet, la différence qu'il y avait entre les prêtres chrétiens des premiers siècles, qui fuyaient la dignité d'évêques, et ceux de son temps qui faisaient répandre le sang des fidèles pour supplanter leurs rivaux. Nous avons vu, en traitant la première Époque de cette histoire, que les siècles dont il s'agit ici se réduisent à un temps bien court : mais, le fait supposé exact, le parallèle n'en était pas moins bon à établir. Quoi qu'il en soit, pour revenir à Agnès, nous dirons que des prélats ambitieux, en enlevant à cette impératrice la tutèle de son fils Henri, l'avaient disposée à la dévotion par la douleur. Elle se repentit de son opposition à Alexandre II, et courut à Rome accepter la pénitence que ce pape voudrait bien lui prescrire. Sur ces entrefaites, Hannon, archevêque de Cologne, tint un concile à Osbor, avec plusieurs évêques ultramontains (2) et italiens; et il y fit déposer Honorius,

(1) Benzon. episcop. albens. panegyr. Henr. imp. l. 2, cap. 4 et 4, et l. 7, cap. 2, apud J. Burchard. Mencken. t. 1, p. 984, 985 et 1065.

(2) C'est-à-dire d'au-delà des Alpes par rapport à l'Italie; c'est ici un écrivain italien qui parle.

l'an 1062, c'est-à-dire, précisément douze mois après son élection. Pierre Damien crut alors pouvoir, avec certitude, prédire la mort du pontife disgrâcié; mais sa prophétie ne se vérifia point, et elle ne servit qu'à faire rire aux dépens du cardinal, comme il eut la bonne foi de l'avouer lui-même (¹).

Quoiqu'il n'en mourût point, Cadaloüs cependant ne réussit plus à rétablir son crédit. Il se rendit, il est vrai, à Rome, une année après sa déposition; il y fut appuyé par les évêques de la haute Italie et par quelques partisans qu'il conservait encore dans la capitale: mais le môle d'Adrien qu'on lui avait livré, lui servit de prison plutôt que de forteresse. L'an 1065, il s'estima trop heureux de pouvoir prendre la fuite (²). Il n'y avait plus aucune apparence qu'il pût se relever jamais; c'est pourquoi la cour d'Allemagne envoya à Rome l'archevêque Hanthon, partisan déclaré d'Alexandre, afin de reconnaître ce pape, sans blesser cependant la dignité impériale. Hannon interrogea le pape, en lui adressant la parole comme à un simple évêque: il lui demanda comment il avait osé monter sur le siége de saint Pierre sans l'agrément de l'empereur, et il prouva la nécessité du consentement de

(1) Benzon. in panegyr. l. 2, cap. 9 et 18, apud Mencken. t. 1, p. 967 et 997.—Leo ostiens. l. 3, cap. 21, rer. ital. t. 4, p. 431.—Vit. Alexandr. II, loco cit ato.—Lambert. schafnaburg. chron. ad ann. 1064, apud Pistor. t. 1, p. 332.—S. Petri Damian. opuscul. 4, p. 31, et opuscul. 18, dissertat. 2, cap. 8, p. 480, t. 3.—Idem. l. 4, epist. 20 ad Cadaloüm, episcop. parmens. t. 4, p. 20, et in opuscul. loc. cit.

(2) Arnulph. hist. mediolan. l. 3, cap. 17, rer. ital. t. 4, p. 31.—Card. de Aragon. in vit. Alexandr. pap. II, ibid. t. 3, part. 1, p. 302.

celui-ci, en alléguant les exemples sans nombre de
pontifes qui l'avaient obtenu. Hildebrand condamna
cette coutume, qu'il appela *acanonique*, au moyen
de passages des saints pères et du décret de Nicolas II,
signé par cent treize évêques, qu'il cita contre elle.
Outre que ce décret n'était pas en tous points favorable aux prétentions de la cour pontificale, comme
nous le verrons dans le livre suivant, il y avait encore
bien des choses à répondre aux argumens du zélé
cardinal; mais on était décidé d'avance à s'en contenter. On pria seulement le pape de justifier, pour
la forme, de la régularité de son élection, devant un
concile; ce qui eut lieu la même année à Mantoue ([1]).
Les évêques se déclarèrent satisfaits des raisons que
leur allégua Alexandre, surtout quand, après un discours assez insignifiant, il se fut lavé, par le serment,
de l'inculpation de simonie, dont il avait été entaché
jusqu'alors ([2]).

Ce fut là la dernière complaisance du moine Hildebrand pour ses maîtres. Dans le livre suivant, nous
le montrerons également audacieux et inflexible dans
le malheur comme dans la prospérité, soutenant les
principes de son christianisme théocratique avec tout

([1]) L'évêque Benzon, à l'occasion du concile de Mantoue, dit : « Ba-
burrus Alexander in cathedra locatur, et prout valeat, baburrando eos
de servitio Dei admonet. —Vid. Hesych. lexic. ad voc. Βαϐυρρας.

([2]) Vit. Alexandr. pap. II, loc. cit. — Sigebert. in chronogr. ad ann.
1067, apud Pistor. t. 1, p. 839. — Landulph. sen. hist. mediol. L. 3,
cap. 18, rer. ital. t. 4, p. 107. — Benzo, apud Mencken. t. 1, p. 1016,
l. 3, cap. 26.

l'orgueil d'un prêtre couronné, et fondant sur l'ignorance et la faiblesse des peuples, l'ambition et la corruption des souverains, un empire que les lumières
n'ont pas encore achevé de renverser.

FIN DU LIVRE PREMIER.

LIVRE DEUXIÈME.

CHAPITRE I.

Nous avons vu, dans le livre précédent, la puissance spirituelle des papes s'établir peu à peu au dessus de la juridiction canonique des évêques dans l'Occident: contredite quelquefois, mais plus souvent secondée par celle-ci, elle se consolidait lentement, et donnait, avec le temps, à ses usurpations un aspect sacré et inviolable. Nous avons indiqué aussi les entreprises plus ou moins heureuses des pontifes suprêmes contre le pouvoir temporel des souverains de l'Europe, et principalement contre celui qui en était le chef. Tantôt ennemis, tantôt protecteurs de la domination impériale, selon que l'exigeait l'intérêt du moment, les papes cherchèrent avant tout à acquérir dans les états qui leur avaient été concédés par les empereurs, l'autorité dont ils avaient besoin pour suivre leurs projets politiques et religieux. Une fois les égaux des monarques de la terre, ils n'étaient pas loin de devenir leurs maîtres. Mais l'incapacité et la corruption des évêques de Rome, pendant le dixième

que, ce grand coup une fois frappé, l'autorité pontificale n'aurait plus rencontré d'obstacles, dans toutes les prétentions qu'elle se serait plu à manifester.

Attaché d'abord à la fortune de Grégoire VI, Hildebrand, quoique d'assez mauvais gré, suivit dans son exil d'Allemagne ce pontife déposé, vers le milieu du onzième siècle (¹). Il profita de cette espèce de disgrâce pour se vouer au parti impérial et, par ce moyen, au pape que la cour envoyait à Rome : il accompagna Léon IX dans cette dernière ville, et sut y acquérir tant de crédit, qu'à la mort du même Léon, les Romains lui donnèrent plein pouvoir pour choisir en leur nom un nouveau pontife; ils l'envoyèrent aussi près de l'empereur, afin d'obtenir son assentiment à ce sujet. Le moine eut l'adresse d'élire l'évêque d'Aichstett, favori de Henri III qui régnait alors, et la prudence de ne pas abuser des droits qu'il devait nécessairement avoir acquis sur la reconnaissance de ce pape; il ne se fit employer que dans les occasions où il pouvait faire briller la sévérité de ses principes et son zèle pour les immunités de l'église. Devenu cardinal, sur ces entrefaites, Hildebrand soutint les privilèges de la maison impériale dans l'élection des papes, comme nous l'avons dit, et substitua Nicolas II à Benoît X, en 1058.

de la terre, ont, dans leur aveugle ambition et leur présomption intolérable, usurpé le pouvoir sur les autres hommes, leurs égaux ? » — S. Gregor. pap. VII, lib. 8, epist. 21 ad Herimann. episcop. metens. apud Labbe, concil. t. 10, p. 269.

(¹) Beno, card, archipresb. in fascicul. rer. expetend. f° 42 verso.

Ce service lui valut le rang de cardinal archidiacre, et assez de pouvoir pour qu'il osât, deux ans après, faire le premier essai de ses forces contre la redoutable puissance des maîtres de Rome, en plaçant sur la chaire de saint Pierre l'évêque de Lucques, sous le nom d'Alexandre II. Là nouveau pape, craignant d'attirer sur sa tête la vengeance de la cour, voulut obtenir son consentement ou renoncer au siége de Rome en cas de refus; mais Hildebrand s'opposa à cette démarche pusillanime, et afin d'empêcher que la faiblesse d'Alexandre ne le fît succomber dans cette lutte inégale, il se rendit entièrement maître de la personne du pontife, le violenta pour mieux le disposer à l'obéissance et s'empara des revenus de l'église, ne laissant au pape, pour son entretien journalier, que cinq sols, monnaie de Lucques (¹). Son opposition hardie et soutenue à la volonté expresse des empereurs fut couronnée pour l'église d'un plein succès, puisque les chefs de la monarchie latine restèrent à jamais privés du droit dont avaient joui un si grand nombre de leurs prédécesseurs, tant grecs que français et allemands : elle fut funeste à plusieurs générations d'hommes, en excitant la guerre de cinquante ans pour les investitures ecclésiastiques, et la guerre plus terrible qui, pendant plus d'un siècle, fit ruisseler le sang des chrétiens pour les querelles ambitieuses entre le sacerdoce et l'empire (²).

(¹) Beno, card. in fascicul. rer. expetend. fol. 13.

(²) On nous reprochera, sans doute, de passer ici sous silence les sanglantes factions des guelfes et des gibelins ; mais qu'on veuille bien

Nous avons dit comment Cadaloüs, pape de la cour, fut enfin sacrifié par politique au pape des Romains et d'Hildebrand; et comment celui-ci soutint les prétentions de l'église dans le concile tenu, pour la forme, par l'archevêque de Cologne, au sujet de la réconciliation des deux puissances. Placé sur les degrés du trône, déjà Hildebrand dirigeait toutes les actions de celui qui l'occupait sous son égide. Pierre Damien, dans des épigrammes que le cardinal Baronius ne fait pas difficulté de rapporter, dit : « qu'il fallait, de son temps, servir le pape et adorer le cardinal, parce que, si Hildebrand avait fait un souverain pontife d'Alexandre, Alexandre avait fait un dieu d'Hildebrand. » Il ajoute « que, vivant à Rome à cette époque, chacun était libre d'obéir au pape, son maître, mais qu'il fallait de toute nécessité que tout le monde obéît au maître du pape (¹). » Cependant, ce n'était là qu'un essai de la puissance suprême : le caractère entier et immuable d'Hildebrand ne devait se déployer complètement que, lorsque avec le nom de Grégoire VII, il aurait pris lui-même un sceptre dont il s'exagérait si fort les prérogatives.

Pendant treize ans que siégea Grégoire, l'affaire qui l'occupa principalement ce furent ses différends avec l'empereur Henri IV, au sujet des investitures, diffé-

réfléchir qu'elles n'ont pas une origine aussi immédiate que la guerre des investitures et celle entre le sacerdoce et l'empire, dans la doctrine de Grégoire VII, dont les conséquences d'ailleurs n'éclatent déjà que trop aux yeux du lecteur. Nous parlerons de ces factions au 5ᵉ livre.

(¹) Baron. in annal. eccl. ad ann. 1061, n. 34 et 35 t. 17, p. 194.

rends qui entraînèrent le sacerdoce dans toute espèce
d'excès. On entendait par investitures le droit de confirmer les élections ecclésiastiques; et ce droit appartenait aux princes, depuis que le haut clergé formait
une partie intégrante de l'état et même de la hiérar-
chie gouvernementale. D'après l'ancienne discipline
de l'église, les clercs et le peuple continuaient encore
à élire leurs pasteurs (¹); les moines élisaient leurs
abbés. Mais les abbés et les évêques avaient cessé
d'être des personnages purement ecclésiastiques : ils
étaient grands propriétaires; ils possédaient des juridictions et des priviléges; ils étaient, en un mot, devenus membres de l'aristocratie féodale. Dès lors, les
souverains jugèrent nécessaire d'examiner les qualités
qui pouvaient les rendre utiles ou nuisibles à la marche
du gouvernement, et de les attacher, au moins par les
liens de la reconnaissance, au chef suprême de l'état.
On ne peut se dissimuler que d'un principe aussi ratio-
nel il ne découlât bientôt plusieurs abus. Au lieu d'une
simple ratification ou improbation du sujet proposé,
les princes s'attribuèrent l'élection des dignitaires de
l'église : ils firent plus, ils vendirent leurs suffrages;
et les siéges les plus éminens furent remplis par des
évêques, dont le seul mérite consistait à avoir payé la
faveur de la cour.

Ce ne furent cependant pas les élections des évêques
qui donnèrent le signal de la guerre entre l'empereur
et le pape; ce fut le droit que prétendait avoir le pre-

(¹) Voyez, sur les élections des évêques, la note supplémentaire à la
fin du chapitre.

rémunant les conventions fussent religieusement obser-
vées. Ces ambassadeurs furent reçus avec pompe par
le pontife suprême; et, lorsque les négociations furent
terminées, Serge, en signe de bonne intelligence, oi-
gnit Louis, comme roi des Lombards, et le ceignit de
l'épée (¹).

De ces exemples particuliers, nous passerons aux
lois générales, portées par l'église et par son chef, afin
qu'elles leur servissent de règles constantes. Telles
sont le décret du concile de Rome présidé par le pape
Jean IX (898); celui publié dans la même ville (1047),
par Clément II; et enfin le décret que Nicolas II sous-
crivit à Saint-Jean-de-Latran, avec les cent treize
évêques qui y étaient assemblés (1059). Le premier
de ces trois canons, qui fut intitulé *rite canonique*,
ordonna qu'on ne pourrait plus désormais consacrer
un pape sans le consentement de l'empereur régnant,
et sans attendre la présence de ses ministres. Le concile de Clément II fut plus positif encore : pour, y
est-il dit, remédier aux désordres et aux maux qui,
depuis plus d'un siècle, souillaient et troublaient le
siége, sinon le plus respectable, au moins le plus
respecté de l'église occidentale, il obligea le clergé
et le peuple romain à consulter les empereurs,
non seulement pour la confirmation du pape désigné,
mais encore pour l'élection même du souverain pontife (²). Le cardinal Pierre Damien nous apprend, à

(¹) Annal. Francor. bertinian. ad. ann. 844, apud Duchesne, t. 3,
p. 200.

(²) Labbe, concil. cap. 10, t. 9, p. 55. — Gratian. décret. part. 1,

cette occasion, que la simonie avait été jusqu'alors le
seul moyen dont s'étaient servi les prêtres qui voulaient parvenir à s'asseoir sur la chaire de saint Pierre,
et les présens, le seul mobile qui décidât les électeurs
à les y placer. Il ne croit pas pouvoir assez louer
Henri III, qui a rendu à l'église toute sa pureté, en
s'appropriant une prérogative dont les Romains ne savaient plus se servir que pour en abuser. « C'est Dieu
lui-même, ajoute-t-il, qui a voulu honorer cet empereur plus encore qu'il n'avait honoré ses prédécesseurs,
en lui accordant le beau privilége de régler les affaires
de l'église d'après sa seule volonté, et en ôtant à tout
autre qu'à lui le droit de donner un chef à la catholicité. » Nicolas II profita de la minorité de Henri IV et
de la faiblesse de la cour impériale pour restreindre
ce privilége : son concile de Latran rendit l'élection
des papes aux cardinaux, au clergé et au peuple de
Rome; mais l'approbation de l'empereur fut toujours
jugée indispensable. Seulement, on appela, pour la
première fois, cette ancienne coutume une concession
personnelle, faite par le saint-siége au jeune Henri; et
le décret fut confirmé par les plus horribles imprécations contre quiconque aurait osé l'enfreindre (¹).

distinct. 63, cap. 28, *Quia sancta romana ecclesia*, p. 433; (cum gloss.
Gregor. XIII, pont. max). — S. Petr. Damian. opuscul. 6, cap. 27 et
36, t. 3, p. 54 et 59.

(¹) Labbe, concil. t. 9, p. 1104. — Decret. Nicol. pap. II, in chron.
monast. farfens. rer. ital. t. 2, part. 2, p. 645. — Decret. Gratian. part.
1, dist. 23, cap. 1, *In nomine Domini*, p. 135.

On condamna celui qui aurait violé le décret pontifical, comme un
antéchrist et un destructeur de toute la chrétienté, à l'anathème per-

Il est à remarquer que, vingt-cinq ans après, Didier, abbé de Mont-Cassin (qui devint pape, sous le nom de Victor III), se trouvant à la cour de Henri IV, soutint une dispute très vive au sujet de la loi que nous venons de rapporter. Guibert, archevêque de Ravenne, autrement appelé Clément III, pape, et l'évêque d'Ostie, attaché au parti de Grégoire VII, rival de ce Clément, approuvaient, mais dans des vues différentes, ce qu'avait établi Nicolas II. Didier combattit leur opinion avec chaleur. Le pape et l'évêque, son adversaire, opposaient à Didier l'autorité d'un souverain pontife, de plus de cent évêques et du zélé cardinal Hildebrand lui-même. L'abbé répondit : « qu'aucun archidiacre, aucun évêque, aucun cardinal, enfin aucun pape ne pouvait légalement introduire un pareil abus dans la discipline; que si Nicolas l'avait fait, c'était erronément et injustement ; et que cette faute était tout individuelle et ne devait en aucune manière faire perdre à l'église sa dignité et ses droits (¹).

pétuel, dont l'usage était très fréquent à cette époque; on lui défendit de ressusciter avec les élus; on le soumit à la colère de Dieu et des apôtres saint Pierre et saint Paul, pour cette vie et pour l'autre; on voulut que son habitation fût déserte, que ses enfans fussent orphelins et sa femme veuve; qu'il errât avec ses fils et ses filles pour mendier le pain de l'aumône; que les usuriers s'emparassent de ses biens et que des étrangers profitassent de ses œuvres; que la terre entière combattît contre lui, et que les élémens lui fussent contraires; que les mérites de tous les saints servissent à le confondre, etc. : ceux qui auraient observé le décret de Nicolas devaient, pour cela seul, être absous de tous leurs péchés. » — Voyez la 2e note supplémentaire du chap. 4, liv. 6 de cette partie, sur les formules d'excommunication.

(¹) Petr. diacon. chron. cassinens. l. 3, cap. 50, rer. ital. t. 4, p. 467.

On pourrait opposer, outre cela, au décret de Nicolas II en faveur de l'empereur celui de la cour impériale et du concile de Bâle qui, comme nous l'avons déjà vu, condamnèrent et cassèrent tous les actes de Nicolas, immédiatement après la mort de ce pape([).
Il est cependant à supposer qu'on n'entendit par ces actes que ceux qui blessaient les droits de la couronne et ce qu'on appelait la majesté du trône ; sans quoi, il faudrait également croire que les évêques d'Allemagne eussent infirmé les décisions prises par Nicolas, pour établir le dogme de la présence réelle contre Bérenger, et pour empêcher la simonie et le mariage des prêtres (²) ; ce qui serait absurde. L'impartialité que nous nous sommes imposée comme loi suprême, nous fait aussi rejeter les canons du concile de Rome, sous Léon VIII (964). Ces canons, tous également favorables à l'autorité temporelle et spirituelle des empereurs, ont été jugés apocryphes par le cardinal Baronius, le P. Pagi, Muratori, etc. L'annaliste ecclésiastique rapporte en son entier la constitution par laquelle Othon-le-Grand et ses successeurs acquéraient à perpétuité le droit d'élire et de faire ordonner les papes, d'investir et de faire consacrer les archevêques et les évêques, sans que qui que ce fût pût élire ces papes et ces prélats, ou confirmer leur élection, sous peine d'excommunication, d'exil, et enfin du dernier supplice, à moins d'en avoir obtenu l'autorisation du

---

(¹) S. Petr. Damian. opuscul. 4, t. 3, p. 27. — Partie 1, livre 1, ch. 3 de cette Époque, p. 43.

(²) Voy. partie 2, livre 2, ch. 2 ; et livre 6, ch. 1 de cette Époque, t. 6 et 7.

même Othon ou de ses successeurs; ce droit, ajoute le document ecclésiastique, avait déjà été accordé à Charlemagne par le pape Adrien ( ). Baronius nie l'authenticité de cet acte, et juge qu'il n'aurait pas fallu l'admettre, quand même il eût réellement existé, puisqu'un faux pape en était l'auteur. Nous démontrerons, dans la seconde partie de cet ouvrage, que le savant cardinal est peu fondé dans cette objection ([2]).

(¹) Dans la chronique de Jordan, on lit que Léon VIII, du consentement des cardinaux, du clergé et du peuple romain, restitua à l'empereur tout ce que l'église tenait des largesses de Justinien, d'Aripert, de Pépin et de Charlemagne.

Le lecteur qui voudrait d'autres preuves encore du droit qu'avaient les empereurs et patrices de Rome à l'élection ou à la confirmation de l'élection des papes, peut consulter : Theodor. de Niem, privileg. et jur. impeiii, apud Simon. Schardium, de jurisdict. imperiali et potestate eccles. p. 785 ad 859. — Petr. De Marca, de concord. sacerdot. et imper. l. 8, cap. 19, § 6, p. 1282. — Marc. Anton. de Domin. de republ. eccles. l. 4, cap. 11, § 19 ad 45, p. 733 et seq. — Conring. de constitut. episcop. German. in academ. exercit. de republ. imp. German. t. 17, etc.

(²) Chron. reicherspergens. a Christ. Gewold. edit. ad ann. 957, p. 130. — Gratiani decret. part. 1, distinct. 63, cap. 22, *Hadrianus papa*, et cap. 23, *In synodo*, p. 429. — Baron. in annal. eccl. ad ann. 964, n. 22, t. 16, p. 148. — Excerpt. ex chron. Jordani, cap. 249, part. 2, p. 953, et part. 7, p. 956, in antiquit. ital. med. ævi, t. 4.

NOTE SUPPLÉMENTAIRE.

Élections des évêques.

Lorsque, sous Alexandre III, l'élection des papes fut dévolue au collége des cardinaux, celle des évêques le fut également aux chapitres des chanoines, à l'exclusion du reste du clergé. Dès lors les différends qui surgirent, tant sur le fond que sur la forme, à l'occasion de ces élections, furent déférés et jugés à Rome, ce qui bientôt rendit tous les évêchés dépendans du saint siège. Cependant il y avait encore loin de là aux réserves à établir sur toutes les nominations. Une police ecclésiastique de douze siècles s'y opposait même impérieusement. Cependant les papes découvrirent que souvent leurs prédécesseurs avaient recommandé des sujets qui leur paraissaient propres à bien desservir les bénéfices vacans, et que les collateurs de ces bénéfices avaient presque toujours eu égard à leur entremise. Ils profitèrent de cette circonstance et de la déférence toujours croissante des peuples pour le saint-siège, et ils multiplièrent leurs recommandations, auxquelles néanmoins ils conservèrent l'humble forme de prières envers des égaux (*rogantes fraternitatem tuam;..... rogare non dubitamus;..... rogantes intensius*). L'ordre se glissa bientôt à côté de la prière; on ordonna en priant ou réciproquement (*rogantes et mandantes,.... rogando mandantes,.... monentes atque mandantes*).

Enfin, d'après la doctrine de jour en jour plus répandue des curialistes pontificaux qui soutenaient que tout désir d'un pape équivaut à une loi, et que ne pas y déférer c'est s'exposer à la mort éternelle, la prière fut enfin éliminée pour ne laisser que l'ordre tout sec et tout court (*per apostolica scripta mandamus,.... mandando præcipimus*) : il n'y eut bientôt plus que des ordres de pourvoir (*mandata de providendo*). Lorsque ces ordres rencontrèrent des collateurs rebelles, le saint-siège passa aux avis ou monitoires (*literæ monitoriæ*) et aux ordres (*literæ præceptoriæ*). On avait dans l'origine l'habitude d'en envoyer trois successivement; mais cela était trop long, et on ne tarda pas à employer une seule lettre définitive (*literæ peremptoriæ*). On y ajouta un mandat d'exécution (*edictum executoriale*); et on eut un exécuteur apostolique *in partibus*, nommé *ad hoc*; et les censures apostoliques ne manquèrent pas aux contumaces.

Des *mandata* on parvint sans peine aux expectatives, au moyen des ordres de pourvoir à des bénéfices non encore vacans. Et les expectatives applanirent la route pour arriver aux réserves, d'abord particulières,

puis générales; au commencement, pour les seuls bénéfices vacans par
la mort du bénéficiaire en cour de Rome (*per orbitum*), dans la suite
pour tous ceux qui y vaquaient par toute autre espèce de cause.

Avant Jean XXII, déjà Clement IV avait posé les bases de la spéculation pontificale des réserves. Invoquant à cet effet l'ancienne coutume
dont nous avons parlé, il fonda sur elle le nouvel abus qu'il voulait introduire dans le régime ecclésiastique, et il attribua au saint-siége la
nomination à tous les bénéfices vacans par la mort du titulaire en cour
de Rome (1190). Honorius III, quelque temps après, pour régulariser
un ensemble d'opérations lucratives qui menaçaient de manquer faute
d'ordre, institua le collége de la chancellerie apostolique. Cependant,
il priait encore plus qu'il n'exigeait; car son légat en Angleterre solli-
cita auprès du roi la réserve de deux prébendes par églises, afin de venir
au secours de l'église romaine, dont, disait-il, l'extrème pauvreté donnait lieu à la triviale et scandaleuse accusation, qu'elle n'accordait ni ne
faisait rien si ce n'est pour gagner beaucoup d'argent. A la fin du
treizième siècle, Boniface VIII confirma et étendit l'invention de Clément IV. Clément V comprit expressément parmi les bénéfices réservés
les évêchés et les archevêchés (1306).

Mais le véritable père des réserves est Jean XXII, qui étendit la prérogative papale de manière à prouver qu'il ne craignait, ni d'évaluer en
écus l'opinion religieuse dont il était lui-même l'expression par excel-
lence, ni de l'exploiter dans le sens le plus large. Il se réserva tous les
bénéfices de la chrétienté, évêchés, archevêchés et autres, ainsi que
toutes les dignités ecclésiastiques d'un revenu annuel de plus de dix florins d'or, vacans par mort naturelle ou fictive, c'est-à-dire par déposition, privation, cession, description, élection, réprobation, translation, collation, consécration et bénédiction. Ses successeurs n'eurent
que quelques perfections de détails à ajouter à cette disposition, pour
qu'elle fût digne de tenir une des places les plus distinguées parmi les
règles de la chancellerie romaine. —Corp. jur. can. sext. decretal. l. 3,
tit. 4, cap. 2, *de præbend. et dignit.* t. 2, p. 343; extravag. *Execrabilis*,
Joann. XXII, tit. 3, *de præbend.* cap. 1, p. 379; extravag. commun.
Etsi in temporalium, l. 3, tit. 2, cap. 3, *de præbend.* p. 401. — Raynald. annal. eccles. ad ann. 1322, n. 4, t. 24, p. 181. — Muratori, antiq. ital. med. ævi, dissertat. 12, t. 1. p. 707 et 708. — Matth. Paris. in
concil. westmonaster. apud Labbe, t. 11, part. 1, p. 303. — L. Thomassin. de vet. et nov. eccles. disciplin. part. 2, l. 1, cap. 43, n. 2 et seq.
t. 2, p. 121.

Cette légalisation, ou, pour mieux dire, canonisation audacieuse de
la cupidité sacerdotale, rencontra au commencement l'opposition la plus
vive. La très catholique Angleterre donna le signal de la résistance.

Édouard III, poussé par son parlement, écrivit directement au pape, lui mandant que, puisque c'était exclusivement aux rois ses prédécesseurs et aux grands du royaume que l'église d'Angleterre devait son existence, son lustre et ses richesses, il ne souffrirait pas que cette dotation toute nationale passât, au moyen des réserves et collations pontificales, entre les mains de personnes étrangères, non résidant au bénéfice, le plus souvent indignes d'en jouir, et ignorant jusqu'à la langue du peuple qu'elles étaient appelées à instruire et à édifier ; ce qui avait pour conséquence nécessaire la perte des ames et la ruine des églises, qui s'écroulaient faute d'entretien. En conséquence, il demandait le rétablissement des élections libres par le clergé et par le peuple. Le pape ne tint aucun compte de ces réclamations. Le roi alors fit arrêter et chasser de ses états les procureurs de deux cardinaux que ce pape (Clément VI) avait pourvus en Angleterre ; et le royaume allait être excommunié et mis sous interdit, si Innocent VI ne fût monté sur le trône pontifical. Il eut le bon esprit de surseoir à ce que les prétentions de son prédécesseur avaient trahi de trop excessif. — Raynald. annal. eccles. ad ann. 1343, n. 90, t. 25, p. 339 ; ad ann. 1352, n. 17, p. 562. — Fleury, hist. ecclés. l. 95, ch. 18, t. 20, p. 42 ; ch. 22, p. 50.

Il y a une comparaison curieuse à faire entre le régime féodal sur lequel à cette époque s'appuyait la société humaine, et le régime bénéficiaire qu'organisa la société ecclésiastique. Sous ces deux ordres de choses, le bénéfice était une récompense pour services rendus à celui qui le conférait, et une obligation contractée de continuer à le bien et fidèlement servir. Rome, centre unique de l'opinion universelle ou catholique, constitua tous les bénéfices en fiefs de sa monarchie spirituelle, et ne les distribua exclusivement qu'à ceux qui avaient combattu et promettaient de combattre toujours sous ses drapeaux et pour son avantage. Elle créa des emplois et des dignités dans le seul but de tout régler, gouverner, accaparer et monopoliser, par elle et pour elle : de là sa jurisprudence ecclésiastique toute féodale, et parfaitement en harmonie avec la féodalité de sa cour. Une autre conséquence de ce système, ce fut le serment de fidélité imposé aux bénéficiaires. Celui que les évêques furent tenus de prêter selon la formule grégorienne, du moment que toutes les églises furent dévolues au saint-siége, et qu'aucun titulaire ne put entrer en possession si ce n'est nommé, ou du moins approuvé, agréé, confirmé ou institué par le pape, contient l'article suivant : « J'observerai les décrets, les promotions, les réserves, les provisions et les ordres apostoliques ; et je contribuerai de tout mon pouvoir à les faire observer par les autres : j'attaquerai et je poursuivrai de toutes mes forces les hérétiques, les schismatiques et les rebelles à l'autorité du pape, notre seigneur, et de ses successeurs. »

Dans l'origine, les dons faits à l'église avaient été, dans l'intention des bienfaiteurs, des aumônes destinées aux pauvres. L'église qui divisa ses revenus en bénéfices, les confia aux bénéficiaires qui, tout en vivant sur leurs produits, n'étaient cependant en réalité que les administrateurs du bien des pauvres. Mais bientôt ces intendans ecclésiastiques devinrent les vrais et seuls propriétaires, aux dépens des pauvres qui demeurèrent dépouillés de leurs droits.

Dans l'origine aussi, toute ordination donnait droit à un bénéfice pour le soutien du clerc auquel étaient imposés des devoirs dont le revenu dudit bénéfice était le salaire et la récompense. Peu à peu et à mesure que les papes voulurent tout régler arbitrairement dans l'église, afin de pouvoir toujours faire tourner les circonstances à leur propre profit exclusivement, il y eut des ordinations sans collation de bénéfices, et des bénéfices conférés sans imposition de devoirs d'aucune espèce; c'est-à-dire qu'il y eut des prêtres sans bénéfices, que Rome multiplia à l'infini, parce que cela augmentait au moins le personnel de son armée ecclésiastique, sans lui coûter ni mise de fonds, ni emploi de crédit; et il y eut des prêtres cumulant faveurs et bénéfices. Les premiers étaient nécessairement pauvres, et par conséquent entièrement à charge des fidèles, déjà chargés de l'entretien des pauvres dont l'église s'était approprié le patrimoine, ainsi que de ceux qui s'étaient appauvris pour composer ce patrimoine finalement tombé entre les mains du clergé; pour exciter la générosité des dévots, ces espèces de mendians privilégiés exploitèrent, autant que possible, l'opinion du rachat des ames du purgatoire, qui les aida à leur faire gagner leur triste vie. Quant aux bénéficiaires réels, leur unique obligation fut de réciter le bréviaire auquel on donna le nom d'*office*, afin de pouvoir motiver la collation du bénéfice sur une charge, un devoir, un office quelconque, en remplacement des œuvres pies et de l'instruction des fidèles qui étaient les vrais devoirs des intendans des malheureux.

Tous les écrivains impartiaux de l'église s'accordent à dire que les réserves furent une des principales causes de la longue durée du grand schisme d'Occident, qui pendant plus de quarante ans déchira l'église et scandalisa les fidèles. Les papes de Rome et ceux d'Avignon se faisaient des partisans en prodiguant les bénéfices ecclésiastiques, au moyen des inventions nouvelles de la cour apostolique en matière bénéficiale, entre autres des *unions personnelles et perpétuelles*, des regrès, des commanderies, de la *pluralité en une seule personne*, de la distinction en compatibles et incompatibles, des *bénéfices sans office*, des pensions, etc., etc. « Qu'on mette un terme, dit le savant Gerson, aux abus, ou plutôt aux violences, aux vols manifestes et aux extorsions de la chambre apostolique; qu'on abolisse à jamais ses règles *pestifères*, ses censures, ses excommunications et ses destitutions. Qu'on révoque les commanderies, les incorporations et les unions des églises, et les dispenses qui permettent à la rapacité de jouir à la fois de deux ou de trois bénéfices incompatibles. »

Le concile de Constance (1417) ordonna péremptoirement au pape futur, comme nous le verrons plus loin (part. 2, liv. 4, chap. 5, tome 6), d'abolir les annates et les réserves : ce dont Martin V ne tint aucun compte. Celui de Bâle (1435) fit plus (part. 1, liv. 7, chap. 2, tome 4) : il abolit lui-même, dans sa vingt-troisième session, toutes les réserves quelconques, tant spéciales que générales.— Concil. constant. sess. 40, apud Labbe, t. 12, p. 243 ; concil. basileens. sess. 23, cap. 6, p. 566. — J. Gerson. de mod. uniend. ac reform. eccles. t. 2, p. 201. —Cl. Espenc. in epist. Paul. ad Titum, cap. 1, digr. 2, p. 479.

Nicolas V, une fois délivré de toute crainte de schisme et d'opposition, regarda les réformes opérées par les représentans de l'église universelle comme non avenues, et continua, à l'exemple de ses prédécesseurs sur le siége apostolique, à tirer le plus de parti possible des ressources qu'ils avaient créées au moyen de l'opinion imposée comme article de foi, savoir, que la disposition arbitraire et absolue de toutes les églises et de tous les bénéfices appartient de droit divin au saint-siége et au pontife romain.

Les *Taxæ cancellariæ apostolicæ et taxæ sacræ pœnitentiariæ* furent publiées à Rome, chez Marcel Alber, 1514 ; l'année suivante elles furent réimprimées par Golino Golini, à Cologne, où elles parurent de nouveau en 1523 ; Toussains Denis les publia à Paris (1520) ; et elles furent insérées dans l'*Oceanus juris* de Venise, tome 6 (1533) et tome 15 (1584), ainsi que dans le supplément à la collection des conciles par le P. Memfi (tome 6). Laurent Banck a, sur ces différentes éditions, publié la sienne avec des notes, à Franeker, en 1651.

Nous y remarquons :

Indult pour célébrer dans des églises non consacrées, un florin.

Indult pour célébrer hors des églises, deux florins et demi.

Indult pour marier sans publication de bans, à la discrétion du suppliant.

Indult pour faire gras les jours défendus, deux florins.

Pour la confirmation des testamens, par cent florins, six florins.

Le docte théologien Claude d'Espence dit à propos de ce tarif : « Il est encore là et il s'offre lui-même aux amateurs comme une courtisane, le livre publiquement imprimé ici (à Paris) et encore aujourd'hui comme autrefois à vendre, intitulé : *Taxes de la chambre ou de la chancellerie apostolique*, dans lequel on peut se former aux crimes de toute espèce mieux que dans tous les traités de tous les professeurs de vices : on y

propose pour de l'argent la permission d'en commettre plusieurs, et
l'absolution pour tous ceux qui ont été commis (*prostat et in questa pro
meretrice sedet* liber palam ac publice hic impressus, et hodieque ut
olim vænalis : *Taxæ cameræ seu cancellariæ apostolicæ* inscriptus, in
quo plus scelerum discas licet, quam in omnibus omnium vitiorum
summistis et summariis; et plurimis quidem licentia, omnibus autem
absolutio empturientibus proposita).

Nous ne terminerons pas cette note sans dire que, vers la fin du dix-
septième siècle, le pape Innocent XI, plus scrupuleux que ses prédécesseurs, soumit à quatre théologiens renommés la question suivante :
« Quel droit a le pontife romain sur les biens de l'église, et que peut-
il en donner à ses neveux ? »

Ils répondirent : « Les biens de l'église appartiennent aux pauvres;
en conséquence, le pontife romain ne peut en prendre que ce qui lui
est nécessaire pour vivre frugalement, c'est-à-dire moins d'un écu d'or
d'Espagne par jour : quant à ses neveux, ils n'ont pas même droit à une
obole. » Ils ajoutèrent : « Les actes iniques des prédécesseurs d'un pape
ne servent pas d'excuse à celui-ci s'il les imite; c'est d'après les lois justes
et non sur de mauvais exemples qu'il faut régler sa conduite et sa vie :
chacun devra rendre compte au tribunal suprême de ses propres actions. »

Voyez : Collezione di scritture di regia giurisdizione, n. 9, t. 3, p. 177
e seg.; n. 18, t. 7, p. 119 e seg. — Et en outre, le Corps de droit
canon, les Règles de la chancellerie, Cl. d'Espence (in epistol. Paul. ad
Titum, cap. 1, digr. 2, p. 479), Gerson, le P. Thomassin, etc., etc.

CHAPITRE II.

Prétentions de Grégoire à un double despotisme. — Sa lutte contre les grands à Rome. — Il condamne les investitures. — Plaintes de l'empereur. — Henri IV fait excommunier Grégoire VII. — Tumulte au concile de Rome. — Le pape excommunie l'empereur et le dépose. — Les prétentions du sacerdoce ajoutent un nouveau motif de divisions et de haines à ceux déjà existans dans la société. — Isidore Mercator. — Fausses décrétales. — Évidence de leur fausseté. — Privilège supposé de l'abbaye de Saint-Médard.

A peine monté sur la chaire pontificale, Grégoire VII cessa de dissimuler l'audace et la raideur de son caractère (¹) : tout entier à ses vastes projets d'une théocratie universelle, qui élèverait le saint-siège au dessus de tous les trônes de la chrétienté, il n'y eut aucun des princes, ses contemporains, qu'il ne prétendît soumettre à sa puissance (²); il saisit, de la même main, les rênes de l'église et ses foudres, et il ne déposa plus les dernières jusqu'à sa mort, malgré les malheurs que lui attira, dès le commencement, le fréquent emploi qu'il en fit. L'an 1075, il tint son se-

(¹) Grégoire a été accusé par quelques auteurs de s'être fait élire par une faction de laïques, immédiatement après la mort d'Alexandre II (malgré les canons qui défendaient ces élections précipitées), et au moyen de grosses sommes d'argent, répandues parmi le peuple, ce qui fut cause que plusieurs cardinaux l'abandonnèrent. — Benno, in fascicul. rer. expetend. fol. 39 verso. — Benzon. episcop. alb. l. 7, cap. 2, apud Mencken. t. 1, p. 1065. — Theodoric. virdunens. episcop. ad Gregor. VII epist. apud Martène, thesaur. anecdot. t. 1, p. 217.

(²) Le lecteur peut consulter, au sujet des prétentions de Grégoire sur l'empire des Grecs, la France, l'Angleterre, l'Espagne, le royaume de Naples, la Sardaigne, la Russie, la Dalmatie, la Bohème, la Hongrie, la Pologne, etc., etc., le recueil des lettres de ce pape, imprimées dans la Collection des conciles, du P. Labbe. t. 10.

ı Rome, où, pour la première fois,
ɛs solennellement aux princes séculiers,
ɛcommunication, les investitures ecclé-
la crosse et l'anneau, et où l'anathème
suspendu sur la tête des conseillers des
eviendraient à la loi nouvelle. Tous les
étiens, sans exception, étaient ainsi,
, froissés par Grégoire; mais le jeune
Romains et chef civil de la république
ut l'attaque plus directement dirigée
it étroitement lié avec Robert Guiscard,
ɛ, déjà deux fois excommunié par le
ɛ à cause de ces liaisons mêmes. Robert
si une correspondance suivie avec Cen-
enne, préfet de Rome. Grégoire, ja-
sance de Cencius et de son amitié pour
ɛvêque de Ravenne, qui déjà faisait
ıntife romain, menaça plusieurs fois le
ɛ toute sa colère, et finit par le frapper
uel : il paraît même qu'il ne se contenta
ne canonique, et qu'il accompagna son
on des traitemens les plus durs (').
par les auteurs ecclésiastiques « le fils
ı, pour qui les parjures, la fraude, la
ıison, les meurtres, n'étaient que des
ɛs voleurs, le bouclier des faussaires,
ɛres, le casque des assassins : » Cen-

. collect. t. 10, p. 344. — Arnulph. hist. mediolan.
l. t. 4, p. 38. — Beno, card. in fascicul. rer. ex-

cius, disons-nous, ne tarda pas à se venger. Il surprit le pape à l'autel même où il disait la messe, le traîna par les cheveux hors de l'église, et l'enferma dans une des forteresses de sa famille (*). Quoique Grégoire fût bientôt délivré de ce péril par ses partisans, il avait néanmoins couru risque de la vie; mais il ne devint pour cela ni plus modéré ni plus prudent.

Décidé d'en finir avec les investitures ecclésiastiques, et ne songeant qu'aux moyens les plus prompts et les plus sûrs de les enlever entièrement aux princes, il commença par prendre corps à corps l'ennemi le plus redoutable qu'il crût avoir à combattre en cette circonstance, persuadé du succès le plus complet, s'il pouvait remporter la victoire dans cette première lutte. Il écrivit plusieurs lettres à l'empereur (*), se plaignit de la nomination à quelques évêchés, et fit menacer Henri de l'excommunication, s'il ne changeait au plus tôt de conduite. Les légats de Grégoire, chargés de cette dangereuse commission en Allemagne, ainsi que de citer le jeune empereur à Rome, pour s'y justifier, devant le pape, des accusations intentées contre lui, ne furent pas punis : on se contenta de les chasser hon-

---

(*) Pandulph. pisan. et card. de Aragon. in vit. S. Gregorii pap. VII rer. ital. part. 1, t. 3, p. 305. — Lambert schafnaburgens. chron. ad ann. 1075 , apud Pistor. t. 1, p. 403. — Paul. bernriedens. vit. S. Gregorii VII, cap. 50 , apud Mabillon. act. sanct. ordin. S. Benedict. sæcul. VI, part. 2, p. 424.

(2) Dorénavant nous appellerons Henri IV du nom d'empereur, puisqu'il ne lui manquait, pour porter ce titre, que le vaine cérémonie du couronnement à Rome, qu'il était déjà élu de la considération unanime, roi d'Italie et patrice des Romains.

teusement de la cour ; mais Henri voulut mettre un terme à cet état de choses, et il indiqua une diète à Worms ([1]). Il est à présumer, cependant, qu'il tenta les voies de la douceur, avant d'en venir à quelque extrémité fâcheuse, comme une de ses lettres à Hannon, archevêque de Cologne, nous le fait supposer : cette même lettre nous apprend l'inutilité de ses efforts pour conserver la paix entre le sacerdoce et l'empire. Henri se plaint d'abord de l'usurpation du faux moine Hildebrand (ce sont ses expressions), et de ce que le pontife intrus n'a pas encore cessé, depuis son élection, d'exciter en tous lieux les troubles et la discorde. « Toute sa fureur provient, dit l'empereur, de ce que je ne veux reconnaître ma couronne que de Dieu seul, et non de lui : il menace, pour cela, de me priver du trône et de perdre mon ame. Non content de ces outrages, il invente journellement de nouveaux prétextes pour me couvrir de honte et d'ignominie. Je ne puis exprimer avec quelle indignité il a traité les ministres que je lui avais envoyés ; avec quelle cruauté il les a plongés dans des cachots ; comment il leur y a fait souffrir tous les maux, la nudité, le froid, la faim, la soif, les coups mêmes ; et comment, enfin, il les a promenés honteusement par la ville, pour les exposer aux insultes de la populace. » Henri termine sa lettre par inviter Hannon à se rendre à la diète de Worms ([2]).

([1]) S. Gregor. pap. VII, l. 3, epist. 10, apud Labbe, concil. t. 10, p. 137 et alibi. — Lambert. schafnaburg. loc. cit.

([2]) Henr. IV, imp. epist. ad Annon. archiep. colon. apud Urstis.

Les évêques et les abbés y accoururent de toutes les
parties de l'empire. Le cardinal Hugues-le-Blanc, ennemi du pape, s'y présenta également pour demander,
au nom du sénat romain et de ses collègues, l'élection
d'un pontife légitime; et, sur ses dépositions et celles
de Guillaume, archevêque de Trèves, tous deux également opposés à Grégoire, celui-ci fut déclaré coupable
de toutes sortes de scélératesses, et accablé d'injures,
sous les qualifications d'hérétique, d'adultère et de sanguinaire : on lui reprocha d'avoir fait le bien ou le
mal, selon ses intérêts, d'avoir ajouté de nouveaux
dogmes à la sainte philosophie, d'avoir interprété les
écritures dans le sens qui lui offrait le plus d'avantage, et de s'être montré, dans la même cause, ac-
cusateur, juge et ennemi : on le déclara convaincu d'a-
voir séparé les maris de leurs femmes, d'avoir accordé
la préférence aux concubines sur les épouses légitimes; d'avoir remplacé par les viols, les incestes et
les adultères la chasteté de l'union conjugale (¹); enfin, d'avoir excité la populace contre le clergé, et
traité les affaires ecclésiastiques les plus sacrées dans
un sénat de femmes. Cette sentence fut signée, non seulement par les évêques allemands et français, à Worms,
mais encore par les prélats italiens, à Pavie; et Gré-

German. illustr. histor. t. 1, p. 593. — Bruno, hist. bell. saxon. apud
Marq. Freher. rer. german. script. t. 1, p. 197.

(¹) Les pères de Worms entendent parler ici du mariage des prêtres,
que Grégoire VII réprouva, ce qui fit prendre à ceux-ci des concubines
et violer la chasteté des liens conjugaux des laïques; ils font allusion au
mépris que Grégoire inspira au peuple pour le clergé marié. — Voyez
part. 2, liv. 2 de cette Époque, ch. 4, tome 6.

e fut unànimement excommunié comme faux
ə (¹).

n clerc de Parme, nommé Roland, se chargea de
ifier à Hildebrand les décrets de l'assemblée, et
ui remettre la lettre fulminante que le concile et
ri lui écrivaient pour l'obliger de descendre de la
ire de saint Pierre. Roland arriva à Rome pendant
mps que le pape tenait un synode nombreux dans
asilique de Latran : il alla trouver Grégoire au mi-
de cette réunion, lui présenta la lettre de l'empe-
ʳ, et lui signifia, à haute voix, l'ordre de renoncer
nstant même à la papauté. L'évêque de Porto ne put
ffrir patiemment cette action hardie; il donna le
ial du tumulte, les épées furent tirées de toutes
ts, et Roland se vit au moment d'être massacré par
ilice. Mais ce n'était point là la vengeance que mé-
it Grégoire : il voulut donner une preuve de modé-
on personnelle, au même moment où il faisait l'u-
ə le plus excessif de son pouvoir pontifical. Et
t, le pape, après avoir sauvé la vie à Roland, pro-
ıça devant les pères un discours plein d'expres-
is de magnanimité et de douceur : il prouva que
ministres de l'église ne devaient pas cesser d'être
ulgens et bons, quoique le précurseur de l'ante-
ist fût entré dans cette église pour en déchirer le
ı. Fort des exemples que lui avaient laissés ses

) Bertold. constant. chron. ad ann. 1076, apud Urstis. t. 1, p. 346.
ıann. Aventin. annal. Bojor. l. 5, cap. 13, n. 52, p. 545. — Sigon.
egno ital. l. 2, in oper. t. 2, p. 563.

prédécesseurs ([1]), il invoqua ensuite tous les saints
serviteurs de Dieu, excommunia Henri IV, le déclara
déchu de ses droits, même de ses droits à l'empire,
et il délia ses sujets des sermens de fidélité qu'ils lui
avaient faits, ou qu'ils seraient dans le cas de devoir
lui faire dans la suite; enfin, il excommunia et déposa
les évêques qui s'étaient spontanément déclarés pour
l'empereur contre le pape, ce qui ne manqua pas,
aux yeux des peuples, d'attirer sur leur tête la vengeance céleste, comme lorsque l'un de ces évêques
mourut peu après de mort subite, sans avoir pu se
faire absoudre. Grégoire annonça sa sentence aux fidèles, et il leur ordonna d'abandonner, non seulement
l'empereur excommunié, mais aussi tous ceux qui ne
l'auraient point abandonné ([2]).

Voilà comment Grégoire donna le premier au monde
chrétien l'exemple, si tristement fertile dans la suite,
de porter le trouble dans la société, de diviser les états
et les peuples, et d'exciter la guerre civile, au nom de
Dieu offensé dans la personne des prêtres, et de la religion violée dans les prérogatives du sacerdoce. A tant

(1) Il est de notoriété et indubitable, disent les actes de saint Grégoire VII, que déjà plusieurs pontifes romains avaient non seulement
excommunié mais aussi déposé des rois et des empereurs, même pour
des causes légères, et qu'ils leur avaient substitué des successeurs. —
Act. S. Gregor. pap. VII, ex MS. Centii, cap. 4, n. 6, in act. sanctor.
die 25 maji, t. 6, p. 149.

(2) Paul. bernriedens. vit. S. Gregor. VII, cap. 69 ad 76, apud Mabillon. sæcul. vi, part. 2, p. 482 et seq. — Bruno, hist. bell. saxon.
p. 200. — S. Gregor. pap. VII constit. 19, *Beate Petre*, t. 3, bullar.
p. 34; const. 20, *Audistis*, p. 35, et const. 27, *Gratias agimus*, p. 38.
—Vita S. Gregor. VII, cap. 4, n. 6, ex Berthold. in act. sanctor. die
25 maji, t. 6, p. 144.

de motifs de discorde et de haine qui jusqu'alors avaient armé les hommes les uns contre les autres, s'ajouta un motif nouveau, celui du fanatisme pour les prétentions des papes, adroitement confondues, et si faciles à confondre dans ces siècles d'ignorance, avec les prétendus droits de saint Pierre, réputé le premier des papes, la doctrine de Jésus, supposée le fondement de ces droits, et la volonté de Dieu, exprimée par la bouche de Jésus, son Verbe et son fils.

Mais sur quelle base Grégoire asseyait-il son système de domination universelle? Quelle était la source de la théocratie cléricale qu'il voulait étendre sur l'Europe? Où avait-il puisé la conscience, la conviction, la foi indispensables pour oser poser la première pierre d'un édifice qu'il faudrait un miracle perpétuel pour soutenir, après qu'il aurait été fondé sur la crédulité et la superstition des hommes, cimenté de larmes et de sang? Dans une fraude pieuse, fruit de la plume ignorante d'un imposteur du huitième siècle.

Isidore Mercator, à qui on attribue communément le recueil des fausses décrétales, vivait précisément à l'époque où l'église occidentale faisait les derniers efforts pour se séparer du patriarcat de l'Orient, et où, libre enfin des contradictions qu'elle avait éprouvées dans ses différends avec les pontifes de Constantinople, elle allait essayer de fonder, avec un nouvel empire, une monarchie nouvelle sur les opinions et les consciences. Isidore considérait déjà les désirs des papes comme l'expression de la volonté de Dieu, à qui tous les moyens doivent paraître bons, pourvu qu'ils conduisent au but qu'il se propose. Il chercha de son côté à y contribuer de tout son pouvoir, et pour cela, il publia, sur le conseil des évêques, à ce qu'il nous dit, une compilation informe de lettres et de décrets des premiers papes de l'église, depuis saint Clément jusqu'à saint Sylvestre, compilation qu'il plaça immédiatement après les canons des apôtres, et qui n'est plus connu maintenant que sous le nom de *fausses décrétales.* Le style dans lequel elles sont conçues; les lieux communs qui les déparent; les passages de saint Léon et de saint Grégoire, cités par des papes morts avant la naissance de ces pères de l'église; la fausseté de presque toutes les dates; enfin le titre de siège apostolique affecté au seul siège de Rome, et ceux de patriarches, primats, archevêques, titres inconnus aux premiers chrétiens : tout sert à prouver la supposition de cette collection digne des siècles de barbarie. La matière traitée dans ces lettres en démontre encore plus clairement l'imposture. On y réprouve tout concile quelconque, même provincial, tenu sans l'autorisation des papes, et tout concile général non convoqué et présidé par les papes ; on établit la primauté et la puissance absolue de ceux-ci, que l'on constitue évêques universels, sur tous les évêques et sur le corps entier du clergé; on étend la prérogative d'appel au saint-siège, à toutes les questions imaginables de droit, de fait, temporelles et spirituelles, et pour toutes les personnes quelles qu'elles soient; on attribue aux papes le droit de permettre aux évêques la translation d'un siège à un autre plus illustre ou plus riche; on fait ressortir toutes les causes importantes au saint-siége directement; on déclare *a priori* hérétique toute église qui ne conforme pas ses pratiques et ses cérémonies à celles de l'église romaine. En outre, les fausses décrétales fondent l'indépendance absolue du clergé de tout pouvoir civil; elles font, de l'obéissance aux ordres quels qu'ils soient du saint-siége, un devoir pour tous les hommes, sans exception, contradiction, ni remise, de quelque autorité qu'ils puissent être revêtus; elles rendent impuissantes les lois civiles qui ne sont pas entièrement d'accord avec les canons et les décrets du saint-siége, et dispensent d'y obéir; elles placent le tribunal de l'église au dessus de celui des princes séculiers (1). On y parle continuellement d'usurpation des biens temporels de l'église; on s'emporte contre les païens et les hérétiques, en leur défendant rigoureusement d'accuser les chrétiens et de chercher à les diffamer et à les perdre. La lettre qui contient cette défense absurde, nous apprend aussi une particularité qui donne la mesure de l'esprit du faussaire qui l'a fabriquée; elle suppose que, déjà à cette époque, les immunités ecclésiastiques étaient respectées jusqu'à devoir rendre nulles les actions intentées contre les évêques et les clercs devant les juges séculiers : cette lettre est écrite par le pape Caïus, sous l'empire de Dioclétien (2)!

(1) Fleury, hist. ecclés. l. 44, n. 22, t. 9. p. 500.

(2) Caji pap. epist. ad Felic. episcop. apud David. Blondel. in Pseudo Isidoro, p. 377. — Pagi, crit. ad Baron. annal. ann. 102, n. 4 ad 7, t. 2, p. 15. — Chron. relig. t. 5, cah. 5, p. 385 et suiv.

Passons à la partie des fausses décrétales, qui regarde plus particulièrement le sujet traité dans ce livre, c'est-à-dire aux peines spirituelles et temporelles, infligées par la puissance religieuse. Qui le croirait ? Ce fut à propos d'un prétendu privilége, accordé à l'abbaye de Saint-Médard par Grégoire-le-Grand, que l'église est supposée avoir pour la première fois fait usage de ses plus terribles armes. Ce privilége, rapporté en entier par Isidore, contient à la fin ces paroles remarquables : « Nous ordonnons, sous peine d'anathème, qu'on conserve intactes ces prérogatives, accordées par l'autorité apostolique et la nôtre, aux recteurs et aux religieux du monastère précité, et à tous les monastères qui en dépendent ou qui lui sont affiliés. Si qui que ce soit, ou roi, ou prélat, ou juge, ou personne séculière, de toute condition et qualité, viole ou condamne ces décrets de l'autorité et de la puissance apostolique, ou néglige de les appliquer et de s'y conformer; s'il inquiète les moines; s'il les trouble ou s'il cherche à changer le réglement fait en leur faveur; de quelque dignité qu'il puisse être, et quelle que soit l'élévation de son rang, nous lui ôtons ses honneurs et dignités, nous le séparons de la communion chrétienne, et nous le privons de la participation au corps et au sang de notre seigneur Jésus-Christ, comme un corrupteur de la foi catholique et un destructeur de la sainte église de Dieu; nous le frappons de l'anathème et de toutes les malédictions

Nous avons réuni d'autres réflexions sur les fausses décrétales dans une note supplémentaire, placée à la fin de ce chapitre.

IV.

qui ont pesé sur les hérétiques, depuis le commencement des siècles jusqu'à présent, et nous ledamnons dans le plus bas des enfers, avec Judas, traître au Seigneur; à moins qu'il n'ait apaisé la colère des saints par une pénitence équivalente à sa faute, et qu'il ne se soit mérité de nouveau la réconciliation avec ses frères. Moi, Grégoire, évêque du saint siége de Rome, j'ai signé ce privilége; » et sa signature est suivie de celles de plusieurs prélats (¹).

(¹) Privileg. Medard. Monaster. a Gregor. magn. collat. apud Blondel. p. 647 ed 652.

NOTE SUPPLÉMENTAIRE.

Les fausses décrétales.

On voit clairement, dans la collection d'Isidore, qu'après le pouvoir absolu des papes, l'inviolabilité du caractère des évêques est ce qui l'intéresse le plus. Il suppose d'abord que, si jamais ils étaient dans le cas de devoir faire pénitence, ils pourraient, après cela, reprendre l'exercice de leurs fonctions ; ce qui est en contradiction manifeste avec l'ancienne discipline de l'église. Il examine ensuite scrupuleusement les accusations diverses auxquelles ils peuvent être exposés ; et, n'osant prétendre effrontément qu'elles seraient toutes nécessairement injustes, du moins il exige, pour les rendre légales, une combinaison de circonstances et de formalités telle que, dans le fait, tout recours judiciaire contre ces prélats devient impossible : ajoutez à cela que le pape seul peut les juger (Sixt. pap. 1 epist. ad omnes episcop. apud Blondel, p. 181). Outre ces ridicules assertions, Isidore cherchait à introduire des maximes bien plus dangereuses, afin de mieux établir son système. Sous ce point de vue, les fausses décrétales sont une injure à la conscience de l'humanité ; elles sont destructives des principes fondamentaux de la morale, comme elles l'étaient déjà de la vigueur de l'ancienne discipline ecclésiastique : on y menace des peines les plus terribles pour les plus légères fautes, par exemple pour manque du respect dû aux choses sacrées ; pour avoir touché, d'une main profane, les vases destinés au culte, etc. La raison qu'Isidore donne de cette sévérité est plus subversive encore de toute idée de justice : il ajoute qu'un peuple entier pourrait périr, si le prétendu délit que nous venons de rapporter demeurait impuni, puisque Dieu extermine *très souvent les justes pour les impies.*

Une autre lettre nous fait connaître que, sous Boniface II seulement, eut lieu la réconciliation de l'église d'Afrique avec le saint siége ; après plus d'un siècle de schisme, depuis la dispute fameuse sur les appellations *transmarines* (voy. la 1re Époque, liv. 10, ch. 3, note supp., n°3, t. 3, p. 210). La conséquence nécessaire de ce fait est que les nombreux martyrs africains, pendant les persécutions des Vandales, ont versé leur sang pour une cause réprouvée par l'église universelle ; qu'ils sont de faux témoins, et qu'ils doivent être punis comme tels : les saint Augustin, les saint Fulgence, les saint Eugène, etc., etc., cessent aussi de mériter les titres glorieux dont le consentement des églises, pendant tant de siècles, les a décorés ; ils ne sont plus que des hérétiques, des fauteurs obstinés du schisme. « Voilà, s'écrie à ce sujet le cardinal Baronius, qui d'ailleurs, dans d'autres occasions, s'est souvent prévalu de l'autorité d'Isidore; voilà dans quelles difficultés nous a entraînés Mercator, le compilateur de ces lettres. Il a tellement sapé l'édifice, que, du côté où il veut l'étayer, l'église semble menacer ruine.,..... On peut lui accorder le zèle de la maison de Dieu, mais il n'avait assurément pas la science pour en diriger les opérations.» — Bonifat. pap. II epist. ad Eulal. alexandr. episcop. p. 589. — Baron. in not. ad martyrolog. 16 octobr. p. 437.

Le chapitre qui précède cette note contient l'exposé fidèle de la doctrine des fausses décrétales sous le rapport du pouvoir absolu exercé par les souverains pontifes sur les peuples et les rois, au temporel comme au spirituel. Nous n'y ajouterons que peu de mots.

Le cardinal Baronius approuve sans restriction les menaces et les imprécations de Grégoire-le-Grand; il les admet comme authentiques, et il loue beaucoup Grégoire VII pour les maximes audacieuses qu'il a su en faire jaillir et qu'il a étalées ouvertement dans sa lettre à l'évêque de Metz (Baron., ad ann. 593, n. 85 et 86, t. 10, p. 560). Bellarmin, contemporain et collègue de Baronius, pense comme le savant annaliste : il dit, en rapportant et en commentant les paroles du premier Grégoire, qu'elles ont été expliquées par un pape du même nom, « et qui ne lui était pas beaucoup inférieur en sainteté. » (Bellarmin. card. de potestat. pontif. in reb. temporal. cap. 40, p. 92, t. 5; ejusd. l. 5, cap. 8, de roman. pontif. t. 1, p. 442.) Ces maximes, inconnues à Denys-le-Petit qui avait rassemblé les décrétales des papes, deux cents ans avant Isidore Mercator, sans en découvrir une seule, après de longues et soigneuses recherches, qui remontât plus haut que le pape Sirice, élu en 385 et mort en 399; ces maximes, disons-nous, furent universellement reçues comme des vérités éternelles dans toute l'église, depuis le concile d'Aix-la-Chapelle (836) jusqu'au fameux concile de Bâle. Le pape Nicolas I (858 à 867) les accueillit avec transport, et accorda à cette imposture tout l'appui de sa position religieuse et sociale. N'oublions pas ici que c'est ce souverain pontife dont il est dit qu'il commanda aux rois et aux tyrans, comme s'il eût été lui-même le maître de la terre (regibus ac tyrannis imperavit, eisque, ut si dominus orbis terrarum, auctoritate præfuit); et qu'il fit publiquement brûler la lettre que l'empereur grec Michel lui avait écrite au sujet du schisme de Photius, en mépris du pouvoir impérial (ad vituperium imperialis apicis). — Baron. martyrol. die 4 april. in not. p. 169. — Corpus jur. canon. decret. part. 1, cap. 1, dist. 19, t. 1, p. 23 et seq. — Nicol. pap. 1, epist. 10 ad cler. constantinop. apud Labbe, concil. t. 8, p. 368.

Les auteurs les plus judicieux et les plus célèbres ont admis les fausses décrétales, au moins en partie, à commencer par Benoît Lévita qui dédia ses capitulaires à Lothaire, Louis et Charles, l'an 850, jusqu'au seizième siècle : outre Baronius et Bellarmin que nous avons déjà cités, le cardinal Du Péron lui-même et les principaux réformés, tels que Théodore de Bèze, Junius, Rainold, etc., etc., excepté cependant les centuriateurs de Magdebourg, ne parvinrent jamais à secouer entièrement le joug d'une longue habitude. Hincmar, archevêque de Reims au milieu du neuvième siècle, fut le premier qui osa élever quelques doutes sur l'authenticité des fausses décrétales ; mais ses réclamations furent bientôt étouffées, quand on vit le droit canon lui-même se hérisser des autorités qu'un seul prélat rejetait, et les faire passer en lois constantes et irréfragables. En effet, Burchard, évêque de Worms, en 1010, et Yves de Chartres, en 1114, puisèrent largement dans la collection des fausses décrétales, pour composer leurs recueils de canons. Vers le milieu du douzième siècle, Gratien, dont le nom durera autant que l'histoire des entreprises pontificales, les mit presque tout entières à contribution ; son fameux *Décret* a plus servi aux usurpations des papes que n'auraient pu faire leurs prétentions et leurs violences : il fut suivi, quatre-vingts ans après, des décrétales que Grégoire IX fit recueillir par saint Raymond de Pegnafort, et qui retinrent le nom de ce pape ; elles forment une partie considérable du corps du droit canon. Grégoire IX ordonna, par une bulle, de respecter la collection de saint Raymond, et il défendit sévèrement d'en faire d'autres à l'avenir, sans l'autorisation spéciale du saint siège. — Const. 41, *Rex pacificus*, in bullar. t. 3, part. 1, p. 284. — Enfin, après huit cents ans de superstitieuse crédulité, ce n'est qu'avec la plus grande peine qu'on s'est généralement résolu, dans le dix-septième siècle, à écouter la voix de la critique et de la philosophie (Dav. Blondel. prolegom. cap. 18, p. 96, et cap. 19, p. 107). Il ne faut pas oublier de remarquer qu'environ cent cinquante ans après Gratien, le Dante se plaignait déjà de l'importance qu'on avait attachée aux décrétales, au détriment de l'évangile et des pères, moins favorables à l'avarice des prêtres :

> Per questo (pour l'argent) l'evangelio e i dottori magni
> Son deretitti, e solo a i decretali
> Si studia, si che pare a' lor vivagni.
> A questo intende 'l papa e i cardinali ;
> Non vanno i lor pensieri a Nazarette,
> Là dove Gabriello aperse l'ali ;
> Ma Vaticano e l'altre parti elette
> Di Roma, che son state cimitero
> Alla milizia che Pietro seguette ;
> Tosto libere fien dall' adultero.

(*Fine del cant.* 9, PARADISO, p. 347 *verso*.)

CHAPITRE III.

Les Allemands abandonnent l'empereur. — Les Italiens le soutiennent. — Henri s'humilie devant le pape. — Dureté de Grégoire VII. — Henri est absous, mais non-réconcilié.
— A cette époque, la foi ôtait aux princes la possibilité de résister aux papes, comme
elle fournissait aux papes le moyen de dominer les princes. — Monomanie de soumission au saint siége, qui s'empare de presque tous les souverains, vers le milieu du
onzième siècle. — Les Italiens refusent d'obéir à Grégoire. — L'empereur reprend
courage. — Révolte en Allemagne. — Grégoire ne reconnaît ni Henri ni Rodolphe
que les Allemands lui opposent. — Il charge ses légats de prononcer entre les deux
concurrens à l'empire. — Son alliance avec les Normands.

Armé du glaive redoutable, dont le trop fréquent
usage n'avait pas encore émoussé le tranchant, Grégoire VII frappa de terreur l'imagination des peuples
septentrionaux, trop éloignés du trône pontifical pour
oser mépriser les foudres spirituelles dont les papes
l'environnaient. Les princes allemands abandonnèrent
Henri, dès la première sommation ; ses amis les plus
déclarés, l'archevêque de Mayence entre autres, qui
avait été excommunié par Grégoire pour son attachement à la cause de l'empereur, s'éloignèrent de lui :
une diète fut indiquée à Tribur, entre le Rhin et le
Mein, aujourd'hui Teuver, et les grands qui y assis-
taient avec les évêques et les légats du pape proje-
tèrent de créer un nouveau roi des Romains. Les
légats refusèrent constamment de communiquer avec
l'empereur et avec les hérétiques concubinaires et
simoniaques, dont ces prêtres rusés avaient eu l'a-
dresse de mêler la cause à celle de la cour. Mais, en
Italie, le pape ne parvint pas à son but avec la même
facilité ; aux portes de Rome, on y était plus accou-

turne à fouiller sans risque et sans crainte les intrigues du siège apostolique : les évêques surtout connaissaient les secrets ressorts qui faisaient mouvoir l'église romaine (¹). Aussi, les prélats de la Lombardie n'eurent-ils aucun scrupule de se joindre à Guibert, archevêque de Ravenne, sous la présidence de l'archevêque Théobald de Milan, pour rendre solennellement au pape Grégoire, dans le concile de Pavie, la sentence d'excommunication dont ce pontife les avait frappés. Ce décret mit les princes du royaume d'Italie dans une grande perplexité; ils hésitèrent d'abord sur le parti qu'il leur convenait de prendre entre les deux excommunications : à la fin, ils se décidèrent à n'avoir égard ni à l'une ni à l'autre (²).

(¹) Le Belge Rathérius, évêque de Vérone au dixième siècle, se demandait déjà, dit Muratori, pourquoi les Italiens méprisaient les saints canons et se moquaient du clergé plus qu'aucun autre peuple chrétien. — Vid. antiq. ital. med. ævi, dissertat. 89, t. 3, p. 832.

Au même temps, saint Gérard, évêque de Toul en Lorraine, le même qui, de peur de causer la damnation de qui que ce fût, avait la religieuse humanité d'absoudre secrètement chaque soir ceux qu'il avait publiquement excommuniés le jour; saint Gérard, disons-nous, fit un pèlerinage solennel à Rome (982). Un jour qu'il était prosterné devant le tombeau des saints apôtres dans l'église de Saint-Pierre, il vit entrer les sacristains romains dans ledit tombeau avec des provisions qu'ils y firent cuire et qu'ils mangèrent ensuite là même, comme ils en avaient l'habitude. Mu d'une sainte colère, le prélat saisit sa crosse, et en criant le zèle de votre maison me *dévore*, il chassa, de ce qui était pour lui le temple du Seigneur, les sacrilèges qui n'y voyaient plus qu'un lieu propre à faire la cuisine. — D. Calmet, hist. de Lorraine, t. 19, ch. 71, t. 4, p. 1015; ch. 76, p. 1021. — Histor. episcop. tullens. cap. 27, ibid. preuv. de l'hist. p. 137.

(²) Lambert, schafnaburgens. chron. ad ann. 1076, apud Pistor. t. 1, p. 414. — Cœlius de Aragon. vit. S. Gregor. pap. VII, rer. ital. t. 3, part. 1, p. 307.

Henri ne sut pas profiter de ces avantages, effrayé
qu'il était de la défection de tous ceux de son parti, qui se hâtaient d'aller se jeter aux pieds du
pape, de peur de perdre leurs dignités et leurs
bénéfices s'ils demeuraient excommuniés pendant
plus d'un an, comme le voulaient les lois alleman-
des : l'empereur éprouva peut-être intérieurement la
même crainte, et il ne vit que la soumission qui pût
détourner de sa tête les malheurs dont il était menacé.
Il avait commencé par tenter toutes les voies possibles
de réconciliation avec le saint siége, mais en vain :
il obtint enfin, par le moyen de la célèbre comtesse
Mathilde, l'amie et la compagne inséparable de Grégoire (¹), que le pape se rendrait dans la forteresse

(¹) L'évêque d'Alba désigne l'alliance de Grégoire avec Mathilde
contre l'empereur, par ces paroles trop libres pour être rapportées en
français : Sæviunt inter nos duæ pilosæ, scilicet infernus et os vulvæ.
— Panegyr. in Henr. imp. L. 1, cap. 22, apud J. B. Mencken, t. 1,
p. 975. — Mathilde, dit un auteur allemand, suivait Grégoire en tous
lieux; elle lui rendait tous les services qu'on peut exiger de l'amitié, avec
un zèle et une affection qu'on rencontrerait difficilement dans la sujette
la plus soumise, dans la fille la plus tendre. Aussi, ne put-elle éviter le
soupçon d'un commerce incestueux entre elle et le souverain pontife.
Les partisans de Henri et surtout les prêtres, dont le pape avait cassé
les mariages contractés illicitement et contre les canons de l'église, répandaient ouvertement que l'impudique Grégoire passait les jours et
les nuits dans les embrassemens de la jeune comtesse, et que celle-ci,
depuis la mort de son mari, livrée tout entière à ses amours cachées
avec le pape, refusait obstinément de former de nouveaux liens. Mais
les personnes sensées n'ajoutaient aucune foi à ces discours. Peut-être
ces personnes croyaient-elles, d'accord en cela avec le chanoine Paul
de Bavière, qui nous a conservé cette anecdote dans la vie de Grégoire,
que ce pape avait réussi à dompter complétement la pétulance de la
chair, il n'est pas dit par quel moyen, lors d'un voyage en France qu'il
avait fait, dans cette intention, pendant sa jeunesse.

de Canosse, sur les terres de sa fidèle alliée, et que celle-ci l'y accompagnerait. Exhorté par le pape à se repentir, Henri se porta secrètement, de son côté, dans les environs du rocher de Canosse. Les princes et les grands s'y étaient assemblés de toutes les parties de l'empire; on y voyait des Italiens et des Ultramontains, des Romains et des Français, etc. L'empereur demanda d'abord à Hugues, abbé de Clugny, d'intercéder pour lui auprès du pape : il refusa. Henri s'adressa ensuite à Mathilde; il la reconnut seule propre à se charger de cette commission délicate; il l'en supplia à genoux. La comtesse consentit à joindre ses prières à celles des princes et des prélats les plus distingués, et finalement l'ame du pontife parut s'incliner vers la clémence (').

Alors, Henri fut admis dans la seconde enceinte du château. Les auteurs contemporains rapportent que l'année 1077 fut remarquable par le froid extraordinaire qui se fit sentir jusqu'en Italie, et par la grande quantité de neige dont les Apennins furent couverts. Cependant, du 22 au 25 janvier, le jeune empereur fut obligé de rester entre les murailles extérieures de la forteresse, sans suite, en plein air, vêtu d'une seule chemise de laine, les pieds nus sur la neige, et à jeun depuis le lever jusqu'au coucher du soleil, tandis que le pape, dans les appartemens de Canosse,

(') Lambert. schafnaburg. chron. ad ann. 1076, apud Pistor. t. 1. p. 418. — S. Gregor. pap. VII constitut 26, et littera, t. 3 hall. p. 50. — Paul. bernried. vit. S. Gregorii pap. VII, cap. 85, apud Mabillon. act. sanct. ord. S. Benedict. sæcul. vi, part. 2, p. 444, cap. 40, p. 408.

jouissait, avec Mathilde, de l'humiliation à laquelle il
avait réduit son ennemi (¹). Après ces trois jours de
pénitence préparatoire, l'empereur fut admis à la
présence de Grégoire, dans le même état d'abaissement auquel il venait volontairement de se soumettre. L'historien de la comtesse Mathilde nous fait
observer qu'on avait poussé le mépris de l'humanité
jusqu'à ne pas permettre au jeune prince de se couvrir, et que ses pieds nus portaient encore les traces
du froid qu'ils avaient souffert. Le malheureux se
prosterna devant le pape, et, d'une voix lamentable,
il implora à plusieurs reprises la miséricorde du pontife (²). Grégoire lui pardonna : il le déclara absous

(¹) A cette preuve de la barbarie de son héros, Paul le biographe ou
plutôt l'apologiste de Grégoire, bien qu'il se fût moins proposé d'écrire
une histoire qu'une apothéose, ne peut cependant s'empêcher d'avouer
que tout le monde était ému jusqu'aux larmes à la vue des souffrances
de Henri, et qu'on accusait généralement le pape d'une extrême
dureté, en disant qu'il avait outrepassé les bornes de la dignité apostolique, pour ne plus se montrer qu'un tyran sévère et cruel : le
pape lui-même nous apprend qu'on lui avait adressé ces odieux reproches.

(²) Ce trait d'histoire a été représenté avec exactitude à Rome, par
ordre du pape Pie IV, dans la salle dite *des rois* au Vatican, en une
fresque commencée par Thadée Zuccheri et terminée par son frère Frédéric. On lit au-dessous l'inscription suivante :

GREGORIUS VII HENRICUM IV IMP. MALE
DE ECCLESIA MERENTEM, POSTEA
SUPPLICEM ET PŒNITENTEM, ABSOLVIT.

Jean-Georges Keyssler, voyageur allemand, qui se trouvait à Rome en
1729 et 1730, a cru voir dans ce tableau l'absolution de Henri IV, roi
de France, par le pape Grégoire XIV, quoique ce prince n'ait été absous
que par procuration, et la quatrième année seulement du règne de Clément VIII, second pape après Grégoire. Ce qui a pu occasionner l'erreur

des censures, mais pour le spirituel seulement. La
question principale, celle de la réhabilitation civile,
qui devait replacer Henri sur le trône de ses pères,
et pour laquelle probablement il avait enduré tant de
peines et d'humiliations, fut remise à la décision de
la prochaine diète. Grégoire, qui espérait retenir
ainsi l'empereur sous sa dépendance, voulut profiter,
pour la considération dont il cherchait à entourer le
saint siège, d'une lutte dont il l'avait déjà fait sortir avec
tous les honneurs de la victoire. Lorsqu'il rendit la
communion ecclésiastique au prince, il jura sur l'hostie consacrée qu'il ne s'était jamais rendu coupable
du crime de simonie, dont il était généralement soupçonné : il offrit à l'empereur d'en faire autant, s'il
osait soutenir qu'on l'avait accusé à tort des crimes
qui lui avaient été reprochés. Henri était jeune, allemand et laïque; ce serment redoutable alarma la délicatesse de sa conscience (¹).

dont nous parlons, c'est que, du temps de Keyssler, l'inscription expli-
plicative était effacée, au point de ne laisser lire autre chose que :

GREGOR. . . . .
. . ECCLESIA. . . . .
SUPPLICEM ET PŒNITENTEM, ABSOLVIT.

Vid. Johann-Georg Keysslers reisen, 1, b. p. 575.—Giorgio Vasari, vit.
di Taddeo Zucchero, part. 4, t. 3, p. 157. — Agostino Taja, descriz.
del. palaz. vaticano, p. 28. —Chattard, descriz. del Vaticano, cap. 2,
t. 2, p. 21.

(¹) Paul. bernried. loc. cit. cap. 84, p. 440 —S. Gregor. pap. VII; I. 4,
epist. 12, ad Germanos, apud Labbe, concil. t. 10, p. 158.—Donizo,
in vit. Mathild. l. 2, cap. 1, rer. ital. t. 5, p. 365. — Lambert. schafnaburg. chron. ad ann. 1076, apud Pistor. t. 1, p. 420 et seq.—
S. Gregor. pap. VII, constitut. 29, Quoniam pro amore, t. 2 bullar.
p. 40.

A ce propos, nous ferons une réflexion qu'il sera important de ne jamais perdre de vue, aussi long-temps que nous nous occuperons de la lutte entre le sacerdoce et l'empire : c'est qu'à cette époque la foi était générale, et bien qu'aveugle, toujours sincère et profonde, au christianisme catholique dans le sens papal-romain, non seulement chez les prêtres et leurs chefs, auxquels, comme nous l'avons déjà fait remarquer, cette foi prêtait la force et la persévérance né-cessaires pour fonder sur elle leur système de sacer-dotalisme théocratique, mais encore chez les princes et les rois que ce système faisait descendre du rang suprême parmi les hommes à la condition de servi-teurs des serviteurs de l'autel. Tout en combattant, soit la prétention du pape ambitieux qui leur dispu-tait le pouvoir, soit ce pape lui-même comme abusant de son ministère pour en étendre les droits au delà de leurs limites légitimes, les empereurs, les rois et les princes ne cessaient pas de croire à la papauté. Le pontife, leur ennemi, était un hérétique, un intrus, un faux pape, auquel, dès qu'ils le pouvaient, ils opposaient un pape véritable et orthodoxe, qu'ils créaient tout exprès pour satisfaire au besoin d'adorer Jésus dans son vicaire, et de se soumettre à saint Pierre dans la personne de son successeur, despote aussi absolu que ce chef des apôtres, et que le Dieu qui leur avait transmis son suprême pouvoir. Représentant l'opinion qui dominait sans opposition jusqu'à leurs adversaires, tant qu'aurait duré cet état de choses, et par conséquent partout où aurait régné

une pareille disposition des esprits, le pape ne pouvait pas manquer de demeurer toujours et en tout
état de cause, maître du champ de bataille, sur lequel, en dernière analyse, vainqueurs et vaincus
tombaient à ses genoux.

La preuve de ce que nous avançons se trouve dans
l'histoire; on y voit que, peu avant et sous le pontificat
de Grégoire VII, presque tous les princes de l'Europe,
saisis d'une espèce de monomanie de dévouement
au saint siége, se firent les tributaires et les vassaux
du pape, lui prêtèrent hommage et en reconnurent leurs
états à titre de fiefs. Ils ne faisaient par là que se conformer aux idées reçues qui ordonnaient de racheter
les pénitences canoniques, encourues pour les péchés
commis, à quelque prix que ce pût être ; or, Grégoire
avait enseigné et fait enseigner par les évêques, que
le moyen le plus efficace pour se réhabiliter aux yeux
　　　　était de se consacrer, de se vouer sans réserve, corps et biens, à la défense, au service et à
l'exaltation de l'église romaine (*). En moins de cin-

(*) Quam voluntatem (celle de se donner soi-même et ses propriétés,
états, royaumes, etc., à saint Pierre et au siége apostolique) si in eo
(Welphone duce), vel etiam in aliis potentibus viris, amore B. Petri
pro suorum peccatorum absolutione ductus, cognoveris, ut perficiant
elabora, etc. — Gregor. pap. VII, l. 9, epist. 3, ad episcop. patav. apud
Labbe, t. 10, p. 278.

Mais vasselage et tribut demeuraient toujours volontaires. L'Angleterre
payait ce qu'on appelait le denier de saint Pierre, sous Grégoire VII ;
Guillaume le Conquérant, à qui ce pape le demanda, ainsi que le serment d'obéissance, accorda l'argent (un sterling par famille) ; mais refusa la promesse. «Ton légat, répondit-il, m'a conseillé de réfléchir,
tant à la fidélité que je te dois à toi et à tes successeurs, qu'à l'argent
que mes prédécesseurs avaient coutume d'envoyer à l'église romaine. Je

quante ans, Casimir, roi de Pologne (1045); Suénon, roi de Danemarck; Guillaume, roi d'Angleterre; Bercard, comte de Provence; Démétrius, duc de Dalmatie; Bérenger, comte de Barcelone; Richard, prince de Capoue; Robert Guiscard, duc de Pouille, etc.; etc. se firent soldats de saint Pierre et sujets du pape. Si cette dévotion extravagante avait continué, la monarchie universelle eût été établie par le fait au profit du chef des prêtres de celui qui ne posséda rien sur la terre, qui prêcha l'égalité et mourut sur la croix. Mais la soumission des rois cessa aussitôt que se fut évanouie l'idée qui en avait fait un devoir, et les maîtres des peuples reprirent leur indépendance en attendant que les peuples fussent dignes de la faire valoir par eux-mêmes, en rendant ainsi à l'homme sa puissance et ses droits. Mais revenons aux événemens du règne de Grégoire VII.

Les barons et les évêques de l'empire, attachés à Henri IV, étaient venus en foule se jeter aux pieds du pape à Canosse. A l'exemple de leur chef, ils avaient déposé les ornemens de leur dignité; et, couverts d'une simple tunique de laine, ils s'étaient, en pleurant, remis à la discrétion du pape. Grégoire les

consens à l'un; je refuse l'autre. Je n'ai pas voulu jurer fidélité, et je ne le veux pas, parce que je n'ai jamais promis de le faire, et que je ne trouve nulle part que mes ancêtres l'aient fait envers les tiens. » Le pape se tut, sachant bien que, s'il lui était avantageux de recevoir l'hommage des princes de bonne volonté, il lui eût été dangereux de l'exiger des autres. — Gregor. pap. VII, l. 6, epist. 23, ad episcop. alban. p. 274. —Lud. Thommassin. de veter. et nov. ecclesiast. discipl. part. 3, l. 4, cap. 32, n. 4, t. 3, p. 114.

fit enfermer séparément dans des cellules; il les soumit à une pénitence et à un jeûne des plus austères,
afin, dit Lambert, qu'une indulgence trop prompte
ne parût diminuer à leurs yeux l'énormité de la faute
qu'ils avaient commise contre le saint siége apostolique ('). Les grands et les prélats du royaume d'Italie
ne témoignèrent pas le même empressement à se faire
absoudre. Grégoire se vit obligé d'envoyer un légat
chargé de leur offrir ce que tant d'autres avaient
sollicité comme le plus grand des bienfaits.

Les Italiens frémirent en apprenant l'humiliation
de leur chef; ils témoignèrent la fureur dont ils
étaient agités, par leurs discours et par leurs gestes;
ils refusèrent, avec une ironie amère, le pardon que
leur présentait le pape, en disant que Grégoire, excommunié canoniquement par les évêques lombards, n'a-
vait plus le pouvoir légal d'excommunier personne.
Ils couvrirent le nom de ce pontife d'injures et de
malédictions; ils lui reprochèrent la simonie qui, disaient-ils, l'avait élevé sur le trône papal, sa tyrannie,
les meurtres, les adultères et les autres crimes dont
ils prétendirent qu'il s'était souillé. Mais ce qui les
affligeait le plus, c'était de voir que la majesté royale
avait été avilie devant un hérétique, un homme infâme,
comme ils s'exprimaient en parlant de Grégoire. Ils
s'écrièrent hautement que la conduite de Henri était
impardonnable, après l'indigne traitement auquel il
s'était assujéti; ils lui fermèrent les portes de leurs

(') Lambert, schafnaburg. chron. apud Pistor. t, 4, p. 449, ad,
ann. 4076.

villes, avec le dernier mépris, et ils proposèrent de
donner le royaume d'Italie à son fils Conrad ([1]).

L'empereur se repentit alors de sa faiblesse; il
reprit courage; et, poussé par l'archevêque Guibert
et les évêques de la Lombardie, il viola les conditions
de la paix que le pape lui avait accordée, se revêtit
des insignes de la royauté pour plaire aux peuples
d'Italie, et regagna ainsi de nouveau leur estime et
leur amour. Mais Henri n'avait pu éviter un mal sans
se précipiter dans un autre; les princes allemands,
à la nouvelle de sa rechute, s'assemblèrent en diète, et choisirent pour leur roi, Rodolphe, duc de
Souabe ([2]).

([1]) Lambert. schafnaburg. p. 422. — Bruno, hist. bell. saxon. apud
Marq. Freber. rer. german. scriptor. t. 1, p. 214. — Monach. herveldens.
chron. ad ann. 1077 usque ad finem, p. 808 et seq. apud Schardium.
German. antiq. illustr. t. 1.

([2]) « Ils en avaient le droit, dit à ce propos l'historien de Grégoire,
puisque le pape, en anathématisant Henri, avait soumis son royaume
aux censures ecclésiastiques, et délié ses sujets du serment de fidélité,
de la part de Dieu, de celle de saint Pierre et de la sienne; ce qui avait
suffi pour rendre aux princes de l'empire leur caractère d'hommes libres. La même raison faisait qu'on ne pouvait accuser de parjure ni
Rodolphe ni ses électeurs, malgré les liens qui les attachaient au chef
de l'état. Nous ne supposons pas qu'on veuille nier le droit qu'ont les
souverains pontifes romains de déposer les monarques de la terre, à
moins qu'on ne soit décidé à rejeter les décrets du très saint pape Grégoire VII (ce que l'auteur paraît juger impossible). Cet homme apostolique, continue Paul, à qui le Saint-Esprit a dicté à l'oreille les lois
qu'il devait donner au monde, a décidé sans appel que les rois sont déchus de toutes leurs prérogatives, du moment qu'ils cessent de respecter
les ordres du saint siège. Car, puisque ce tribunal étend sa juridiction
sur les choses spirituelles, puisqu'il lie et délie dans le ciel, ne serait-il
pas absurde de lui disputer la disposition suprême des intérêts terres-
tres? L'apôtre n'a-t-il point dit : « Nous jugeons les anges; à plus forte

Nous n'examinerons pas ici la question de savoir si le pape avait directement et personnellement coopéré à l'acte par lequel les barons allemands venaient d'allumer la guerre civile dans l'empire, comme il en a été accusé, ou s'il faut se rendre aux raisons qu'il apporte dans ses lettres pour se laver de ce reproche; il nous suffit de savoir que l'excommunication et la déposition de Henri furent les seules et véritables causes de l'élection de Rodolphe. Lorsqu'il eut appris cet événement, quelque avantage qu'il parût lui offrir, Grégoire refusa de reconnaître le nouveau prétendant à la couronne, « si légitimement élu, dit l'historien Paul, et consacré par les archevêques de Mayence et de Magdebourg, en présence des légats apostoliques (¹). » Ce fut dans le concile tenu à Rome,

---

raison devons-nous juger les hommes? » — Bruno, hist. bell. saxon. apud Freher. t. 1, p. 212. — Paul. bernriedens. vit. S. Gregor. pap. VII, cap. 94, 95 et 97, apud Mabillon. sæcul. VI., part. 2, p. 444 et 445.

(¹) « Le pape abjura, en un instant, la vigueur de ses principes et la sévérité que requérait son ministère, dit Bruno, dans le récit de la guerre de Saxe : nous ne saurions indiquer les motifs de ce changement inattendu; qu'il suffise de savoir qu'après avoir déposé Henri, après l'avoir excommunié avec tous ses adhérens, après avoir confirmé la création du nouveau roi de Germanie, il se contenta d'appeler les deux rivaux devant son tribunal. Ce qu'il y a de plus probable, c'est que le pontife romain, quoiqu'il l'eût provoquée, ne voulut cependant point paraître ouvertement le protecteur de la révolte; à moins qu'on ne lui suppose l'intention de prolonger un interrègne pendant la durée duquel les deux prétendans à la couronne étaient réduits à la solliciter à ses pieds, les princes de l'empire et les peuples s'habituaient à voir leur maître futur dans cette posture humiliante, et le saint siége prenait position au-dessus de tous les trônes de la terre. Toujours est-il que Grégoire résolut de tenir l'affaire en suspens, et de se réserver la décision définitive entre les compétiteurs.

IV.

en 1078, que les envoyés de Henri et de Rodolphe
s'adressèrent à Grégoire : il les écouta avec toutes les
apparences de l'impartialité, et désigna un certain
diacre Bernard et un abbé du même nom, qu'il chargea de terminer les troubles de l'Allemagne, en déci-
dant de quel côté était le bon droit. « Car, écrivait-il
aux fidèles de ce royaume, nous éprouvons une douleur et une tristesse extrêmes, en pensant que l'ambition et l'orgueil d'un seul homme pourraient livrer
des milliers de ses semblables à la mort temporelle et
éternelle (¹) » Il paraît même que le pape eut l'intention de se rendre en personne sur les lieux, afin de
donner plus d'éclat à la scène qu'il méditait, puisqu'il se plaignit, dans une lettre à ses légats, d'être
arrêté en Lombardie par les ennemis de l'église.

Après avoir renouvelé ses instructions concernant
la légation en Allemagne et ce qui l'avait motivée,
Grégoire enjoignit à ses envoyés de s'adresser aux
deux concurrens à l'empire (qu'il appelait tous deux
du nom de rois, malgré la déposition, selon lui, canonique de Henri), afin d'en obtenir un passage et
tous les documens nécessaires pour juger sainement
et avec connaissance de cause ce grand procès. « Vous
résisterez de toutes vos forces, dit-il, à celui qui n'o-
béirait pas avec soumission à nos ordres et à vos

(¹) Paul. bernried. vit. S. Gregor. p. VII, cap. 96, apud Mabillon.
sæcul. VI, part. 2, p. 444. — Bruno, hist. bell. sax. ap. Freher. t. 1,
p. 216. — S. Gregor. pap. VII, epist. 24 ad German. apud Labbe, concil.
t. 10, p. 174. — S. Gregor. pap. VII, constit. 39, *Notum vobis*, in bull.
t. 2, p. 47.

sommations; vous lui résisterez jusqu'à la mort, s'il
le faut : vous le priverez de son royaume, lui et tous
ses adhérens, au nom et par l'autorité de saint Pierre;
vous le séparerez de la communauté des fidèles qui
participent au corps et au sang de Jésus-Christ, notre
seigneur, et vous le chasserez du sein de l'église. Ne
perdez jamais de vue que quiconque refuse d'obéir à
ce qu'exige le saint siége, est coupable du crime d'i-
dolâtrie, et que le très saint et très humble Grégoire,
dans ses décrets, précipite du trône les rois qui auraient été assez téméraires pour résister à la voix de
celui qui occupe le siége apostolique. » Le pape termine sa lettre par ordonner de réunir en concile tous
les Allemands, tant laïques que clercs, et de leur donner pour chef celui qui se serait soumis à sa volonté
suprême avec le plus de zèle et de promptitude. Au
reste, le concile duquel étaient émanées les épîtres
que nous venons de rapporter, et Grégoire lui-même
avaient déjà suffisamment assuré l'inviolabilité des
deux légats en Allemagne, par des excommunications
terribles, lancées « contre les rois, archevêques, évêques, ducs, comtes, marquis et soldats qui oseraient
s'opposer à eux. Frappés de l'anathème, ils devaient
voir s'évanouir (ce sont les expressions consacrées)
toute prospérité, tant de l'ame que du corps, et jusqu'aux moindres douceurs de la vie; partout leurs armes seraient malheureuses et la victoire fuirait leurs
drapeaux. » En outre, les pères du concile de Grégoire excommunièrent nominativement Thédald, archevêque de Milan, Guibert de Ravenne, le cardinal

Hugues-le-Blanc qui avait été attaché au parti du pape Cadaloüs, et toute la nation des Normands dans la Pouille (¹).

Grégoire ne pouvait se dissimuler combien d'ennemis il s'attirait par une conduite aussi impolitique. Il voulut au moins se débarrasser des plus voisins, et se préparer, en cas de mauvais succès, un soutien contre l'empereur et ses partisans en Italie. Les Normands une fois excommuniés, devaient mieux sentir le prix de l'absolution papale, et acheter la paix en faisant tous les sacrifices que le pontife aurait exigés d'eux. Grégoire ne demanda que leur alliance; et il accorda en revanche au duc Robert dont il reçut l'hommage de fidélité, le titre de chevalier de saint Pierre et l'investiture de la Pouille et de la Calabre. Le bruit même courut qu'il lui avait promis la couronne des Lombards. Le premier gage que le pape donna à Robert de l'amitié nouvelle qu'il venait de contracter avec lui, fut de s'armer, en faveur du duc et de sa famille, des mêmes foudres qu'il avait lancées contre eux. Dans un concile tenu à Rome, Grégoire, outre un grand nombre d'excommunications de toute espèce, en formula une contre le schismatique Nicéphore Botoniate qui avait enlevé le trône de Constantinople à Michel et à Constant Porphyrogenète, gen-

---

(¹) S. Gregor. pap. VII, l. 4, epist. 23 ad Bernard. diac. et Bernard. abbat. apud Labbe, concil. t. 10, p. 170. — Ibid. p. 369. — S. Gregor. pap. VII, constit. 41, *Quœ et quanta cura*, t. 2, bull. p. 48. — Paul. bernriedens. vit. S. Gregor. VII, cap. 99, apud Mabillon. sœcul. vi, part. 2, p. 446. — Vit. S. Gregor. VII ex Berthold. cap. 1, n. 9, in act. sanctor. die 25 maji, t. 6, p. 145.

dre de Robert Guiscard. Muratori remarque à ce sujet que la trop grande fréquence des conciles ne pouvait pas manquer de détourner les évêques du soin de leurs troupeaux. On voit que l'annaliste italien s'est cru obligé en conscience de blâmer Grégoire, mais qu'il n'a pas osé articuler les vrais chefs d'accusation (¹).

(¹) Pandolph. pisan. vit. S. Gregor. pap. VII, part. 1, t. 3, rer. ital. p. 309. — Cardin. de Aragon. vit. ejusdem. ibid. p. 311. — Guilielm. appul. de Normann. l. 4, ibid. t. 5, p. 270. — S. Gregor. pap. VII, constit. 54, *Ego Gregorius*, t. 2, p. 56. — Muratori, annal. d'Italia, anno 1078, part. 1, t. 6, p. 343. — Liv. 14, t. 3, p. 443 de cet ouvrage.

CHAPITRE IV.

Guerre civile et religieuse. — Concile à Rome. — Excommunication de Henri, et reconnaissance de Rodolphe, roi de Germanie. — Henri fait un pape pour l'opposer à Grégoire. — Grégoire, déposé au concile de Brixen. — Reproches de Henri au pape. Le pape prédit la mort de Henri. — Rodolphe succombe. — Henri en Italie — Fermeté du pape. — Prise de Rome et couronnement de Clément III. — Rome saccagée par les Normands, alliés de Grégoire. — Mort de Grégoire VII.

Une guerre doublement cruelle, comme guerre civile et comme guerre de religion, avait éclaté en Allemagne entre les deux prétendans. « Les péchés des hommes demandaient du sang, » dit l'auteur de la vie de Grégoire VII; et plusieurs milliers de soldats, fort innocens, certes, et de la disposition générale des esprits à cette époque, et de la trempe toute particulière du caractère du pape régnant, et de la dévote ambition des princes qu'il faisait travailler sous lui à l'exaltation de la puissance pontificale, restèrent sur le champ de bataille, dans un premier, un second et un troisième combat, tous également acharnés. Comme nous ne rédigeons pas la légende d'un saint, nous nous garderons bien de répéter ici, d'après l'historien Paul, au sujet de son héros : « Bienheureux les hommes pacifiques, parce qu'ils seront appelés les fils de Dieu ([1])! » Il suffira, pour donner une idée juste de ces temps si différens des nôtres, de faire remarquer que cette exclamation du chanoine

---

([1]) Card. de Aragon. vit. S. Gregor. pap. VII, part. 1, t. 3, rer. ital. p. 308. — Paul. bernrieden. vit. S. Gregor. pap. VII, cap. 105, apud Mabillon. act. sanct. ordin. S. Benedicti. sæcul. vi, part. 2, p. 449.

biographe a été écrite sérieusement, et que pas un de ses lecteurs d'alors n'a été tenté d'y voir une sanglante ironie.

Grégoire tint un nouveau concile à Rome, plus nombreux que les précédens. Il y reçut, une seconde fois, les envoyés de Henri IV et de Rodolphe; et il écouta les plaintes du dernier sur les violences exercées par l'empereur. Cependant, on renouvela des deux parts la promesse, avec serment, de s'en tenir définitivement à l'arbitrage du pontife, et celui-ci se contenta d'expédier en Allemagne des légats qui n'eurent pas de peine à le convaincre de la docilité de Rodolphe à tous ses ordres, et de l'obstination de Henri ([1]).

Enfin, en 1080, le grand coup fut porté par le septième concile de Rome sous le pontificat de Grégoire. Les pères reconnurent Rodolphe comme chef légitime des états germaniques; la déposition et l'excommunication de l'empereur furent confirmées dans les termes les plus injurieux à l'autorité des souverains et les plus énergiques, pour mieux prouver le droit qu'avaient les pontifes romains sur toutes les couronnes de la chrétienté. « Le prétendu roi Henri, dit le pape (en s'adressant aux apôtres saint Pierre et saint Paul, auxquels il dédiait spécialement ces anathèmes), n'a pas craint de lever le talon contre votre église, mais votre autorité a résisté à sa superbe, et ma puissance l'a anéantie. Je l'ai vu humilié à mes pieds, et je lui ai pardonné; j'ai même

---

([1]) Labbe concil. t. 10 , p. 378.— Card. de Aragon. loc. citat. p. 309

cherché à le prendre sous ma protection, en me constituant arbitre de ses droits et de ceux de Rodolphe..... Jusqu'aujourd'hui, vous en êtes les témoins,
pères et seigneurs, je n'ai voulu favoriser que celui
des deux qui aurait la justice de son côté : mais Henri
n'a pas craint de me désobéir et d'encourir ainsi le
crime d'idolâtrie; il s'est lui-même embarrassé dans
les liens de l'anathème..... C'est pourquoi, me confiant au jugement et à la miséricorde de Dieu et de sa
très pieuse mère, Marie toujours vierge, et appuyé
sur votre autorité, j'excommunie Henri qu'on appelle
roi, avec ses fauteurs et adhérens; je lui ôte les
royaumes d'Allemagne et d'Italie. Je défends qu'on lui
obéisse : je déclare nuls tous les sermens qui lui ont
été faits et tous ceux qu'on pourrait lui faire dans la
suite; et j'absous du parjure ceux qui, de ses serviteurs, deviendraient ses ennemis. Je veux qu'il cesse,
tant qu'il vivra, d'être fort dans la guerre et victorieux dans les combats..... Je donne de votre part
(c'est toujours à saint Pierre et à saint Paul qu'il
parle), je donne aux fidèles, partisans de Rodolphe,
roi d'Allemagne, l'absolution de tous leurs péchés, et
votre bénédiction pour cette vie et pour l'autre. De
même que Henri, à cause de son orgueil, de sa désobéissance et de sa duplicité, a été destitué de la dignité
de roi, de même Rodolphe a reçu cette dignité pour
sa douceur, sa soumission et sa sincérité (1). C'est à

---

(1) Grégoire envoya à Rodolphe une couronne avec ces mots :

Petra dedit Petro, Petrus diadema Rodulpho.

Il en exigea le serment qu'on va lire : on y voit tout le système de

vous, ô pères et princes très saints, à faire connaître
à l'univers entier, qu'ayant le pouvoir de lier et de
délier dans le ciel, vous pouvez bien mieux encore
ôter et donner les empires, les royaumes, les duchés,
les principautés, les marquisats, en un mot, tous les
honneurs et tous les biens de la terre. Vous avez créé
et déposé des patriarches, des primats, des archevêques et des évêques ; les dignités humaines pourraient-
elles vous arrêter et vous retenir ?.... Puisque vous
jugerez les anges qui règnent sur les princes les plus
orgueilleux, que ne ferez-vous point de leurs serviteurs ? Que les rois et les princes du siècle appren-
nent enfin de vous qui vous êtes, ce que vous valez et
ce dont vous êtes capables : qu'ils tremblent de s'opposer aux décrets de votre église ou de les mépriser !...
Qu'ils s'aperçoivent, à la promptitude avec laquelle
Henri sera atteint par votre jugement, qu'il n'est point
tombé par hasard, mais qu'il a succombé sous le poids
de votre puissance (1)!... »

Grégoire VII et, en résumé, la somme des prétentions que ce système
permit aux pontifes, ses successeurs, de chercher à établir et à consolider.

« « De ce moment et à l'avenir, je serai fidèle et loyal serviteur au bienheureux Pierre, apôtre, et à son vicaire, le pape Grégoire (VII) qui
est maintenant vivant et en chair ; et j'observerai fidèlement, comme
il est du devoir d'un chrétien, tout ce que le pape m'ordonnera au
moyen de ces paroles : *Par la vraie obéissance* (suit la confirmation de
toutes les donations antérieurement faites au saint siège).... Et le jour
où je le verrai pour la première fois (le pape), je deviendrai fidèlement
par ses mains le soldat de saint Pierre et le sien. » — S. Gregor. pap. VII,
l. 9, epist. 3 ad episcop. pataviens. apud Labbe, t. 10, p. 279.

(1) S. Gregor. pap. VII const. 50, *Beato Petre*, t. 2 bullar. p. 53. —
Paul. bernriedens. vit. S. Gregor. pap. VII, cap. 107, apud Mabillon.

« Ainsi livré au pouvoir de Satan, continue le chanoine bavarois dont nous avons extrait la sentence que l'on vient de voir, Henri ne put résister à la fureur des démons qui ne cessaient de le poursuivre, et il plaça Guibert sur le siége de cette Rome que les apôtres Pierre et Jean ont désignée sous le nom de Babylone (¹). » L'empereur perdit patience à la nouvelle des déterminations prises par le pape. Elles devaient lui paraître aussi iniques qu'elles étaient jusqu'alors sans exemple. « Je lis et je relis les annales des royaumes et des empires, dit l'évêque de Frisingue, petit-fils de Henri IV, dans sa chronique, et je ne trouve en aucun endroit, qu'avant Grégoire VII, on eût excommunié les souverains et qu'on les eût privés de leurs états (²). »

Henri, dans cette situation désespérée, prit également un moyen extrême : il réunit en concile, à Brixen, trente évêques allemands et italiens, et fit déposer Grégoire, « comme un profane, un scélérat, un homme turbulent et sanguinaire, qui n'avait usurpé la papauté que par des opérations nécromantiques (³). »

p. 451. — Sigebert. chron. ann. 1077, apud Pistor. t. 1, p. 843. — Labbe, concil. t. 10, p. 383. — Vit. S. Gregor. VII, ex Bertold. cap. 1, n. 12, in act. sanctor. die 25 maji, t. 6, p. 443.

Le concile confirma aussi les censures (déjà ratifiées l'année précédente, sans espoir de pardon) contre les archevêques de Milan et de Ravenne.

(1) Paul. Bernried. apud Mabillon. cap. 108, p. 452.

(2) Otto Frisingens. chron. l. 6, cap. 35, apud Urstis. t. 1, p. 137.

(3) Marian. Scot. chron. l. 3, ætat. 6, ann. 1081, apud Pistor. t. 1. p. 650. — Sigebert. chron. ad ann. 1079, ibid. p. 843.

L'acte qui contenait l'anathème était conçu en ces termes : « Appuyés sur la lettre synodique et sur neuf de nos collègues assemblés à Mayence, nous excommunions Hildebrand, surnommé le pape Grégoire VII, faux moine, auteur et instigateur abominable de toute espèce de scélératesses; nous le déposons, parce qu'il conste que, loin d'être désigné par Dieu, comme il le prétend, il s'est fait élire impudemment lui-même, par fraude et à force d'argent; parce qu'il a violé les lois ecclésiastiques, et troublé les états de l'empire chrétien; parce qu'il a voulu livrer à la mort le corps et l'ame d'un prince catholique, et ami de la paix, et qu'il a soutenu les intérêts d'un roi parjure; parce qu'il a semé la discorde entre les amis, les querelles entre des hommes pacifiques, qu'il a porté le scandale entre frères, le divorce entre époux, le trouble partout où régnaient la concorde et la piété. Ainsi, continuent les pères de Brixen, par l'autorité que nous avons reçue de Dieu, nous décidons qu'il faut canoniquement déposer et chasser de son siège le pape Hildebrand, comme le plus téméraire des hommes, qui excite les peuples aux sacrilèges et aux incendies, protège les parjures et les homicides; qui, comme ancien disciple de l'hérétique Béranger, met en doute la foi catholique et apostolique, concernant le corps et le sang du Seigneur; qui cultive les sciences magiques et l'art d'expliquer les songes; qui est enfin un véritable nécromant, livré à l'esprit du Python, et par conséquent hors du sein de l'église orthodoxe : nous le condamnons pour toujours, à moins qu'il n'obéisse à nos paroles et qu'il ne se dépouille de ses dignités (¹). »

Le synode, après cet acte d'autorité, élut pape Guibert, archevêque de Ravenne, qui prit le nom de Clément III, et l'envoya en Italie, avec des lettres de l'empereur, adressées à Grégoire et au peuple romain. « Je vous intime, disait Henri au premier, le jugement du concile, les ordres des pères et les miens. » Il passait de là aux reproches que, selon lui, méritait Hildebrand, pour avoir traité les évêques catholiques comme ses esclaves, et pour avoir foulé aux pieds leur caractère et leurs droits. « Tu as usurpé la papauté par l'astuce et par la fraude, ajoutait-il, et, ce dont la profession monastique devait t'inspirer le plus d'horreur, tu es parvenu à la faveur par l'argent, à la puissance par la faveur ; tu es monté par la violence sur le siège de la paix, et tu en as banni la paix pour toujours, en armant les sujets contre leurs maîtres, et en enseignant en tous lieux, toi que Dieu n'avait point appelé, qu'il fallait mépriser les évêques qui me demeuraient fidèles et qui avaient été élus par Dieu seul (²). » Il existe une autre lettre de Henri au pape, et elle contient à peu près les mêmes reproches : « J'avais attendu de toi jusqu'à présent, dit l'empereur, que tu m'aurais traité comme le devait un père, et j'avais continué à t'obéir et à t'être soumis, malgré le mécontentement que

(¹) Conrad. a Lichtenau, abb. urspergens. chron. ad ann. 1080, p. 224.

(²) Henrici imp. IV, epist. ad Hildebrand. fals. monach. apud Urstis. t. 1, p. 394.

mon excessive modération excitait dans l'âme de tous ceux qui m'aimaient. J'ai été récompensé comme je le méritais, et comme il fallait l'attendre de l'ennemi le plus pernicieux de mon trône et de ma vie. Dans ta superbe audace, tu m'as ravi ce qui était dû par le siége apostolique à mes droits héréditaires ; tu as tenté de m'enlever encore le royaume d'Italie, au moyen des plus infâmes machinations. Tu n'as pas craint de porter une main sacrilége sur les vénérables prélats qui me sont demeurés unis par les liens du devoir ; tu les as accablés d'injures et d'ignonomie ; tu leur as fait endurer les traitemens les plus odieux, contre toutes les lois de Dieu et des hommes. J'ai long-temps dissimulé mon indignation ; mais tu as cru que mon indulgence pour toi provenait de la lâcheté de mon caractère, et tu as osé t'élever contre ton maître : c'est alors que tu m'as menacé, et que, pour me servir de tes propres paroles, tu as avoué que tu mourrais si tu ne parvenais pas à m'arracher l'empire avec la vie (¹). »

L'importante affaire de la déposition de Grégoire étant terminée, Henri continua la guerre contre Rodolphe. Le pape qui semblait compter beaucoup sur l'influence de ses malédictions, et peut-être plus encore sur la force de l'opinion religieuse en Allemagne, voyant d'ailleurs la puissance toujours croissante du roi, son protégé, promettait depuis quelque temps aux amis de l'église la fin prochaine de tous les maux, et la victoire de leur parti. Il alla même jusqu'à prédire expressément la mort du prince qu'il appelait illégi-

(¹) Id. ad eumd. ibid. p. 396.

time, et fixa l'époque à laquelle elle devait avoir lieu, se résignant à ne plus être reconnu pour vrai pape, à moins que, d'après sa prophétie, Henri ne succombât au plus tôt. Nous n'ajouterons pas ici, sur la foi d'un auteur contemporain, que Grégoire songeait alors à faire assassiner l'empereur, afin de mieux vérifier sa prédiction : ce trait offre un caractère d'atrocité trop réfléchie, et contredirait d'ailleurs l'opinion que nous avons émise sur le fanatisme sincère et de bonne foi du pape, prouvé par tout ce que l'histoire nous a laissé de lui, pour qu'on puisse l'admettre sur le simple témoignage d'un ennemi de Grégoire ; nous supposerons seulement qu'il se fia au sort d'une bataille, dont toutes les chances paraissaient être en faveur de Rodolphe (¹). Malheureusement pour le pontife, ce fut Rodolphe lui-même qui laissa la vie dans le combat (²) ; et la légitimité de son rival, démontrée précisément de la manière dont on avait voulu prouver celle du roi vaincu,

(¹) S. Gregor. pap. III, epist. 7 ad univers. fidel., et epist. 9 ad German. apud Labbe, concil. t. 10, p. 256 et 257. — Sigebert. in chron. ad ann. 1080, apud Pistor. t. 1, p. 843. — Bertold. constant. chron. ad ann. apud Urstis. t. 1, p. 350. — Bruno, hist. belli saxon. ap. Freher. t. 1, p. 226. — Bénð, card. in fascicul. rer. expetend. f° 40. — Vit. et gest. Hildebrand, per Brunon, card. descript. apud Conrad. abb. ursperg. chron. ad ann. 1079, p. 223.

(²) Il y reçut à la main une blessure dont il mourut ; l'abbé d'Ursperg et le prêtre Helmold rapportent les paroles par lesquelles il témoigna son repentir de s'être révolté contre l'empereur. « C'est avec cette main, s'écria-t-il, en montrant sa main droite blessée, que j'ai juré à Henri, mon seigneur, que je ne lui aurais point nui, que je n'aurais machiné ni contre sa puissance, ni contre sa gloire. Mais un ordre apostolique et les instigations des prélats m'ont conduit au point où, violateur de mon serment, j'ai cherché à usurper un honneur qui ne m'était pas dû. Vous

deconcerta entierement les vues les plus chères de son pereur.

Ils ne perdirent cependant pas courage ... ou aidèrent à Rodolphe sur le trône d'Allemagne, Herman de Luxembourg, qui ne sut ni faire de nouveaux partisans à sa cause, ni conserver ceux qu'elle avait avant lui (¹). Un aussi faible adversaire ne put détourner un moment Henri IV des projets qu'il avait formés contre l'Italie. Henri était en effet venu se joindre à Clément III à Ravenne; il avait fait si heureusement la guerre aux Normands, alliés de Grégoire, qu'il était parvenu à attirer dans son parti contre eux et contre le pape les apôtres saint Pierre et saint Paul (ce sont les expressions des auteurs du temps), et que déjà il menaçait Rome elle-même. Trois fois il mit le siége devant cette ville, mais il ne réussit qu'à fatiguer les Romains, et à les faire entrer en négocia tions avec lui. Ils promirent à l'empereur qu'ils por teraient le pape à ...., et qu'ils .... bien lui rendre .. que ... ., ... aux ....

.... quelle la ....
....
....
....
... .
... .— ....

(¹) ....
.. ..
.... 63

l'Allemagne, se fiant à leur parole, Henri s'éloigna
avec les otages qui lui avaient été donnés en garantie
de ces engagemens.

Mais les Romains les avaient pris au nom de Grégoire; il ne dépendait pas d'eux seuls de les tenir. Un
concile se tint, il est vrai, et ils y supplièrent instamment
le pape de se ressouvenir qu'il était le père commun
des fidèles : mais rien ne put ébranler Grégoire VII.
On n'osa plus lui parler des dangers de la patrie réduite à deux doigts de sa perte, lorsqu'il eut hautement
déclaré qu'il était décidé à tout sacrifier et jusqu'à sa
vie même, plutôt que d'absoudre Henri s'il ne donnait
aucun signe de repentir. Grégoire était alors abandonné
par presque tous ses amis et ses partisans, et il voyait
les Romains, au pouvoir desquels il se trouvait, également prêts à déserter sa cause : le discours qu'il
adressa au concile, dans ces circonstances critiques,
arracha des larmes à toute l'assemblée, parce que les
angoisses et le péril personnel du pape, son sacrifice
pur de tout calcul intéressé, à ses opinions, à sa foi,
fondée ou non, salutaire ou funeste, peu importe,
changeaient son orgueil et sa dureté ordinaires en une
constance admirable aux yeux du peuple qui sympa-
thise toujours avec les hommes de conviction et de dévouement. On obtint, avec peine, de Grégoire qu'il
ne renouvellerait pas ses excommunications contre
l'empereur; mais on ne put en arracher une seule parole de paix; et, de peur que les Romains, après avoir
loué sa courageuse inflexibilité, ne cherchassent à se
prémunir contre les suites funestes qu'elle devait né-

cessairement avoir pour eux, le pontife se réfugia dans la forteresse de Crescentius (¹).

Les faits démontrèrent bientôt la sagesse de cette détermination, puisque Henri, par suite d'un accord avec le peuple, entra pacifiquement dans la ville, y fit couronner le pape Clément III, et reçut à son tour de celui-ci la couronne impériale. Alors, le pape Grégoire s'adressa à Robert Guiscard, son allié fidèle : le duc, avec une armée considérable de Normands et de Sarrasins, marcha sur Rome, la prit et la saccagea entièrement. L'immense quartier de cette belle capitale, qui s'étendait depuis le palais de Latran jusqu'au Colysée, fut détruit de fond en comble et ses édifices ne se sont plus relevés depuis. Rome souffrit toutes les horreurs d'une ville prise d'assaut, parce que le peuple osa s'opposer aux cruautés des Normands, et ne voulut pas désister dès la première sommation du siége du môle d'Adrien où le pape était renfermé. Tout fut mis à feu

(1) Collect. concil. Labbe, t. 10, p. 501. — Cardin. de Aragon, vit. S. Gregor. pap. VII, part. 1, t. 3, rer. ital. p. 342. — Conrad. abb. urperg. ad ann. 1084, p. 225. — Annal. sax. ad ann. apud Eccard. t. 1, p. 565. — Benzon. episcop. albiens. l. 2, cap. 18, apud Meneken. t. 1, p. 966, et l. 6, cap. 6, ibid. p. 1056.

Benzon, évêque d'Alba, raconte la prise de Rome par Henri IV de la manière suivante (cet auteur indécent ne peut être cité qu'en latin): Imperator Romanorum Heinricus tercius, (au-lieu de quartus, probablement pour la rime), Folleprandi (Hildebrandi) malam famam scire volens tercius, Romam venit, cui portas claudit Stercorentius. Ruptis muris, imperator triumphans introiit; Merdiprandus fugam capit ; hunc venisse doluit; ut hyena quædam trullo latitari voluit....., etc.

Le môle d'Adrien, aujourd'hui château Saint-Ange, se nommait alors forteresse de Crescentius : le lecteur en trouvera la raison dans le premier livre de la seconde partie, ch. 3, t. 6.

IV.

et à sang : les femmes et les vierges consacrées aux autels devinrent la proie de la brutalité des Sarrasins. Les
citoyens romains furent envoyés prisonniers dans la
Calabre, vendus comme esclaves, ou horriblement mutilés; et, après ces exploits, dit l'auteur de la vie de
Grégoire VII, Robert réinstalla avec pompe son père
spirituel dans le palais de Saint-Jean-de-Latran (¹). Le
premier usage que Grégoire fit de sa liberté fut d'excommunier, dans son dixième et dernier concile de
Rome, l'empereur et le pape Guibert. Après cela, il
s'occupa de la police intérieure de la ville : il commença par chasser de l'église de Saint-Pierre, les Romains qui s'étaient emparés de tous les oratoires, et
qui, quoique laïques et mariés ou concubinaires, selon l'historien que nous venons de citer, se faisaient
passer pour prêtres-cardinaux auprès des pélerins,
recevaient les offrandes des simples, et accordaient
les indulgences requises, ainsi que la rémission des
péchés. Ce trait seul opposé à celui des Allemands substituant un autre pape au pape qu'ils venaient de renverser pour avoir à qui faire des offrandes et de qui
obtenir des indulgences, suffit pour faire sentir combien l'influence des lois de l'église et de la voix de son
chef sur les Italiens devait être faible en comparaison
de celle qu'elles exerçaient naturellement et nécessai-

(¹) Conrad. abb. ursperg. ad ann. 4084, p. 225. — Cardin. de
Aragon, in S. Gregor. pap. VII, rer. ital. part. 4, t. 3, p. 313. —
Landulph. sen. hist. mediolan. l. 4, cap. 2 et 3, ibid. t. 4, p. 419 et
420. — Berthold. constant. ad ann. apud Urstis. t. 1, p. 354. — Sige-
d ann. apud Pistor. t. 1, p. 845.

rement sur les peuples nourris loin de ce centre de la politique sacerdotale.

Mais le souverain pontife ne crut pas pouvoir prudemment demeurer dans Rome, après le départ du duc qui y avait commis tant d'horreurs pour son service. Il se retira à Salerne et mourut l'année suivante (1085), en protestant de sa haine contre Henri et contre Clément III, et en les exceptant seuls, avec les personnes principales qui favorisaient leur schisme et ce qu'on appelait leur perversité, de l'absolution qu'il accordait à tous ceux qu'il avait excommuniés pendant son pontificat. Les dernières paroles de Grégoire VII furent ce verset du psalmiste : « J'ai aimé la justice et j'ai haï l'iniquité; c'est pourquoi je meurs dans l'exil. » Un évêque qui se trouvait présent, observa très judicieusement au pape moribond, pour le consoler, qu'il s'était trompé dans sa citation, puisqu'un pontife suprême qui, comme vicaire de Jésus-Christ et des apôtres, avait reçu l'héritage des nations et la possession de la terre, devait toujours se croire chez lui, et ne pouvait pas se dire exilé en quelque lieu qu'il demeurât. Le cardinal Bennon et Sigebert, moine de l'abbaye de Gembloux, prétendent que Grégoire se repentit à sa mort; il confessa, disent-ils, à Dieu, à saint Pierre et à toute l'église, qu'il avait beaucoup péché pendant son administration ecclésiastique, et qu'il avait excité la colère et la haine contre le genre humain, à l'instigation des démons (1),

---

(1) Suadente diabolo, contra humanum genus odium et iram concitasse.

et il envoya des légats à l'empereur et aux évêques pour impétrer son pardon.

Cette assertion nous paraît être dans une contradiction trop manifeste avec le caractère soutenu et la vie entière de Grégoire, pour que nous puissions l'admettre. Ce fut tout au contraire l'inflexibilité jusqu'à la fin de ce pape, dans les principes qu'il avait toujours professés et mis en pratique, qui fit dire à Landolphe l'Ancien, prêtre milanais contemporain de Grégoire, que ce pontife suprême subit en mourant la peine due à ses méfaits (¹).

(¹) Tanquam malorum pœnam emeritus interiit.
Paul. bernried. vit. S. Gregor. pap. VII, cap. 110, apud Mabillon. part. 2, sæcul. VI, p. 453. — Landulph. sen. L. 4, cap. 3, ut supra. — Beno, card. in fascicul. rer. expetend. f° 43 verso. — Sigebert. ad ann. 1085, loc. cit. — Vita S. Gregor. VII, ex Bertoldo, cap. 2, n. 18, in act. sanctor. die 25 maji, t. 6, p. 147.

CHAPITRE V.

Grégoire, jugé par ses contemporains.—Accusations contre lui.—Ses maximes — Dépositions des rois. — Reproches injustes.— Ses miracles. — Sa canonisation. — Opposition de la France au nouveau saint.

Nous n'entreprendrons pas de tracer le caractère de Grégoire VII; sa vie politique, dont nous avons donné un aperçu dans ce livre, fera mieux connaître que tout ce que nous pourrions dire, cette ame énergique, si merveilleusement prédisposée par la nature pour réaliser et réduire en actes la doctrine sociale née du mélange des idées et des croyances dont le despotisme romain, l'égalité chrétienne, le mysticisme oriental et la féodalité des peuples du nord avaient doté l'Europe. Nous ne rapporterons pas non plus le jugement des derniers siècles sur le compte d'un pape que des fanatiques ont eu l'imprudence de vouloir faire regarder comme un des principaux soutiens de la religion chrétienne, de peur que l'on n'accuse la philosophie de mettre de l'aigreur là où la justice seule doit suffire. Mais aussi nous nous garderons bien de souscrire au jugement porté sur leur héros par les partisans modernes de la funeste doctrine de l'unité, même par voie de violence, de la synthèse forcée, de l'autorité comme but et comme moyen d'association, du *contrains-les d'entrer*, du principe catholique; car qui pourrait énumérer tous les masques qu'a pris, dans les derniers temps, le despotisme, pour tromper les gens

de sens et de cœur. Nous nous contenterons de citer
quelques traits épars dans les auteurs contemporains
de Grégoire, traits que nous aurons soin d'ailleurs de
choisir parmi les plus exagérés, afin de démontrer de
plus en plus jusqu'à quel point la passion peut aveu-
gler les hommes, même sur des circonstances qui se
sont passées sous leurs yeux.

Comme tous ceux qui ont joué un grand rôle sur la
terre, et qui se sont vu obligés de froisser beaucoup
d'intérêts divers, Grégoire a été trop loué par quelques-uns, et trop blâmé par quelques autres de ses
historiens. Pandolphe de Pise nous le dépeint comme
religieux, prudent, équitable, modeste, chaste, sobre,
hospitalier, constant dans l'adversité, et, ce qui sur-
prendra sans doute, modéré dans la bonne fortune. Le
chanoine bavarois ne s'est occupé que d'en faire un
saint; les huit premiers chapitres de la vie de Grégoire
qu'il nous a laissée, roulent uniquement sur les nombreux miracles d'Hildebrand, dans lesquels le feu entre
pour quelque chose, et qui, par anticipation ou plutôt
par esprit de prophétie, lui avaient fait imposer ce nom
au baptême (¹). « Pendant la jeunesse de Grégoire, le
feu sacré avait brûlé sur sa tête et sur ses habits; il
était destiné à éteindre par sa vertu les flammes des
concupiscences mondaines. Comme pape, il devait
s'enflammer d'un zèle divin contre les prévarications
du plus méchant des rois, ou, pour parler plus clairement, selon Paul, contre l'insolence du scélérat

---

(¹) Hildebrand, de *brand*, incendie.

Henri; il devait s'attirer les persécutions de ce moderne Néron qui consumait tout ce qu'il y avait de bon et d'honnête, par le feu impur de son iniquité et de ses crimes. » L'auteur compare plusieurs fois Hildebrand à Élie : il raconte qu'il a éteint par ses paroles miraculeuses, les flammes matérielles sous lesquelles Henri voulait ensevelir la ville de Rome; il va même jusqu'à lui faire envoyer la foudre du ciel contre ses ennemis pour les dévorer (¹).

Opposons à ces témoignages ceux du cardinal Bennon et de l'évêque d'Alba. Tous deux accusent Grégoire VII de magie et de commerce avec les démons, soit pour se tirer de quelque pas difficile, soit uniquement pour faire briller une sainteté qu'il affectait; et il est assez remarquable que le premier est ici d'accord sur les faits avec le légendaire du pape, puisqu'il rapporte comme celui-ci, qu'Hildebrand secouait du feu de ses manches. Bennon reproche, en outre, au souverain pontife un trait de superstition remarquable : il rapporte que Grégoire, pour obtenir un oracle défavorable à l'empereur Henri IV, jeta dans le feu l'hostie consacrée, ou le corps de notre seigneur Jésus-Christ; ce sont les expressions du cardinal; et il cite Jean, évêque de Porto et secrétaire d'Hildebrand, comme témoin oculaire de ce scandale qui avait eu lieu devant les cardinaux mêmes et malgré eux. Le même auteur accuse Grégoire de la mort de tous les papes, ses pré-

(¹) Pandulph. pisan. vit. S. Gregor. pap. VII, part. 1, t. 3, rer. ital. p. 304.— Paul. beruriedens. vit. S. Gregor. pap. VII, apud Mabillon. act. sanct. ord. S. Benedicti . part. 2 sæcul. vi, p. 407.

cesseurs qu'il avait placés sur le siège de saint Pierre, il nomme Gerard Brazutus, le confident et l'ami d'Hildebrand, qui était chargé par celui-ci d'empoisonner les pontifes de Rome, à mesure qu'ils devenaient inutiles à ses projets d'ambition. L'évêque d'Alba va même jusqu'à nous apprendre les circonstances du meurtre d'Alexandre, en rapportant que Grégoire, pour s'en débarrasser, lui fit ouvrir les veines. Ce n'est pas tout : s'il faut en croire les historiens ecclésiastiques auxquels nous empruntons ces extraits, le même pape voulut faire assassiner l'empereur, pendant le séjour qu'il fit à Rome avec Clément III. Henri se rendait régulièrement tous les matins à l'église de sainte Marie, au mont Aventin, pour y faire ses prières. Grégoire fit placer un homme dans la charpente sous le toit, avec une grosse pierre qu'il devait lancer sur la tête du prince, quand il serait en oraisons. Le misérable, par trop de précipitation, manqua son coup et se tua lui-même, en tombant dans l'église avec la pierre qu'il tenait. Le peuple traîna son cadavre dans les rues de Rome, pendant trois jours consécutifs, jusqu'à ce que l'empereur donna ordre qu'on l'enterrât.

Nous passerons sous silence les accusations d'avoir falsifié les saintes écritures, afin de les faire mieux servir à ses vues, d'avoir fait punir de mort des innocens, sans qu'ils eussent comparu devant les tribunaux ordinaires, etc., etc.; nous n'appuierons pas même sur les invectives de l'évêque Benzon contre

Grégoire (¹) qu'il appelle faux moine, vagabond, lé-
preux de corps et d'ame, antechrist, moelle du diable,
satan, homme perdu de mœurs et qui surpasse en
méchanceté Simon-le-Magicien, Sinon-le-Menteur,
Acacius, Arius, Manichée, etc., « un sacrilège, un
adultère, un parjure, un magicien, un homicide et,
qui pis est, *un papicide* (²). » Il suffira de citer les fameuses maximes généralement attribuées à Grégoire,
et qui méritent, sous tous les rapports, d'être de cet
audacieux pontife, maximes connues sous le nom de
Dictatus papæ, et publiées dans le concile où eut lieu
la première excommunication contre l'empereur. Les
principales sont : « L'église romaine est fondée par
Dieu seul; le seul pontife romain peut se dire universel; il peut seul déposer les évêques et les replacer sur
leurs sièges; son légat préside tous les conciles, et est
supérieur à tous les évêques, même à ceux d'un rang
supérieur au sien; le pape peut déposer les absens; il
est défendu de demeurer dans une même maison avec

(¹) L'évêque Benzon, dans son latin barbare, dit du moine Hildebrand : Priusquam fieret mundus, *Folleprandus* visus est, et in finem
sæculorum primus antichristus est, omnium herrorum caput a Behe-
moth (vid. Job. cap. 40, v. 10) factus est.... Protheus est monstruosus
in diversis vultibus, modo ridet, modo plangit a mixtis singultibus,
nocte carnibus abutens, die tantum pultibus, etc.; et au sujet de son
élection comme pape : Conficitur negotium, qui dicitur legio, subli-
matur demonium, coronatur cucullatus, ad Capitolium pergit infu-
latus... O dolor super mortis dolores !.... Et quamvis tot stercoribus
fetebat, tamen omnibus despiciebat...... Qui facit opus diaboli, servus
est diaboli; ergo ista falsa cuculla factus est diaboli medulla, etc.....
En un autre endroit, Benzon appelle Grégoire VII : homo *merdulfus*,
sarabaïta, cinedus, etc.

(²) Beno, card. archipresb. vit. Hildebrand. in fascicul. rer. expe-

ceux qu'il a excommuniés (¹); il a le droit de faire des lois nouvelles, selon la nécessité des temps; à lui seul est permis de se servir des ornemens impériaux; tous les princes doivent lui baiser les pieds, et ne peuvent baiser que les siens; il n'y a que son nom qui puisse être proféré dans l'église; il n'est qu'un seul nom dans le monde (bien entendu le nom du pape); il lui est permis de déposer les empereurs (²); il peut tranférer les évêques d'un siége à un autre; aucun concile n'est œcu-

tend, f° 40 ad 42. — Benzon. episcop. albiens. panegyr. Henr. imp. l. 2, cap. 17, p. 994, apud Mencken. t. 1. — Id. l. 6, ibid. p. 1049; l. 6, cap. 6, p. 1056, et l. 7, cap. 2, p. 1065. — Vit. et gest. Hildebrand. per Bennon. card. qui eo temp. vixit descript. apud Conrad, ursperg. chron. ad ann. 1079, p. 223.

(¹) Il était non-seulement permis de trahir ceux que Grégoire avait excommuniés, et de violer les sermens qu'on leur avait faits; mais, selon le code anti-social de ce pape, cela était même strictement ordonné. Comme son décret est inséré dans le corps du droit canon, qui n'a jamais été aboli par l'église ni même désavoué, nous devons croire que la trahison et le parjure envers les acatholiques, sont encore aujourd'hui considérés comme un devoir dans l'église romaine. « Nos sanctorum prædecessorum nostrorum statuta tenentes, eos qui excommunicatis fidelitate aut sacramento constricti sunt, apostolica auctoritate a sacramento absolvimus, et ne eis fidelitatem observent, omnibus modis prohibemus, quousque ipsi ad satisfactionem veniant. » — Decret. 2 part, caus. 15, quæst. 6, cap. 4, t. 1, p. 280.

(²) Le décret de la Dictatus papæ était la déclaration dogmatique de l'autorité absolue des pontifes romains sur les trônes et sur les autels, et sur les trônes parce que sur les autels. Ce qui importait le plus était la domination sur les trônes : il en fut pris acte solennellement et à tout jamais dans le bréviaire romain, ce catéchisme de la milice pontificale, où on lit ces mots adressés à saint Pierre par Jésus : « Tu es le pasteur des brebis, le prince des apôtres; Dieu t'a livré tous les royaumes du monde (et tibi tradidit Deus omnia regna mundi) : et les clefs du royaume des cieux vous ont été confiées. » — Breviar. roman. in festo cathedr. S. Petri, lect. 4, resp. f° 214.

ménique sans son assentiment; aucun livre n'est canonique sans sa permission; ses décisions ne peuvent
être infirmées par qui que ce soit, et lui seul a le droit
de rétracter ses opinions; il ne saurait être jugé par
personne; il est défendu de condamner celui qui a appelé au siége apostolique; l'église n'a jamais erré et
n'errera jamais, selon les saintes écritures; le pontife
romain légitime est incontestablement saint, par les
mérites de saint Pierre, d'après le témoignage de saint
Ennodius, évêque de Pavie, et de plusieurs saints
pères, comme il est dit dans les décrets du pape saint
Symmaque; celui qui n'est pas d'accord avec l'église
romaine, ne peut pas se dire catholique; le pape a le
pouvoir d'absoudre les sujets de la foi qu'ils ont jurée
à des princes impies (¹).

Dans une de ses lettres, Grégoire expliqua celle de
ses sentences qui devait frapper le plus par sa nouveauté et par sa hardiesse; nous voulons dire, la prérogative exclusive qu'il s'attribuait de détrôner les souverains et de délier les peuples du serment de fidélité (²).
« Nous ne devrions pas répondre, dit-il, à ceux qui
prétendent qu'on ne peut point excommunier les rois;
l'absurdité reconnue de cette proposition servirait
d'excuse à notre silence. Cependant, nous ne refuse-

(1) S. Gregor. pap. VII, *Dictatus papæ*, in l. 2, epist. 55 ad Laudens.
apud Labbe, concil. t. 10, p. 440.—Baron. ad ann. 1076, n. 31 ad 33,
t. 17, p. 430.

(2) Nous répondrons à l'objection qui pourrait nous être faite, d'avoir
jugé d'une manière trop absolue les actes des papes du moyen-âge, dans
la note supplémentaire placée à la fin du chapitre.

rons pas de combattre ici leur opinion... Le pape Zacharie a déposé le roi des Francs et a dispensé ses sujets de toute obligation d'obéissance; saint Grégoire a non seulement excommunié les rois, mais il les a aussi privés de leurs honneurs et de leurs dignités (¹). Ambroise força Théodose de demeurer hors de l'église... Puisque le saint siége apostolique étend sa juridiction sur les choses spirituelles qui lui ont été confiées de droit divin, puisqu'il les juge par un acte de sa puissance suprême et absolue, pourquoi ne déciderait-il pas des choses séculières (²)?... »

(¹) Cela devint par la suite la doctrine générale de l'église : « On peut très bien dire, selon Suarez, qu'il est permis de priver de ses états un roi hérétique; mais il faut les donner à son successeur, s'il est catholique 'Existimo optime dici posse confiscari regnum [regis hæretici], licet dandum sit successori catholico,.» — Fr. Suarez, de tripl. virtute theolog. part. 2, disput. 22, sect. 6, n. 9, p. 350.

(²) Voici un autre passage de la correspondance de saint Grégoire VII: il prouve évidemment que ce pape se croyait tout permis, et qu'il ne voulait rien permettre aux princes séculiers: « Nous, en vertu de notre puissance apostolique, et par cette sentence de correction canonique, infirmons et cassons le privilége que notre prédécesseur le pape Alexandre, d'heureuse mémoire, a accordé à l'abbaye d'Hirschau, soit qu'on eût surpris sa religion, soit qu'il eût été induit en erreur : privilége par lequel le comte Evrard et ses descendans acquerraient le patronage du couvent et le droit d'y préposer un abbé; nous l'annulons, dis-je, pour que personne à l'avenir ne courre audacieusement à sa propre perte en manifestant le désir téméraire d'en profiter. Si, malgré cela, quelqu'un était assez obstiné pour oser résister à notre décret salutaire, qu'il sache, à n'en pas douter, qu'il perdra la grâce de saint Pierre, et que, lorsqu'il aura été averti une seconde et une troisième fois, après les délais convenables, s'il ne vient à résipiscence et s'il néglige de s'amender, il sera lié par un divin anathème, et séparé de la communion du corps et du sang de Jésus-Christ, etc. » — S. Gregor. pap. VII, l. 7, epist. 24 ad Wilielm. abbat. hirsaugiens. apud Labbe. concil. t. 10, p. 245.

place ensuite le pouvoir royal bien au des-
ltorité épiscopale : « C'est l'orgueil humain ,
qui a institué le premier ; la seconde est
là piété divine. Celui-là ne mène qu'à une
e ; celle-ci fait aspirer à la vie éternelle...
princes refusent d'obéir aux ordres du saint
e rendent coupables du crime d'idolâtrie ; »
cite, comme autorité, le chapitre 15 du
vre des Rois ('). Cette citation, il faut en
n'était pas mal choisie, si l'on admet toute-
premier chef civil de la nation juive pût être
l'empereur d'Occident, le pape à un pro-
recevait familièrement et tous les jours les
ects de Dieu, et le gouvernement théocratique
ux à la ténébreuse révolution qui avait con-
publique égalitaire des premiers chrétiens en
isme clérical au profit des papes : il faudra
ssi que la lecture de l'histoire de Saül et de
supposé cependant que les rois du onzième
euglés par les préjugés de la superstition et
us les menaces du fanatisme, sussent lire et
lre ce qu'ils lisaient, devait leur inspirer une
llutaire des pontifes romains et du code gou-
ntal auquel ils voulaient assujétir l'Europe.
dinal Bennon avait déjà reproché à Grégoire
té avec laquelle il annulait les sermens faits à
l privait de la communion ecclésiastique, et
qu'on leur avait jurée. Il le blâma aussi de sa

egor. pap. VII, l. 4, epist. 2 ad Hermann. episcop. metens,
, collect. concil. t. 10, p. 149.

trop grande indulgence envers les personnes qui communiquaient avec les excommuniés. En effet, le pape ayant remarqué que la facilité avec laquelle il multipliait les censures de l'église, avait rendu impossible la sévérité qu'on était accoutumé de montrer à leur égard, résolut de tempérer cette même sévérité, de peur qu'en outrant ses décrets, elle ne finît par les rendre nuls. Il permit donc de fréquenter les excommuniés au second degré ; il excepta de la loi qui défendait de communiquer avec les excommuniés, leurs femmes, leurs enfans, leurs serviteurs, leurs servantes, leurs esclaves, ceux qui le faisaient par ignorance, par simplicité, par nécessité ou par crainte ; il déclara absous des censures, les étrangers et les voyageurs qui acceptaient quelque chose des excommuniés, bien entendu, s'il leur manquait le moyen ou la possibilité de rien acheter ailleurs; finalement, il accorda la permission de faire l'aumône aux excommuniés, pourvu que ce ne fût ni par ostentation, ni par orgueil, mais seulement lorsque l'humanité l'ordonnait. Bennon, égaré par la passion, condamne cette douceur de Grégoire : douceur forcée, il est vrai, mais qui n'en portait pas moins la consolation dans le sein de quelques-uns des malheureux que ce pape avait faits. [1]

Grégoire VII fit beaucoup de miracles à sa mort, nous dit-on, surtout par l'intermédiaire de sa mître qu'il avait léguée à son ami Anselme, évêque de Luc-

---

[1] Labbe, concil. t. 10, p. 371. — Beno, card. in fascicul. rerum expetend. f. 43.

ques (¹). Ce ne fut cependant qu'en 1609 que Paul V
permit d'honorer sa mémoire. Benoît XIII, au dix-huitième siècle, fixa le jour destiné à sa fête, et fit ajouter
au bréviaire, des *leçons* où on canonisait « l'intrépidité
avec laquelle cet athlète robuste, ce mur de la maison
d'Israël, ce vengeur des crimes, ce défenseur ardent
de l'église, en un mot, cet homme vraiment saint,
avait résisté aux efforts impies de l'inique empereur
Henri IV, déjà précipité dans un abîme de maux, en
l'excommuniant, en le privant de son royaume, et en
déliant ses sujets du serment de fidélité. » La France
surtout s'opposa à ce retour vers un ordre de choses
qui avait cessé d'exister : ses évêques, ses parlemens
et ses principaux jurisconsultes attaquèrent ouvertement et condamnèrent la doctrine du nouveau saint (²):

(¹) Le portrait de Grégoire fut placé, soixante ans après, parmi ceux
des saints, par le pape Anastase IV. En 1577, le corps de ce pape fut,
dit-on, trouvé sans le moindre signe de corruption à Salerne, par Marc-
Antoine Colonna, archevêque de cette ville. On inséra son nom dans
le martyrologe romain, par ordre de Grégoire XIII, l'an 1584.

(²) Les parlemens de Metz, de Rennes, de Toulouse et de Bordeaux
suivirent l'exemple de celui de la capitale et proscrivirent la légende de
Grégoire VII; les évêques de Montpellier, de Troyes, de Metz, de Verdun, d'Auxerre et de Castres se distinguèrent également par leurs man-
demens. Le pape annula les arrêts de la cour et condamna les écrits des
pasteurs; mais on eut soin de faire supprimer ses brefs. A Naples, le
secrétaire d'état, dom Nicolas Faggiani, adressa à l'empereur Charles VI
une consultation dans laquelle il taxa l'office de Grégoire VII de renfermer des maximes favorables à la sédition, propres à augmenter le pouvoir temporel universel auquel tend le saint siége, et capables, au moyen
de la doctrine qui accorde aux papes le droit de déposer les rois, d'é-
branler la monarchie sicilienne, qui ne repose que sur la nullité des dépositions des princes de la maison de Souabe par les souverains pontifes.
On prit le parti de ne pas condamner directement les nouvelles *leçons*

cependant, le culte de Grégoire s'établit en Italie; ses *leçons* y furent chantées solennellement, ce que les souverains catholiques ne cherchèrent aucunement à empêcher ('). Nous ne dirons point que ce soit là le miracle le plus authentique de ce pontife; nous soutenons seulement que, pour l'époque, c'était le plus grand, et sans contredit, aussi le plus difficile.

de peur d'effaroucher les simples et les consciences timorées; mais on en supprima exactement tous les exemplaires et on fit punir sévèrement les imprimeurs qui les avaient publiées, ainsi que toutes les pièces qui les concernaient, sans la permission du gouvernement.

(¹) Vit. S. Anselm. episcop. lucens. n. 26, apud Mabillon. act. sanct. ord. S. Benedict. sæcul. vi, part. 2, p. 481. — Act. sanct. maji, t. 6, Papebroch. *de S. Gregor. pap. VII*, S 2, ad diem 25 maji, p. 104.— Martyrol. roman. cum not. Baron. p. 220 et 221.— Fleury, hist. ecclés. l. 63, n. 25, t. 13, p. 453.— Breviar. roman. pars verna, ad diem 25 maji, lect. 5 et 6, p. 517. — Mém. pour servir à l'hist. ecclés. du dix-huitième siècle, ann. 1729, t. 2, p. 51. — M. Lacretelle, hist. de France, au dix-huitième siècle, liv. 6, t. 2, p. 80. — Report from sel. comittee on regul. of rom. cathol. subj. in for. states, n. 6, append. p. 230 and foll. Ordered by the house of commons to be printed. — Benedict. XIII constit. 290, *Cum ad apostolatus*, t. 12 bullar. p. 410; const. 291, *Cum nobis*, p. 411, et constit. 293, *Cum ad aures*, p. 412. — Voyez aussi Joseph de Seabra da Sylva, provas da parte segunda.

NOTE SUPPLÉMENTAIRE.

Perpétuité des doctrines de l'église romaine.

L'on dira peut-être que, pour bien saisir le sens des décrets et des préceptes de l'église, nous aurions dû les considérer, plus que nous n'avons fait, dans leur relation avec les époques qui les ont vu naître, et avec les hommes de qui ils sont émanés. Mais que l'on réfléchisse un instant aux prétentions de l'église romaine. Les papes et les pères des conciles, s'il faut les en croire, ne sont point des législateurs ordinaires. Ils n'établissent rien de nouveau, ne réforment point ce qui existait avant eux, ne font pas faire un pas à la société religieuse qu'ils sont uniquement appelés à surveiller et à diriger dans ses voies constantes et éternelles : ils ne font, soutiennent-ils, que déclarer ce qui était de tout temps, faire mieux ressortir la réforme proclamée depuis l'origine, et mettre sous un jour plus clair le progrès atteint de prime-saut par le christianisme dès sa naissance. Nous les jugeons donc comme ils veulent être jugés, et ne nous montrons sévère envers eux qu'autant qu'ils se sont montrés, eux, dignes de sévérité. Une église prétendue infaillible ne peut regarder comme vraie qu'une doctrine perpétuelle. Si nous prouvons, par exemple, que le commandement de persécuter et de mettre à mort ceux qui ne pensent pas comme le pape, a été *une fois* donné aux fidèles, nous prouverons en même temps que ce commandement a toujours été obligatoire et qu'il le sera toujours; nous prouverons la *perpétuité* de la foi des catholiques à une religion qui leur ordonne d'exterminer tous ceux qu'elle damne, pour autant que leurs forces le comportent, et toutes les fois que les circonstances le leur permettront. « Dans les principes de Rome, dit Bayle (Nouvell. de la républ. des lettr., mars 1685, p. 252), avouer qu'une doctrine n'a pas toujours été crue, signifie manifestement qu'elle est fausse. » La bulle la plus extravagante d'un Boniface VIII, non contredite par les bulles des papes postérieurs, les canons atroces du troisième et du quatrième conciles œcuméniques de Latran contre les hérétiques, non révoqués par des décisions plus récentes, valent autant dans le système du saint siége que les dispositions du concile de Trente et les décrets du pape régnant. Les lois les plus anti-sociales et les plus inhumaines du droit canon ont plus de poids à la cour de Rome que toutes les lois de la nature et de la raison.

Nous savons bien qu'on ne proclame pas hautement ces principes aujour-
d'hui devant le monde ; mais on n'ose les nier, et l'on ne perd aucune
occasion de les rappeler aux adeptes. Cet ouvrage est surtout destiné à en
fournir des exemples. En un mot , nous avons expliqué les maximes de
l'église comme les expliquèrent les prêtres eux-mêmes, tant qu'il leur a
été permis de prouver par leur conduite avec quelle cruelle subtilité ils
s'étaient attachés à leur interprétation : nous avons travaillé au commentaire d'une vérité incontestable, savoir que Rome a prêché toutes les injustices que l'on pouvait commettre à son profit, et qu'elle a canonisé
tous les coupables qui lui avaient été utiles. Il n'y a point de milieu :
l'on doit nécessairement condamner l'église ou ses ministres ; ces derniers pour avoir versé le sang au nom d'un code de tolérance et de paix,
ou l'église pour avoir dicté à des hommes paisibles un code sanguinaire
et barbare.

FIN DU LIVRE DEUXIÈME.

LIVRE TROISIÈME.

FIN DES QUERELLES SUR LES INVESTITURES.

CHAPITRE 1.

Après Grégoire VII, il fut facile de suivre la route qu'il avait tracée. — Grégoire VII n'a fait que proclamer les idées de son siècle. — Caractère de Grégoire. — Opposition à la clérocratie, du vivant même de ce pape. — Le progrès des lumières a détruit le sacerdotalisme. — Conciles qui s'anathématisent réciproquement. — Luttes à main armée qui en sont la suite. — Victor III. — Il bat et chasse Clément III. — Urbain II succède à Victor — L'empereur et son pape, excommuniés — La comtesse Mathilde, protectrice du saint siége, est vaincue par Henri IV. — Elle fait révolter Conrad contre l'empereur, son père. — L'impératrice accuse son mari, devant le pape, d'actions déshonnêtes. — Elle est absoute au concile de Plaisance.

Quand un homme de génie ou d'un caractère énergique a formulé un nouvel ordre de choses, qu'il lui a imprimé le mouvement et la vie, et surtout quand, saisissant adroitement l'esprit de son époque, il a eu l'art de mettre sa conception personnelle sous l'égide sacrée des idées générales et de la conscience de tous, rien ne devient plus facile que de suivre la marche qu'il a tracée, de renverser à mesure qu'ils se présentent les obstacles opposés à la réalisation de ses vues, et d'étendre aussi loin que le permettent les entreprises des hommes, les limites de la domination qu'il s'est proposé d'établir. Ce n'est plus qu'une œuvre ordinaire, où il suffit d'un peu d'ambition, d'audace, de ténacité, pour jouer un rôle, et que d'ailleurs les intérêts qui s'y rattachent, les passions qu'elle a soulevées, les besoins qu'elle a fait naître, en un mot les occasions de développement et de progrès qu'y cherche l'activité humaine, suffisent pour faire grandir et porter au plus haut période de force et de stabilité. Cette œuvre dès lors se soutient, pourrait-on dire, d'elle-même : elle ne peut tomber que devant une révolution progressive, préparée de longue main dans les intelligences, et réalisée finalement par un nouvel accord tacite de l'humanité.

Attribuer du génie à Grégoire VII, ce serait profaner ce mot : ce qu'il y avait de grand et de vaste dans les idées du moine Hildebrand, appartenait à son siècle; les conséquences de son système ont été des plus funestes pour le genre humain. En ne tenant aucun compte des intérêts réels de la société, en sacrifiant toujours et en tout le citoyen au prêtre, l'humanité à l'église, il nécessita la guerre à mort que tous les hommes feraient au catholicisme et à son sacerdoce, aussitôt qu'ils auraient pressenti la vérité, revendiqué leurs droits, entrevu, en un mot, l'avenir d'émancipation et de perfectionnement promis aux efforts consciencieux et libres de l'homme social. En forçant en quelque sorte ses ambitieux et avides successeurs à exterminer ceux qu'ils ne pourraient soumettre, à envahir jusqu'aux déserts et à ne régner que sur des esclaves, il posa sur le sable les bases d'un édifice que les Adrien IV, les Innocent III, les Grégoire IX, les Innocent IV et les Boniface VIII élevèrent d'après lui sur un plan aussi gigantesque qu'informe, jusqu'à ce que les hommes honteux de leur long et aveugle asservissement, renversèrent ce monstrueux *sacerdotalisme*, devenu méprisable dès qu'on avait cessé de le redouter.

Nous avons dit, dans le livre précédent, ce que nous pensions de la force de volonté qui mettait Grégoire au-dessus de tous les obstacles une fois qu'il avait déterminé d'agir, et de la sincérité des opinions et des croyances qui le déterminaient. Nous ajouterons seulement ici que, s'il tenait la première de ces qualités de son orga-nisation individuelle, la seconde lui était commune alors avec la presqu'universalité des catholiques latins. Il ne lui fallut donc que se laisser entraîner par l'im-pulsion générale et s'y abandonner sans réserve, pour, dans la position suprême où il se trouvait et avec le ca-ractère dont la nature l'avait doué, se mettre à la tête de la société chrétienne en Occident, et y créer un droit nouveau qui la régirait pendant des siècles. Néan-moins, dès la promulgation du principe sur lequel il reposait, ce droit fut en butte à une opposition qui devait croître à ses dépens, le combattre et finalement le renverser. Elle n'était composée dans l'origine, comme nous avons vu, que de quelques prélats alle-mands, et de la plus grande partie des seigneurs ita-liens, tant du clergé que de la noblesse. Cette opposi-tion parla alors et continua à parler le langage d'une politique plus raisonnable et moins hostile aux progrès des lumières et de la liberté, que le despotisme cléri-cal dont la papauté s'était constituée le centre et le mobile : quelques historiens moins courbés que leurs contemporains sous le joug des préjugés, n'ont pas craint de rapporter et de louer ces efforts, prématurés, si l'on veut, pour l'époque, téméraires même en apparence, et nécessairement stériles, mais que la philosophie, qui ne juge pas les actions des hommes sur le succès, a honorablement consignés dans ses annales.

Enfin, le funeste prestige s'est dissipé à mesure que la vérité s'est dévoilée sur la terre : aujourd'hui le scandaleux acharnement avec lequel des prêtres despotes ont si long-temps bravé la puissance sociale et intimidé la faiblesse individuelle, n'obtient pas plus de faveur au tribunal de l'humanité, que n'en méritent à celui de la raison les basses intrigues que la cour de Rome, substituant la ruse à la violence, ourdit dans la suite pour exciter en tous lieux les troubles, entretenir la discorde et fomenter les haines. Dans l'âge des ténèbres, on manquait des seules armes propres à combattre, avec avantage, le pouvoir pontifical et les fausses maximes qu'il prêtait à la Divinité dont il s'étayait. La force se brisait contre les papes, dont elle ne servait qu'à faire briller le dévouement désintéressé et, pour ainsi parler, surhumain, à une cause et à une doctrine prétendues célestes, et à faire diviniser aux yeux du vulgaire les hommes généreux qui paraissaient tout sacrifier au triomphe de Dieu même. Aussi, verrons-nous constamment les armées de l'empire se dissiper au seul éclat de la voix des prêtres, les menaçant des traits invisibles que Grégoire leur avait appris à forger.

Grégoire VII, en mourant, avait désigné les trois prélats les plus capables de lui succéder, et de régir l'église pendant les troubles qui l'agitaient : c'étaient Didier, abbé de Mont-Cassin, l'évêque d'Ostie et l'archevêque de Lyon. L'évêque d'Ostie se trouvait alors détenu dans les prisons de l'empereur, mais il obtint sa liberté, dès que Henri se vit délivré de son plus dangereux adversaire. Les prêtres reconnurent la générosité de l'empereur, en excommuniant à Quedlimbourg tous les évêques simoniaques, ou, comme ils expliquèrent eux-mêmes cette épithète flétrissante, ceux qui étaient demeurés fidèles à leur prince légitime (¹). Les évêques appelés schismatiques eurent honte de se laisser surpasser, en cette circonstance, par leurs ennemis : ils assemblèrent, de leur côté, un synode à Mayence, et rendirent censures pour censures aux catholiques. Au reste, les deux partis toujours également acharnés l'un contre l'autre, ne perdirent aucune occasion pour se nuire réciproquement : la moindre étincelle rallumait l'incendie, et des flots de sang ruisselaient dans toutes les provinces d'Allemagne. Les efforts que firent les *hen-*

(¹) Il est remarquable que, dans une assemblée tenue en faveur et en présence de Herman de Lorraine, compétiteur de Henri, un prêtre de Bamberg osa combattre l'omnipotence du pape, protecteur de Herman, et l'appeler un usurpateur des droits qu'il s'attribuait. Le clerc prétendit que le saint siége ne pouvait jamais décider en dernier ressort, et que ses jugemens étaient loin d'être sans appel. Nous soupçonnons beaucoup le hardi interlocuteur d'avoir été d'accord, dans ses objections, avec les pères du concile, puisque, selon l'auteur qui nous fournit cette anecdote, il se laissa pleinement convaincre par un laïque, qui cependant ne lui répondait autre chose si ce n'est précisément ce qu'on venait de mettre en question, savoir, que le pape a la suprématie sur toute l'église. Le bon prêtre ne trouva plus rien à repliquer aussitôt qu'on lui eut dit avec l'évangile, que le disciple ne doit pas s'élever au-dessus de son maître.

riciens et leurs adversaires pour donner un évêque à. Wurtzbourg, coûtèrent seuls la vie à plusieurs milliers d'hommes (¹).

Cependant, le choix de l'église, pour désigner son chef, tomba sur l'abbé Didier, qui ne se montra pas très disposé à se charger d'un fardeau que Grégoire avait rendu plus pesant encore qu'honorable. L'évêque d'Ostie aurait été nommé ensuite, s'il ne lui avait manqué la voix d'un cardinal qui, après avoir consulté à ce sujet le consul Cencius, refusa constamment de coopérer à une translation d'évêque. Cette nouvelle élection étant de cette manière demeurée également infructueuse, on en revint à la première, et Didier céda enfin aux vœux de l'église, en acceptant la papauté, au concile de Capoue, l'an 1087 : l'abbé prit le nom de Victor III, et se porta à Rome, pour disputer à Guibert, son rival, la possession de la basilique de Saint-Pierre. Le temple fut pris et repris diverses fois par les soldats des deux papes, jusqu'à ce que Victor demeura maître du champ de bataille, et reçut la consécration pontificale. Il se retira ensuite à Bénévent, y tint un concile, condamna les investitures ecclésiastiques, et excommunia Clément III.

(¹) Paul bernried. vit. S. Gregor. pap. VII, cap. 109, apud Mabillon. act. sancl. ord. S. Benedict. sæcul. vi, part. 2, p. 453. — Annalist. saxo, ad ann. 1085, apud Eccard. corp. hist. med. ævi, t. 1, p. 567, et ad ann. 1086, p. 568. — Bertold. constant. chron. ad ann. 1085, apud Urstis. t. 1, p. 355, et ann. 1086, p. 358. — Sigebert. chronogr. ad ann. 1086, apud Pistor. t. 1, p. 846. — Abbas urspergens. ad ann. p. 226.

Ce qu'il y eut de plus extraordinaire en cette occurrence, ce fut que le nouveau pape comprit dans le
même anathème, Hugues, archevêque de Lyon, et
qui, comme nous venons de le voir, avait été nommé
par Grégoire VII parmi ceux qu'il jugeait dignes du
pontificat suprême. Malgré la déclaration du pape défunt, et le peu d'ambition qu'avait fait éclater Victor
lui-même, celui-ci, après son élection, ne put demeurer en paix avec un prélat que l'église entière
avait considéré comme son compétiteur. Il le condamna; et Hugues, sans beaucoup se mettre en peine
de l'acte qui le séparait de la communion du pape, ne
cessa, dans ses lettres, de parler de Victor d'une manière peu honorable. Il l'appela un homme orgueilleux, vain, rusé, qui avait commis des actions infâmes, et qui, pendant plus d'un an, avait vécu dans
la disgrâce de Grégoire VII et frappé de ses censures.
La chronique d'Augsbourg n'épargne pas davantage
l'abbé Didier : elle dit que ce pape, qui d'abord paraissait un grand saint aux yeux du peuple, se laissa
bientôt entraîner par l'envie de dominer; qu'il dépensa
des sommes énormes pour se faire des partisans,
et promit encore plus qu'il ne donnait; qu'enfin, il
fut obligé d'employer la force pour [se faire consacrer
à Rome. « Mais le malheureux, déjà maudit par le
Seigneur, continue l'auteur de la chronique, fut surpris par un mal affreux, pendant qu'il disait sa première messe pontificale; les intestins lui sortirent du
corps, et il expira, en répandant autour de lui une

puanteur insupportable. » Il paraît que Grégoire n'avait pas été trop bien inspiré dans l'élection de deux de ses successeurs (¹).

Celui qui avait été désigné en troisième lieu, savoir, l'évêque d'Ostie, fut élevé sur le siège de Rome, l'an 1088, par le concile de Terracine, à la mort de Victor III. Il prit le nom d'Urbain II (²); et, quelques mois après son sacre, il renouvela par une bulle, les anathèmes de Grégoire VII contre l'empereur et contre son pape, et il convoqua à Rome un concile de cent quinze évêques, pour confirmer, de concert avec eux, les décrets précédens contre les simoniaques, le clergé incontinent et l'évêque Guibert. Ce dernier fut obligé d'abandonner entièrement Rome, et même de promettre avec serment qu'il ne chercherait plus dorénavant à occuper le siège de cette ville. Cela ne put le soustraire néanmoins aux censures qu'Urbain lança de nouveau contre lui, dans le concile qu'il avait fait assembler à Bénévent (1091) pour affaires de discipline ecclésiastique. Il est vrai qu'à cette époque, tout le clergé d'Allemagne, hors quatre évêques seulement, avait embrassé le parti de Henri contre le pape, et que l'armée de l'empereur faisait journellement des pro-

---

(¹) Petr. diacon. chron. cassinens. l. 3, cap. 68, rer. ital. t. 4. p. 477. — Labbe, concil. t. 10, p. 418 et 419. — Chron. virdunens. ibid. p. 413. — Epist. ad Mathild. ibid. p. 414. — Chron. augustens. apud Marq. Freher. rer. german. scriptor. t. 1, p. 504.

(²) Le cardinal Bennon l'appelle *Turbanus*; le lecteur en saura bientôt la raison. — Fascicul. rer. expetend. et fugiend. f. 41 verso.

grès en Italie, contre les troupes de la comtesse Mathilde, protectrice imperturbable du saint siège. Urbain avait cependant réussi à augmenter beaucoup les
forces et les moyens de celle-ci, en lui faisant épouser
Guelphe V, fils du duc de Bavière, « non pas tant à
cause des besoins physiques de la comtesse, dit l'historien Bertold, que pour procurer à l'église un puissant protecteur contre les schismatiques ([1]). » Il est
probable que les partisans de la cour impériale avaient
malignement accusé d'incontinence, Mathilde, qui
alors était déjà parvenue à un âge avancé ([2]).

Quoi qu'il en soit, les affaires de Henri prospéraient
de plus en plus. Mathilde était réduite à la dernière
extrémité, et l'on n'exigeait d'elle qu'une seule parole
pour la rétablir dans toutes ses possessions et dans tous
ses droits : l'empereur voulait que la comtesse et ceux
de son parti vinssent se jeter aux pieds de Clément et
le reconnussent comme pape légitime. Elle n'osa rien
entreprendre sans l'avis de son conseil ; elle convoqua
une diète de docteurs et de théologiens, à Rocca di

_____

([1]) Petr. diacon. chron. cassinens l. 4, cap. 2, rer. ital. t. 4, p. 494.—
Bertold. constant. chron. ad ann. 1089 et 1091, apud Urstis. t. 1, p. 362
ad 364.—Urban. II pap. constit. 5, *Quia te speciale*, t. 2, bullar. p. 65.
—Annal. d'Italia anno 1089, t. 6, part. 2, p. 40.

([2]) Muratori, écrivain aussi religieux qu'érudit, mais dont la partialité pour les empereurs perce souvent dans ses Annales d'Italie, s'est
permis une petite infidélité dans la citation que nous venons de mettre
sous les yeux du lecteur. En supprimant un seul monosyllabe, il fait
entendre que Mathilde se maria autant par ennui du veuvage et par incontinence, que pour obéir au pape. « E però (il pontefice) indusse la
contessa ad acconsentirvi, *tam pro incontinentia*, dice Bertoldo da Co-

Carpineto, où elle proposa ses doutes sur l'état des choses à cette époque. Héribert, évêque catholique de Reggio, et les prélats du parti papal furent d'avis de s'accommoder aux circonstances, et de faire la paix avec Henri, à quelque prix que ce pût être, afin de mettre un terme, par ce moyen, aux massacres, aux incendies, aux viols, aux profanations des temples, dont cette guerre religieuse était cause. L'ermite Jean, abbé de Canosse, fut d'un sentiment contraire. Il défendit rigoureusement à Mathilde de conclure aucun accord avec les ennemis de l'église; et ce dernier conseil, qui était le plus conforme aux désirs de la comtesse, fut aussi celui qu'elle suivit ([']).

« Le duc Guelfe et Mathilde, son épouse, prudens et rusés soldats de saint Pierre, dit Bertold de Constance, firent, avec l'aide de Dieu, de grandes choses contre les schismatiques; » et l'auteur nous apprend que la principale fut de faire révolter Conrad, fils de Henri, contre l'empereur, son père et son maître. Les catholiques poussèrent l'impudeur jusqu'à accuser Henri d'avoir voulu faire violer Adélaïde ou Praxède, sa seconde femme, par le jeune Conrad, beau-fils de

---

stanza, *quam pro romani pontificis obedientia,* etc. » Il y a dans la Chronique de Bertold : *Non tam pro incontinentia quam,* etc. Le sens est le même à bien peu de chose près; mais nous ne conseillerions pas à un auteur philosophe de se rendre coupable aujourd'hui d'une pareille réticence.

([']) Domnizo, vit. Mathild. l. 2, cap. 7, rer. ital. t. 5, p. 372. — Fr. Maria Fiorentini, memorie di Matilda, l. 2, p. 254 ad 257.

l'impératrice. Praxède, il est vrai, était alors maltraitée par son mari; mais il pouvait y avoir des raisons plus ou moins bonnes de cette sévérité de l'empereur, raisons ignorées par le peuple : et quand il en eût été autrement, la mauvaise conduite de Henri, en cette circonstance, ne nous autorise pas à le croire coupable des crimes même les plus improbables. Il est vrai encore que Praxède, échappée des prisons de Vérone, exposa, dans deux conciles différens, les actions sales et déshonnêtes qu'elle avait eu à souffrir, disait-elle, de la part de l'empereur *et de plusieurs autres* (¹); mais faudra-t-il ajouter plus de foi à ses dépositions, qu'aux plaintes de l'empereur contre elle ? Faudra-t-il croire sans examen le viol monstrueux ordonné à Conrad par son père ? faudra-t-il, avec les écrivains qui soutiennent l'authenticité de cet ordre prétendu, le faire servir d'excuse à la révolte du jeune prince ? D'ailleurs, nous trouvons dans l'histoire des deux assemblées ecclésiastiques dont nous venons de parler, plusieurs traits remarquables, et qui ne sont pas tous également honorables pour Praxède. De Vérone, l'im-

(¹) Quærimonia Praxedis reginæ ad synodum (constantiensem) pervenit... quæ se tantas, tamque inauditas fornicationum sporcitias, et a tantis passa fuisse conquesta est.

Il est à regretter que les écrivains de ce temps-là n'aient pas spécifié quelles étaient les *saletés* dont Praxède se plaignait; nous eussions vu si dès lors les casuistes avaient pénétré aussi avant qu'ils l'ont fait dans la suite, les secrets les plus cachés des plaisirs conjugaux, pour ne permettre strictement que ce qu'ils crurent le plus favorable à la multiplication de l'espèce humaine.

Voyez, à la fin du chapitre, la note supplémentaire.

tira dans les terres de la comtesse Ma-
reçue à bras ouverts, comme on peut se
attendit la première occasion fave-
les auteurs du temps, pour traiter son
juive Débora avait traité le général d

refaites, elle fit exposer ses plaintes et
de l'empereur à Constance (1094),
évêque de cette ville, et plusieurs
Non contente de cette publicité,
montrer sur un plus vaste théâtre, et,
sans la moindre retenue, elle s'expli-
au concile de Plaisance, devant deux
italiens, bourguignons, français, alle-
rois, devant quatre mille clercs et plus
laïques (1). Outre les excommunications
contre Clément III, Henri IV et leurs
prononça, au nom des pères qu'il
solution de Praxède, et il la motiva sur
clairement reconnu que l'impératrice ne
que par force aux attentats inouïs de
la décence et la pudeur, attentats qui
dans toute leur laideur sur le seul
hilde avait assisté à cette singulière con-

noniam dominus papa cum sancta synodo satis mise-
ce quod ipsam tantas spurcitias non tam commiserit,
tulisse pro certo cognoverit. Unde et de pœnitentia
jtiis injungenda illam clementer absolvit, quam et pœ-
e et publice confiteri non erubuit.

ncile de Plaisance que l'ermite Pierre réussit à faire

fession, et le pape loua beaucoup Praxède de l'avoir
faite spontanément, *publiquement*, sans céler la moindre circonstance et *sans rougir* (').

On le voit : le code sacerdotal n'est pas plus d'accord sur ce qui concerne la pudeur des femmes que sur
les autres qualités essentielles à la morale humaine,
avec le code de la nature et de la raison.

prêcher, pour la première fois, la croisade à la Terre-Sainte. Le lecteur
qui ne sera pas dans le cas de pouvoir consulter les auteurs originaux
sur l'histoire sanglante de ces expéditions, où l'enthousiasme religieux
fut utilement exploité par l'ambition et la politique, pourra lire l'ouvrage
de M. Michaud.

(') Sigebert. gemblacens. chron. ad ann. 1093, apud Pistor. t. 1,
p. 848. — Dodechin. chron. appeud. ad Marian. Scot. ad ann. ibid. p. 664.
— Bertold. const. chron. ad ann. apud Urstis. t. 1, p. 368; ad ann. 1094
et 1095, p. 370 ad 373. — Domniz. vit. Mathild. l. 2, cap. 8, rer. ital.
t. 5, p. 373 et 374. — Annalist. saxo, ad ann. 1094, apud Eccard. t. 1,
p. 576. — Labbe, collect. concil. t. 10, p. 497, 501 et seq. — Baron. ad
ann. 1094, n. 3, t. 18, p. 2, et ad ann. 1095, n. 2, p. 16.

NOTE SUPPLÉMENTAIRE.

Aveux de la reine Theutberge. — Comment les personnes mariées doivent remplir le devoir conjugal. — Divorce. — Sanchez ; le P. Benedicti ; Olivier Maillard.

L'affaire du divorce sollicité par le roi Lothaire, Theutberge, sa femme, ayant eu commerce avec son propre frère, *scelere sodomitico* (voy. part. 2, liv. 7, cap. 4, t. 8), avait, dès le milieu du neuvième siècle, donné occasion à remuer la matière que nous traitons dans cette note. Dans les questions adressées au fameux archevêque Hincmar à ce sujet, on lit : Uxor domini regis Hlotharii primo quidem rapitur et de stupro, quasi frater suus cum ea masculino concubitu interfemora, sicut solent masculi in masculos turpitudinem operari, scelus fuerit operatus, et inde ipsa conceperit. Quapropter, ut celaretur flagitium, potum habuit, et partum abortivit. » La reine d'ailleurs avait dit devant les évêques, en prenant Dieu et les anges à témoin de la vérité de ses aveux : « quia germanus meus Hucbertus clericus me adulteraverit corrupit, et in meo corpore contra naturalem usum fornicationem exercuit et perpetravit » On doutait dès ce temps-là, où cependant l'on ne doutait presque de rien, s'il était possible que Theutberge pût avoir dans l'acte dont elle s'accusait. L'archevêque Hincmar entre à ce sujet dans des détails extrêmement libres : il cite les passages les plus obscènes des saintes écritures et des saints pères, et il réfute l'opinion de ceux qui disaient « non esse scelus sodomitanum, nisi quando intra corpus, id est in membro obscenæ partis corporeæ, videlicet intra aqualiculum fornicatur, » et qui regardaient la manière du frère Hubert comme une action indifférente, dont lui-même et la reine sa sœur s'étaient suffisamment purifiés en se lavant et en se baignant. Le licentieux prélat, après avoir passé en revue toutes les inventions de Theutberge, en vient ensuite à la conception. « Notandum, dit-il, quia scriptura perhibet mulierem suscipere semen, scilicet coitu viri per genitalem venam immissum in vulvæ secretum, baiulante matrice, sicut et physica lectione comperimus..... A sæculo enim non est auditum, nec de sub isto cœlo in scriptura veritatis est lectam, ut vulva fœminæ sine coitu semen susceperit, atque conceperit, et clauso utero, et inaperta vulva, seu integra carne vivum vel abortivum pepererit.... » C'était le moment d'excepter la sainte Vierge de la loi commune ; aussi Hincmar le fait-il, en disant que le Saint-Esprit survint, « qui ex virgineo semine, virgineoque sanguine, sine voluntate carnis, et sine

voluntate viri, fœcunditatem prolis contulit, virginitatem non abstulit.
Quæ sicut carne integra et vulva non adaperta, id est clauso utero
concepit, ita non aperta vulva sed clauso utero peperit, simulque et
mater extitit, et perpetuo ac semper virgo permansit. Virgineum quippe,
ut legimus, unde virgines quæ carne integræ sunt vocitantur, id est
pelliculam, quæ in eis concubitu primo corrumpitur, in emissione
cujuslibet partus integram permanere natura non patitur, et postquam
virgineum illud corrumpitur, virgo fœmina non habetur. « S'apercevant
seulement alors que ces détails auraient pu paraître inconvenans dans
sa bouche, Hincmar avertit que son intention n'avait pas été de rappeler
les mystères de la virginité des filles ou les secrets des femmes à ceux
qui les connaissent, ni de les dévoiler à ceux qui les ignorent, puisque
lui-même n'en savait rien par expérience ; mais qu'il avait voulu recher-
cher avec Job les causes de ce qui lui était inconnu.

Nous compléterons la singulière dissertation de l'archevêque Hincmar
en la terminant par le passage devenu célèbre du jésuite Sanchez. Après
avoir posé en fait qu'il n'y a consommation du mariage que lorsque la
liqueur séminale est reçue dans le vase naturel, il se demande : « Quod
si vir penetret vas fœmineum, non tamen intra vas seminet ? Et quid si
fœmina sola seminet ? Utrum satis sit virum seminare intra vas, fœmina
non seminante ? An semen fœmineum sit necessarium ad generationem,
et possit dici Virginem illud ministrasse in Christi incarnatione ? » — Il
examine longuement ces cas divers ; et sur le dernier, il conclut avec
Suarez : « esse probabile adfuisse semen in Virgine, absque omni prorsus
inordinatione, ut ministraret conceptioni Christi materiam ; et sic esset
vera et naturalis mater Dei. » Il ajoute que, « absque omni inordinatione
et concupiscentia posse decidi semen. » — Sanchez, de matrimon. l. 2,
disput. 21, summar. n. 4, 6, 10 et 11, t. 1, p. 139 ; et n. 11, p. 141.

Mais revenons à la question qui fait surtout le sujet de cette note,
celle des plaisirs plus ou moins permis entre personnes mariées.

Cette scabreuse matière fut gravement agitée et approfondie par les
casuistes modernes et par les jésuites nommément. Le pénitentiel ancien
s'était borné à dire : « Si vir cum muliere sua retro nupserit, pœniteat
quomodo de animalibus, id est si consuetudine erit tres annos. Si vero
in terga nupserit, et consuetudo erit, septem annos pœniteat. » — Martene,
thesaur. anecdot. t. 4, p. 52. — On traita la chose plus en détail dans
la suite. En tête des décisions que ces sales débats firent naître, nous
placerons le passage suivant d'un commentaire des décrétales :

« Quod propter quamlibet pollutionem extraordinariam potest vir
uxorem dimittere, et e converso, si alter agat cum altero membro in-
naturali vel posteriore. . . . . Quod nihil eorum quæ facit maritus cum
uxore, servato vase debito, est secundum se mortale peccatum. . . . . .

Nota quod modus debitus quem natura docet, est ut mulier jaceat in
dorso, vir autem in ventre incumbat ei; et sic etiam facilius concipiunt
mulieres, nisi per accidens impediatur : minor autem deviatio ab illo
est lateralis concubitus, et major sedentis, et adhuc major stantium,
et horum maximus qui est retrorsum, modo brutorum ; et quidam plu-
mum dixerunt esse peccatum mortale, quod tamen non placet. . . .
Quid est, inquis, usum naturalem mutare in eum qui est contra naturam, nisi sublato usu concesso, aliter uti quam est concessum; cum
pars illa corporis non habeat hujus usum a natura sibi datum ? . . . . Quod
si uxor supergressa abutitur viro? Respondet quod mortaliter peccat,
quia modus iste est contra naturam , cum non conveniat seminis infu-
sioni quoad virum, nec receptioni quoad fœminam, et ita fruetur
totaliter intentio naturæ. Unde et peccatum illud Metodius inter cuncta
diluvii numerat ut habetur in historiis scholasticis, dicens quod mulieres
in vesaniam versæ supergressæ viris abutebantur. » — Boich , in quint.
decret. de adult. et stupro, § *Super eo*, n. 6, fol. 77 verso; item de
sentent. excommunicat. § *Super eo*, n. 11, fol. 138 vers. n. 12 et 13,
fol. 139.

« Præmittendum vero est, dit le fameux Sanchez, qualis sit modus
concipiendi naturalis quoad situm. Is autem est ei mulier succuba,
vir autem incubus sit. Quia modus hic aptior est effusioni virilis seminis,
receptionique in vas fœmineum, ac retentioni, et congruentior est
rerum naturæ, cum vir agens, femina vero sit patiens. Quamobrem
omnis deviatio ab hoc modo adversatur aliqualiter naturæ ; eoque magis, quo fini huic situs contrarius est. Unde minor est deviatio, dum
conjuges a latere, aut sedendo, standove conjunguntur; pessima autem
dum præpostere, pecudum more, aut viro succumbente.» — Sanchez
conclut que ce ne sont pourtant là que des péchés véniels, puisque pour
eux la conception n'est pas empêchée d'une manière absolue, et que
les époux ne sont pas tenus à la rendre aussi probable que possible. Il
conclut en outre, et c'est une conséquence du raisonnement que nous
venons de rapporter, que si le mari témoigne le désir de pécher de cette
manière, la femme peut en conscience y consentir. — Sanchez, de
matrimon, l. 9, disput. 16, p. 214 et séq. t. 3.

Il n'en est plus de même quand on met empêchement à la conception,
par exemple quand il y a déviation sodomitique; le péché alors est
mortel pour la femme comme pour le mari : il ne l'est que pour le
mari seulement, quand celui-ci, contre la volonté de sa femme, ne
termine point l'acte de la génération où il faudrait, pour qu'il pût être
productif. — Id. disput. 17, n. 2 et 3, p. 217.

« Rogabis forte qualis culpa sit, si vir volens legitime uxori copulari,
quo se excitet vel majoris voluptatis captandæ gratia, inchoet copulam

cum ea sodomiticam, non animo consummandi nisi intra vas legitimum, nec cum periculo effusionis extra illud Plusieurs docteurs croient ce péché simplement véniel, parce que « omnem coitum libidinosum excusari inter conjuges, modo non sit periculum extraordinariæ pollutionis; » et en outre, « quia tactus hic (sodomiticus) instar tactuum membri virilis cum manibus, aut uxoris cruribus, reliquisque partibus, potest ad copulam conjugalem referri, nimirum ut vir ea delectatione excitetur, aptiorque ad eam efficiatur. » — Ibid.

Sanchez ne partage pas cette opinion : il qualifie cet acte de péché mortel. — Ibid. n. 5.

Il se propose la question subtile de savoir si, la femme ayant atteint le terme de l'acte charnel, le mari peut se dispenser de le terminer de son côté : il décide négativement. — Ibid. disputat. 19, p. 221.

Puis il examine longuement et minutieusement jusqu'à quel point il est permis aux personnes mariées de se complaire dans des idées lascives, dans des attouchemens réciproques, toujours bien entendu sans danger de pollution; quand ces idées et attouchemens deviennent péchés véniels, et quand enfin le péril de pollution les rend péchés mortels. — Ibid. disput. 45, p. 304 et seq.

Du reste, quand péché il y a, il n'est jamais que pour la partie sollicitante et non pour celle qui accorde, excepté néanmoins quand l'attouchement lascif est une espèce de pollution commencée, et que les époux se trouvent dans la possibilité de remplir naturellement le devoir conjugal. «Ut si vir a femina petat, ut ejus virilia attrectet, moveatque; aut velit digitos in uxoris vas intromittere, ibique persistere, quasi copulam exercendo, utens digitis instar membri virilis. » — Ibid. n. 34. p. 311.

Cela mène Sanchez à discuter toutes les espèces d'inspections et d'attouchemens obscènes imaginables, entre hommes et femmes, hommes et hommes et femmes et femmes. — Ibid. disput. 46, p. 311 et seq.

Il va jusqu'à se demander si l'acte conjugal exercé dans un lieu public ou sacré est un péché mortel? et il répond *oui* à la première question, et *non* à la seconde, pourvu que les conjoints soient dans l'impossibilité d'user de leurs droits ailleurs que dans une église. —Ibid. disputat. 15, p. 207.

Voilà pour le péché seulement. Restent les causes de divorce qui peuvent en être les conséquences. En première ligne Sanchez place la sodomie tant active que passive de la part d'un des deux époux : elle est, dit-il, une cause aussi légitime pour l'époux innocent de demander le divorce, que serait l'adultère. — Ibid. l. 10, disput. 4, n. 3 et seq. p. 326.

Que si cette sodomie avait eu lieu entre les époux mêmes, elle ne légitimerait qu'un divorce temporaire, jusqu'à résipiscence de la partie coupable. — Ibid. n. 6, p. 327.

Les pollutions extraordinaires, soit entre époux, soit de l'un d'eux avec une personne tierce, ne sont point des cas de divorce. « Nec enim causa divortii immissio seminis intra os aut aures masculi vel feminæ, quia non est copula consummata nec sodomitica. » —Ibid. n. 9, p. 327.

Il ne croit pas que les baisers lascifs, ni les attouchemens au sein, soit de la part du mari avec une autre femme, ou de la femme avec un autre homme, soient des causes légitimes. —Ibid. n. 11 et 12, p. 328.

« Infertur quid dicendum sit de copula sive sodomitica sive naturali, penetrando vas, semine tamen minimo intra illud emisso. De quâ disputantem inveni neminem. At censeo eam non esse justam divortii causam. Si tamen semen intra vas naturale vel præposterum immitteretur absque ejus penetratione, esset justa divortii causa. » — Ibid. n. 13, p. 329.

La bestialité est une juste cause de divorce. « At non credo esse justam divortii causam concubitum intra vas cum fæmina aut bestia. Quia non est proprie fornicatio; sed ac concubitus cum statua, quare non est vera divisio carnis in aliam. » — Ibid. n. 14.

Il ne manque ici que la sodomie avec des poissons mâles, importée dans les derniers temps par la sagacité cardinalesque du dernier prétendant des légitimes Stuarts, et dont nous avons parlé ailleurs. — De Potter, vie de Scip. de Ricci, note 52, t. 2, p. 298 et 299.

Au reste, l'ouvrage de Sanchez auquel nous venons de faire de si amples emprunts, porte au second volume l'approbation formelle du provincial des jésuites d'Espagne, qui l'avait lu par ordre du général, et celle de Pierre de Ogna, général de l'ordre de la Merci, évêque in partibus de Venece en Médie (venecensis) et évêque élu de Guète. Ce dernier s'exprime ainsi : « J'ai lu par ordre du sénat royal, avec tout le soin dont je suis capable et avec le plus extrême plaisir (sedulo quâ potui diligentia et summâ voluptate perlegi), ce volume des discussions sur le saint sacrement du mariage, qui vient heureusement d'être terminé (nunc feliciter editum), par le très grave et très érudit P. Thomas Sanchez, de la société de Jésus. Tout ce qui y est contenu est conforme à la foi catholique; rien n'y est contraire aux décisions de notre mère la sainte église, ni aux enseignemens des saints pères; rien n'y blesse les bonnes mœurs (et bonis moribus non dissonant). Je juge donc que l'ouvrage est très digne, non seulement d'être le plus tôt possible imprimé et publié, mais encore d'être mis continuellement sous les yeux et entre les mains de tout le monde (verum etiam quod omnium oculis ac manibus continue versetur). »

Du P. Sanchez passons au P. Benedicti.

Après avoir décidé que la femme dont le mari a abusé *more sodomitico* peut demander la séparation, il ajoute en marge : « Deux femmes s'étant plaintes à la synagogue, se fuisse a viris suis coïtu sodomitico cognitas ; les rabins leur répondirent, que le mari est le maître de la femme ; que par conséquent il peut se servir de son corps comme bon lui semble, aussi bien que celui qui a acheté un poisson, et à qui il est permis de se nourrir à volonté, soit du dos soit du ventre. Abomination ! s'écrie le bon casuiste (responsum est a rabinis virum esse uxoris dominum; proinde posse ejus uti corpore utcumque libuerit, non aliter quam is qui piscem emit. Ille enim tam anterioribus quam posterioribus partibus ad arbitrium vesci potest. Proh nefas !).» — La somme des péchés et le remède d'iceux, l. 2, chap. 9, p. 148.

Le P. Olivier Maillard a aussi traité, et traité publiquement en chaire, la question des plaisirs conjugaux. Il serait difficile aujourd'hui de traduire littéralement et néanmoins honnêtement en français les phrases suivantes : « Est mortale et gravissimum peccatum, quum contactu manuum procurantur corruptiones damnabiles ac nefande. Tacendum potius est quam loquendum de inhonestis aspectibus et vilibus oculis... Ponitur.... mortale in modo cognoscendi, presertim si mulier supergrediatur viro,.... nisi infirmitas cogeret. Etiam si modo bestiali cognosceretur, nisi aliud periculum postularet.... Taceo de bestialibus per visum, tactum, ante et retro contingentibus,... inter matrimonialiter junctos,... detestabiliores in propria conjuge, ratione violati sacramenti et deturpati thori...» Songez, dit-il ailleurs, aux baisers et aux attouchemens défendus entre époux, et qui peuvent fort bien devenir des péchés mortels. — Sermon. quadrag. namnet. predicat. fer. 4 tert. domin. serm. 28, f° 53 verso ; de Epiphan. Domini, serm. 6, f° 112 verso, et serm. 8, f° 119 verso.

été la cause principale. Aussi, les auteurs contempo-
porains des deux partis ont à l'envi loué ce prince
moins coupable que malheureux. A la fin du onzième
siècle, Conrad qui ne conservait plus que le seul nom
de roi, se voyait abandonné et de ses sujets et de ses
puissans alliés; pauvre, l'avenir ne lui offrait aucun
moyen, ne lui laissait pas même l'espoir de sortir de cet
état de dénuement et d'humiliation. Il n'osait point se
plaindre; seulement il confia la situation de ses affaires
à Liprand, ecclésiastique milanais, et chef des patarins,
partisans du célibat des prêtres, fameux par sa constance
dans la lutte contre les *ambrosiens* ou incontinens[*],
qui lui avaient fait couper le nez et les oreilles, vingt-
trois ans auparavant. Liprand passait à Borgo-San-
Donnino, où Conrad tenait sa misérable cour, et le
jeune roi lui demanda avec politesse ce qu'il fallait
penser des évêques et des prêtres, qui, après avoir
été comblés de biens et de richesses par les princes,
refusaient de secourir en la moindre chose ces mêmes
princes lorsqu'ils se trouvaient dans le besoin. Le
confesseur répondit avec une douceur égale à celle
avec laquelle il avait été interrogé, dit Landolphe-le-
Jeune; mais malheureusement sa réponse n'est pas
parvenue jusqu'à nous. Liprand continua sa route, et
il fut dévalisé par les gens de l'évêque de Parme.
L'an 1099, Urbain II tint un concile de cent cinquante
évêques à Rome, et y fit excommunier le pape son
adversaire, ainsi que les prêtres que, sous le nom de

[*] Voy. part. 2, liv. 2 de cette époque, t. 6.

concubinaires, on appelait ses partisans, pour mieu
le perdre dans l'esprit de la multitude (¹).

Le douzième siècle commença par le triomphe co
plet du pape Paschal II, qui venait de remplacer U
bain sur la chaire de saint Pierre. Clément III, ponti
du parti impérial, mourut; et de trois papes qui l
succédèrent, deux ne surent pas soutenir le poids
leur nouvelle dignité, l'autre fut pris par les Romai
et enfermé dans une forteresse. Rien ne servit dava
tage à prouver que désormais la cause de Mathil
était entièrement séparée de celle du fantôme de r
qu'elle avait placé sur le trône des Lombards. I
comtesse, « femme pieuse, selon quelques-uns,
comme dit l'abbé Conrad de Lichtenau, méprisa
fils aussitôt qu'elle eut vu le père s'éloigner de l'Itali
Elle voulut régner sans concurrence, sous l'ombre
saint siége qui lui devait son existence et sa splendeu
Conrad, privé de toute autorité dans Milan mêm
comme il l'était déjà depuis long-temps de tous moye
pour se maintenir, se rendit à Florence, probableme
afin d'exposer devant la jalouse comtesse, ses plaint
et son chagrin. Mathilde demeura sourde à ces just
réclamations; la discorde éclata, et l'infortuné Conr
mourut des suites d'un breuvage (empoisonné, dise
quelques auteurs) que lui donna Avianus, premi
médecin de son ennemie (²).

(¹) Landulph. a S. Paul. hist. mediolan. cap. 4, t. 5, rer. ital. p. 47
— Bertold. constant. in chron. ad ann. 1099, apud Urstis. t.
p. 577.

(²) Vit. Pasqual. II a Pandulpho pisan. part. 4, t. 3, rer. ital. p. 355.

L'an 1102, le nouveau pontife voulut manifester publiquement ses opinions et sa haine contre la maison impériale. Il convoqua le concile de Latran, et excommunia Henri IV, patrice, c'était ainsi qu'on l'appelait. L'hérésie *henricienne* qui troublait l'église, à ce que prétendaient les catholiques, en niant que les censures du saint siége apostolique doivent dans tous les cas et toujours être respectées, fut anathématisée derechef, et l'on confirma les décrets des pontifes précédens sur la discipline ecclésiastique (¹).

De cette déclaration solennelle, le rusé Paschal, dit l'abbé Herman de Tournay, passa à des pas plus importans. Il écrivit à Henri V, récemment déclaré roi par son père, une lettre pressante pour l'exhorter à secourir l'église de Dieu, et le jeune prince crut ne pouvoir mieux prouver son zèle qu'en se révoltant contre l'empereur, sous prétexte de religion, comme s'exprime l'évêque Othon. Il convoqua un concile à Northausen en Saxe, où il anathématisa, devant Rotard, archevêque de Mayence, depuis long-temps exilé par Henri IV, la simonie, l'incontinence du clergé, le mépris des censures ecclésiastiques, et tous les points condamnés par le siége de Rome. Le pape charmé d'avoir ainsi réparé avec usure la perte de

Domniz. vit. Mathild. l. 2, cap. 13, ibid. t. 5, p. 375.—Landulph. a S. Paul. cap. 1, ibid. p. 472.—Conrad. abb. urspergens. chron. ad ann. 1104, p. 237.—Annal. saxo, apud Eccard. t.1, p. 591.—Fiorentini, memorie di Matilda, l. 2, p. 283.

(¹) Labbe. concil. t. 10, p. 727.—Conrad. ab. urspergens. ad ann. 1102, p. 241.

Conrad, puisque Henri V ne neutralisait pas, comme son frère, les crim nels effets de sa rebellion par la douceur et la modération de son caractère; le pape, disons-nous, se hâta de délier le fils de l'empereur de tous les sermens qu'il avait prêtés à celui-ci, et surtout du serment de ne jamais envahir les états paternels. Il lui accorda la bénédiction apostolique comme à un fils fidèle de la sainte église, et Henri V prit les armes. L'évêque de Frisingue ne peut s'empêcher, en rapportant de pareils faits, de s'emporter vivement contre le jeune Henri et son infâme conduite (¹).

A peine l'empereur eut-il eu connaissance de la nouvelle tempête qui menaçait l'état et sa propre maison, qu'il s'empressa d'écrire à Paschal, artisan secret de son malheur. Il eut la prudence de ne rien rappeler de ce qui s'était passé jusqu'alors; et il ne se servit envers Paschal que des expressions les plus flatteuses, afin de le porter à la modération et à la douceur, promettant, en récompense, de le reconnaître comme véritable pape et comme le seul pasteur légitime des fidèles. Henri déplora amèrement, dans sa lettre, les maux qu'avaient occasionnés les querelles entre le sacerdoce et l'empire, les troubles, les massacres et la perte des peuples tant pour l'ame que

(¹) Hermann. narrat. restaurat. abbat. S. Martin. tornacens. n. 83, apud d'Achéry, in specileg t. 2, p. 914. —Sigebert. gemblacens. chronogr. ad ann. 1105, apud Pistor. t. 1, p. 854. — Otto frisingens. chron. l. 7, cap. 8 et 9, apud Urstis. t. 1, p. 143 et 144. — Henrici IV, imp. vit. ibid. p. 387 et seq.

pour le corps. « Notre fils chéri, dit-il, celui en qui nous avions placé notre amour et nos espérances, jusqu'à l'élever même sur le trône à nos côtés, notre fils s'arme contre nous : infecté de ce venin qui circule maintenant dans presque tous les cœurs, et gagné par les conseils perfides des parjures qui se sont attachés à lui pour le perdre, il a violé les sermens qui le liaient à notre personne; il a trahi la fidélité et la justice..... Mais nous avons appris, continue l'empereur, que vous êtes un homme prudent et discret, craignant Dieu, plein de charité et d'amour pour le prochain; que vous n'avez point soif du sang humain; que vous ne mettez point votre gloire dans les meurtres et les incendies; qu'enfin vous cherchez, plus que toute autre chose, la paix et l'unité de l'église..... C'est pour cela que nous vous avons adressé cette lettre([1]). »

Avant que les choses en vinssent à la dernière extrémité, on voulut encore une fois tenter un double accord entre l'empereur et son fils, et entre le sacerdoce et l'empire. Les princes, les barons et les évêques allemands furent convoqués à la diète de Mayence (1106); ils s'y rendirent de toutes parts : mais l'esprit d'ambition et de révolte d'un côté, de l'autre la haine inflexible des prêtres, empêchèrent le succès de ces démarches. On craignit que l'amour du peuple ne se réveillât à la vue de son ancien souverain, et le coupable Henri V retint son père dans une étroite prison, pour qu'il ne pût point assister à la diète. Les légats

([1]) Henrici ad roman. pontif. Paschal. epist. apud Uratis. t. 1 p. 395.

du saint siége s'empressèrent de seconder les projets du prince ; ils saisirent cette occasion pour renouveler les excommunications déjà tant de fois lancées contre l'empereur. Ils se joignirent aux évêques et aux barons émissaires de la diète, et se portèrent avec eux à Ingelheim près du monarque infortuné. Là, faisant succéder les menaces aux prières, ces prêtres haineux, sans vouloir même accorder à Henri l'absolution ecclésiastique qu'il demandait avec instance, réussirent à le dépouiller des ornemens impériaux qu'il leur remit en pleurant et en recommandant aux princes de servir plus fidèlement son fils qu'ils ne l'avaient servi lui-même. Ce fils cruel assistait à une scène aussi déchirante : il vit son père à ses pieds et ne daigna pas un instant tourner vers lui ses regards. Henri V abjura, à la diète de Mayence, les hérésies appelées *guibertine* et *henricienne* du nom de l'empereur et du pape Clément III; il alla même jusqu'à donner ordre que l'on déterrât les cadavres des évêques morts dans le schisme : après cela il fut couronné solennellement par les légats, tandis que son père, échappé de la forteresse où il était détenu, passait à Cologne et delà à Liége pour réclamer des secours du peu d'amis qui lui restaient dans sa disgrâce. Henri IV malheureux et, ce qui est plus terrible encore, méprisé dans son malheur jusque par ses propres domestiques (*), écrivit de cette dernière ville des lettres

(*) Les garçons (gardiens) qui servaient l'empereur Henri IV, jetaient les restes de son dîner aux chiens, ou en mangeaient, par mépris de leur

touchantes à tous les souverains chrétiens : celle à Philippe I, roi de France, dans laquelle il exposa ses maux avec les plus grands détails, attendrirait des cœurs de pierre, dit Othon de Frisingue, au récit des événemens déplorables dont la vicissitude des choses humaines n'exempte pas même les plus grands rois[1]. Nous la rapporterons presqu'en entier.

« Prince très illustre, et en qui je crois, après Dieu, pouvoir le mieux placer mon espérance...... Les maux que je souffre dérivent du saint siége apostolique. Jadis les papes ne s'occupaient que de répandre la consolation, la joie et le salut dans les âmes des fidèles; maintenant ils prêchent les persécutions, lancent des anathèmes, et sont entourés de fléaux de toute espèce : ils ne mettent aucune borne à leur fanatisme, jusqu'à ce qu'ils soient parvenus à satisfaire leur ambition immodérée. Lorsque les pontifes de Rome ont vu qu'ils faisaient peu de progrès contre moi par leurs intrigues sourdes et leurs censures religieuses, ils n'ont pas rougi de violer les droits paternels, et ce que je ne puis rappeler sans la douleur la plus profonde, sans répandre des torrens de larmes, ils ont armé contre moi mon propre fils que je chérissais au-dessus de toutes choses : ils l'ont animé de leur fureur sacrilége; ils lui ont fait mépriser les

tion.—Gerbohi reicherspergens. syntagm. cap 18, edente Jac. Gretser. p. 47.

[1] Conrad. ab. urspergens. chron. ad ann. 1106. p. 246.—Otto friaingens. l. 7, cap. 11 et 12, p. 145.—Anonym. in vit. Henr. IV, apud Urstis. t. 1. p. 389 ad 393.

sermens qu'il avait prêtés devant moi : à leur instigation, il a envahi mon royaume, déposé les évêques et
les abbés qui m'étaient demeurés fidèles; il a protégé mes ennemis et mes persécuteurs. Enfin (je vou-
drais qu'il me fût permis de me taire; je désirerais
au moins que mes paroles ne fussent point crues),
les barbares ont réussi à étouffer dans mon fils les sentimens mêmes de la nature, jusqu'à le faire conspirer
contre ma personne et contre mes jours, par tous
les moyens que peuvent suggérer la violence et la
ruse.

Tandis qu'il préparait ainsi sa perte et la mienne,
je vivais en paix, et je conservais encore quelqu'espoir
de prolonger ma triste existence, lorsqu'il m'appela
à une entrevue dans un lieu nommé Coblentz, où il
promit de traiter avec moi de l'honneur et de la sûreté de tous deux, comme il convient de faire entre un
fils et son père. Dès que je le vis, entraîné par l'affection
paternelle et attendri par l'affliction de mon cœur, je
tombai à ses pieds : je le suppliai par la loyauté qui
devait être son guide et par le salut de son âme, de
ne pas se charger lui-même de me punir, si toutefois
j'avais mérité par mes péchés que la main de Dieu
s'appesantît sur ma tête; je le conjurai de ne pas im-
primer à son nom et à sa réputation une tache éternelle; je lui fis sentir qu'aucune loi divine n'a pu constituer les enfans vengeurs des fautes de leurs pères.
Mais lui, déjà trop bien, ou, pour m'exprimer plus
exactement, trop mal formé à la scélératesse qu'il
méditait, déteste sa malice, embrasse mes genoux,

implore, en pleurant, le pardon de son crime, jure de nouveau fidélité au trône, et ne me demande, pour toute grâce, que notre réconciliation avec le saint siége. Je consens à tous ses désirs, et la délibération de cette affaire est remise au conseil des princes qui allaient se réunir à Mayence... Sur la foi de ses promesses qui devaient être sacrées même pour des paiens, je demeurais content et tranquille, malgré les avis que je recevais à chaque instant de la part de mes amis les plus fidéles, qui m'assuraient qu'on ne pensait qu'à me trahir avec plus de sûreté, sous une fausse apparence de paix et de concorde. Je communiquai les soupçons qu'on voulait me faire concevoir, et mon fils y répondit par de nouveaux sermens d'attachement et de constance..... Sur ces entrefaites, nous arrivons à Bingen : l'armée de mon fils augmentait de jour en jour; la trahison devenait sensible aux yeux les moins clairvoyans. Mon fils, sous prétexte que l'archevêque de Mayence aurait refusé de recevoir dans la ville un homme excommunié par le pape, me fait retirer dans une forteresse : il me promet encore de n'agír que pour moi à la diéte; d'employer pour ma défense tout son crédit et tout son pouvoir; enfin, de regarder ma cause comme la sienne propre. Mon enfant, lui répondis-je, que Dieu seul soit, en ce jour, témoin et juge de nos intentions les plus cachées : tu sais ce que j'ai souffert pour te conduire au point où tu te trouves maintenant, et pour faire de toi l'héritier de ma puissance; tu sais par combien de tribulations je t'ai conservé la réputation et l'honneur; tu sais combien d'ennemis j'ai eus à cause de toi, et combien il m'en reste encore..... Ce discours arracha, pour la troisième fois, du perfide le serment solennel d'exposer sa tête pour les jours et la dignité de son père.

» Il part cependant : il me laisse enfermé dans la forteresse avec trois domestiques seulement ; il défend qu'on ait la moindre communication du dehors avec moi ; il me donne mes ennemis pour gardes ; et il choisit ceux qui en voulaient avec le plus d'acharnement à ma vie. Béni soit Dieu en toutes choses ! Ce roi, le plus puissant des rois, exalte et humilie les mortels comme il lui plaît..... Le jour de la fête de Noël, mon fils me refusa la sainte communion que je demandais avec instance ; car je m'arrêterai ici à cette seule circonstance, pour ne pas devoir parler des opprobres, des injures, des menaces dont on ne se lassait de m'accabler ; du fer que je voyais sans cesse suspendu sur ma tête, si je n'obéissais pas à tout ce que l'on exigeait de moi ; de la faim et de la soif que me faisaient endurer des gens dont la vue seule eût été jadis pour moi le plus cruel des outrages. Je tairai même ma peine la plus amère, la plus douloureuse de mes réflexions, celle qui me rappelait ma félicité passée ; et je ne me plaindrai que de ce que, pendant les jours les plus saints pour nous, on a eu la barbarie dans ma prison de me priver de la communion chrétienne!.. Je me mortifiais dans cette rude pénitence, lorsque mon fils 'm'envoya le prince Wigebert, pour m'annoncer qu'il ne me restait d'autre moyen de conserver ma vie, si ce n'est de dé-

poser tous les ornemens impériaux, à l'instant et
sans la moindre résistance, d'après un ordre exprès
des membres de la diète ; je lui donnai la couronne,
le sceptre, la croix, la lance et l'épée. L'arrivée de
ces objets à Mayence nécessita une nouvelle réunion
de mes adversaires, et le résultat de leurs délibéra-
tions fut que l'on me transporterait, sous une forte
escorte d'hommes armés, au château d'Ingelheim :
je n'y trouvai que des ennemis, et, parmi eux, mon
fils encore plus ardent qu'eux à me poursuivre. Il leur
parut nécessaire, pour la régularité et la stabilité de la
révolution qu'ils méditaient, de me faire abdiquer par
moi-même l'empire, et tous mes droits. Ils m'assurè-
rent, à cet effet, qu'ils cesseraient de répondre de
mes jours, si je ne me hâtais de remplir leurs ordres.
Je leur répondis : s'il est vrai que ma vie en dépende,
comme c'est la chose la plus précieuse que j'aie dans
ce monde, puisque je dois en profiter pour faire pénitence de mes péchés devant Dieu, j'exécuterai vos
commandemens.

« Un légat apostolique était présent à cette scène
lamentable ; je lui demandai si mes jours seraient en
sûreté lorsque j'aurais fait ce que l'on exigeait de moi :
sa réponse fut que je devais, outre cela, avouer
publiquement mes torts, pour avoir opprimé injustement Hildebrand, et pour avoir élevé Guibert sur
le trône papal. Je ne pus alors dissimuler plus long-
temps la douleur qui déchirait mon ame ; je me
ernai devant mes persécuteurs, je les conjurai,
ieu même et par leur propre conscience, de

m'accorder au moins un lieu déterminé et le temps
nécessaire pour me défendre et pour prouver mon innocence devant les évêques, ou pour recevoir d'eux
la pénitence qu'ils jugeraient devoir m'infliger, s'ils
me reconnaissaient coupable. J'offris des otages qui
répondraient de ma docilité et de la pureté de mes intentions jusqu'à l'époque fixée. Le légat refusa mes
demandes : il ne voulait prononcer, ni sur l'endroit où
je désirais être examiné, ni sur le jour convenable à
cet examen, et il me dit : détermine-toi par toi-même,
ou il ne te reste plus aucun espoir de pouvoir nous
échapper. Dans cette horrible alternative, je me permis une dernière question, savoir si, me soumettant
encore à ces nouvelles conditions, ma confession publique entraînerait après elle, comme il n'était que trop
juste, le pardon public et l'absolution religieuse. Le
légat répondit qu'il n'avait pas le droit de m'absoudre,
et que, si je voulais être réconcilié avec l'église, je
devais me rendre à Rome, pour m'humilier devant le
saint-siége apostolique..... Ainsi, dépouillé de mon
rang, de mes honneurs, de mes dignités, de mes
châteaux même, de mon patrimoine particulier et de
tous mes biens, je demeurai renfermé dans une forteresse, jusqu'à ce que des serviteurs fidèles, après
m'avoir averti qu'on avait l'intention de me condamner à une prison perpétuelle et peut-être même à
une mort ignominieuse, trouvèrent les moyens de me
faire fuir. Je pris le chemin de Cologne : et de là je
me retirai à Liége, où quelques amis, encore attachés
à mon sort malgré mon malheur, se réunirent autour

de moi, et d'où j'écris cette lettre sur la confiance que m'inspirent les liens de famille qui nous unissent, et ceux de notre ancienne amitié..... Je vous supplie, au nom de ces mêmes liens, de ne pas abandonner dans sa cruelle affliction, un parent et un ami. Quand même ce double rapport n'existerait pas entre nous, je croirais encore avec assurance, qu'il est de votre intérêt et de celui de tous les rois de venger mon injure et le mépris dans lequel on m'a plongé, et d'effacer de la surface de la terre un exemple aussi pernicieux de malice, d'infamie et de trahison ([1]). »

L'infortuné monarque écrivit aussi à son fils dénaturé : « Vous nous avez fait arrêter à Bingen, malgré la foi jurée, lui dit-il; les larmes de votre père, sa douleur, son désespoir, son humiliation qui l'avait mis à vos pieds, n'ont pu vous porter à la miséricorde. Vous nous avez retenu dans une prison, pour nous y rendre le jouet de nos ennemis, que vous aviez préposés à notre garde, afin de nous lasser par toutes les espèces d'outrages, afin de nous effrayer par la terreur; vous avez poussé la cruauté jusqu'à nous menacer même de la mort.... Cependant, continua-t-il, pourquoi cette persécution si acharnée, si le prétexte que vous aviez pris de secourir le pape et l'église romaine a cessé d'exister? Ne me suis-je point montré disposé, devant le légat du souverain pontife et en votre pré-

([1]) Epist. Henric. IV, imp. ad reg. Coltar, apud Urstis. t. 1, p. 396 et 398. — Chron. Sigebert. gemblacens. ad ann. 1106, apud Piston, t. 1, p. 855. — Otbert. leodicens. epist. de vit. Henri IV, imperat. apud Goldast. in apolog. p. 214 et seq.

sence, à obéir en toutes choses? Ne le suis-je point
encore? »

Mais les maux de Henri croissaient tous les jours,
loin de recevoir aucun adoucissement, après les justes
plaintes dont il faisait retentir l'Europe. Il s'adressa
encore aux princes saxons, aux comtes, aux ducs,
aux prélats de l'empire. « Il demanda que, puisqu'on
ne lui avait laissé que la vie, au moins on lui permît
de terminer en paix ses tristes jours, et qu'on mît fin
aux persécutions barbares dont on ne cessait d'accabler le petit nombre de sujets fidèles et d'amis qui
avaient le courage de s'attacher à sa destinée. Il protesta derechef qu'il était prêt à satisfaire à toutes les
demandes de son fils et du pape. »

On avait eu l'indignité de lui accorder huit jours
pour se préparer à se défendre : « L'empereur se plaignit amèrement de cette nouvelle injure, et il fit remarquer qu'on était plus généreux, même avec des
personnes de la classe inférieure de la société, et lorsqu'il s'agissait des affaires les moins importantes. Il
conjura une autre fois ses ennemis de ne plus troubler
l'existence misérable à laquelle il bornait désormais
tous ses désirs. Il finit en disant que, si on continuait
à le poursuivre jusque dans son humble retraite, il
confierait sa cause à Dieu tout-puissant, Père, Fils et
Saint-Esprit paraclet, à la bienheureuse Marie toujours
vierge, à saint Pierre, à saint Paul, à saint Lambert
et à tous les saints, afin que la miséricorde divine et
tous les saints, dans leur puissante intervention, dai-
gnassent jeter un regard sur son humilité, et le proté-

ger contre une persécution aussi lâche et aussi ignominieuse (¹). »

(¹) Epist. Henric. imp. ad Henric. fil ; alter. ad archiepiscop. et princip. Saxon. , et tert. ad archiep. episcop. duc. comit. , etc. , apud Urstis.
t. 1 , p. 398 et 399.

NOTE SUPPLÉMENTAIRE.

Pourquoi Mathilde répudia Guelphe.

Voici comment le doyen de Prague raconte l'affaire singulière du divorce de la comtesse Mathilde avec Guelphe V de Bavière: «Nox aderat, cubiculum intrant, super alta strata gemini se locant, dux Welpho sine venere cum Mathilde virgine. Ubi inter alia et post talia, inter talia qualia fiunt, dux Welpho ait: O domina, quid tibi volui-ti, quare me vocasti, ut risum de me faceres, et me in sibilum populis, et in commotionem capitis poueres? Plus te confundis, tu me confundere si vis. Certe aut tuo jussu, aut per tuas pedissequas aliquod maleficium vel in tuis vestimentis, vel in lectisterniis latet. Crede mihi, si frigidæ naturæ fuissem, ad tuam voluntatem nunquam veni-sem Hæc cum prima et secunda nocte dux objiceret dominæ, tertia die sola solum ducit in cubiculum, ponit in medio tripodas, et desuper mensalem locat tabulam, et exhibuit se sicut ab utero matris nudam, et inquit: En quæcumque latent, vel omnia patent; nec est ubi aliquod maleficium lateat. At ille stabat auribus omissis, ut iniquæ mentis asellus, aut carnifex qui longam acuens machæram, stat in macello super pinguem vaccam excoriat m, cupiens exenterare eam. Postquam vero diu sedit mulier super tabulam, et velut anser cum facit sibi nidum huc et illuc vertens caudam frustra, tandem indignata surgit fœmina nuda, et apprehendit manu sinistra anticiput semiviri, atque in dexteram palmam dat sibi magnam alapam, et extrusit eum foras dicens: I procul hinc monstrum, regnum ne pollue nostrum. Vilior es galba, projecta vilior alga. Si mihi visus eris cras, morte mala morieris. Taliter confusus dux Welpho fugit, et reportat omnibus suis confusionem in sempiternum. Hæc sufficit breviter dixisse, quæ utinam non dixissem!»

Au reste, quand même la comtesse Mathilde n'aurait point été l'amie intime du pape, elle avait, selon les décrétistes, tous les droits de demander d'être séparée de son mari, pour cause d'impuissance notoire, immédiatement et sans aucun délai. (Impotentia est notoria, puta quod vir vel mulier caret instrumento, vel habet sed penitus inutile, et tunc statim incontinenti separatio fieri potest, nullo tempore dato.) Le commentateur fait l'énumération des empêchemens pour impuissance: «Unde ex parte viri potest esse quadruplex impedimentum a parte naturæ, aut

ex frigiditate, aut ex nimia carnosilate, aut ex defectu lanceæ, aut
propter siccitatem ejusdem...; aut de fœminea, ut arctatione vel alio
impedimento instrumenti a natura contracto.» — Boïch, in quart. libr.
decret. de frigid. et malef. § *Accepisti,* n. 2, 4 et 5, fol. 29. — Voyez la
note supplémentaire du livre 7, cap. 9, deuxième partie, t. 8.

CHAPITRE III.

Fermeté du clergé de Liége. — Henri IV meurt. — Les restes de Clément III, exhumés par Paschal II, parce qu'ils faisaient des miracles. — Paschal et Henri V se disputent les droits qu'ils avaient arrachés à l'empereur défunt. — Le pape renonce aux droits régaliens, et l'empereur à celui des investitures. — Henri V à Rome. — Troubles. — Le pape, prisonnier. — Massacres. — Le pape cède les investitures. — Accusé d'hérésie, il se rétracte.

Les vœux de l'empereur ne furent point exaucés. Il avait été proscrit avec tous ses partisans, et la foudre ne tardait point à atteindre ceux qui osaient lui témoigner le moindre intérêt. Le clergé de Liége adressa de virulens reproches au pape, sur son obstination et sur son inhumanité. Paschal avait écrit une lettre de félicitation à Robert, comte de Flandre, pour le louer de la scrupuleuse exactitude avec laquelle il s'était conformé aux ordres du saint-siége, concernant la dévastation du Cambrésis, et il lui avait enjoint de ne pas épargner davantage ce qu'il appelait les faux prêtres liégeois, afin d'obtenir lui et ses soldats, la rémission de leurs péchés et l'affection du saint-siége apostolique, et de mériter par leurs actions et leurs succès, l'entrée de la Jérusalem céleste. Les prêtres liégeois répondirent au pontife, avec le prophète Isaïe : « Malheur à celui qui porte des lois d'iniquité et qui ordonne l'injustice ! » Dans la lettre à Paschal, monument précieux de cette époque, et qui prouve que les idées saines et libérales trouvaient encore quelque refuge en Europe, le clergé de Liége déplora amèrement la confusion de l'église romaine, devenue une vraie Babylone ; il ne saurait, dit-il, assez s'étonner, tant des cruelles louanges et des ordres plus cruels encore donnés par le pape au comte Robert, que de la conduite déplorable du a e, opposée à celle de tous les saints personnages du vieux et du nouveau testament. Paschal a appelé les prêtres de Liége des excommuniés : pourquoi ? parce que seulement ils sont demeurés fidèles à l'empereur, auquel ils ont continué à obéir en vertu des commandemens de Jésus-Christ et des apôtres, et pour ne pas rompre leurs sermens et violer la loi de Dieu. Sur le reproche qu'ils sont de faux clercs, il fait remarquer que le pape n'est pas moins prodigue d'injures que ne le sont les vieilles femmes et les ouvrières en toile... « Nous repoussons et condamnons, ajoute-t-il, la malédiction d'excommunication que, d'après une nouvelle doctrine, ont lancée Grégoire VII, Urbain II et Paschal, et nous continuons à vénérer les saints pères qui ont vécu jusqu'à ce jour..... Nous respectons nos supérieurs ecclésiastiques, et nous recourons à Rome dans les cas difficiles ;.... mais nous renvoyons avec mépris les légats de l'évêque de Rome, lorsqu'ils ne viennent que pour remplir leur bourse, et qu'ils portent en tous lieux, non la correction des mœurs et la réforme de la conduite, mais le massacre des hommes et le pillage des églises....... Le pape Hildebrand a le premier levé la lance sacerdotale contre le diadème des rois ; il est le premier auteur du schisme, par son excommunication imprudente de tous les adhérens de Henri. Les paroles de Paschal, qui déclare que la guerre qu'on fera

en tous lieux à ce prince et aux siens est le sacrifice le
plus agréable à la Divinité; respirent une plus
grande cruauté que tout ce qu'a fait de plus cruel le
Goth Alaric...... Si notre empereur est hérétique (ce
qu'à Dieu ne plaise !), nous en éprouvons une peine
profonde, mais cela ne nous autorise, ni à nous soustraire à son obéissance, ni à prendre les armes contre
lui. Nous devons, au contraire, prier pour lui, comme
les apôtres et les prophètes priaient pour des rois qui
n'étaient ni catholiques, ni même chrétiens. Quand
nous voyons notre mère la sainte église romaine tirer,
et le glaive spirituel, et le glaive de la mort contre ses
enfans, c'est pour elle seule que nous, qui sommes sa
fille, témoignons nos craintes... Il faut que celui qui
préside aux autres, leur administre les secours d'un
médecin sage, et ne se laisse pas guider par une fureur brutale..... Quand on lie et délie ses sujets, non
selon leurs œuvres, mais d'après son seul caprice, on
perd la puissance de lier et de délier... Le pape, qui
ordonne au comte Robert d'offrir à Dieu le sacrifice de
la guerre, voudrait, pensons-nous, en revenir au zèle
de Phinées; il voudrait, comme fit Moïse, consacrer
les mains de ses lévites dans le sang de ses frères. Mais
les fils d'Aaron périrent en offrant à Dieu le feu étranger : puisse Paschal ne pas périr de même !...... Car
le sacrifice de la désolation des pauvres, des larmes
des veuves et des orphelins, de l'oppression des
églises, du sang humain répandu, ne plaira pas au
Seigneur qui hait la rapine, qui exauce les gémissemens des veuves et des orphelins, qui chérit ses servi-

teurs comme la prunelle de ses yeux, et qui venge
l'effusion du sang.... De sa seule autorité, Hildebrand
a mis la dernière main à nos saints canons; il a ordonné à la marquise Mathilde de combattre l'empereur
Henri pour obtenir la rémission de ses péchés... Mais
d'où vient cette autorité nouvelle, par laquelle on accorde aux coupables, sans en exiger ni confession, ni
pénitence, l'impunité pour les fautes passées et la liberté d'en commettre d'autres? Quel vaste champ ouvert à la méchanceté des hommes! » Nous terminerons
cette citation en disant que les bénédictins de Saint-
Maur, qui ont inséré les principaux morceaux de cette
belle lettre dans leur Histoire littéraire de France, té-
moignent leur étonnement de ce que le père Labbe l'a
qualifiée de « violente déclamation des Liégeois schismatiques, rebelles à leurs supérieurs, à l'exemple de
leurs collègues, les *donatistes*; » et ils leur rendent,
comme avait déjà fait Fleury, tous les droits à leur
union avec l'église catholique ([1]). Mais revenons au
malheureux Henri.

Le sort en était jeté: Henri ne devait pas même re-
trouver le repos dans l'asile commun des mortels. Ce
prince brave, généreux et éclairé pour son siècle,
mourut de chagrin et de misère, et les évêques catholiques firent arracher son cadavre au tombeau qui le

([1]) Epist. Leodiens. ad Paschal. pap. II, circ. ann. 1107 script. apud
Schard. German. antiq. illustr. p. 127 ad 141.—Paschal. pap. II. epist. 7
ad Robert. et epist. Leodiens. advers. Paschal. apud Labbe, concil. t. 10,
p. 620 ad 642. — Hist. littér. de la France, treizième siècle, *Paschal II*,
S 2, t. 10, p. 229 et suiv.

renfermait : ce ne fut que cinq ans après qu'on put le déposer de nouveau en terre sainte, sur le serment de plusieurs témoins qui affirmèrent que Henri IV, en mourant, avait abjuré le schisme. Le pape s'était d'abord opposé à ce que le fils du monarque lui fît rendre les derniers devoirs, en disant que les saintes écritures et le respect dû aux miracles le défendaient. Déjà, comme nous l'avons vu, le nouvel empereur, en faisant déterrer les ossemens des prélats morts dans le schisme, avait autorisé cet excès de barbarie. Paschal II voulut le sanctifier aux yeux de toute l'église; il enleva au sépulchre les restes de Clément III, son rival, et les fit jeter dans le fleuve. Depuis quelque temps, disait-on, il s'opérait beaucoup de miracles sur le monument consacré à ce dernier pape. Ces prodiges attestés par deux évêques contemporains, devaient nuire à Paschal dans l'esprit du peuple; et ce fut probablement pour y mettre un terme que ce pontife viola la demeure des morts (¹).

Après cette révoltante opération, Paschal ne pensa plus qu'à profiter des victoires qu'il venait de remporter sur la puissance souveraine, et qu'à remédier aux désordres que le malheur des temps avait suscités dans l'église. Le concile de Guastalla, sous la présidence du pape, remplit la première intention, en ratifiant, de-

---

(¹) Conrad. abb. urspergens. chron. ad ann. 1106, p. 247. — Udalric. babenberg. cod. epistol. n. 173, apud. Eccard. t. 2, p. 494. — Petr. diacon. chron. cassinens. l. 4, cap. 36, t. 4 rer. ital. p. 514. — Excerpt. ex Jordan. chron. cap. 225, part. 1, in antiq. ital. med ævi, t. 4, p. 973.

vant les envoyés de Henri V, les décrets lancés précédemment contre les investitures conférées par les laïques; et il satisfit à la seconde, en étalant sa sévérité contre les évêques simoniaques ou ordonnés pendant la durée du schisme. Cependant, comme on ne trouvait plus en Allemagne que des prélats schismatiques, ou du moins qui avaient reçu de ceux-ci le caractère dont ils étaient revêtus, les pères de Guastalla se virent obligés de déclarer bonnes et légales les consécrations d'évêques où la violence, la fraude et la simonie n'avaient pas joué le principal rôle : ils eurent soin de faire remarquer que l'église avait déjà montré la même indulgence pour les ordinations des hérétiques *novatiens, donatistes,* etc., etc. (¹).

Sur ces entrefaites, Henri V approchait de Rome avec une armée considérable. Il voulait recueillir le fruit de son crime, en posant sur sa tête la couronne impériale ; mais le pape, dont le concours lui était nécessaire, aspirait au même prix, c'est-à-dire que Paschal cherchait à s'attribuer au moins quelques-unes des prérogatives de la puissance civile qu'il venait d'humilier et d'abattre. Il avait aussi trempé dans la mort tragique du malheureux Henri IV; et c'était en disputant ses dépouilles à son fils qu'il devait rouvrir les plaies encore sanglantes de l'état et de l'église. La soif démesurée de régner avait jeté le jeune prince dans les bras du pontife, et un desir immodéré de vengeance contre l'empereur avait fait consentir le pape à cette

(¹) Labbe, concil. t. 10, p. 748.

monstrueuse alliance. Dès que Henri V fut monté sur
le trône, la jalousie du saint-siége se concentra tout entière sur lui, et l'ardeur du nouveau monarque pour
maintenir les droits de sa couronne, fit bientôt éclater cette dangereuse inimitié. Avant qu'on lui permît
d'entrer pacifiquement dans Rome, Henri reçut de
Paschal plusieurs propositions d'accommodement, et en
fit faire de son côté au pape; aucune ne fut acceptée.
Cependant l'armée allemande était aux portes de la
ville, et le pape était bien résolu de ne pas faire la
moindre concession sur ce qu'on appelait le privilége
impérial des investitures, auquel Henri déclarait, avec
une égale obstination, ne pas vouloir renoncer; il ob-
jectait au pape une chose très vraie; c'est que c'eût été
réduire à rien la juridiction souveraine, puisque tous
les droits régaliens étaient passés entre les mains des
prêtres.

Paschal II en vint alors à une détermination qu'on
croirait inventée à plaisir dans les siècles postérieurs,
si elle n'était confirmée par les historiens contemporains les plus respectables, tant du parti papal que de
celui de l'empereur : il offrit de restituer au trône tous
les droits régaliens acquis par l'église depuis Charlemagne, Louis-le-Pieux et Henri I, pourvu que le
prince consentît à ne plus investir les évêques et les
abbés du caractère spirituel qui les préposait aux abbayes et aux églises. Cet accord était on ne peut plus
raisonnable, puisque les prétentions de la cour concernant les investitures, prétentions basées sur l'usurpation des prérogatives royales par le clergé, devaient

naturellement cesser avec cette même usurpation.
Aussi, quoique Henri eût la plus grande peine à ajouter foi à la sincérité de cette énorme concession de la
part du pape, cependant il n'hésita pas un moment sur
le parti qu'il y avait à prendre ; il accepta purement et
simplement ce que Paschal avait proposé, sauf toutefois l'approbation de l'église et des membres de l'empire. L'an 1111, le traité fut solennellement juré des
deux parts. L'empereur s'obligea à laisser aux églises
une liberté entière ; il promit de délier ses sujets des
sermens qu'ils avaient faits illégalement à la puissance
séculière, touchant la juridiction spirituelle des prélats ; il confirma au saint-siége le patrimoine de saint
Pierre et les donations de ceux de ses prédécesseurs
que nous venons de nommer. Paschal s'engagea, sous
peine d'anathème, à abandonner au roi des Romains
tout ce qui avait appartenu de droit à Charlemagne,
Louis-le-Pieux et Henri I ; il s'engagea, outre cela, à
obliger les évêques et les abbés, tant présens que absens, et leurs successeurs, à ne plus jamais empiéter
sur les droits régaliens de l'empire, tels que le gouvernement des villes, duchés, marquisats et comtés, le
privilége de battre monnaie, de recevoir les impôts,
d'obliger à faire percevoir les taxes dont avaient été gre-
vées les denrées et marchandises, d'accorder protection et clientelle ; de lever des troupes, etc., etc. ; en
un mot, à rendre à la couronne tout ce qui pouvait
aller contre et gêner ses prérogatives. Après les sermens
du pape et de l'empereur, suivirent ceux de leurs principaux vassaux ; et l'on se donna réciproquement

des otages pour répondre de la foi promise et jurée([1]).

Ce traité conclu, Henri V entra dans Rome. Il fut reçu avec une pompe extraordinaire par les officiers civils et militaires que le pape avait envoyés à sa rencontre, par les troupes avec leurs enseignes couvertes de figures d'aigles, de lions, de loups et de dragons, et par le peuple qui portait des cierges et des branches de palmier, et qui répandait des fleurs sur son passage. Les Juifs, les Grecs, les ordres religieux des deux sexes et le clergé romain attendirent l'empereur aux portes de la ville, et l'accompagnèrent en chantant des hymnes à sa louange. Mais bientôt la joie se changea en un effroyable tumulte. Il serait difficile maintenant de décider, avec connaissance de cause, si le pape fut le premier à violer l'accord récemment conclu avec l'empereur, ou si Henri s'était déjà repenti de ses nouvelles concessions. Le prince a accusé ouvertement Paschal d'avoir cherché à le tromper, en promettant ce qu'il n'était point dans l'intention de tenir, et le pontife a retorqué cet argument contre l'empereur : tous deux ont prétendu que la politique avait présidé à un traité dont on ne pouvait pas espérer l'exécution, et qui avait été proposé, ou par Henri, afin d'obtenir la couronne impériale et de conserver en même temps les investitures ecclésiastiques, si le clergé ne voulait pas renoncer aux droits régaliens ; ou par le pape, afin

([1]) Vit. Paschal. II., a card. de Aragon. t. 3 , rer. ital. part. 1, p. 360. — Petr. diacon. chron. cassinens. l. 4 , cap. 35 , ibid. t. 4 , p. 513. — Otto frisingens. chron. l. 7 , cap. 14 , apud Urstis. t. 1 , p. 108. — Epist. Henric. V, apud Dodechin. append. ad Marian. Scot. apud Pistor. t. 1 , p. 668. — Sigebert. gemblacens. chronograph. ad ann. 1111 , ibid. p. 861.

de rendre l'empereur odieux au corps formidable des
prêtres, et de lui enlever, par leur moyen, le privilége
des investitures, sans avoir renoncé aux prérogatives
royales. Il paraît naturel de croire que le premier empêchement à l'exécution des promesses vint de la part
du saint siége, puisque le sacrifice auquel il s'était engagé était plus considérable que celui qu'on exigeait
de la cour, et que la puissance religieuse avait montré
de tout temps une aversion plus grande pour les res-
titutions quelles qu'elles fussent. Quoi qu'il en soit, Paschal ne put induire en aucune manière les évêques
et les cardinaux à ratifier la cession des droits régaliens, et l'empereur, sur ce refus, se prétendit également dégagé du serment qu'il avait fait de renoncer
aux investitures. Par le conseil de ses principaux con-
fidens, parmi lesquels on comptait les évêques de
Parme, de Reggio et de Plaisance, il se décida à renouveler ouvertement ses prétentions à cet égard, en
déclarant qu'il regardait ce droit comme une succession qu'il avait héritée de ses ancêtres avec l'empire.
La querelle s'échauffa : un des courtisans de Henri s'é-
cria qu'il n'était pas besoin de tant de paroles; que le
roi voulait la couronne de ses pères aux mêmes conditions auxquelles l'avaient obtenue Charlemagne et
ses successeurs. Le pape s'obstina à ne pas vouloir
mettre fin à la cérémonie et aux troubles, et il fut arrêté par les gardes impériales, d'après l'avis de l'archevêque de Mayence et d'un certain Bruchard, évêque
saxon (1).

_____

(1) Petr. diacon. chron. cassinens. l. 4, cap. 37 et 38 ; t. 4 rer. ital.

Cette scène tumultueuse ne put avoir lieu sans qu'il n'y eût, de part et d'autre, du sang répandu. Les Romains prirent les armes pour défendre le pape; et, dans la première terreur que causait une catastrophe aussi subite qu'inattendue, ils eurent peu de peine à massacrer tous les Allemands qui leur tombèrent sous les mains. Mais bientôt la fortune cessa de leur être favorable. Le peuple, vaincu à son tour, devint la proie de la fureur des soldats, ou mourut noyé dans le Tybre. « Les Allemands qui ne respectent pas même le Christ, quand ils sont ivres, dit Donizon, commirent d'horribles excès; » ils n'épargnèrent pas plus le sacré que le profane, et ils exercèrent en tous lieux une vengeance complète. Après cela, l'empereur sortit de Rome, emmenant avec lui le pape et les principaux prélats. Paschal, prisonnier avec six cardinaux, pendant deux mois, dans la forteresse de Tribucco en Sabine, tandis que d'autres cardinaux étaient détenus dans un château voisin, eut à souffrir les traitemens les plus durs et les plus cruels. Les prières et les menaces furent tour-à-tour mises en œuvre, jusqu'à ce que le pontife vaincu par ses propres souffrances et plus encore par les maux des prélats (puisqu'on lui faisait croire que leur vie dépendait de la conduite qu'il tiendrait en cette circonstance), se rendit à la fin aux désirs de Henri. « Seul, il aurait résisté à tous les tourmens et à la mort même, dit

p. 514 ad 517. — Vit. Paschal. II ex card. de Aragon. t. 3, ibid. part. 1. p. 361. — Act. sutr. e cod. vatican. apud Baron. ad ann. 1111, n. 3, t. 18, p. 213.

moins opposée à la doctrine contenue dans les saints
canons : il signala entre autres, les cardinaux-évêques
de Tusculum et de Vellétri, qui avaient agi, dans cette
circonstance, plutôt, dit-il, par envie que par charité. »
Le pape s'étant un peu radouci après cette légère ré-
primande, retourna à Rome, et confessa, sans balan-
cer, qu'il avait péché en cédant le privilége des investitures, quoiqu'il ne cessât d'alléguer pour son
excuse, la nécessité de sauver la vie à tant de prélats
distingués, et de soustraire l'église aux maux affreux
qui la menaçaient.

CHAPITRE IV.

L'an 1112, se réunit à Saint-Jean-de-Latran un concile composé de cent vingt - cinq évêques, tous italiens, hormis deux seulement. On demanda au pape si les *guibertins* pouvaient être considérés comme absous depuis l'extinction du schisme, et Paschal, qui venait de se trouver si mal de son trop de faiblesse, voulut essayer d'une sévérité qui cependant paraissait être sans but dans la circonstance; il donna une réponse négative. On agita ensuite la question délicate des investitures, et le pontife, après avoir raconté en détail la persécution dont il avait été la victime, après avoir exposé les raisons qui l'avaient porté à céder à la force et à la violence, reconnut cependant que ses promesses à l'empereur outrepassaient le pouvoir dont il était revêtu; il exprima son sincère désir de voir le mal promptement réparé, et, à cet effet, il demanda conseil aux évêques assemblés. Sur l'avis de l'évêque d'Angoulême, Paschal déclara qu'il se soumettait à l'autorité des saintes écritures, tant du vieux que du nouveau testament, et à celle des conciles que l'église vénère. Cet insignifiant préambule ne devait servir qu'à rendre moins apparent ce qui le suivait immédiatement, savoir que, « voulant observer en toutes choses les statuts de ses prédécesseurs, et principalement ceux de Grégoire VII et d'Urbain II, le pape condamnait tout ce qu'ils avaient condamné, comme il décrétait et confirmait ce qu'ils avaient décrété et confirmé. » L'évêque d'Angoulême fut chargé de lire publiquement cet acte, et le privilége des investitures (appelé *pravilegium* par les pères), accordé à Henri V, demeura révoqué en son entier, sans qu'on lançât aucune sentence d'excommunication contre le chef de l'état, ce qui suffit pour tranquilliser la conscience pontificale : Paschal rétracta son privilége par une bulle. Un concile à Guastalla décida dans le même sens ; il blâma, cassa et excommunia l'accord fait avec l'empereur, comme contraire à l'Esprit-Saint : un autre, à Vienne en Dauphiné, fut moins scrupuleux ; il frappa Henri lui-même des foudres de l'église, ainsi que le méritait le plus cruel des tyrans, pour nous servir ici de l'expression employée par les évêques. Le pape avait écrit à l'archevêque de Vienne pour l'exhorter à la constance et au maintien des décrets de Grégoire VII et d'Urbain II : l'archevêque et ses complices, comme les nomme l'abbé d'Ursperg, lui répondirent en rendant compte des opérations de leur synode ([1]).

Les Romains voulurent aussi témoigner leur haine

[1] Labbe, concil. t. 10, p. 767 et seq. — Card. de Aragon. vit. Paschal. II, part. 1, t. 3, rer. ital. p. 363 ad 365. — Baron. ad ann. 1112, n. 5, t. 18, p. 238. — Conrad. urspergens. chron. ad ann. p. 255. — Paschal. pap. II, constit. 45, *Divinæ legis*, t. 2, p. 144.

contre la maison allemande : ils profitèrent de quelques
négociations amicales entre leur ville et l'empereur
de Constantinople, pour offrir l'empire d'Occident à
Jean Comnène, fils de celui-ci; mais cette ouverture
n'eut point de suite (¹). Le grand coup devait partir
du saint siége, et Paschal ne négligeait aucune occasion pour réparer la brèche qu'on lui reprochait d'a-
voir faite à la juridiction pontificale. Il ne s'épargna
même ni les humiliations ni les affronts que devait
nécessairement lui attirer l'examen de sa conduite
passée avec l'empereur. Quoique tourmenté alors par
les affaires de Bénévent, dont les habitans venaient
de se révolter contre lui, soutenus qu'ils étaient par
leur propre évêque, Landolphe (¹), contre lequel le
pape s'était vu obligé de tenir un concile, il convoqua,
l'an 1116, un nouveau concile de Latran, le quatrième
sous son règne, et il y proféra ces expresses paroles :
« Je me suis montré faible, comme l'est tout homme
formé de poussière et de cendre; j'avoue que j'ai mal
fait (³),.... et j'excommunie le privilége des investi-

(¹) Petr. diacon. chron. cassinens t. 4, rer. ital. p. 522.

(²) Ce prélat déposé rentra bientôt dans son évêché et dans les bonnes
grâces du pontife, au moyen des riches présens qu'il fit à celui-ci.

(³) Il y a ici un rapprochement remarquable à faire : Pie VII a employé presque les mêmes termes d'humilité que Paschal, en rétractant,
de nos jours, l'accord qu'il venait de conclure avec l'empereur Napoléon (1813). Cependant ce pape n'avait permis que l'institution des
évêques par le métropolitain, comme cela avait généralement lieu du
temps de Paschal II, institution que Pie VII crut devoir condamner,
et dont il appella la concession opposée à la loi de Dieu : il laissa au
monarque, non seulement l'investiture de ces mêmes évêques, ce que
Paschal avait condamné sous un anathème irrévocable, mais même

tures sous un anathème irrévocable. » Brunon, évêque
de Segni, rendit grâces à Dieu de ce que le pape avait
enfin condamné *l'hérésie* ; on lui fit observer d'une
manière pointilleuse, disent les actes du concile ; que
si ce privilége contenait quelque principe hétérodoxe,
celui qui l'avait accordé ne pouvait éviter la tache
d'hétérodoxie. L'évêque Cajetan qui, ainsi que plusieurs autres prélats et Pierre Léon, préfet de Rome,
tenait au parti impérial, prit occasion delà pour reprocher à Brunon qu'il avait osé appeler le pape *hérétique*. Cette mortification fut suivie d'une seconde :
quoique Paschal eût constamment refusé de lancer
personnellement les censures contre l'empereur, les
pères du concile ne laissèrent pas de le considérer
comme duement et légitimement excommunié, et le
pontife romain crut n'avoir rien de mieux à faire, en
cette circonstance, que d'approuver tous les actes du
cardinal Conon, son légat à Jérusalem, qui ne se donnait pas la peine de dissimuler la sentence qu'il avait
prononcée contre Henri V. Jordan, archevêque intrus
de Milan, dont nous aurons souvent occasion de parler dans le livre consacré au mariage des prêtres, ne
fut pas plus réservé : à peine arrivé dans son diocèse,

leur élection qui, d'après les canons, appartient au clergé et au
peuple.

Résumé : Pie VII pleurant amèrement la faute qu'il avait faite en
agissant comme avait agi Paschal II, déjà converti ; Pie VII, disons-
nous, sous le coup des anathèmes lancés par Paschal II, en lança à
son tour qui retombèrent directement sur ce même Paschal repentant
d'avoir fait ce que Pie VII se repentit plus tard de n'avoir pas fait. Tous
les papes sont infaillibles ! et l'église immuable !

il osa (s'il est permis de rapporter de pareils blasphèmes, dit Landolphe-le-Jeune) excommunier l'empereur, sur un simple ordre du cardinal Jean de Crême,
envoyé du saint siége (¹).

La discorde entre le sacerdoce et l'empire avait pour
conséquences en Allemagne les dévastations, les guerres
et les massacres. L'empereur, pour y mettre un terme,
fit plusieurs fois offrir la paix au pontife, et proposer
un accommodement dont les deux partis eussent également pu se contenter ; toutes ses démarches furent
vaines. Paschal avoua, il est vrai, qu'il s'était volontairement abstenu jusqu'alors d'excommunier Henri V,
mais il ajouta aussi qu'il reconnaissait la validité des
censures prononcées par les conciles, les cardinaux et
les évêques, et que l'effet de ces censures ne pouvait
être détruit que par ceux qui les avaient lancées.
L'empereur résolut alors de se rendre en personne
à Rome, afin de donner plus de poids à ses demandes ;
le pape n'osa plus se fier à lui, et il se retira à Bénévent (un an après son quatrième concile), en chargeant
Maurice Burdin, archevêque de Brague et son favori,
de soutenir ses intérêts contre le parti impérial, composé alors de tous les Romains les plus distingués par
leur naissance et par leurs dignités. Burdin se laissa
aisément gagner par les caresses et les bons traitemens
de Henri ; et, au lieu de défendre le pape, il couronna

(⁶) Conrad. abb. urspergens. chron. ad ann. 1116, p. 258. — Labbe,
concil. t. 10, p. 806 et seq. — Landulph. a S. Paul. cap. 31, t. 5 rer.
ital. p. 500. — Falco beneventan. in chron. ad ann. 1114, ibid. p. 85 et
87. — Romoald. salernitan. chron. ad ann. 1115, t. 7, ibid. p. 180.

une seconde fois l'empereur qui avait manifesté le désir de renouveler cette cérémonie. Accoutumés aux contradictions des prêtres du dix-neuvième siècle, nous verrons, sans nous étonner, le pape, à cette occasion, excommunier et déposer solennellement Burdin, dans le concile de Bénévent, pour avoir fait ce que, six ans auparavant, il avait fait lui-même (¹).

Le languissant et hébété Pascal mourut (nous nous servons des épithètes données à ce pape par le cardinal Baronius qui le blâme de sa délicatesse à n'avoir jamais voulu excommunier l'empereur); et Gélase II, soutenu par l'ambitieux et puissant Pierre Léon, fils d'un juif converti, fut élu pour lui succéder (1118). La famille des Frangipani, attachée à l'empereur, fit saisir par ses satellites le nouveau pontife, le violenta avec cruauté, et le retint prisonnier dans ses forteresses. A peine était-il échappé à ce péril, qu'on lui annonça l'arrivée à Rome de l'empereur lui-même avec une armée considérable. Gélase se retira à Gaëte, sa patrie, et refusa de traiter avec Henri qui s'était empressé de le rappeler, en lui proposant de se soumettre à l'accord conclu entre le pape, son prédécesseur, et l'empire ; il offrit cependant d'écouter les demandes du prince, s'il voulait se rendre avec lui dans une des villes libres de la Lombardie, soit Milan, soit Crémone. La réponse de Gélase déplut aux Romains; ils regardèrent comme une injure qu'il osât comparer

(¹) Chron. cassinens. l. 4, cap. 60 et 61, t. 4, rer. ital. p. 555. — Pandulph. pisan. vit. Paschal. II, ibid. t. 3, part. 1, p. 358. — Falco beneventan. chron. ad ann. 1117. ibid. t. 5, p. 90.

Crémone à leur patrie, et ils s'unirent à l'empereur
pour élire un autre pontife : le choix tomba sur Maurice Burdin, qui fut consacré sous le nom de Grégoire VIII. Gélase l'ayant appris, tint un concile à
Capoue, avec les cardinaux et les évêques attachés à
sa personne; il excommunia l'empereur, le nouveau
pape et tous leurs adhérens.

Henri, sur ces entrefaites, s'était fait couronner
pour la troisième fois à Rome, et il avait repris le
chemin de l'Allemagne. Les circonstances parurent
des plus favorables à Gélase pour se remettre en possession de son siége, mais le succès ne répondit pas à
son espérance. Il fut vaincu dans une bataille sanglante
qu'il livra aux Frangipani (¹); et, forcé de prendre la
fuite, il se sauva à travers champs, à moitié vêtu de
ses habits pontificaux, seul et de toute la vitesse de
son cheval, comme un saltimbanque, dit l'historien
de sa vie. Revenu de sa terreur panique, il s'arrêta
près de l'église de Saint-Paul hors des murs, y attendit quelques-uns des courtisans qui le suivaient,
et là, après avoir avoué qu'il eût beaucoup mieux

(¹) Outre la guerre que se firent personnellement les deux papes, il
y en eut une autre plus sanglante et surtout plus longue, occasionnée
également par le schisme de l'église; nous voulons parler de la guerre
de dix ans entre Milan et Côme, parce que Grégoire VIII avait donné
aux Comasques un évêque milanais, que ses compatriotes voulurent
soutenir contre le troupeau demeuré fidèle au pasteur nommé par
Gélase. Pour mieux exciter la fureur de ses diocésains, Jordan, archevêque de Milan au commencement de ces massacres, imagina de refuser
l'entrée des temples chrétiens à tous ceux qui ne portaient point les
armes contre le peuple de Côme. — vid. Cuman. sive de bello comens.
anonym. poem. t. 5, rer. ital. p. 399 et seq.

fait de reconnaître et d'accepter un seul maître, au lieu de se confier à tant de nobles romains qui se croyaient tous les égaux du chef de l'empire. Gélase annonça le projet qu'il avait formé de passer en France, pour s'éloigner le plus possible de cette Rome qu'il appelait une nouvelle Babylone, une Égypte, une Sodome, une ville de sang (¹).

Le pape, pour se venger de ses ennemis, eut recours aux foudres de l'église, puisqu'il ne lui était pas permis, pour le moment, d'employer contre eux des moyens plus matériellement efficaces. Déjà il avait indiqué un concile à Reims, au sujet des investitures ecclésiastiques; déjà il s'était fait apporter de toute part des présens considérables, afin de pouvoir, par ses largesses, mieux disposer de l'esprit et de la conscience des prélats. La mort vint rompre ses projets. L'an 1119, Calixte II, son successeur, présida l'assemblée de Reims, composée de quinze archevêques et de plus de deux cents évêques : on y condamna, outre les investitures, la simonie, l'usurpation des biens du clergé et le concubinage des prêtres. Quatre cent vingt-sept cierges furent allumés ensuite, et on les distribua aux évêques et aux abbés, qui se tinrent debout pendant tout le temps que dura la lecture des excommunications que le pape, disent les actes du concile,

(¹) Pandulph. pisan. vit. Gelas. II, part. 1, t. 3, rer. ital. p. 381 ad 394. — Pet. diacon. cassin. chron. l. 4, cap. 64, t. 4, ibid. p. 530. — Landulph. a S. Paul. hist. mediolan. cap. 32, ibid. t. 5, p. 502 — Gelas. II pap. epistol. ad archiep. episcop. abb., etc. per Gall. fidel. apud Wilielm. malmesbur. de Henr. 1, l. 5, in rer. angl. script. p. 468. — Baron. ad ann. 1112, n. 17, t. 18, p. 242.

prononça malgré lui. A la tête de la liste étaient les
noms de « Charles-Henri, empereur, ennemi de Dieu,
et Burdin, faux pape, avec leurs fauteurs et partisans : » les sujets de Henri furent déliés du serment
de fidélité ([1]).

Après cette vigoureuse manifestation, Calixte résolut de passer en Italie. Il n'eut pas de peine à y
parvenir; l'empereur était alors trop occupé, dans
ses propres états, par les embarras que le saint siége
lui avait suscités, pour qu'il pût penser à secourir le
pape Grégoire VIII. Celui-ci abandonna son siége à
l'approche de son adversaire, et il alla s'enfermer
dans la forteresse de Sutri, où Calixte l'assiégea (1121),
le prit, et, après l'avoir accablé d'injures et de mauvais traitemens, le conduisit ignominieusement à
Rome. Burdin, anti-pape tortueux ou plutôt antechrist, dit l'abbé Suger, fut couvert, d'une manière
ridicule, de peaux de bêtes nouvellement arrachées
et encore sanglantes, et, assis à rebours sur un cha-
meau, avec la queue en main au lieu de bride, il servit
d'ornement au barbare triomphe de Calixte. On accou-
rait de tous côtés sur la route, dit l'historien de celui-
ci, « comme pour voir un animal cornu : » on vomis-
sait, sans cesse, contre Burdin de fades et atroces
plaisanteries et d'horribles blasphèmes. Cette vengeance qui fut loin d'être généralement approuvée, se

---

([1]) Orderic. Vital. hist. eccl. l. 12, ad ann. 1119, p. 862, apud Duchesne, hist. normann. script. — Labbe, concil. t. 10, p. 862 ad
878.

termina par l'emprisonnement de Burdin dans une forteresse, ou, comme quelques auteurs ont rapporté, par sa réclusion dans une cage de fer ([1]).

Cependant, l'empereur était réduit aux plus fâcheuses extrémités : l'Allemagne entière s'était révoltée contre lui, et les Saxons principalement, excités par les excommunications d'Adalbert, archevêque de Mayence et légat du saint siége apostolique, ne lui laissaient pas un instant de repos. L'affaire des investitures ecclésiastiques fut d'abord discutée dans une diète à Wurtzbourg, où Henri, quoi qu'il en eût, se vit obligé de renoncer à une partie de ses anciens droits, c'est-à-dire qu'il dut promettre de ne plus investir désormais ses prélats propriétaires, que par le sceptre seulement, au lieu d'employer la crosse et l'anneau, au moyen desquels il avait *paru* jusqu'alors qu'il leur conférait aussi leurs pouvoirs religieux. Après ce premier pas, la paix était peu difficile à conclure entre l'empire et le sacerdoce; en effet, la diète de Worms y mit la dernière main, en 1122. « Henri V céda la partie de la juridiction spirituelle si long-temps administrée par ses ancêtres, et qu'il avait juré lui-même de conserver, afin de maintenir en

---

([1]) Pandulph. pisan. vit. Calixt. II pap. rer. ital. t. 3 part. 1, p. 419. — Card. de Aragon. vit ejusd. pap. ibid. p. 420. — Falco bene vent. chron. ad ann. 1121, ibid. t. 5, p. 97. — Willerm. tyr. archiep. hist. l. 12, cap. 8, t. 1, part. 2, p. 820, apud Bongars. gest. Dei per Franc. — Excerpt. ex Jordan. chron. cap. 225, part. 2, in antiq. ital. med. ævi, t. 4, p. 974. — Suger. abb. in vit. Ludov. gross. apud histor. Franc. scriptor. veter. p. 124.

leur entier les prérogatives de la couronne impériale; ce sont les expressions de *Conrad de Lichtenau* [1]. Le traité fut définitivement confirmé par des bulles et par le concile de Latran, le premier concile œcuménique de ce nom, le premier des conciles appelés *universels* par les latins, quoique tenus par ceux-ci seulement, depuis leur séparation avec les Grecs, et le neuvième des conciles généraux reconnus par l'église latine. Trois cents évêques et un grand nombre d'abbés, ou, pour citer le passage de Pandolphe de Pise, neuf cent quatre-vingt-dix-sept prélats assistèrent à cette imposante réunion, où l'accord entre Calixte et Henri fut approuvé, et l'empereur absous des censures ecclésiastiques, et où les ordinations dues à Burdin furent cassées comme illégales [2].

Ainsi se termina, par un arrangement puéril, après cinquante ans de la guerre la plus acharnée, la funeste querelle des investitures; mais la rivalité entre le sa-

---

[1] Le même auteur rapporte : 1° l'acte par lequel Henri renonçait au privilège de l'investiture par la crosse et l'anneau, les élections des évêques demeurant ainsi au clergé et au peuple, et celle des abbés à leurs moines; 2° le décret papal qui permettait aux empereurs d'investir par le sceptre les évêques et les abbés librement élus et institués, de les investir, disons-nous, des biens temporels et des droits régaliens qu'ils reconnaissaient de la couronne.

[2] Conrad. abb. urspergens. chron. ad ann. 4121 et 1122, p. 265 et 267. — Pandulph. pisan. vit. Callixt. II pap. rer. ital. part. 1, t. 3, p. 419. — Card. de Aragon. ibid. p. 420. — Baron. ad ann. 1122, n. 3 et seq. — 1125, p. 356. — Callixt. pap. II constit. 22, *Omnipotenti Domino*, in bullar. t. 2, p. 180; const. 40, *Ego Henricus*, p. 192. — Labbe, concil. t. 10, p. 895 et seq.

cerdoce et l'empire, à laquelle elle avait donné naissance, et qui à son tour l'avait rendue si haineuse et
si sanglante, n'était pas éteinte. Nous verrons, dans
les livres suivans, à quels excès la vengeance sacerdotale porta les papes contre l'infortunée maison de
Souabe.

FIN DU LIVRE TROISIÈME.

ne association d'hommes ayant pour but défendre
une croyance à soutenir, une doctrine à répandre un intérêt à faire prospérer, est soumise aux
s passions qui animent les individus. Seule-
 ces passions s'exaltent de toute la force que
leur l'esprit de coopération et de coopération-
lre, comme les membres de l'association se re-
llent sans interruption, les passions sociales sont
urs jeunes et vivaces, ne reculent ni ne cèdent
t aucun obstacle, et durent autant que l'associa-
lle-même, ou, jusqu'à ce qu'entièrement satis-
, il ne reste plus d'objet sur lequel elles aient à
ver. Or, la société qui vit sur le dévouement de
ss membres, ne se dévoue, elle, qu'à elle-même:
es relations avec d'autres sociétés, elle est prem-
ment égoïste; il est de son essence de se faire le
 de tout, et de tout attirer, de tout concentrer,

de tout *incorporer*. Ses passions donc seront l'ambition, la cupidité, l'envie, la haine, la vengeance; ses
moyens de les satisfaire, l'autorité et l'intolérance, la
force et la violence, la persécution et l'extermination.

Nous avons déjà puisé et nous continuerons à pui-
ser les preuves de ce que nous avançons dans l'histoire de l'association sacerdotale. Autorisée par un
concours heureux de circonstances, et surtout par l'i-
gnorance des peuples, suite nécessaire des invasions,
à aspirer à la domination universelle, elle ne perdit jamais un seul moment de vue ce principe, devenu ainsi
en quelque sorte la condition essentielle de son existence. Et elle tendit sans cesse à le réaliser de la manière la plus complète et la plus absolue : elle fonda
non seulement un despotisme matériel, appuyé sur la
force et l'organisation hiérarchique, mais un despotisme spirituel, à la fois intellectuel et moral, enchaî-
nant les esprits et les consciences, disposant de la
force, soit pour l'employer dans son propre intérêt
exclusivement, soit pour la briser dans les mains de
ses ennemis; le plus radical par conséquent, le plus
effectif, le plus durable des despotismes, dont l'a-
brutissante et mortelle influence asservissait les âmes
avec les corps, confisquait à son seul profit les idées
et les convictions avec les substances et les richesses, ne
souffrait d'indépendance nulle part, de dévouement,
de noblesse nulle part, d'énergie personnelle, de
puissance réelle qui pouvaient inspirer ces vertus,
nulle part, si ce n'est dans son sein et pour elle, et
poursuivait à outrance quiconque se rendait coupable

d'un acte, d'un sentiment, d'une pensée, d'un doute qu'elle n'avait point inspiré ou du moins permis. C'est ainsi que nous verrons constamment la haine et la vengeance religieuses ne s'éteindre qu'avec l'individu, la famille ou le peuple qui les ont encourues...

Deux ans après le grand concile de Latran, mourut l'infortuné Henri V. Les princes de l'empire (on pourrait, avec plus de raison, les appeler les princes de l'église), fidèles aux principes théologiques qui enseignent à punir les enfans pour les fautes de leurs pères, élurent roi d'Allemagne et d'Italie Lothaire, duc de Saxe, ancien ennemi de la maison de Souabe. Le duc Frédéric-le-Louche et Conrad de Franconie étaient alors les héritiers de cette puissante maison : tous deux fils d'une sœur de Henri, ils avaient manifesté hautement leurs prétentions à la succession de l'empire, et ils se déclarèrent contre celui qu'on venait de lui donner pour chef. L'an 1128, le duc Conrad réussit à faire placer sur sa tête la fameuse couronne de fer. Honorius II, successeur de Calixte, ne put se résoudre à voir prospérer un successeur des Henris : il excommunia Conrad, élu roi d'Italie, comme il s'exprimait, contre la foi due à Lothaire, et il anéantit ainsi peu à peu le parti déjà considérable que ce jeune prince avait su se former en Lombardie. L'année suivante, le cardinal Jean de Crème, légat apostolique, lança le même anathème contre Anselme, archevêque de Milan, qui avait couronné Conrad, quoiqu'il n'eût fait que se prêter aux instances de tout le peuple milanais : la sentence fut prononcée au concile de Pavie, sans que Jean daignât différer le jugement d'un seul jour. Anselme avait demandé ce court délai pour préparer sa défense, et, voyant qu'on le lui refusait, il n'eut aucun égard à l'excommunication; ses diocésains partagèrent sa fermeté, et ils continuèrent toujours à le regarder comme leur pasteur légitime [1].

Lothaire porta la couronne sans honneur et sans profit, pendant treize ans. Les nobles de la Haute-Italie ne s'attachèrent jamais à lui sincèrement, à cause de l'amour qu'ils portaient à la maison de Souabe, quoiqu'ils la vissent réduite à deux doigts de sa perte, et parce que Lothaire ne se présenta à eux que dans l'état du plus grand besoin et d'une extrême faiblesse [2]. Cependant ni Conrad, ni Frédéric de Souabe, son frère, ne purent soutenir long-temps tout le poids de la puissance impériale en Allemagne; ils firent leur paix avec Lothaire, et furent absous des censures ecclésiastiques (1135) : il n'y avait pour eux que ce seul moyen de se mettre, tôt ou tard, dans le cas de pouvoir profiter du premier changement de scène. Cela ne manqua pas d'avoir lieu, à la mort de l'empereur; à cette époque, tout promettait du succès à Henri, gendre de Lothaire, duc de Bavière et de Saxe, et héritier des sentimens et des prétentions des guelfes. Henri avait été la cause principale des

[1] Conrad. abb. urspergens. chron. ad. ann. 1126, p. 274. — Otto frising. chron. l. 7, cap. 17, apud Urstis. t. 1, p. 148. — Landulph. Paul. hist. mediolan. cap. 59, t. 5, rer. ital. p. 510.

[2] Alberic. monach. chron. ad. ann. 1320, apud Leibnit. accessiones histor. t. 2, p. 270.

malheurs de Conrad et de Frédéric, sous le règne précédent; il méritait l'amour et la reconnaissance du siége apostolique auquel il s'était entièrement dévoué. Mais la gratitude ne paraît pas un devoir à celui qui ne connaît d'autre mobile que la politique. La trop grande puissance de Henri était redoutée par le pape et par les princes d'Allemagne : le légat Théodoin; avant que ces derniers s'assemblassent à la diète générale de Mayence, où le duc de Bavière aurait eu peu de peine à triompher, les exhorta à se réunir furtivement à Coblentz; il leur promit l'assentiment de tout le peuple romain et des villes italiennes, et il leur fit élire Conrad III, duc de Franconie et ennemi capital des Guelphes de Bavière (¹).

Conrad rendit aux ducs de Saxe et de Bavière les maux qu'ils lui avaient fait souffrir, lorsque l'exaltation de leur maison avait causé la ruine de la sienne. Il s'épuisa dans les guerres de Terre-Sainte, et mourut en 1152, sans avoir pu aller prendre la couronne impériale. La plus belle action de ce prince est d'avoir préféré le bien de l'état à celui de son propre fils : il recommanda tendrement celui-ci à son neveu, Frédéric Barberousse; mais il conseilla aux princes de confier les rênes de l'empire au même Frédéric : en quoi ses intentions furent scrupuleusement suivies. La raison nous en a été conservée par l'évêque de Frisingue; et comme elle renferme la clé de la trop fa-

(¹) Conrad. abb. ursperg. chron. p. 277. — Otto frising. l. 7. cap. 22, chron. apud Urstis. p. 151. — Annalist. saxo, ad ann. 1138, apud Eccard. l. 1, p. 680.

meuse inimitié entre les *guelfes* et les *gibelins*, dont nous aurons souvent à parler dans la suite, nous rapporterons en partie le passage d'Othon.

« Deux familles puissantes existent dans l'empire romain : l'une celle des Henris de Guibelingue, et l'autre, des Guelphes d'Altdorf; la première a produit des empereurs, la seconde a possédé des duchés considérables. Presque toujours opposées entre elles (comme il arrive aux gens d'un rang élevé), également avides d'honneur et de gloire, elles troublèrent souvent la tranquillité de la république... Sous Henri V, le duc Frédéric, membre de la maison royale, épousa la fille de Henri-le-Noir, duc de Bavière et chef de la maison ennemie. Il eut de ce mariage Frédéric Barberousse, actuellement régnant... et que les princes ont préféré à tout autre, dans l'espoir qu'il servirait à unir deux familles long-temps divisées, et qu'ainsi viendraient enfin à cesser les guerres déplorables et désastreuses qui, pour l'intérêt privé de quelques grands, ont épuisé et déchiré l'empire (¹). »

Les ducs Guelphes, toujours opposés aux empereurs Gibelins, avaient embrassé la cause de l'église, du moment que les papes avaient osé s'élever contre leurs maîtres, comme nous avons vu, et de là vint que le parti papal fut confondu avec celui des *guelfes*, comme les intérêts des *gibelins* demeurèrent constamment attachés à ceux de la maison impériale. Ce fut encore

---

(¹) Mich. Glycæ annal. continuat. p. 337. — Otto frisingens. in chron. l. 7, cap. 28, apud Urstis. t. 4, p. 152. — Id. de gest. Frideric. l. 2, cap. 2, t. 6, rer. ital. p. 699.

pour cette raison que les peuples que retrempaient le
désir du bonheur et le sentiment de l'indépendance,
crurent devoir se dire et être en effet de zélés guelfes,
tandis que le gibelinisme italien était soutenu par les
oppresseurs et les tyrans. On fut dès lors nécessairement odieux aux républicains, par cela seul qu'on
s'opposait aux usurpations de l'église romaine, et là
cause de la liberté devint celle du fanatisme. C'est ainsi
que jusqu'aux combinaisons du hasard contribuaient
à rendre plus funestes encore des circonstances déjà si
défavorables aux progrès des lumières et de la philosophie, et dont les papes ne profitèrent que trop pour
soumettre au joug inflexible des préjugés et de l'ignorance des hommes qui, avec une si noble valeur, défendaient les droits de l'humanité.

L'église, dès le commencement, joua le principal
rôle dans des querelles qui devaient causer tant de
troubles et faire ruisseler le sang dans l'Allemagne et
l'Italie. Nous ne rapporterons pas les détails de la révolution qui rendit l'indépendance aux villes lombardes (¹); nous ne ferons qu'indiquer, à mesure que

---

(1) Cette lutte intéressante entre le pape et l'autorité souveraine,
complètement étrangère à mon plan, a été traitée de main de maître,
dans l'ouvrage de M. Sismonde Sismondi, sur les républiques italiennes
du moyen âge. Ce qui doit puissamment servir à la dépouiller de tout
motif religieux, c'est, outre la réflexion que les papes ne la soutinrent
que pour mieux combattre les empereurs, leurs ennemis politiques, le
fait que nous ont révélé les historiens grecs, savoir que la peur des
croisés allemands porta jusqu'aux empereurs de Constantinople à exciter
les papes contre l'empire latin et à fournir des secours aux républicains
d'Italie. — Mich. Glycæ annal. contin. p. 338. — Manuel Comnène entre
autres, qui craignait beaucoup la guerre qu'auraient pu lui faire les

l'occasion s'en présentera, la part directe que la papauté y a prise. Il nous suffit, pour le moment, d'avoir fait comprendre comment des hommes libres purent se mettre volontairement sous le joug adroitement dissimulé du sacerdoce, pour mieux parvenir à secouer le joug grossier et partant bien plus facile à briser de la noblesse et de la royauté.

Frédéric s'était fait donner (1155) la couronne impériale des mains d'Adrien IV, et il avait eu l'adresse de ne s'obliger à rien de tout ce que le pape espérait de lui. La meilleure harmonie régnait alors entre la puissance religieuse et le pouvoir civil. Le pontife avait mieux aimé se rendre ennemis les Romains qui détestaient Frédéric, que de refuser à celui-ci les honneurs dont il se montrait jaloux. Plusieurs Romains même, trop ouvertement opposés à l'empereur, avaient été tués par les Allemands de sa suite, et le pape avait déclaré « que ce n'étaient point là des meurtres, vu l'intention manifeste de maintenir le prince et de venger les droits de l'empire. » Au reste, le dépit de s'être laissé vaincre par Frédéric en finesse et en subtilité, suffit au pape pour concevoir peu à peu contre son ancien protégé un sentiment d'aigreur et de jalousie qui bientôt éclata jusque dans leurs moindres relations.

Le premier sujet de discorde fut le titre de roi de Sicile, qu'Adrien IV accorda au Normand Guillaume,

princes latins s'ils avaient été d'accord entre eux, mit tout en œuvre, dit son historien, pour exciter contre Frédéric Barberousse l'ambition des pontifes romains. — Nicet. Choulat. annal. in Manuel. Comn. L. 5, p. 129 et suiv.

jusqu'alors son ennemi le plus acharné, et auquel
même il avait fait déclarer la guerre par le nouvel empereur. Après ce changement inopiné de politique, le
pape, fort de sa nouvelle alliance avec son puissant
voisin, ne négligea plus aucune occasion d'humilier
Frédéric. Celui-ci, deux ans après son couronnement,
se trouvait à Besançon, où il se faisait reconnaître
comme roi de Bourgogne. Il y reçut deux légats pontificaux, savoir, le cardinal Roland, chancelier de l'é-
glise, et le cardinal Bertrand, qui avaient mission de
lui remettre une lettre d'Adrien, et de lui exposer le
mécontentement du pontife au sujet de l'arrestation de
l'archevêque de Lunden, lors de son retour de Rome
en Suède; le saint-siége se plaignait de n'avoir encore
obtenu aucune réparation de cet attentat. Frédéric fit
rendre aux deux cardinaux tous les honneurs dus à
leur rang et au caractère dont ils étaient revêtus. Mais
cette bonne intelligence ne fut pas de longue durée:
Lorsque les légats eurent été admis à exposer le sujet
de leur commission, dans l'audience qui leur avait été
accordée à cet effet, la hauteur avec laquelle ils étaient
chargés de traiter l'empereur, perça dès le commencement du discours qu'ils proférèrent au milieu de
l'assemblée. « Notre père, le bienheureux pape Adrien,
et le collége des cardinaux de l'église romaine vous sa-
luent, dirent-ils à Frédéric; le premier comme votre
père, les seconds comme vos frères (¹). »

(¹) Otto frising. de gest. Frider. l. 2, cap. 22 et 23, t. 6, rer, ital.
p. 720 ad 725. — Radevic. de gest. Frider. I, l. 1, cap. 8, ibid.
p. 745.

manifeste qui devait mettre dans le plus grand jour
les torts du siège apostolique et sa propre modération:
« Nous voyons avec douleur, disait-il; que le chef de
l'église, au lieu de conserver en tous lieux la concorde
et la paix, ne travaille au contraire qu'à faire surgir
les dissensions et les troubles; que ses paroles et ses
actes tendent à exciter un nouveau schisme entre le
sacerdoce et l'empire. » Frédéric rapportait ensuite,
en détail, la scène scandaleuse qui l'avait obligé d'arracher les deux cardinaux aux mains de ses barons furieux, et il finissait par rendre compte des papiers
trouvés sur les légats, après qu'il eut eu l'humanité de
s'assurer de leurs personnes : c'étaient « des feuilles
blanches signées et scellées à la cour pontificale, afin
qu'on pût les remplir, comme on l'entendait, selon
l'exigence des cas, et les faire servir à causer des désordres en Allemagne, et à ramasser de l'argent, en
dépouillant les églises et les autels, selon la coutume
des envoyés de Rome ([1]). »

Au retour des légats pontificaux, le clergé romain se
divisa en deux partis; l'un tenait pour le pape; l'autre
défendait ouvertement la conduite de l'empereur, et
accusait l'orgueil et la sottise des cardinaux de tous les
maux qui menaçaient l'Italie. C'en était trop pour celui
qui ne voulait pas être contredit. Adrien s'aperçut
qu'il avait allumé un incendie dont il pourrait être la
première victime; il chercha à l'éteindre, et se sou-

([1]) Radevic. de gest. Frider. I, l. 1, cap. 9 et 10, rer. Ital. t. 6. p. 746
ad 749. — Otto de S. Blasio, in chron. ad ann. 1156, cap. 8, ibid.
p. 868.

mit, pour y parvenir, à une mortification qui dut
beaucoup lui coûter. Il écrivit aux évêques d'Allemagne pour les supplier de remettre Frédéric dans la
bonne voie, et de le porter à ouvrir de nouveau la communication religieuse de ses états avec le saint-siège;
il ajouta à cela la demande d'une satisfaction quelconque de la part des principaux instigateurs des
troubles dans l'affaire de ses envoyés. Les prélats écri-
virent à leur tour qu'ils avaient exposé les prières d'A-
drien à l'empereur, et qu'ils en avaient obtenu pour
toute réponse : « que Frédéric était fortement décidé
à soutenir les droits et l'honneur de son trône; qu'il
n'avait point fermé aux ecclésiastiques le chemin de
l'Italie, mais qu'il avait seulement voulu porter remède
aux abus qui troublaient l'église d'Allemagne, et empêcher les spoliations qui l'exténuaient. Dieu s'est servi
de l'empereur, ainsi s'était exprimé celui-ci; et l'é-
glise, (sans la permission de Dieu, nous en sommes
convaincus,) veut anéantir l'empire. Elle a commencé
ses attaques par des peintures outrageantes; des peintures elle a passé aux écrits insultans : bientôt les
écrits seront considérés comme des actes légitimes
et feront autorité contre nous. Mais nous sommes ré-
solus à nous y opposer de tout notre pouvoir : nous
déposerons la couronne, plutôt que de souffrir que la
couronne et nous-mêmes soyons ainsi foulés aux
pieds. Nous n'écouterons aucune proposition avant
que les peintures soient effacées et les écrits rétractés,
afin qu'il ne reste plus la moindre étincelle de discorde entre l'empire et le sacerdoce. » Les évêques

allemands, après avoir rapporté les paroles de Frédéric, terminaient leur lettre par rappeler Adrien à des principes plus pacifiques, et par l'exhorter à rendre à l'église sa joie, à l'état son antique splendeur [1].

C'était au pape à céder en cette circonstance; il le fit, mais en se promettant bien de se venger à la première occasion. Bientôt nacquirent de nouveaux sujets de mésintelligence entre l'empereur et Adrien, mais ils n'eurent pas le temps d'éclater avant la mort de ce pontife, arrivée en 1459. Lors de l'élection d'Alexandre III, il y eut un schisme dans l'église romaine, pendant lequel Frédéric, fidèle aux maximes vulgaires de la politique, joua un des principaux rôles. Ces troubles, quoique nourris par la cour impériale, ne procédaient cependant pas originairement de l'influence des empereurs sur le saint-siége : l'ambition seule du clergé romain leur avait donné l'être; c'est pourquoi nous en avons réservé les détails pour la seconde partie de cette Époque, où nous traiterons des schismes entre les papes [2]. Celui sous le règne de Frédéric ne se termina que l'an 1177, par un accord entre l'empereur et Alexandre III. La paix avec la ligue lombarde suivit de près celle avec l'église, d'après le principe que nous avons exposé plus haut, savoir, l'artifice que les papes avaient mis à confondre leur cause avec celle de tous

[1] Radevic. de gest. Frider. I, l. 1, cap. 15 et 16, t. 6, rer. Ital. p. 755 ad 756.

Partie 2, livre 4, section 1, chap. 2, tome 6.

les ennemis de l'empire, à commencer par les villes libres de la Lombardie.

Frédéric alors voulut profiter du repos dont il jouissait, pour assurer à son fils la succession au trône impérial, en le faisant couronner roi d'Allemagne et d'Italie, et celle à tous les états qui composent aujourd'hui le royaume des Deux-Siciles, en lui donnant pour femme Constance, fille posthume de Roger, tante du roi Guillaume II, et son unique héritière. Cette dernière négociation devait nécessairement déplaire au saint siége. Depuis long-temps les papes n'avaient trouvé d'autre soutien que les empereurs d'Allemagne contre les entreprises des princes normands, et d'autre refuge que les possessions de ceux-ci en deçà du Phare, lorsqu'ils se voyaient poussés avec trop de vigueur par les maîtres de l'Italie et de Rome. La réunion de la Sicile à l'empire allait désormais placer le saint siége entre deux abimes, et lui ôter toutes ses ressources pour échapper aux maux qui le menaçaient de toutes parts. Aussi Urbain III qui venait d'occuper la chaire de saint Pierre [quoiqu'il conservât son siége archiépiscopal en Lombardie, selon la coutume du temps (')], voyant qu'il ne pouvait mettre aucun empêchement au mariage projeté, refusa-t-il au moins de poser la couronne de fer sur la tête du jeune Henri VI. Ce fut le patriarche d'Aquilée qui s'acquitta de ce devoir, et,

(1) Léon IX et Alexandre II avaient déjà donné l'exemple de ne pas renoncer à leurs premiers siéges en acceptant la papauté. — Jou. Ant. Saxius, in notis ad Sigon. de regn. ital. l. 15, t. 2, p. 828 et 825. — P. Pagi, critic. ad Baron. ann. 1186, n. 2, t. 19, p. 564.

en punition de son zèle, il fut suspendu de ses fonctions par le pape (¹).

L'irritation était, des deux parts, portée à son comble. Urbain cita Frédéric selon les formes usitées en pareil cas; mais l'excommunication n'eut point lieu, soit que les Véronais chez qui le pape se trouvait alors l'empêchassent, soit par quelque autre motif. La mort d'Urbain mit fin à la querelle, et la prise de Jérusalem par Saladin fit cesser momentanément toutes les inimitiés particulières entre les chrétiens, pour leur permettre de s'opposer avec plus de vigueur à l'ennemi de leur nom et de leur croyance (²) : le

---

(¹) Rodulph. de Dicet. ymag. histor. p. 629, apud Roger. Twysden, in hist. anglican. script. X. — Chronogr. aquicinctin. apud Pagi, ad annum 1186, n. 3, t. 19, p. 562.

(²) Jérusalem fut prise par suite de la discorde qui régnait entre les princes chrétiens, selon Sicard, et parce que, comme dit le P. Pagi, les croisés avaient follement rompu la trève faite avec Salahadin. Les historiens contemporains ne se lassent pas de nous répéter que la Terre-Sainte était, à cette époque, souillée par toute espèce de vices et de crimes; que l'avarice et le libertinage étaient les seuls mobiles des catholiques latins d'Orient; et que jusqu'aux monastères voyaient triompher dans leur sein les plus honteux désordres. Le clergé séculier, les religieux et le peuple affichaient à l'envi un luxe scandaleux,.... L'Auvergnat Héraclius, patriarche de Jérusalem, entretenait publiquement et avec la plus grande magnificence, une femme que le peuple appelait la *patriarchesse;* accusé d'inconduite devant le saint siége, par Guillaume, archevêque de Tyr, il fit empoisonner ce prélat, et puis obtint d'être confirmé par le pape. Les prêtres de la ville sainte se formaient sur l'exemple de leur pasteur...... Guillaume de Nangis nous apprend que Salahadin, après ses victoires signalées sur les troupes chrétiennes, en rendit dévotement grâces à Dieu, comme il était habitué de faire, et confessa en toute humilité qu'il devait ses succès, non à sa propre puissance, mais à la perversité de ses ennemis qui avaient irrité la bonté divine. Le sultan est dépeint dans les écrits de Guillaume,

vieux Frédéric lui-même, après trente-huit ans d'un règne glorieux, se croisa et termina ses jours en Arménie (1).

L'an 1191, Henri VI, son fils, alla prendre à Rome la couronne impériale des mains de Célestin III. On raconte que ce pape, pendant la cérémonie, était assis sur son trône, au bas duquel la couronne était posée, et qu'avant de permettre que le nouveau chef de l'empire la fixât sur sa tête, il l'abattit d'un coup de pied et la fit rouler par terre, afin de signifier, par cet acte, le pouvoir qu'il avait de donner et d'ôter la dignité suprême. Mais des auteurs, plus discrets peut-être que sincères, ont combattu l'authenticité de cette anecdote, quoique le cardinal Baronius n'ait point fait difficulté de l'insérer dans ses annales ecclésiastiques, sans même l'accompagner d'aucune réflexion qui pût faire soupçonner qu'il improuvait l'action outrageante de Célestin, plus digne du théâtre que du temple du

comme un homme ferme, inébranlable dans ses projets, observateur fidèle de ses sermens, et généreux au point qu'il ne laissait jamais personne se retirer mécontent de lui. — Sicard. in chron. ad ann. 1187, t. 7, rer. ital. p. 603. — Bernard. thesaurar. de acquisit. Terr. Sanct. cap. 162 ad 164, ibid. p. 796 et seq. — Marin. Sanut. apud Bongars. gest. Dei per Franc. l. 3, part. 6, cap. 24, t. 2, p. 172. — Bayle, art. Héraclius, t. 2, p. 1449. — Guillelm. de Nangis, in chron. ad annum apud Dacher. in specileg. t. 3, p. 14 et seq. — P. Pagi, crit. ad Baron. anno 1187, n. 2, t. 19, p. 579. — Chron. reicherspergens. ad ann. p. 257.

(1) Arnold. abb. lubecens. chron. Slavor. l. 3, cap. 18, n. 7, p. 338. — Gervas. tilberiens. otia imper. dec. 2, n. 19, apud Leibnitz. script. rer. brunswicens. t. 1, p. 942. — Chronogr. saxo, ad ann. 1187, p. 313, apud eumd. in accesion. hist. tom. 1. — Mich. Glycæ annal. contin. p. 340.

Seigneur, comme l'observe Muratori ([1]). Ce qui malheureusement n'a pu être révoqué en doute, c'est la catastrophe qui fut le résultat immédiat de l'accord récemment conclu entre l'empereur et le souverain pontife. Henri s'était vu forcé d'acheter l'insignifiant honneur qu'il ambitionnait ; le prix en fut la ville de Tusculum, où l'empereur tenait garnison allemande et qu'il céda au pape. Célestin se servit de ce don pour gagner l'affection des Romains, qu'il lui importait beaucoup de s'attacher, depuis son élévation. Une haine cruelle et acharnée divisait les Romains et les Tusculans : le pape accorda tout droit et tout pouvoir aux premiers sur les autres, et les Romains, après être entrés dans Tusculum, qui n'était nullement préparée pour recevoir cette perfide visite, la détruisirent de fond en comble, massacrèrent la plus grande partie des habitans, coupèrent les pieds et les mains ou arrachèrent les yeux à ceux qui avaient échappé à leur première fureur, et qui allèrent terminer leur triste existence dans de misérables cabanes, au pied de la montagne où les cendres de leur patrie fumaient encore. Ces chaumières donnèrent, par leur structure, le nom de Frascati à la nouvelle ville dont elles furent l'origine ([2]), et perpétuèrent ainsi à jamais la mémoire.

([1]) Roger. de Hoveden. in annal. part. poster. ad ann. 1191, rer. anglic. scriptor. p. 689. — Baron. ad ann. n. 16, t. 19, p. 639. — Muratori, annal. d'Ital. t. 7, part. 1, p. 94.

([2]) Conrad. abb. urspergens. chron. ad ann. 1192, p. 303. — Sicard. episcop. cremon. chron. t. 7, rer. ital. p. 645. — Godefrid. monach. S. Pantaleon. chron. ad ann. 1191, apud Freher. t. 1, p. 377.

de la futilité de l'empereur, de la lâche complaisance
du pape, et de l'atroce vengeance des sujets immédiats
du saint siége, auxquelles elles devaient naissance (¹).

(¹) Les malheureux Tusculans se firent des cabanes avec des branches
d'arbres, appelées en italien *frasche*.

point encore fermées les blessures que Frédéric I, père
de Philippe, et Henri VI, son frère, avaient faites au
saint siége. Aussi, quoique les forces du roi Gibelin
fussent de beaucoup supérieures à celles de son rival,
Innocent confirma de nouveau, en 1201, la nomination d'Othon IV, et lança les censures ecclésiastiques
contre Philippe. Sa conduite n'obtint pas l'approbation
générale (¹).

Six ans après, le roi Philippe parut aux yeux de
toute la chrétienté avoir pris décidément le dessus dans
la guerre de l'empire. Il devenait dangereux de demeurer attaché à la mauvaise fortune d'Othon; le pape
alors, toujours fidèle à la prudence humaine, se hâta
de l'abandonner. Il n'embrassa d'ailleurs ce parti que
lui dictait l'intérêt du siége-apostolique; que dans
l'espoir d'en retirer un nouvel avantage pour ses intérêts particuliers : il exigea que l'empereur futur lui
promît une de ses filles pour Richard, son propre
frère; il stipula encore d'autres avantages temporels
pour sa famille, et, en récompense, il se montra disposé à accorder à Philippe les honneurs du couronnement. Mais, l'année suivante, un lâche assassinat
qu'Othon lui-même n'apprit qu'avec horreur, débar-
rassa celui-ci d'un adversaire trop puissant, et ren-

(¹) Innocent. III pap. constit. 30, In nomine Patris, t. 3, Bollar.
p. 96; const. 32, Ut non solum, p. 101, et const. 33, Etsi quidem,
p. 102.— Godefrid. monach. in chron. ad ann. 1201, apud Freher.
t. 1, p. 367. -- Odor. Raynald. annal. eccles. ad ann. n. 1 et seq. t. 4,
seu annal. post Baron. t. 20, p. 96. — Excerpt. ex Jordan. chron. part. 1,
cap. 230, in antiq. ital. med. ævi, t. 4, p. 988.

versa les projets du souverain pontife (¹). Innocent ne
tarda pas à suivre l'exemple des princes d'Allemagne (²);
il s'empressa d'encenser l'idole que la fortune venait de
relever sur ses pieds (³).

Sur ces entrefaites, Frédéric II, le véritable héritier
de Henri VI et de la maison de Souabe, avait manifesté ses prétentions sur l'empire : Othon lui fit la
guerre; et le pape qui se repentait déjà d'avoir accordé la couronne au nouveau souverain, parce qu'au
lieu de trouver en lui un vrai guelfe, toujours prêt à
sacrifier ses intérêts à ceux de l'église, il avait rencontré, au contraire, un prince disposé à réclamer ouvertement les droits auxquels ses hautes destinées lui
permettaient de prétendre (⁴); le pape, disons-nous,

(¹) Philippe fut assassiné par Othon de Wittelsbach, à qui il avait
refusé sa fille en mariage, et qu'il avait empéché d'épouser la fille du
roi de Pologne; c'est le même Othon dont nous avons vu éclater la violence contre les légats pontificaux qui avaient offensé Frédéric I.

(²) Arnould, abbé de Lubec, prétend que les cardinaux-légats, envoyés par le pape à Philippe, lui accordèrent l'absolution des censures
ecclésiastiques contre l'intention du saint siége, mais que, malgré cela,
cette absolution produisit l'effet attaché à ces sortes de sentences de
réhabilitation religieuse.

(³) Conrad. abb. urspergens. chron. ad ann. 1206, p. 312. — Arnold.
abb. lubecens. chron. Slaver. l. 7, cap. 6, p. 511; cap. 44, p. 554. —
Otto de S. Blasio, cap. 51, ad ann. 1209, t. 6, rer. ital. p. 908. — Godefrid. monach. in chron. ad ann. apud Freher. t. 1, p. 379.

(⁴) Gervaise de Tilbury, dans la chronique qu'il a dédiée à l'empereur
Othon, chercha, pour plaire à ce prince, à décréditer autant que possible les prétentions des souverains pontifes sur le temporel des chefs de
l'empire. Il dit, à l'occasion du couronnement de Charlemagne, « que,
comme l'empire des Grecs dépendait de Dieu seul, les papes assuraient
que celui d'Occident dépendait du saint siége; que delà naquit l'abus
grossier de laisser au pape les ornemens de la suprême puissance et la

de peur de voir devenir son ennemi trop puissant,
embrassa la cause du roi gibelin. Sans trop s'inquiéter
des contradictions dans lesquelles il s'embarrassait,
Innocent excommunia Othon, comme il avait, peu
d'années auparavant, excommunié l'adversaire de cet
empereur (¹). Il fit plus : il voulut élever Frédéric sur
le trône auquel il espérait pouvoir bientôt arracher
l'ennemi qu'il venait de faire à l'église. Tandis qu'O-
thon étendait ses conquêtes dans le royaume de Sicile,
les évêques allemands le déclarèrent publiquement
atteint par les censures ecclésiastiques ; et, en conséquence, selon le droit pontifical alors en vigueur, déchu
de tous ses droits. Othon fut forcé à la retraite , et le
pape se hâta de l'excommunier de nouveau, ainsi que
toutes les villes italiennes qui avaient suivi son parti ,
savoir, Naples, Capoue, Pise, Bologne, etc. (²) La

souveraineté de la ville impériale , tandis que l'empereur ne retint que
ce simple nom , et que, devenu l'instrument de la domination papale ,
il ne fut plus que le ministre temporel des apôtres dont le vicaire de
Jésus-Christ était le successeur. Ce fut ainsi que Rome eut deux maîtres :
l'un par le droit, et l'autre par le fait, etc. » — Vid. in Fragment. de
regib. Franc. et Angl. ex libr. de mirabil. mundi , seu otiis imperial. —
Gervas. tilberiens. ad Otton. imp. apud Duchesne , t. 3 , p. 366.

(¹) Godefrid. monach. ad ann. 1210 chron. apud Freher. t. 1 , p. 380.
— Conrad. ubb.urspergensi ad ann. 1210, p. 318. — Albert. abb. et
dens. chron. ad ann. apud Æn. Sylv. (PII II) hist. Friderici III. p. 30.
— Richard. de S. Germano, chron. t. 7, rer. ital. p. 964. — Siegeb.
episcop. chron. ad ann. 1209 et 1210, ibid. p. 622. — Rigordus, de
gest. Philipp. August. ad ann. 1210 , p. 209 , in hist. Franc. script.
veter. — Excerpt. ex Jordan. chron. loc. citat.

(²) Godefrid. monach. chron. ad ann. 1212, apud Freher. t. 1 , p. 381,
et ad ann. 1214, p. 382. — Alberic. monach. chron. ad ann. 1212 et
1214, apud Leibnit. accession. hist. t. 2 , p. 458 et 478. — Conrad. ubb.

fameuse bataille de Bouvines (1214), où Philippe, roi
de France, et le duc de Bourgogne, alliés de Frédéric II, battirent complétement les Anglais et les autres
confédérés d'Othon, décida enfin la question (¹), et le
douzième concile œcuménique, quatrième de Latran,
tenu l'année suivante, consolida la nouvelle fortune
de Frédéric (²). Les douze cents pères qui composaient
cette assemblée solennelle, mirent au nombre des
délits les plus graves de l'empereur Othon, celui d'a-
voir osé appeler son ennemi « le roi des prêtres. » Un

arspergens. chron. ad ann. 1214, p. 349. — Sicard. episcop. chron. ad
ann. 1211, t. 7, rer. ital. p. 623. — Rich. ard. de S. German. chron. ad
anu. 1211, ibid. p. 984.

(¹) Le moine des Trois-Fontaines nous apprend que, lorsque le roi
de France eut donné sa bénédiction aux troupes et que le massacre fut
commencé, les chapelains de l'armée entonnèrent l'hymne : « Benedictus Dominus meus qui docet manus meas, etc. » Personne n'ignore
que Philippe de Dreux, évêque de Beauvais, se signala à la bataille de
Bouvines : il tuait les Anglais à coups de masse, de peur d'encourir
l'irrégularité s'il versait le sang, « comme s'il importait beaucoup de
quelle façon on tue, dit Mézeray, et si l'on perce ou si l'on assomme. »
— Hist. de France, *Philippe Auguste*, t. 2, p. 158. — Voyez l'abb.
Millot, élém. de l'histoire de France, t. 1, p. 260.

(²) Innocent III présenta au concile soixante-dix canons tout faits,
qui ne parlaient qu'au nom du pape : un seul ajoutait *avec l'approbation
des pères*. Ceux-ci finalement ennuyés de leur long séjour à Rome, se
retiraient chez eux les uns après les autres, lorsque le pontife tirant
adroitement parti des circonstances, exigea des prélats de grosses
sommes d'argent pour ne pas leur imputer à crime un départ qui, du
reste, lui était indifférent sous tous les rapports. — Vid. Matth. Paris.
hist. Angl. ad ann. 1215, p. 274. — Labbe, concil. t. 11, p. 142 et
seq.

A la fin du chapitre, nous avons consacré une note supplémentaire
à quelques réflexions sur les troisième et quatrième conciles œcuméniques de Latran.

légat apostolique couronna ensuite pompeusement Frédéric à Aix-la-Chapelle (¹).

La scène ne tarda pas à changer entièrement. Othon s'était repenti, avant de mourir, et avait obtenu l'absolution des censures lancées contre lui. Frédéric II, couronné empereur en 1220, par Honorius III, successeur d'Innocent, se brouilla bientôt avec le nouveau pape (²). Le premier se plaignait amèrement de ce que le pontife romain recevait dans ses états tous les ennemis de sa personne et de l'empire, et leur accordait un asile : Honorius accusait le monarque d'avoir mis en oubli le vœu qu'il avait fait de passer en Terre-Sainte, et même d'avoir laissé périr, faute de secours, les malheureux croisés qui s'y trouvaient alors, exposés aux forces supérieures des musulmans (³). A entendre le pape, tous les maux soufferts par les chrétiens d'Orient venaient de l'apathie et de la mauvaise

(¹) Conrad. abb. ursperg. chron. ad ann. 1215, p. 320. — Johann. de Ceccano. chroc. Possænovæ, ad ann. t. 7, rer. ital. p. 893. — Richard. de S. German. ad ann. ibid; p. 989. — Godefrid. monach. ad ann. apud Freher. t. 1, p. 383.

(²) Il avait acheté son couronnement par des lois en faveur des immunités ecclésiastiques et contre les hérétiques, lois qu'Honorius voulu bien ratifier. — Constit. 48, Hæ leges, t. 3, part. 1, bullar. p. 217.

(³) Le pape cependant connaissait mieux que personne la conduite des croisés catholiques dans l'Orient. Il n'y avait encore que peu d'années qu'ils avaient pris Constantinople sur les Grecs, et, dans cette circonstance, « les églises ne furent pas épargnées, dit Fleury d'après Nicétas; on foula aux pieds les saintes images, on jeta les reliques des lieux immondes, on répandit par terre le corps et le sang de notre Seigneur, on employa les vases sacrés à des usages profanes.... On fit entrer des mulets jusque dans le sanctuaire qu'ils profanèrent de leurs ordures. Une femme insolente vint y danser, et s'asseoir dans les siéges des prêtres. » — Hist. ecclés. l. 67, n. 2, t. 16, p. 149.

volonté de l'empereur, et l'excommunication dont il menaçait celui-ci était depuis long-temps méritée par son ingratitude envers le saint siége. Mais les inculpations du pontife étaient aussi fausses que mal fondées. La puissance des croisés menaçait ruine, à cause de la seule inhabileté et de l'entêtement de Pélage, cardinal-légat en Égypte. Il avait d'abord excommunié Jean de Brienne, roi de Jérusalem, qui avait osé n'être pas toujours de son avis; forcé de le rappeler ensuite, parce que l'armée refusait d'obéir à un clerc, il avait mal à propos heurté le sultan égyptien qui offrait de rendre Jérusalem aux chrétiens, et d'en rétablir, à ses frais, les murs et les édifices, pourvu que les croisés levassent le siége de Damiète. On avait ainsi perdu Damiète et l'armée; on avait rendu inutiles les secours envoyés par Frédéric, et Jérusalem était restée entre les mains des Sarrasins (¹).

Pendant quelques années, la mésintelligence entre l'empereur et le pape alla toujours croissant. Frédéric, il est vrai, s'était obligé par serment à passer lui-même en Terre-Sainte, sous peine d'excommunication; il avait obtenu ensuite un délai d'Honorius, lorsque l'époque fixée pour cette entreprise, dans le premier traité qu'il avait fait avec le pape, fut écoulée. Mais cette condescendance n'était que l'effet de la dissimu-

(¹) Albert. abb. stadens. in chron. apud Æn. Silvium, p. 301.—Raynald. annal. eccl. ad ann. 1221, n. 6, t. 20, p. 487, et n. 18, p. 490.—Richard. de S. Germano, chron. ad ann. t. 7 rer. ital. p. 993.—Bernard. thesaur. cap. 205, ibid. p. 842.—Godefrid. monach. chron. ad ann. apud Freher. t. 1, p. 392. — Conrad. abb. uspergens. chron. ad ann. p. 321 et 323.

lation : le pape redoutait l'empereur, et il était bien loin de vouloir se fier à ses protestations. Afin de l'occuper ailleurs, comme ces protestations pouvaient n'être point sincères, Honorius excita les villes libres d'Italie contre Frédéric, et, en leur faisant craindre le sort des peuples du royaume de Sicile, en deçà et au delà du Phare, il réussit à organiser la seconde ligue lombarde qui fit couler tant de sang. Son premier effet fut naturellement d'empêcher l'embarquement de Frédéric : l'empereur dut penser, avant toutes choses, à tourner ses armes contre les Lombards. Pendant qu'il s'y préparait, il reçut du pape des lettres pleines, de hauteur et de menaces; il répondit sur le même ton ([1]). Tous deux craignaient de trop se hasarder, dans une lutte qu'ils ne croyaient pas avoir la force de soutenir, et dont il était impossible de prévoir l'issue.

Sur ces entrefaites, Grégoire IX, neveu d'Innocent III, succéda à Honorius : il suivit les projets de son oncle, pour établir solidement le pouvoir des papes dans la ville de Rome, et son intronisation fut un véritable couronnement. Grégoire, non moins ambitieux mais plus ardent que son prédécesseur, ne tarda pas à nourrir le vaste incendie dont l'étincelle, depuis longtemps, couvait sous la cendre. La paix venait de se conclure entre l'empire et le saint siége. Frédéric avait pardonné à la ligue lombarde tous les torts dont il s'était si amèrement plaint peu auparavant, et il ne

---

([1]) Richard. de S. German. ad ann. 1222 et 1225, p. 995 et 998. — Raynald. ad ann. 1223, n. 3, t. 20, p. 513, et ad ann. 1226, n. 1 et seq. p. 562. — Godefrid. monach. ad ann. 1226, apud Freher. t. 1, p. 395.

pensait plus qu'à rassembler ses forces pour les unir
à celles des croisés allemands, anglais et italiens, qui
s'étaient réunis à Brindes. Arrivé dans ce port, il
s'aperçut que les préparatifs pour l'expédition ne répondaient aucunement aux promesses qui lui avaient
été faites, et, ce qui l'étonna davantage encore, il apprit qu'il était seul accusé du délaissement et de l'embarras dans lesquels il se trouvait. Il passa cependant
à Otrante ; mais, dans cette ville, une maladie grave
l'empêcha, une seconde fois, de s'embarquer, « et
il donna, par-là, un prétexte au superbe Grégoire,
comme s'exprime l'abbé Conrad, de l'excommunier,
sans avoir observé aucune des formes judiciaires et
canoniques usitées en pareil cas, et sur les motifs les
plus calomnieux et les plus frivoles (¹). »

Dès que l'empereur connut cette sentence, que le
pape avait eu soin de notifier à tous les peuples chrétiens, il chercha à justifier sa conduite par un manifeste piquant, plein de force et de raison, qu'il adressa
aux princes de l'empire, et où il s'attacha surtout
à récapituler l'histoire de sa vie et les torts qu'il avait
eus à souffrir de la part de l'église romaine. Grégoire,
loin de se désister de ses poursuites, renouvela ses
anathèmes ; mais l'apologie de Frédéric, lue et publiée jusque dans Rome même, par ordre du peuple,
commença à lui faire beaucoup de partisans parmi les
citoyens de cette ville (²). Un an après, le pape, par

(¹) Conrad abb. urspergens. chron. ad ann. 1227, p. 324.

(²) Id. loco cit. — Richard de S. Germano, chron. ad ann. 1227, t. 7
rer. ital. p. 1003. — Petrus de Vineis, epist. l. 1, cap. 21, t. 1, p. 189 ad

une bulle *In cœna Domini*, ajouta à la sentence d'excommunication, la déclaration formelle qu'il considérait Frédéric II comme déchu de tous ses droits, et
qu'il déliait ses sujets du serment de fidélité. L'empé-
reur ne crut pas alors devoir ménager le pape plus qu'il
n'en était ménagé lui-même. Il ordonna à son clergé de
rompre l'interdit que avait mis Grégoire sur ses états,
et il fit recommencer en tous lieux les saints offices :
il entama aussi une négociation avec les nobles romains
qui se trouvaient à sa cour, et il les prit sous sa protection immédiate. De retour chez eux, ceux-ci chas-
sèrent de leur ville Grégoire qui, de son côté, travailla
sans relâche à susciter de nouveaux ennemis au prince,
son adversaire.

Cependant, l'empereur se préparait à passer en
Terre-Sainte, malgré les efforts du pape qui maintenant lui faisait un délit de ce qu'il osait entreprendre, sans son assentiment, le même voyage auquel,
peu de mois auparavant, il l'avait forcé, sous peine
des censures ecclésiastiques. Il ne se contenta pas
d'envoyer des légats à Frédéric, pour le disposer
à se repentir de sa désobéissance, il mit encore en
œuvre les moyens les plus efficaces pour faire échouer
l'expédition projetée, avant même qu'elle eût pu être
entièrement préparée. Les Milanais et les Véronais
commencèrent, par son ordre, à arrêter et à dépouiller tous les partisans de l'empereur, qui leur tombaient

459 ; cur. Joh. Rud. Iselio. —Id. l. 1, cap. 23, p. 163.—S. Gregor.
pap. IX, epist. ad marsican. theatin. pennens. aprutin. etc. episcop.
apud Raynald. ad ann. 1227, n. 30 et seq. t. 20, p. 593.

sous la main, et jusqu'aux croisés qui partaient pour l'Orient : Grégoire défendit aux sujets de Frédéric, comme roi de Sicile, de contribuer en rien aux frais de la guerre contre les musulmans, quoique l'empereur le leur eût ordonné, et il intima l'excommunication *ipso facto* à quiconque contreviendrait à sa prohibition (¹).

L'obstination haineuse du pontife éclata bien plus odieusement encore, quand Frédéric, l'an 1228, fut arrivé au lieu de sa destination. Outre les vexations de toute espèce qu'il eut à souffrir dans la Terre-Sainte par les trahisons des templiers (les chevaliers de Sainte-Marie-des-Teutons, avec les Génois et les Pisans, lui étant seuls demeurés fidèles), il vit encore ses propres états exposés aux invasions des alliés et des généraux de Grégoire IX. Renaud, duc de Spolète, que l'empereur avait déclaré, lors de son départ, gouverneur de la Pouille et de la Sicile, se trouva forcé, soit par ordre de son maître, soit par les événemens et pour neutraliser les opérations hostiles du pape, de porter la guerre dans la marche d'Ancône. Grégoire le déclara excommunié avec tous ses adhérens, et envoya une armée d'occupation dans la Pouille, « avec ordre, dit Con-

---

(¹) Gregor. pap. IX, constit. 8, *Quanto nobilius*, t. 3, bullar. part. 1, p. 254.—Vit. S. Gregor. pap. IX, ex card. de Aragon. part. 1, t. 3 rer. ital. p. 576.— Richard. de S. German. chron. ad ann. 1228, apud Freher. t. 1, p. 1004 et 1005.—Bernard. thesaur. de acquisit. Terræ Sanct. t. 7, ibid. cap. 207, p. 845.—Conrad. abb. urspergens. chron. ad ann., p. 325.—Raynald. ad ann. n. 5 et 8, t. 20, p. 606 et 607.—Excerpt. ex Jordan. chron. cap. 231, part. 20, in antiq. ital., t. 4, p. 992.—Secret. fidel. cruc. a Marin. Sanut. Torsel. l. 3, part. 11, cap. 11, t. 2, p. 211, in gest. Dei per Franc.

rad de Lichtenau, de s'emparer des terres de Frédéric qui se sacrifiait alors pour le service du Christ. » L'historien trouve la conduite du pape infâme en cette circonstance, et il ajoute qu'il est impossible à qui la considère de sang-froid, de ne pas s'en indigner, ainsi que des déplorables résultats qui en furent la suite : il l'appelle un funeste présage et un indice sûr de la chute de l'église (¹). Au reste, Jean de Brienne, roi de Jérusalem et beau-père de Frédéric, commandait les troupes de l'église en cette guerre, et ne négligeait aucun des moyens propres à la pousser avec vigueur. Renaud, de son côté, prit toutes les précautions nécessaires au maintien de l'ordre, dans les provinces que l'empereur avait confiées à ses soins. Il chassa d'abord tous les frères mineurs du royaume de Sicile : ces moines nouvellement institués, étaient devenus les espions du saint siége, et les courriers dont il se servait pour semer, d'une extrémité de l'Europe à l'autre, la rébellion et la discorde. Ils portaient, en cette occasion, des ordres aux évêques pour faire révolter les sujets de Frédéric contre leur souverain légitime ; et, afin de mieux disposer les peuples, ils répandaient le faux bruit de la mort de l'empereur. Les solitaires du Mont-Cassin furent impliqués dans les mêmes accusations, et reçurent également l'ordre de quitter le royaume (²).

(¹) Richard. de S. German. chron. t. 7 rer. ital. p. 1006.—Nicol. de Jamsilla, de reb. gest. Friderici et fil. ejus histor. t. 8, ibid p. 494. —Ricobald. ferrariens. hist. imper. t. 9, ibid. p. 127.—Conrad. ab urspergens. loco cit.

(²) Richard. de S. German. ad ann. 1229, p. 1010.—Raynald. ad ann.

A peine la guerre fut-elle allumée en Italie, que le pape voulut y intéresser toutes les nations chrétiennes, comme s'il eût été question de combattre quelque peuple barbare ou infidèle. Il s'adressa aux républiques lombardes, à la France, à l'Espagne, à l'Angleterre, et jusqu'à la Suède pour obtenir des secours. Il fit aussi lever en tous lieux de fortes contributions, « les seules richesses de l'église romaine ne suffisant pas pour exterminer un empereur tant de fois excommunié et si souvent rebelle au saint-siége (¹). » Grégoire IX avait envoyé en Angleterre maître Étienne, son chapelain, et il l'avait chargé de percevoir la dîme de tous les biens meubles : cette exaction eut lieu avec toute la rigueur et toute la dureté dont de pareilles commissions sont susceptibles; et, quoique les grands feudataires ne permissent pas tous également aux receveurs de Grégoire l'entrée de leurs domaines, la cruauté du pape n'en fut pas moins maudite par les Anglais en général qu'elle avait livrés à la discrétion d'infâmes usuriers, et maître Étienne, le tyran des bourses, c'est ainsi que l'appelle Matthieu Paris, laissa à son départ d'Angleterre les plus tristes souvenirs (²).

n. 31 et seq. t. 21, p. 9. — Giannone, storia civile del regno di Napoli, l. 16, cap. 6, t. 2, p. 401 à 406.

(¹) C'est ainsi que le pape s'exprime dans ses lettres au clergé et au peuple d'Angleterre, d'Irlande et du pays de Galles.

(²) Matth. Paris, hist. Angliæ, ad ann. 1229, p. 361 ad 363.

NOTE SUPPLÉMENTAIRE.

Conciles de Latran, iiie et ive œcuméniques.

Le troisième concile de Latran dont nous parlerons plus loin (part. 2, liv. 5, sect. 1, chap. 2, et note supplémentaire, tome 6) et le quatrième de même nom (ibid. liv. 3, chap. 4, et note suppl.) mirent la dernière main à l'édifice théocratico-sacerdotal que l'église et les papes dans la suite n'eurent plus qu'à soutenir et à entretenir, pour jouir pleinement de la position sociale toute privilégiée que les prêtres chrétiens s'étaient faite, comme médiateurs entre Dieu et l'humanité et garans des promesses du christianisme au genre humain. Notre livre n'est que le développement de ce fait incontestable. Nous avons vu l'influence des évêques d'Occident et surtout de celui de Rome, le plus puissant d'entre eux, naître et se consolider du moment que les empereurs eurent quitté cette ville pour transporter le siége du gouvernement à Constantinople. Cette influence permit aux papes de profiter des disputes sur le culte des images pour enlever l'Occident à l'empire grec. En le confiant aux princes francs de la race carlovingienne, ils évitèrent la domination des Lombards, et se placèrent au-dessus de celle des empereurs latins eux-mêmes. Grégoire VII couronna cet édifice encore informe et lui imprima le cachet de la force et de l'unité. Dès lors le clergé n'invoqua plus, comme par le passé, les prérogatives qu'il tenait des bontés et de la piété de ses maîtres; mais inspiré par la volonté inflexible et le caractère indomptable de Grégoire, il réclama les droits à la toute-puissance qu'il tenait, disait il, de Dieu lui-même. Ce fut là le système que les deux conciles de Latran sanctionnèrent au nom de l'église infaillible, assistée de l'Esprit-Saint. Et les foudres spirituelles, avec leurs terribles effets en ce monde et en l'autre, grondèrent sur la tête de quiconque violait la personne ou les biens des prêtres, milice répandue dans toute la chrétienté et partout indépendante du pouvoir social, n'obéissant qu'à ses chefs immédiats, les évêques, et par eux au chef suprême de cette caste, seule réellement libre et partant maîtresse effective du monde. De ce moment, conciles généraux, conciles particuliers, pape-évêques, prêtres, moines, docteurs, tous conjurèrent à l'envi pour rendre cette doctrine universelle et perpétuelle, pour soustraire à jamais le sacerdoce en corps et chacun de ses membres à tout devoir et à toute charge quelconque.

Les troisième et quatrième conciles de Latran avaient eu pour but principal de mettre les immunités ecclésiastiques à l'abri de toute possibilité de violation de la part de qui que ce pût être. Ces immunités fondées par des empereurs puissans et riches auxquels elles n'enlevaient qu'une très petite part de leur autorité et de leurs revenus, étaient depuis peu restreintes et révoquées par les petits états, absolus ou libres, qui s'étaient détachés de l'empire, et pour lesquels l'énergie d'un pouvoir concentré et usant de tous ses moyens était une condition d'existence. En condamnant spécialement les *consuls et gouverneurs des villes* (consules et rectores civitatum), violateurs des immunités de l'église, celle-ci parut ainsi avoir encore plus à cœur l'honneur et l'intérêt de l'empire, attaqués par des rebelles, que les droits du sacerdoce lésés par des impies. Frédéric II, forcé de cette manière par l'église, sa bienfaitrice, à convertir les immunités en constitutions impériales, que Charles IV et Sigismond confirmèrent après lui, vit bientôt le saint-siège, d'abord diviniser ces constitutions, pour emprunter son langage, en leur donnant sa sanction, puis les invoquer avec les conciles de Latran contre Frédéric lui-même, devenu nécessairement, à son tour, le violateur des immunités des prêtres en Sicile. Nous verrons cet empereur, après avoir résisté long-temps à Honorius II, se soustraire enfin à la vengeance de l'église en achetant la paix de Grégoire IX, au prix de son pouvoir sur le clergé de ses états et sur les biens du corps sacerdotal. Ce pas fait, il lui fut impossible, et il le fut encore plus à ses successeurs, de s'opposer de vive force à l'omnipotence cléricale, qu'il fallut laisser s'user par l'action du temps et des abus qui en furent la conséquence. La suite de cette histoire montrera la progression de ces abus, à côté desquels croissaient les lumières qui, les rendant de plus en plus intolérables, mettaient sur la voie et éclairaient sur les moyens de les renverser. — Concil. lateran. IV, cap. 46, apud Labbe, t. 11, part. 1, p. 193. — Concil. narbonens. (1227), c. 12, ibid. p. 307. — Corpus jur. can. sext. decretal. l. 3, tit. 23, *de immunit. ecclesiæ*, cap. 3, *Clericis laicos*, t. 2, p. 327 et seq.

Frédéric avait été devancé en Orient par les persécutions de Grégoire IX. A peine l'empereur fut-il débarqué, qu'il vit tous les chrétiens le fuir et refuser d'avoir avec lui la moindre communication ; ils ne faisaient par là qu'obéir aux ordres sévères que le pape leur avait fait signifier par le moyen de deux frères mineurs. Frédéric, frappé du redoutable anathème, demeura sans aucun pouvoir au milieu des soldats qu'il devait conduire contre les Sarrasins : pour reprendre son titre de général et de chef, il fut obligé d'avoir recours à un stratagème humiliant, et de commander l'armée au nom de Dieu et de la république chrétienne.

Sa présence, cependant, inspira au sultan d'Égypte une crainte et un respect qu'il n'avait point sentis pour les autres princes croisés ; et, quoique Frédéric fût pressé de retourner en Europe, afin de calmer les troubles excités contre lui par le pape, en Allemagne et dans la Pouille, il réussit à conclure un traité très avantageux avec les musulmans, et plus favorable aux chrétiens qu'on n'aurait pu l'espérer, après les pertes qu'ils avaient faites peu auparavant. Jérusalem, Nazareth, Joppé ou Jaffa, etc., retournèrent au pouvoir des chrétiens, et on rendit des deux parts les prisonniers faits pendant la guerre. Les historiens du temps qui ne font pas ouvertement profession de partialité et de fanatisme, ne se lassent point de louer les conditions de la paix dont, nous venons de parler : ils ajoutent, et avec raison, qu'on aurait pu obtenir davantage encore, si le saint-siége eût marché d'accord avec l'empire à cette époque critique. Mais les maux que l'église s'était plue à répandre sur cette funeste expédition, ne devaient point finir à la nouvelle de l'heureux succès qui venait si inopinément de la couronner. Peu s'en fallut que les négociations n'eussent été rompues par le sultan, lorsque le patriarche de Jérusalem et le grand maître des hospitaliers furent parvenus à lui faire connaître la mésintelligence qui régnait entre la puissance civile et l'autorité religieuse des chrétiens. L'empereur rendit compte au pontife romain du succès de la guerre qu'il avait entreprise pour le bien de la chrétienté; ses lettres furent renvoyées avec hauteur et dédain. Le pape jeta les hauts cris parce que les mahométans, en vertu du traité, demeuraient libres de fréquenter, ainsi que les chrétiens, le temple de Jérusalem, pour lequel ils avaient une égale vénération : il eut la simplicité ou la mauvaise foi de mal interpréter une condition aussi naturelle qu'indifférente; et, sous prétexte que l'empereur eût voulu entendre par là l'église du Saint-Sépulcre et en permettre la profanation (¹), il appela la paix

____

(¹) Les Turcs avaient des idées tout opposées sur l'église du Saint-

avec le soudan « un forfait exécrable, qui devait inspirer au monde autant d'étonnement que d'horreur (¹). »

Nonobstant ces injustes clameurs, l'empereur avait
fait son entrée triomphale à Jérusalem. L'archevêque
de Césarée, par ordre du patriarche, mit aussitôt l'interdit sur la ville et le Saint-Sépulcre; et ainsi, comme
s'expriment les historiens contemporains, au lieu de
répandre des bénédictions sur les premiers succès des
croisés, il les couvrit d'anathèmes et de deuil. Le patriarche, les grands maîtres et le clergé tout entier
excitèrent la guerre civile contre leur chef et leur
libérateur, tandis qu'il ne songeait, lui, qu'à assurer
la tranquillité intérieure du royaume, qui lui appartenait non seulement à titre de conquête, mais encore
comme l'héritage de sa femme Yolante, fille et unique
héritière de Jean de Brienne. Après avoir, à cet effet,
rebâti et fortifié Joppé, il reprit le chemin de la

Sépulcre de Jésus-Christ et le temple que les Juifs avaient dédié à Dieu.
L'an 1187, le sultan Salahadin ne s'était abstenu de souiller le Saint-
Sépulcre, en y plaçant les chevaux de ses soldats, comme il avait fait
dans d'autres églises, que pour l'immense rançon que lui avaient comptée
les chrétiens syriens de Jérusalem. Il fit au contraire laver à l'eau de
rose les murs intérieurs et extérieurs du temple du Seigneur, où il voulait faire ses prières avec son peuple. —Vid. Guillelm. de Nangis chron.
apud Dacher. t. 3, p. 14 et seq.

(¹) Richard de S. German. chron. ad ann. 1229, t. 7 rer. ital.
p. 1012. —Raynald. ad ann. n. 15 et seq. t. 21, p. 5. —S. Gregor. IX,
l. 3, epist. 38 ad duc. Austriæ, apud eumd. n. 24, p. 7. —Excerpt. ex
Jordan. chron. loco cit. —Marin. Sanut. Torsel. secret. fidelium crucis,
l. 3, part. 11, cap. 12, t. 2, gest. Dei per Franc. p. 212. —Corio. dell'
istorie milanesi, part. 2, p. 93.

Pouille. Le faux bruit de la mort de l'empereur, répandu par le pape et ses complices, dit l'abbé Conrad,
avait finalement suffi pour détacher cette province du
royaume de la 'Sicile, et pour faire massacrer tous les
Allemands qui y avaient été laissés en garnison. Le
retour de Frédéric rendit vaines les intrigues religieuses que le saint-siége avait mises en œuvre pendant
son absence, jusqu'à faire révolter contre lui son propre fils qui expia bientôt dans une prison son ambition et sa superstitieuse crédulité.

L'empereur, avant de commencer les hostilités
contre le pape, eut la modération de demander encore
une fois lui-même la paix ; mais n'ayant pu l'obtenir
de Grégoire, il se prépara à soutenir ses droits par la
force. On vit, en cette occasion, une guerre singulière autant que scandaleuse entre l'armée des *porte-
croix* et celle des *porte-clefs,* pour nous servir ici des
expressions consacrées par les auteurs, qui désignent
de cette manière les croisés du parti de Frédéric, et
les troupes papales. Celles-ci furent dissipées en un
moment, et tout rentra bientôt dans l'obéissance et
dans l'ordre accoutumé. Le pape fut alors forcé d'é-
couter la voix de la raison, et il fit la paix avec l'empereur (1230) : l'oubli du passé et l'absolution des
censures ecclésiastiques en furent les principales
bases. Mais les malheurs qu'avait occasionnés cette
guerre déplorable, et ceux qui allaient résulter, pendant long-temps encore, de la force qu'y avaient puisée
les factions acharnées des guelfes et des gibelins, ne
pouvaient se compenser par aucun accord, et devaient

être marqués en traits de sang dans les cruelles annales du sacerdotalisme ([1]).

La bonne intelligence parut régner sincèrement entre les deux partis, pendant quelques années : l'empereur surtout ne laissa plus aucun doute de son entière réconciliation avec le saint-siége, lorsqu'en 1234 il aida puissamment Grégoire IX dans la guerre que ce pape eut à soutenir contre les Romains. Ceux-ci, comme nous l'avons vu dans ce livre, de sujets de l'empire qu'ils étaient auparavant, avaient fait un grand pas, sous le règne précédent, pour devenir sujets immédiats du pape. La présence de leur nouveau maître leur fit mieux sentir le poids du joug qu'ils portaient, et l'exemple des villes libres de la haute Italie le leur fit paraître plus pesant encore. Le sénat et le peuple, qui n'avaient jamais cessé de faire corps, voulurent rentrer dans leur dignité et dans leurs droits : delà la jalousie entre les magistrats civils et le pontife, et l'éternel conflit d'autorité, où les Romains ordinairement l'emportaient sur les prêtres, ce qui leur faisait sans cesse redoubler leurs efforts pour multiplier leurs triomphes. Le pape menaça ses turbulens sujets de l'excommunication ; les Romains prétendirent qu'un ancien privilége pontifical défendait de leur appliquer cette peine ecclésiastique ([2]).

([1]) Conrad. abb. urspergens. chron. ad ann. 1229, p. 325. — Richard. de S. German. ad ann. 1229 et 1230, t. 7, rer. ital. p. 1016, 1017 et seq. — Gregor. pap. IX, constit. 21, *Si Anna*, t. 3 bullar. p. 203.

([2]) Cette prétention fut renouvelée bien des fois et par différens peuples, comme nous le verrons dans la suite ; elle était appuyée sur des pri-

Mais Grégoire leur prouva la futilité de ce droit exceptionnel, en disant que personne ne pouvait se vanter de posséder une prérogative qui limiterait l'autorité pontificale, puisque celle-ci domine la puissance de tout homme quel qu'il puisse être, citoyen romain, roi et même empereur; Grégoire avouait seulement que le pape est moins puissant que Dieu (¹). Après cette

---

léges réellement accordés par le saint-siége contre lui-même, puisque, en 1266, Clément IV crut devoir lancer une bulle pour les révoquer tous sans exception (vid. constit. 16, *Sedes apostolica*, in bull. t. 3. part. 1. p. 449). — Il était inutile, ce nous semble, pour le saint-siége, de statuer ainsi sur chaque réclamation particulière; dès que les papes s'étaient attribué un pouvoir suprême et essentiellement sans bornes sur toutes choses, et qu'ils avaient trouvé des peuples et des rois assez simples pour les croire, il ne pouvait plus exister dans le catholicisme de droits quelconques, ni pour personne, opposés à ceux du saint-siége : il n'y a point de droit relatif contre le droit absolu.

(¹) C'est ce que les adulateurs des papes, ordinairement plus impudens encore que les despotes qu'ils flattent, n'avouèrent pas long-temps. Pour s'en convaincre, le lecteur peut consulter la note supplémentaire qui se trouve à la seconde partie de cet ouvrage, liv. 4, sect. 1, chap. 1, t. 6. Nous ajouterons ici que les papes furent, non seulement traités en dieux par les catholiques, mais même qu'on les appela des dieux et qu'ils s'en vantèrent. Une des raisons qu'allègue Nicolas I, de ce que les pontifes romains ne sont point soumis à la puissance civile, est que Constantin a nommé le pape *Dieu*, et que Dieu ne peut pas être jugé par les hommes (Decret. Gratiani, part. 1, dist. 96, cap. 7, t. 1 corp. jur. can. p. 118). Après avoir rapporté une décision pontificale contre la pauvreté absolue de Jésus-Christ, que soutenaient les franciscains, les commentateurs du droit canon disent : « Ce serait une hérésie de croire que le seigneur pape *notre Dieu*, auteur de la décrétale susdite et de la présente, n'a pu statuer comme il l'a fait. » Credere autem *dominum* DEUM *nostrum papam*, conditorem dictæ decretalis et istius, sic non potuisse statuere prout statuit, hæreticum censeretur. — Extravag. commun. Joann. XXII, *de verbor. significat.* tit. 14. cap. 4, *Cum inter*, ad fin. gloss. voc. *Declaramus.* — Nous avons vérifié ce passage curieux dans l'édition de Rome, sous le titre de : *Clement. pap. V, constit. suæ integr. una cum gloss. restitutæ*, cum privilegio Gregor. XIII, pontif. max. et alior. princip.

orgueilleuse réponse, le pontife refusa de payer aux
sénateurs le tribut qu'il leur devait : la querelle s'é-
chauffa, Grégoire IX lança ses anathèmes, et sortit de
Rome pour commencer la guerre (').

L'empereur, malgré les secours qu'il accorda au
pape en cette occurrence, fut accusé de mauvaise foi
et de duplicité. Le pontife parut bientôt, et avec plus
de fondement, coupable de trahison. Les historiens
milanais rapportent que l'étroite alliance conclue entre
les villes confédérées de Lombardie et Henri, roi d'Allemagne, qui venait de se révolter contre l'empereur,
son père, le fut à l'instigation de Grégoire et par son
entremise ('). Il est vrai que le pape écrivit ostensi-
blement aux évêques et aux princes allemands, pour
leur rappeler la fidélité due à leur souverain; mais cette
fidélité ne put être mise à l'épreuve, et la rapidité avec
laquelle Frédéric étouffa les troubles, ne laissa au pontife

Romæ, in edib. popul. rom. , où on le trouve à la page 107; et dans
celles du droit canon, imprimées à Lyon en 1524, t. 3, fol. 32; 1582,
t. 3, p. 148; 1671, part. 3, p. 153; à Paris, en 1612, part. 3, p. 140, etc.
Nous l'avons également vu cité comme puisé dans les éditions du *Décret*,
de Paris, 1501; de Lyon, 1572; et de Venise, 1704.—Les prêtres mêmes
finirent par en sentir l'incongruité et par le faire disparaître.

(') Card. de Aragon. vit. S. Gregor. pap. IX, part. 1, t. 3 rer. ital.
p. 577 et seq.—Richard. de S. German. chron. ad ann. 1234, t. 7, ibid.
p. 1034. — Raynald. ad ann. n. 1 et seq. t. 21, p. 99. — Matth. Paris,
hist. Angl. ad ann. p. 408. — Godefrid. monach. chron. ad ann. apud
Freher. t. 1, p. 399.

(') Les Annales de Milan disent en propres termes : Liga fortis inter
Henricum et Mediolanenses, *ad petitionem* papæ contra imperatorem,
patrem suum.

romain ni le temps ni les moyens de se disculper complétement des intentions qu'on lui supposait (¹).

La conduite que le pape tint peu après n'était guère propre à le faire supposer exempt de tout reproche : il protégea constamment la ligue lombarde, et lorsqu'il eut vu les rapides progrès de l'empereur contre elle, dans la crainte que celui-ci ne réussît enfin à réduire toute la haute Italie sous sa domination, il l'excommunia solennellement comme un athée public, l'an 1239, avec ses adhérens; « il livra ce prince à Satan, afin que sa chair mourût, et que son esprit fût sauvé lorsque viendrait le jour du Seigneur (²), » et il ordonna que cette sentence serait publiée dans toutes les églises de la catholicité, tous les dimanches et jours de fête, au son des cloches, et les cierges allumés; il délia les sujets de l'empereur du serment de fidélité, et alla même jusqu'à défendre strictement qu'on se permît désormais de lui obéir en la moindre

(¹) Vit. S. Gregor. pap. IX, ex card. de Aragon. part. 1, t. 3 rer. ital. p. 584. — Gualvan. de la Flamma, manipul. flor. cap. 264, ad ann. 1231, ibid. t. 11, p. 671. — Annal. mediolan. cap. 5, ad ann. 1234, t. 16, ibid. p. 644.

(²) C'est la formule de malédiction consacrée par saint Paul. L'espèce d'indulgence dont elle semble se parer, au moins dans les termes, n'a pas toujours été admise par l'église. Nous avons une excommunication prononcée par saint Theutband, archevêque de Vienne en Dauphiné, et d'autres prélats, à la fin du dixième siècle, dans laquelle on appelle sur les excommuniés «toutes les malédictions du vieux et du nouveau testament, pour qu'ils périssent promptement sous l'épée de Dieu, et qu'ils soient précipités en enfer, *afin que leur lampe s'y éteigne à jamais*, à moins qu'ils ne s'amendent.» — Mabillon. veter. analecta, t. 1, p. 99. — Voyez plus loin, la 2ᵉ note supplémentaire du chapitre 4, livre 6.

chose. « Le pape anathématisa Frédéric pour seize crimes divers, dit Matthieu Paris (Albéric, moine des Trois-Fontaines, en compte dix-sept). En prononçant cet arrêt, Grégoire était tellement possédé par sa colère contre l'empereur, qu'il frémissait de rage, et qu'il remplit de terreur ceux qui l'écoutaient ([1]). »

Frédéric perdit, de son côté, toute patience, lorsqu'il eut appris les nouveaux outrages sous lesquels le pape cherchait à l'accabler. Il ne tint aucun compte de l'excommunication, et il chargea Pierre des Vignes, son secrétaire, de répondre, article par article, aux accusations contenues dans la bulle. Dans ce manifeste impérial envoyé à toutes les cours chrétiennes, on reprocha principalement à l'église romaine son ingratitude, et à Grégoire la jalousie qu'il avait fait éclater à la nouvelle des succès de l'empereur dans la guerre de Terre-Sainte. On récapitula les persécutions que le pape avait excitées, et les injustes conquêtes de Jean de Brienne dans la Pouille; en un mot, on s'efforça de faire retomber sur le saint siége tout le blâme dont il avait voulu couvrir Frédéric. Cette guerre de

---

([1]) L'excommunication de Frédéric II a été représentée par le pinceau de Vasari, au Vatican, dans la salle si orgueilleusement appelée des rois. Saint Grégoire IX, d'un air furieux, foule aux pieds l'empereur revêtu des marques de sa dignité, et lance le cierge mystique, signe du redoutable anathème; les cardinaux, autour de lui, imitent leur chef. On lit au bas de la fresque :

GREGORIUS IX FRIDERICO IMPERATORI
ECCLESIAM OPPUGNANTI SACRIS INTERDICIT.

Vid. Vasari, vite de'pittori, parte 4, t. 3, p. 539, nelle note. — Agost. Taja, descriz. del pal. vaticano, p. 13.—Chattard, descriz. del Vaticano, t. 2, cap. 2, p. 19.

plume fut bientôt suivie d'attaques plus réelles ; l'empereur expulsa du royaume de Sicile tous les frères prêcheurs et mineurs qui n'étaient point régnicoles, afin d'empêcher les machinations dont il avait déjà été une fois la victime. Le pape se prépara à combattre ouvertement son ennemi ; et, chose inouie jusqu'alors, il fit prêcher contre lui une croisade. Louis IX, roi de France à cette époque, et renommé pour sa piété et sa justice, fit vainement tous ses efforts pour adoucir le pontife acharné : Grégoire renouvela ses anathèmes, et il eut soin d'y comprendre Henri ou Enzius ('), fils naturel de l'empereur, et roi de Sardaigne, avec ses adhérens (²).

Frédéric voyant que la guerre allait se faire à toute outrance, essaya de la terminer par un coup de main : il voulut surprendre le pape dans Rome. Les conquêtes d'Enzius dans la marche d'Ancône, et les forces que lui-même avait à sa disposition en Italie, paraissaient devoir faciliter ce projet ; mais Grégoire IX sut tirer parti de son embarras même : il ordonna une procession solennelle, et exhorta les fidèles à se croiser contre l'ennemi de la religion. Clercs et laïques prirent les armes pour la défense de l'église, et Rome fut

---

(¹) Enzius, ou plutôt Hentius, est un diminutif de Henri ; les Flamands s'en servent encore en disant Hentse, Hentje. Les Italiens donnèrent aussi à Enzius le nom d'Enzelin.

(²) S. Gregor. pap. IX, constit. 52, *Rationalis*, t. 3, bullar. p. 291, et const. 53, *Quia Fridericus*, p. 292.—Raynald. ad ann. 1239, n. 1 et seq. t. 21, p. 209 ; n. 15 et 16, p. 214.—Matth. Paris, hist. Angl. ad ann., p. 486. — Richard. de S. Germ. chron. ad ann. t. 7, rer. ital. p. 1041. — Alberic. monach. chron. ad ann. apud Leibnitz, access. hist. t. 2, p. 568. — Pietro Gerardo padovano, vita di Ezzelino, l. 4, f. 45.

sauvée. Le pape ne réussit pas aussi bien dans ce qu'il entreprit contre Frédéric près des cours étrangères : ni les princes de l'empire, ni la France, ni l'Espagne, ne prêtèrent l'oreille à ses instances pour faire élire un nouvel empereur (¹).

Les légats pontificaux, à l'exemple de leur maître, firent une guerre sourde à Frédéric ; ils se servirent contre lui de tous les moyens justes ou injustes pourvu qu'ils fussent efficaces, comme ils avouèrent eux-mêmes, et ils foulèrent aux pieds l'honneur et les sermens. L'empereur fut obligé, pour se prémunir contre leurs intrigues, de prendre les précautions les plus minutieuses et les mesures les plus sévères : il lança un nouveau décret contre les frères prêcheurs et mineurs de la Pouille et de la Sicile, et les expulsa tous, hormis deux par couvent, pourvu encore qu'ils fussent nés dans le royaume. Grégoire voulut alors convoquer un concile pour redoubler les excommunications et les anathèmes qu'il avait lancés ; mais l'empereur, instruit à temps des intentions du pontife, empêcha le coup que devait lui porter une assemblée présidée par son ennemi capital, dont la haine était manifeste et implacable, comme le dit Matthieu Paris. Il fit arrêter en chemin tous les cardinaux et les évêques qui se rendaient à l'appel de leur chef. Le pape fut réduit à exhaler sa rage en malédictions et en injures, et l'empereur continua ses conquêtes dans les

(¹) Vit. S. Gregor. pap. IX. a card. de Aragon. part. 4. t. 3 rer. Ital. p. 587.—Excerpt. ex Jordani chron. cap. 231. part. 43. in antiq. ital. med. ævi. t. 4, p. 993.

états de l'église. Cependant, au milieu de ses succès, Frédéric eut la grandeur d'ame d'en interrompre le cours, en faisant offrir à Grégoire de mettre un terme aux maux que les peuples souffraient pour leurs querelles privées. Le comte Richard, frère du roi d'Angleterre et de l'impératrice, et récemment retourné de Terre-Sainte où il avait rendu les services les plus éclatans à la religion, fut envoyé au pape pour lui demander la paix; mais il ne put rien obtenir de ce vieillard obstiné. Grégoire reçut très mal et accabla même d'injures le généreux champion de la foi, qui n'avait jusqu'alors rencontré sur son passage qu'honneurs et que triomphes : il déclara qu'il n'aurait prêté l'oreille à aucun accommodement qui n'eût contenu comme condition préliminaire la soumission pleine et entière de Frédéric à sa volonté et à sa discrétion.

Le pontife presque centenaire mourut, après avoir donné cette dernière preuve de son inflexibilité. Sous son règne, les désordres de l'église romaine étaient montés à leur comble, à cause de l'argent dont elle avait sans cesse eu besoin pour soutenir ses guerres ruineuses et insensées; c'est ce qui l'a fait accuser par Matthieu Paris, historien contemporain, d'une cupidité insatiable qui la forçait à recourir aux moyens les plus bas et les plus honteux, comme la simonie et l'usure : cet auteur va même jusqu'à la comparer à une courtisane, se donnant elle-même avec tout ce qu'elle possède, au plus offrant d'entre ceux qui se présentent pour l'acheter (¹).

(¹) Caffari, annal. genuens. ad ann. 1241, l. 6, t. 6, rer. ital. p. 485

L'élection de Célestin IV, après six semaines seulement de cabales et de menées, doit causer plus d'étonnement, à cette triste époque, que la longue vacance du saint-siége, après le règne de dix-sept jours du même Célestin. Le parti ecclésiastique accusait l'empereur d'être la cause de ce retard, en empêchant les cardinaux de se réunir, et celui-ci, pour n'avoir rien à se reprocher sur cet article, rendit la liberté, même aux prélats qu'il avait faits prisonniers dans la dernière guerre, sous condition qu'ils travailleraient de tout leur pouvoir à donner un chef à l'église et la paix au monde. En effet, Frédéric avait déposé toute colère, lors de la mort de Grégoire IX dont il était l'ennemi personnel, et non celui du siége apostolique; mais il n'en était pas ainsi des prêtres, ses adversaires. « Satan, dit Matthieu Paris, soufflait continuellement la haine et la discorde dans leurs cœurs; » aussi violèrent-ils bientôt le serment qu'ils avaient prêté de ne s'occuper que des intérêts de l'église et de nommer un pape sans délai. L'empereur, après avoir écrit aux cardinaux des lettres très énergiques, où il les appelait « fils de Bélial et d'Effrem, animaux sans tête, etc., etc., » pour les faire rougir du scandale que donnait leur conduite; l'empereur, disons-nous, se crut obligé de servir l'église aux dépens de ses mi-

ad 489.—Richard. de S. Germano, chron. ad ann. 1240, ibid. t. 7, p. 1045, et ad ann. 1241, p. 1046.—Ricobald. ferrariens. hist. imp. in potmario, t. 9, ibid. p. 129.—Matth. Paris, hist. Angl. ad ann. 1241, p. 552, 554 et 569.—Chron. M. Guillelm. de Pod. Laurent. super hist. negot. Francor. advers. albigens. cap. 44, apud Duchesne, in append. ad t. 5, p. 696.

nistres, et il fit saccager par ses troupes les possessions des prélats électeurs. Ce coup leur fut tellement
sensible, que sans retard ils élevèrent Innocent IV,
l'ami de Frédéric, sur le siége pontifical (1243), après
vingt mois de disputes et de troubles (¹).

Frédéric avait bien prévu que, par cette élection,
il perdrait un partisan parmi les cardinaux, et se ferait un puissant adversaire dans le pape futur; il se
réjouit cependant d'une circonstance qui paraissait devoir enlever à ses ennemis tout prétexte pour blâmer
sa conduite. Son espoir fut encore frustré sous ce
rapport. Comme le peuple ne voyait aucune apparence
de paix entre le sacerdoce et l'empire, il en rejeta
toute la faute sur le chef de celui ci : on continua à ca-
lomnier Frédéric par les accusations les plus niaises
et les plus contradictoires. On voulut à la fois qu'il
n'eût jamais entendu la messe, et on lui reprocha d'a-
voir, après son excommunication, forcé des prêtres
à la dire en sa présence : on mit sur son compte tous
les crimes imaginables, l'incontinence, la sodomie et
l'impiété. Parmi ses délits les plus graves, se trouvaient une alliance politique avec les musulmans, et
ses amours avec des femmes qui professaient le maho-
métisme. On mit dans sa bouche des discours irréli-
gieux, ou du moins anti-chrétiens, en lui faisant dire,
avec l'Arabe Averroës, que trois imposteurs ou char-

(¹) Matth. Paris, hist. Angl. ad ann. 1243, p. 599.—Albert. stadens.
abb. in chron. ad ann. 1242, apud Æn. Sylvium, p. 343.—Raynald. ad
1242, n. 1 et seq. t. 21, p. 289.— Petr. de Vineis, l. 1, cap. 17, t. 1,
p. 126 et seq.

latans, savoir. : Moïse, Jésus-Christ et Mahomet,
avaient trompé l'univers ([1]); que cependant le premier et le dernier méritaient quelque reconnaissance,
puisque du moins leur vie avait été employée au bien
public, et qu'en effet ils étaient morts glorieusement;
qu'il était impossible qu'un Dieu fût venu au monde et
qu'il eût laissé sa mère vierge; en un mot, qu'il était
ridicule de croire autre chose que ce que la nature enseigne et la raison approuve. On ajouta que, rencon-
trant un jour un prêtre qui portait le viatique, il s'é-
tait écrié : « Hélas! jusqu'à quand durera cette mo-
merie, etc., etc. » Pour donner plus de poids à des
inculpations aussi graves pour l'époque, se soustraire
à la vengeance de Frédéric et pouvoir en même temps
lui porter des coups plus sûrs et plus terribles, Innocent s'embarqua pour la France. L'empereur, en apprenant cette retraite précipitée et à laquelle il ne devait pas s'attendre, se contenta de répéter ce passage
de l'écriture : « L'impie a pris la fuite sans qu'il fût
poursuivi ([2]). »

([1]) Dès l'an 1239, des bruits populaires assuraient que Frédéric avait
dit : «A tribus baratatoribus, scilicet Christo-Jesu, Moyse et Mahometo,
totum mundum fuisse deceptum, et duobus eorum in gloria mortuis,
ipsum Jesum in ligno suspensum, etc., etc.— Raynald, ad ann. 1239,
n. 26, p. 218.

([2]) Matth. Paris. hist. Angl. ad ann. 1244, p. 637.—Vit. Gregor. pap. IX,
rer. ital. t. 3, part. 1, p. 564 et seq.—Alberic. monach. ad ann. 1230,
apud Leibnitz, accession. histor. t. 2, p. 568.

CHAPITRE IV.

Concile œcuménique à Lyon.—Défense de Frédéric.—Sentence terrible prononcée contre lui.—Innocent IV fait élire un autre empereur.—Guerre civile en Allemagne.—L'on appelle les Turcs contre Frédéric.—Murmures des peuples contre la tyrannie et les exactions du clergé.—Associations pour s'y opposer.—Le pape veut faire assassiner l'empereur.—Outrages des prêtres à l'égard de ce prince.—Mort de Frédéric II.

Après deux ans de règne, Innocent IV convoqua à Lyon le treizième concile œcuménique. Frédéric y fut accusé par le pape devant plus de cent quarante prélats, tant patriarches qu'archevêques et évêques, d'avoir persécuté son prédécesseur, Grégoire IX, d'avoir ruiné et détruit des églises, des monastères et des hôpitaux, et de n'en avoir point construit d'autres, ce qui est une forte preuve d'hérésie (¹); d'avoir violé les immunités du clergé, en imposant les prêtres et en les faisant comparaître devant les tribunaux séculiers; d'avoir envahi les biens ecclésiastiques; d'avoir fait emprisonner et mettre à mort des évêques, des prêtres

(1) Comme ce passage est des plus curieux, nous l'insérerons ici tout entier. « Ne sachant qu'opprimer, l'empereur, dit le pape dans sa sentence, ne pense point à consoler les malheureux qu'il a faits; attentif seulement à détruire les églises, à faire sentir la pesanteur de son joug et la terreur de ses persécutions aux personnes religieuses et aux ecclésiastiques, on ne l'a point vu construire des églises, des monastères ni d'autres lieux pies. Ne sont-ce pas là des preuves, je ne dis pas légères, mais violentes, du soupçon d'hérésie contre lui? etc. » Cum destructioni ecclesiarum institerit, religiosas ac alias ecclesiasticas jugi attrivæeris afflictione et persecutione personas, nec ecclesias, nec monasteria, quæ alia pia loca cernitur construxisse. Nonne igitur hæc, non levia, sed efficacia sunt argumenta de suspicione hæresis contra eum, etc. ?—Labbe, t. 11, p. 644.

et des laïques, etc., etc. Thadée de Sessa, docteur ès-lois et juge impérial du sacré palais, homme doué d'une prudence et d'une éloquence singulières, et chargé de la défense de l'empereur, répondit d'une manière victorieuse à tous ces chefs, article par article, et convainquit un grand nombre d'assistans par les preuves qu'il apporta de l'innocence de Frédéric, et des persécutions qu'il avait souffertes de la part de l'église romaine : cependant il ne put empêcher l'évêque de Catane et un archevêque espagnol de chercher à envenimer le pape contre l'empereur, en alléguant que toutes les actions de Frédéric n'avaient tendu qu'à réduire le clergé à la pauvreté des prêtres de l'église primitive; de quoi il fallait conclure, selon les deux prélats que nous venons de signaler, que le prince accusé était un hérétique, un épicurien et un athée, conclusion que, même alors, il eût été difficile de regarder comme entièrement cohérente.[1]

Maître Thadée répliqua de nouveau; il excusa la haine de l'empereur contre Grégoire IX par celle de ce pape contre l'empereur, dont il avait lassé la patience, et qu'il avait, peut-on dire, forcé de prendre des mesures générales de sévérité contre tous ceux qui se rendaient au concile convoqué par le pontife, puisque cette assemblée ne devait être composée en grande partie que de laïques armés et de seigneurs appelés, non à cause de leur science, mais pour exciter du tumulte et organiser des troubles. Il démontra que la saine politique avait obligé Frédéric à contracter une alliance avec le soudan, et qu'il était impossible de

prouver son commerce avec les femmes musulmanes ;
il reçusa l'évêque de Catane qui, après avoir été puni
par l'empereur pour les excès dans tous les genres dont
il avait été publiquement convaincu, était devenu
l'ennemi implacable de son souverain. Il promit au
nom de celui-ci, que Frédéric aurait opéré la réunion
de l'église grecque avec l'église romaine ; qu'il aurait
fait la guerre à tous les infidèles, ennemis du nom
chrétien ; qu'il aurait rétabli les affaires de la Terre-
Sainte, en allant y combattre lui-même et à ses propres
frais ; qu'il aurait rendu à l'église romaine ce qu'il lui
avait enlevé, et qu'il lui aurait accordé toutes les sa-
tisfactions qu'elle aurait pu exiger. Les rois de France
et d'Angleterre se seraient constitués garans de ces magnifiques promesses ; mais le pape refusa de les écouter, de peur, dit-il, de se faire trois puissans ennemis
au lieu d'un seul, si, comme il le supposait, l'empereur venait à y manquer. Enfin, Thadée protesta contre
la sentence qu'on était prêt à prononcer, et il en appela au pape futur et au concile général.

Mais tous ses efforts furent vains. Le pape, après
quinze jours accordés, malgré lui, à l'empereur pour
comparaître personnellement devant l'assemblée (¹),
et sans vouloir attendre davantage, lança le terrible décret d'excommunication, qui frappa tous les assistans
d'autant d'étonnement que d'horreur (²). Il déclara

(¹) Le pape avait d'abord refusé tout délai, en disant qu'il craignait
tellement l'empereur que, si ce prince arrivait, il se retirerait du concile, parce qu'il ne se sentait aucune envie de se faire mettre en prison,
et qu'il n'était nullement préparé à subir le martyre. — Labbe, p. 661.

(²) Matthieu Paris, dans son Histoire d'Angleterre, nous a conservé

Frédéric déchu de l'empire et de tous ses royaumes ; il délia ses sujets à perpétuité du serment de fidélité qu'ils avaient prêté entre ses mains ; il défendit à qui que ce fût de le reconnaître dorénavant comme empereur, de lui demeurer fidèle, ou de lui donner des conseils et des secours, sous peine d'encourir les mêmes censures, *ipso facto*; il conféra aux électeurs impériaux les facultés nécessaires pour se choisir un nouveau chef, et leur ordonna de passer immédiatement à cette élection, d'après le droit indubitable qu'ont toujours eu les papes, et en conséquence duquel Étienne a placé Pépin sur le trône de France, Alexandre III a excommunié Frédéric I, Innocent III a déposé Othon IV, etc. « Car, s'écrie l'historien d'In-

une anecdote intéressante au sujet de l'excommunication de Frédéric II. Innocent IV, non content de ce qu'il avait fait lui-même, voulait encore que, dans tous les royaumes chrétiens, le clergé suivît son exemple et maudît le chef de l'empire. Il communiqua cet ordre au clergé de France ; et un prêtre parisien qui n'aimait pas la cour romaine, dit Matthieu, parce que l'expérience la lui avait fait connaître, s'expliqua à ce sujet, devant les fidèles confiés à ses soins, en leur adressant le discours suivant : « Écoutez tous, mes frères ; je suis chargé de prononcer un terrible anathème contre l'empereur Frédéric, au son des cloches et avec les cierges allumés. J'ignore les raisons qui motivent cet arrêt ; seulement, je connais la discorde et la haine qui divisent le pape et l'empereur : je sais aussi qu'ils se chargent mutuellement d'injures ; mais je ne puis savoir qui des deux a commencé à offenser l'autre. C'est pourquoi, autant qu'il est en mon pouvoir, j'excommunie l'oppresseur et j'absous celui qui souffre une persécution aussi contraire à la charité chrétienne. » Le ton léger et badin avec lequel furent prononcées ces paroles, ton si naturel à la nation française, continue l'historien anglais, les fit voler de bouche en bouche. L'empereur en fut tellement satisfait, qu'il les jugea dignes d'une brillante récompense ; le pape, au contraire, fit punir le prêtre hardi qui avait osé les proférer. — Matth. Paris, ad ann. 1245, p. 654.

nocent IV, quel est l'homme, s'il n'a pas absolument perdu l'esprit, qui ignore que les empereurs et les rois sont soumis à la puissance des pontifes romains?... Le pape, pour coopérer personnellement et en ce qui le concernait au détrônement de Frédéric, annonçait qu'il allait, avec les cardinaux, prendre des mesures pour donner un nouveau maître au royaume de Sicile; et, sans égard pour Thadée de Sessa et les autres envoyés de l'empereur, qui manifestaient en se retirant les signes de la douleur la plus vive et prédisaient les plus grands maux à la chrétienté, il lança, ainsi que tous les pères du concile, le cierge mystique de malédiction : cela fait, il entonna le *Te Deum* (¹).

Quoique cette assemblée ne fût pas généralement considérée comme œcuménique (²), parce qu'elle n'a-

(¹) Raynald. ad ann. 1245, n. 27 et seq. t. 21, p. 326 ; n. 46 et seq. p. 331.—Innocent. IV constit. 6, *Ad apostolicæ*, t. 3 bullar. p. 300. — Rolandin. l. 5, cap. 14, t. 8 rer. ital. p. 244. — Annal. cæsenat. ad ann. ibid. t. 14, p. 1999.— Caffari, annal. genuens. l. 6, t. 6. ibid. p. 507.— Nicol. de Curbio, vit. Innocent IV, n. 18 et 19, part. 1, t. 3, ibid. p. 592 e. —Labb. conc. t. 11. p. 639 ad 665.— Matth. Paris, hist. Angl. ad ann. p. 664 ad 666 et 672. — Chron. M. Guillelm. de Pod. Laurent. cap. 47, apud Duchesne. t. 5. p. 699.— Giov. Villani, storia, l. 6, cap. 25, t. 1, p. 434.— Giannone, istor. civil. del regno, l. 17, cap. 3, t. 2, p. 443 ad 447.

(²) Pour s'en convaincre, outre les auteurs contemporains, savoir, Matthieu Paris, Albert de Stade, etc., il n'y a qu'à consulter Trithémius, Palmérius, Platina et plusieurs autres. Lorsque l'on eut commencé à ouvrir les yeux sur les énormes abus de pouvoir des papes, on profita de cet aveu des anciens auteurs, et l'on mit généralement sur le compte du seul Innocent IV l'extravagante autant qu'inique sentence de déposition prononcée contre l'empereur Frédéric II, sentence que l'on put ainsi réprouver comme émanée du pontife romain seulement, qu'on avouait déjà être *faillible*. Maintenant que l'on met aussi raisonnablement en

vait été composée que d'un petit nombre de prélats, qu'il ne s'y était trouvé des députés que de quelques provinces de la chrétienté, et que la sentence avait été prononcée par le pape, *en présence du concile*, comme s'expriment les actes, et non *avec l'approbation du concile*, selon la formule ordinaire; cependant, Innocent IV mit en œuvre tout ce qu'il avait de pouvoir, il fit jouer tous les ressorts, il employa l'intrigue, les promesses et les menaces, pour porter les princes de l'empire à nommer un nouveau roi d'Allemagne, par le moyen duquel il pût finalement perdre Frédéric et toute sa maison. Malgré l'opposition du roi de Bohême, de ducs de Bavière, de Saxe, de Brunswick et de Brabant, et des marquis de Misnie et de Brandebourg, malgré les réclamations de la plupart des grands de l'empire, qui disaient que le pape ne pouvait ni élire l'empereur ni le déposer, qu'il devait seu-

doute l'infaillibilité de l'église que celle du saint-siège, on peut reprocher à la première tout entière d'avoir coopéré à l'erreur et à l'injustice d'Innocent, comme elle fit au moment que, tous les pères, tenant chacun un cierge allumé en main, fulminèrent avec le pape, d'une manière terrible (l'excommunication) contre l'empereur Frédéric, qui dès lors ne put plus porter le nom d'empereur (Dominus igitur papa et prelati assistentes concilio, candelis accensis, in dictum imperatorem Fridericum, qui jamjam imperator non est nominandus, terribiliter... fulgurarunt). Aussi le P. Odéric Rinaldi crut, à la fin du dix-septième siècle, devoir encore s'excuser auprès de ses lecteurs, s'il continuait, pour se conformer à l'usage général et pour ne pas embrouiller la chronologie, à compter les années de sa continuation des annales de Baronius par les années du règne de Frédéric II, quoique celui-ci ne fût plus empereur (licet vero Fridericus regio et imperiali nomine exutus sit). Vid. Labbe, t. 11, part. 1, p. 665. — Raynald. ad ann. 1245, n. 16 et 17, t. 21, p. 331.

lement le couronner quand il était élu., les électeurs
ecclésiastiques proclamèrent Henri, landgrave de Thuringe, sans avoir égard à Conrad, fils de l'empereur
et déjà couronné roi des Romains, qui n'avait jamais
été ni déposé ni excommunié.

La guerre s'alluma aussitôt en Allemagne entre les
deux prétendans, et en Italie entre Frédéric et le pape
lui-même, qui envoya des légats dans la Pouille pour
la faire révolter et pour conquérir le royaume de Sicile. Il leva aussi des contributions sur toute la catholicité, afin de pouvoir faire passer de l'argent à Henri;
ce qui força l'empereur à fermer les passages de l'Allemagne : mais le pontife romain, en expédiant des
frères prêcheurs et mineurs travestis, trouva le moyen
de vaincre tous les obstacles. A ces efforts purement
humains, Innocent voulut joindre encore les armes
que lui mettaient entre les mains la crédulité et l'i-
gnorance générales. Il ordonna à tout le corps du clergé
de reconnaître le landgrave, il exhorta les princes séculiers à en faire autant, et il accorda des indulgences plénières pour tous leurs péchés, à ceux qui se rendraient
à ses désirs. Il prêcha la croisade contre l'empereur,
et la fit publier en tous lieux, ainsi que la promesse
des faveurs et des immunités dont avaient joui jusqu'à
cette époque les seuls croisés en Terre-Sainte; exemple
funeste, et qui ne fut que trop suivi dans la suite (1).

(1) F. Francisci Pipin. chron. l. 3, cap. 1 et 2, t. 9 rer. ital. p. 675. —
Raynald. ad ann. 1246, n. 14 ad 15, t. 31, p. 354. — Albert. abb. stadens.
chron. ad ann. 1245 et 1246, apud Æneam Sylvum, p. 515 et 516. —

Innocent alla jusqu'à écrire au sultan Mélahadin, afin de le détacher de l'alliance contractée avec Frédéric. Le prince musulman traita le pape avec beaucoup de respect dans sa réponse : il l'appela noble, grand, spirituel, affectueux, saint, treizième apôtre, parole universelle des chrétiens, chef des adorateurs de la croix, juge du peuple, directeur des fils du baptême, et souverain pontife; mais il lui fit, en même temps, clairement entendre que l'accord bilatéral conclu entre l'empereur et le sultan, son père, ne pouvait être ni changé, ni modifié en la moindre chose, sans le consentement du prince chrétien, son allié.

La perception des contributions énormes que le pape imposa sur le clergé de France, d'Italie et d'Angleterre, occasionna d'horribles exactions, et indisposa tous les esprits. Les seigneurs français surtout élevèrent la voix contre cette tyrannie nouvelle, et ils formèrent entre eux une ligue, dont les chefs étaient le duc de Bourgogne et les comtes de Bretagne, d'Angoulême et de Saint-Pol. Ces quatre représentans étaient chargés de soutenir, envers et contre tous, les priviléges de la nation, et de défendre les membres de la société nouvelle. L'acte qu'ils munirent de leur signature était conçu en ces termes : « A tous ceux qui ces lettres verront, nous tous desquels les sceaux pendent en ce présent écrit, faisons savoir que, nous par la foi de nos corps, avons fiancé et sommes alliancés, tant nous comme nos hoirs à toujours, à aider les uns aux

Matth. Paris, hist. Angl. ad ann. p. 704 et 706.— Petrus de Vineis, L. 2, cap. 10, t. 1, p. 256 ad 265.

autres, et à tous ceux de nos terres et d'autres terres, qui voudront être de cette compagnie, à pourchasser et à requérir et à défendre nos droits et les leurs en bonne foi envers la clergie..... Si aucun de cette compagnie était excommunié par tort, connu par ces quatre, que la clergie lui fait, il ne laisserait aller son droit ne sa querelle, pour l'excommuniment, ne pour autre chose qu'on lui fasse (¹). »

Un autre écrit, publié dans le même temps, portait ce qu'on va lire : « La superstition du clergé nous a séduits au premier abord, lorsqu'il s'est présenté à nous sous le manteau de la douceur et de l'humilité : depuis cette époque, sans songer que le royaume de France a été converti, sous Charlemagne, par le fer et le sang des braves, les prêtres sont sortis, comme des renards, des tanières qu'ils s'étaient fabriquées dans les restes des camps bâtis par nos mains. Ils se sont élevés contre nous, et ils se sont attribué les juridictions des princes et des seigneurs, au point que les fils des esclaves jugent, d'après leurs lois, les hommes libres et les enfans des hommes libres !..... Pour obvier à ce désordre, nous tous, grands du royaume, après avoir mûrement considéré que la France n'a été conquise, ni par le droit écrit, ni par l'arrogance des clercs, mais par les travaux et les sueurs des soldats,..... nous décrétons et déclarons par serment ne plus pouvoir permettre que les juges ecclésiastiques connaissent d'aucune cause quelconque, excepté l'hé-

(¹) Matth. Paris, ad ann. 1247, p. 719.

résie, le mariage et l'usure, sous peine de mutilation des membres pour celui qui oserait contrevenir à ces ordres. C'est ainsi que nos droits renaîtront enfin, et que les prêtres, cessant de s'enrichir de notre pauvreté, seront rappelés à ce qu'ils étaient dans l'église primitive, et aux vertus tranquilles de la contemplation : ils mériteront alors d'acquérir de nouveau, pour le bien et le profit des fidèles, le don des miracles qu'ils ont perdu. » Frédéric avait écrit, deux ans auparavant, au roi d'Angleterre : « Notre intention est que les prêtres et surtout les chefs de l'église redeviennent ce qu'ils étaient pendant les premiers siècles du christianisme, qu'ils se voient obligés d'embrasser une vie apostolique, et qu'ils imitent l'humilité de notre Seigneur ([1]). »

Innocent IV ne se mit aucunement en peine des clameurs populaires : il marcha droit au but qu'il s'était proposé; et, à cet effet, pour terminer d'un seul coup la guerre et les malheurs qu'elle causait, il essaya de faire assassiner l'empereur, soit par les révoltés de la Pouille, soit par Pierre des Vignes, son grand chancelier, son secrétaire et son favori. Le cœur de Frédéric fut pénétré de douleur à ce dernier trait : « A qui puis-je me fier désormais, s'écria le monarque infortuné? où trouverai-je encore la sécurité et le bonheur?..... C'est par de pareilles machinations, continua-t-il, que le pape, qui doit toute sa puissance et jusqu'à son existence même à la générosité de mes

---

([1]) Matth. Paris, hist. Angl. ad ann. 1245, p. 680, et ad ann. 1247, p. 720.

prédécesseurs, cherche à renverser mon trône (¹). »

Louis IX voyant à quels excès portait cette rivalité entre le sacerdoce et l'empire, et, dans l'espoir que l'empereur tournerait toutes ses forces contre les infidèles de Terre-Sainte, comme il le promettait, s'interposa, mais en vain, pour obtenir la paix du pontife (²). La mort du landgrave de Thuringe ne put même faire incliner Innocent à la concorde; il donna aussitôt ordre d'élire, en sa place, Guillaume, comte de Hollande, et la guerre continua avec une égale fureur. Ce qu'il y a de plus remarquable en ceci, c'est qu'on faisait un crime à Frédéric de la sévérité dont il croyait parfois devoir user contre ses implacables adversaires. Le cardinal Rénier écrivait, en parlant de l'empereur : « Crime horrible, présomption infâme, cruauté sauvage, scélératesse inouie, action exécrable, spectacle affreux!..... Le ciel en devrait pâlir, les rayons du soleil se couvrir de nuages, les étoiles se cacher dans l'obscurité,..... la terre trembler, la mer grossir, les oreilles des auditeurs bourdonner; l'âme des chrétiens s'émouvoir, et tous les rois, tous les princes, tous les soldats s'exciter à la vengeance! Voilà jusqu'à quel point s'est osé emporter, dans sa dé-

---

(¹) Le Dante prétend que Pierre des Vignes fut accusé faussement.—La lecteur qui désire avoir de plus grands éclaircissemens sur la vie de cet homme célèbre, peut consulter Tiraboschi, *stor. della letterat. ital.* t. 4, l. 1, cap. 2, n. 5 a 14, p. 16 e seg.

(²) Voyez, sur les efforts de Frédéric pour obtenir la paix du pape, Caffari, annal. genuens. L. 6, ann. 1268, t. 6, rer. ital. p. 545.—Raynald. id ann. 1246, n. 74, p. 350, et 1248, n. 14. P. 485.—Pierre de Vineis, l. 3, epist. 22, 23 et 24, p. 424 ad 437. t. 1.

mence, contre les oints du Seigneur, le ministre du
diable, le vicaire de Satan, le précurseur de l'antechrist, et l'auteur de toute espèce de cruauté. » Il s'a-
gissait de l'emprisonnement de l'évêque d'Arezzo que
l'empereur avait pris les armes à la main, et qu'il fit
condamner au dernier supplice (¹).

« Cependant l'avarice, la simonie, l'usure et les autres
vices de la cour de Rome augmentaient tous les jours le
nombre des partisans de Frédéric, dit Matthieu Paris (²).
Le pape, entre autres preuves de son délire insensé,
poussait impudemment les croisés, sous peine d'excommunication, tantôt à l'expédition de Terre-Sainte, tantôt à celle contre l'empereur. » On ne peut se dissimuler que ce monarque, malgré l'exaspération où l'avait
mis la persécution acharnée dont il était la victime, ne
donnât de temps en temps des preuves de piété qui lui
attachaient les personnages les plus religieux de son
siècle. Il avait la générosité de ne pas accuser l'église entière et la religion chrétienne des maux que lui faisaient
souffrir le chef de cette église et ses ministres, et il
ne négligeait aucune des occasions où ses malheurs
lui permettaient de s'intéresser à la cause de la foi,
presque entièrement perdue dans l'Orient. Il fit passer à Louis IX, dans l'île de Chypre, de puissans se-

---

(¹) Raynald..ad ann. 1247, n. 2 et seq. t. 21, p. 368. — Matth. Paris,
ad ann. 1247, p. 730, et ad ann. 1249, p. 762 et 764. — Dante, Inferno,
cant. 13, vers. 58, f. 75 verso.

(²) « L'infamie du pape croissait et se répandait avec ses excommunicat.
ajoute le même auteur, un peu plus bas. Les Français s'écriaient à chaque
instant : Hélas! combien de maux l'orgueil et la dureté du pape ne nous
ont-ils pas causé! etc. » —Matth. Paris, p. 798.

cours d'hommes et de vivres; et il offrit de se rendre lui-même avec son armée en Terre-Sainte, aussitôt que ses démêlés avec le pape lui en auraient laissé les moyens. Le roi de France renouvela alors ses instances auprès du pontife, afin qu'il rendît ses bonnes grâces à l'empereur, et qu'il cessât de diffamer un ami aussi ardent et un aussi grand bienfaiteur de l'église : Innocent fut sourd à ses prières. Le biographe de ce pape n'est pas d'accord en ce dernier point avec l'historien anglais; sa haine contre Frédéric lui a fait écrire que ce prince avait fermé tous les passages, pour qu'aucun secours ne pût être porté à Louis IX ou aux autres princes croisés. La même contradiction règne entre les auteurs, au sujet de la mort de l'empereur, arrivée l'an 1250 : les uns le font persister jusqu'à la fin dans la constante fermeté dont il avait fait profession pendant sa vie (¹); selon d'autres, il mourut pénitent

(¹) Le moine de Padoue nous laisse même sans aucune espérance sur le salut de l'empereur défunt, puisqu'il dit : «Il descendit aux enfers chargé seulement d'un sac de péchés (descendit ad inferos nihil secum deferens, nisi sacculum peccatorum).» Cependant ce prince est enterré dans la cathédrale de Palerme, où on lit sur son tombeau l'inscription suivante : «Illic situs est ille magni nominis imperator et rex Siciliæ Fridericus II. Obiit Florentini in Apulia, idibus decembris, anno 1250.»

Dès qu'Innocent IV eut appris la mort de l'empereur, il se prépara à retourner en Italie. Avant de quitter Lyon, il chargea le cardinal Hugues de témoigner aux principaux seigneurs de cette ville combien il était satisfait de l'accueil qu'il en avait reçu, et de prendre congé d'eux en son nom. Le prélat leur parla en ces termes : «Mes chers amis, outre les autres avantages que la ville de Lyon a retirés du séjour que nous y avons fait, il ne faut pas passer sous silence les progrès des bonnes mœurs et de l'honnêteté publique. Quand nous sommes arrivés ici, il y avait à Lyon trois à quatre maisons de débauche, habitées par des courtisanes et des femmes de mauvaise vie; maintenant il n'en reste plus qu'une seule, c'est-à-dire

et absous des censures ecclésiastiques par l'archevêque de Salerne ([1]).

depuis la porte orientale de la ville jusqu'à la porte occidentale. » Ce
discours, dit Matthieu Paris (ad ann. 1251, p. 819), offensa beaucoup les
dames lyonnaises présentes à cette assemblée, que le pape avait convoquée pour leur faire poliment ses adieux.

([1]) Matth. Paris, p. 706 ; ad ann. 1249, p. 763 ad 765, et ad ann. 1250,
p. 804. — Petr. de Vineis, l. 3, epist. 23, ad regem Franciæ, t. 1, p. 431.
— Nicol. de Curbio, vit. Innocent pap. IV, n. 28 et 29, part. 1, t. 3 rer.
ital. p. 5921. — Istor. fiorentin. di Ricord. Malespini, cap. 43, ibid. t. 8,
p. 974. — Monach. padovan. chron. l. 1, ad ann. 1250, ibid. p. 685. —
Guilielm. de Podio Laurent. chronic. cap. 49, apud Duchesne, t. 5, p. 702.
— Albert. abb. stadens. chron. ad ann. 1250, apud Æn. Sylv. p. 319. —
Giovanni Villani, istor. l. 6, cap. 42, t. 1, p. 151.

CHAPITRE V.

Conrad, fils de Frédéric, persécuté par le saint-siège. — Croisade pour le perdre. — Le pape donne la Sicile, d'abord à la France, puis à l'Angleterre. — Conrad meurt. — Alexandre IV. — Il fait la guerre à Mainfroi, roi de Sicile. — Et aux gibelins d'Italie. — Eccelin de Romano. — Prétentions de Joseph Brispustum, évêque de Léméden. — Concile de Vedel en Irlande. — Le saint-siège soutient la révolte du clergé danois. — Le pape fait trimenter le sang en Italie et en Allemagne. — Urbain IV donne Inflieste à Charles d'Anjou. — Clément IV. — Mainfroi est vaincu et tué. — Croisade de Charles, pour obéir au pape. — Codradin, excommunié. — Vaincu par les Français et les troupes papales, il est décapité.

Innocent IV, débarrassé de son principal ennemi, tourna toutes ses forces contre Conrad, duquel il n'avait point encore eu à se plaindre, mais qui était devenu, par la mort de l'empereur, le seul rival du comte Guillaume. Le pape ne cacha plus alors son projet de tout accaparer pour lui et pour sa famille; sans aucun motif, il excommunia le jeune roi d'Allemagne et de Sicile, ainsi que les Pavesans, les Crémonais, et en général tous les peuples gibelins attachés au parti impérial. Il poursuivit Frédéric au-delà du tombeau, en proclamant qu'il laissait engagés dans les liens de l'anathème les restes inanimés de cet empereur; il déclara Conrad, son fils, déchu de tous ses droits, le fit passer pour un assassin, afin de mieux exciter les rois et les peuples contre lui; et prodigua en faveur de ceux qui s'armeraient pour le perdre, des indulgences beaucoup plus étendues que celles qu'on avait coutume d'accorder aux croisés de Terre-Sainte : car, en prenant la croix en la circonstance dont nous parlons, on obtenait non seulement la rémission plénière de ses propres péchés, mais encore celle des péchés de son père et de sa mère. Les prédicateurs pontificaux envoyés à ce sujet en Flandre et dans le Brabant, annoncèrent avec solennité « que les fidèles du Christ devaient se hâter d'aller assaillir, les armes à la main, les camps de l'infidèle Conrad. » La reine Blanche, régente de France, ne permit point qu'on publiât dans le royaume cette honteuse croisade contre des chrétiens, dont le seul but était de servir les passions du pape et d'augmenter sa puissance et ses richesses, tandis que le roi Louis IX, son fils, était négligé et oublié en Orient (¹).

Conrad passa en Pouille, deux ans après la mort de son père. Avant de châtier les rebelles, il essaya de fléchir Innocent IV en sa faveur, et d'empêcher ainsi le sang des hommes de couler de nouveau dans cette province; sa modération et sa douceur, qui déjà lui avaient gagné tous les cœurs dans ses états paternels, lui furent inutiles auprès du pontife, et il ne lui resta que la force, à l'aide de laquelle il eut bientôt regagné tout ce qu'il avait perdu (²). Le même assassin, disait-on alors, qui avait été employé par le pape pour empoisonner l'empereur Frédéric, le fut également pour faire mourir son fils Conrad, et il chercha à remplir secrètement sa lâche commission : toutes ses tentatives furent infructueuses, et il ne

(¹) Matth. Paris, ad ann. 1251, p. 807, 825 et seq.

(²) Nicol. de Curbio, vit. Innocent. pap. IV, cap. 34, part. 1, t. 3 rer. ital. p. 592 v. — Nicol. de Jamsilla, histor. t. 8, ibid. p. 505. — Matth. Paris, ad ann. 1252, p. 835.

resta à Innocent d'autre parti à prendre que de susciter au jeune empereur un adversaire puissant, en
donnant le royaume de Sicile à quelque prince étranger, malgré la résolution qu'il avait prise et publiée
peu auparavant, au sujet de la ville de Naples, savoir, que désormais elle obéirait immédiatement au
saint-siège apostolique, et qu'il serait à jamais défendu qu'elle appartînt encore à aucun empereur,
roi, duc, prince ou comte, quel qu'il pût être. Quoiqu'il eût ainsi démembré par un décret pontifical le
royaume de Sicile, Innocent ne fit aucune difficulté
de l'offrir tout entier à Louis IX, roi de France, pour
Charles d'Anjou, son frère, et, en même temps, à
Richard, comte de Cornouailles et frère de Henri,
roi d'Angleterre; mais celui-ci aima mieux détourner
les largesses du pape au profit de son propre fils Edmond. Comme le choix de la personne était peu important par lui-même, et que le roi Louis refusait de
participer à une aussi injuste spoliation, le traité fut
conclu en faveur d'Edmond par maître Albert, notaire
apostolique, chargé à cet effet de pleins pouvoirs,
et dont le pape confirma encore la négociation par une
bulle des ides de mai 1254 (¹).

Conrad, de nouveau excommunié, mourut sur ces
entrefaites, à la fleur de son âge, ne laissant pour hé-

. (1) Innocent IV, L. 9, epist. 148, apud Raynald, ad'ann. 1254, n. 11,
t. 21, p. 450; ut ejusd. constit. 23, *Param fidei*, t. 3 bullar. part. 1,
p. 842. — Matth. Paris, ad ann. 1254, p. 864 ad 882. — Sinot. de
Corbin, loco cit. — Voyez la bulle extraite des archives du château
Saint-Ange, dans l'Essai hist. sur la puiss. tempor. des papes, t. 2,
part. 1, p. 123 et suiv.

ritier de sa maison et de ses malheurs que son fils
Corradin, encore enfant. Le pape reçut cette nouvelle,
en même temps que celle de la mort de Robert Grosse-
tête, évêque anglais, qui s'était toujours opposé, avec
force et persévérance, à ses entreprises (¹); il témoigna hautement sa joie de ce double triomphe, par des
cris indécens et un rire cruel, et, sans égard ni à la
faiblesse du jeune Corradin, ni aux humbles prières
du régent du royaume de Sicile, il s'avança avec son

(¹) Robert Grostbead ou Grossetête, évêque de Lincoln, ne cessa
jamais de s'élever contre les abus de pouvoir de la cour de Rome, qu'il
attaqua vigoureusement et sans ménagement aucun, comme firent plus
tard les réformateurs que l'église romaine déclara hérétiques. Il s'attacha
surtout à démontrer l'absurdité et l'iniquité de la clause *nonobstant* des
bulles du saint-siége, laquelle empêchait qu'il y eût jamais quelque
chose de définitivement décidé, de généralement reconnu, de sûr, de
stable dans la discipline ecclésiastique, et qui, en révoquant à chaque
nouveau décret ce qui avait été décrété jusqu'alors, enseignait à révoquer bientôt ce qui se décrétait. Robert fut excommunié peu de temps
avant sa mort; il en appela à la cour céleste et mourut en odeur de
sainteté. Le pape voulait faire déterrer son cadavre pour le jeter à la
voirie, mais les cardinaux s'y opposèrent. Depuis cette époque, le clergé
d'Angleterre demanda souvent la canonisation de l'évêque de Lincoln,
mais, comme on le croira facilement, il ne l'obtint jamais.

Un jour, Innocent IV avait donné un ordre injuste à Robert Grosse-
tête, ce qui lui arrivait souvent avec les prélats anglais, dit Matthieu Paris;
l'évêque fit répondre qu'il croyait de son devoir de se montrer rebelle
en cette circonstance, et de ne pas obéir à sa sainteté. Le pape alors
(nous rapportons ici les paroles latines, pour conserver le jeu de mots)
*non se capiens præ ira . . . torvo aspectu et superbo animo ait : Quis
est iste senex delirus, surdus et absurdus, qui facta, audax, imo teme-
rarius, judicat? Per Petrum et Paulum, nisi moveret nos innata inge-
nuitas, ipsum in tantam confusionem precipitaremus, ut toti mundo
fabula foret, stupor, exemplum et prodigium.* — Matth. Paris, hist.
Angl. p. 870 et 872. — Annal. de Lancroft, citées par Rapin Thoiras,
hist. d'Anglet. l. 8, t. 2, p. 537. — Fleury, hist. ecclés. l. 83, ch. 13,
t. 17, p. 478.

armée jusqu'à Naples , où il termina enfin , avec sa
vie, le trop long cours de ses iniquités (¹).

Il semblait d'abord qu'Alexandre IV, qui venait de
succéder à Innocent , pencherait pour le parti de la
paix et de la clémence ; cet espoir fut de courte durée.
Le premier des papes , il avait cru avoir besoin des
prières des fidèles, et il s'était abaissé jusqu'à les demander (²) : il avait aussi révoqué et cassé tout ce que
son prédécesseur avait établi au grand détriment de
l'église. Mais l'horizon ne tarda pas à se couvrir de
nuages. Le cardinal-légat, Octavien Ubaldini, com-
mandant des troupes pontificales dans la Pouille, s'était
vu forcé de conclure un accord avec Mainfroi ou Manfrédi, régent du royaume de Sicile et oncle de Corradin ; par ce traité, le saint-siége acquérait la terre de
Labour; et reconnaissait Corradin comme roi , à condition cependant qu'il recevrait l'investiture des mains
du pape. Alexandre , fort de la protection du roi d'Angleterre, au fils duquel il avait accordé la Sicile , rompit les négociations , et rendit de nouveau la guerre
inévitable : il fit même publier une croisade contre
Manfrédi, dans la Calabre (³).

(¹) Matth. Paris, ad ann. 1254, p. 893. —Nicol. de Curbio, vit. Innocent. IV, cap. 40 ad 42, p. 592 v, rer. ital. t. 3, part. 1. —Nicol. de Jamsilla,
hist. t. 8, ibid. p. 544. — Raynald. ad ann. n. 64 et seq. t. 21 , p. 512.
Voyez la note supplémentaire à la fin du chapitre.

(²) Nous avons, dans le bullaire, une constitution d'Innocent III ,
émise en 1198, pour le même motif : Matthieu Paris ne la connaissait
probablement pas. — Vid. Innocent. pap. III, constit. 1, *Ineffabilis sa-
pientia*, t. 5, part. 1 , p. 65.

(³) Matth. Paris, ad ann. 1254 . p. 897. — Chron. augustens. ad ann.

Ayant appris ensuite que le trône d'Allemagne était
de nouveau venu à vaquer par la mort de Guillaume
de Hollande, et que l'ancien amour pour la maison de
Souabe aurait pu porter les électeurs à choisir Corradin pour leur maître, il écrivit des lettres très pressantes
aux seigneurs et principalement aux princes ecclésiastiques, et leur défendit, sous peine d'excommunication, de prendre aucune résolution qui pût contribuer
à relever la fortune d'un jeune prince, dont le seul
crime était d'avoir puisé la vie dans le sang appelé *impur* de Frédéric II, comme l'avouent les auteurs de
l'église eux-mêmes. Le pape songea aussi aux affaires
des guelfes de la Lombardie : une armée de croisés
(auxquels se joignit bientôt frère Jean, dominicain, avec
ses soldats véronais, bolonais et vicentins), commandée
par Philippe, archevêque élu de Trévise, marchait
contre le trop fameux Eccelin de Romano, chef des
gibelins à cette époque. On pourrait plaindre le sort
d'Eccelin ; s'il n'avait été qu'excommunié à plusieurs
reprises, et déclaré hérétique par le saint-siége ; malheureusement il avait des crimes réels à se reprocher.
Tyran abominable et sans pitié, il réduisait au plus
affreux désespoir les peuples soumis à sa domination,
et faisait égorger ses ennemis par milliers à la fois [1].

---

aped Freher. t. 1, p. 530. — Sabas Malaspina, l. 1, cap. 5, cet fer-
ibid. p. 704. — Nicol. de Jamsilla, hist. ibid. p. 561 et seq.

[1] Raynald. ad ann. 1256, n. 2 et seq. t. 21, p. 545. — Alexand.
pap. IV, constit. 33, *Firma profecto*, in bullar. t. 3, part. 1, p. 375. —
Roland. l. 8, cap. 1, et l. 9, cap. 1, t. 8 ; rer. ital. p. 283 ad 300. —
Monach. patavin. chron. l. 2, ad ann. 1256, ibid. p. 692. — Chron.

Les croisés lui enlevèrent Padoue ; mais, comme ils étaient encore plus avides d'argent que d'indulgences, ils pillèrent, pendant sept jours entiers, les pauvres citoyens, et forcèrent ceux qui survécurent à cette catastrophe à regretter jusqu'à leur premier esclavage ([1]).

Les exemples d'orgueil et de despotisme sacerdotal, si fréquemment donnés à cette époque par les souverains pontifes de Rome, étaient, en tous lieux, imités par les gens d'église, qui se prétendaient, non seulement indépendans de tout pouvoir, mais encore le seul pouvoir légitime et réel. Jacob Erlandsen, l'ami et, pour ainsi parler, l'élève d'Innocent IV, était monté sur le siége archiépiscopal de Lunden sans le consentement de Christophe Ier, quoique les lois et coutumes du Danemarck fissent de la confirmation royale une condition indispensable de la nomination des évêques. Devenu ainsi l'ennemi et le rival en puissance de son maître, Jacob assembla un concile national à Vedel en Jutlande (1256), et y fit décréter que désormais tous les évêques du Danemarck seraient inviolables et impunissables, même dans le

veronens. ad ann. ibid. p. 636. — Pietro Gerardo padov. vita di Ezzolino, l. 7, f° 84.

([1]) Pour se former une idée de la barbarie de ce tyran féroce, il faut lire le petit ouvrage de Pierre Gérard, contemporain d'Eccelin, et témoin oculaire de ses forfaits. Le monstre mourut des blessures qu'il reçut en combattant contre l'église, en 1259 ; l'année suivante, Albéric, frère d'Eccelin, fut fait prisonnier par les croisés, avec sa femme et ses enfans. Ses six fils furent massacrés sous ses yeux, ses deux filles et sa femme furent déshabillées nues et brûlées vives; et lui-même, attaché à la queue d'un cheval, fut traîné pendant vingt-quatre heures autour du camp de ses dévots et atroces ennemis, et puis laissé sans sépulture,

cas où ils seraient convaincus du crime de haute trahison, sous peine, si le roi donnait ordre de les punir
ou s'il permettait qu'on les punît, de la mise sous interdit de tout le royaume, avec excommunication *ipso
facto* pour les prêtres qui célèbreraient avant la révo-
cation de la sentence. Le pape Alexandre IV sanctionna
formellement cet insolent décret; ce qui ne contribua
pas peu à animer la lutte sanglante entre les deux pouvoirs, le peuple sous le nom de *choercarle*, gens du
chœur, soldats de l'église, ayant pris parti pour ses
prêtres. Ce qu'il y a de remarquable, c'est que la conduite de Jacob parut à la fin tellement scandaleuse,
que la cour de Rome elle-même se crut obligée de la
condamner. Urbain IV déposa le prélat (1264), sous le
règne d'Éric VI, dit Glippin, comme rebelle à son roi,
ambitieux, avare, sans foi, brouillon, et coupable
d'avoir corrigé l'oraison dominicale. Malgré cela, le
calme ne fut entièrement rétabli que par le concile
œcuménique de Lyon (1274), qui condamna le roi de
Danemarck à payer quinze mille marcs d'argent à
l'archevêque en compensation de ce qu'il avait souffert (¹). Mais il est temps de ne nous plus occuper que
de l'infortuné Corradin.

Le sang coulait de toutes parts : les menaces du
pape avaient occasionné une double élection et de

(¹) Pontan. rer. danicar. histor. l. 7, p. 333, 346, 348, 358, 362
et 366. — Raynald. annal. eccles. ad ann. 1257, n. 29, t. 22, p. 9;
anno 1264, n. 43, p. 145. — Meurs. histor. dan. l. 2, p. 36, 37, 43
et 44. — Mallet, hist. du Danemarck, l. 4, t. 4, p. 45 et suiv. et
p. 80. — Processus lit. inter Christoph. I et Jacob. Erland. vid. scriptor.
rer. danicar. n. 157, t. 5, p. 582 et seq.

nouvelles guerres en Allemagne; l'Italie était en proie aux fureurs toujours renaissantes des guelfes et des gibelins, qui, dans leur aveugle délire, croyaient servir l'empire et l'église. Un faux bruit de la mort de l'héritier de Conrad fit prendre à Manfrédi, son oncle, une résolution que la confirmation de cette nouvelle et le malheur des circonstances auraient seuls pu faire excuser : il se fit couronner roi de Sicile. Digne à tous égards de ce titre, il n'eut pas le courage de le déposer, lorsqu'il eut appris qu'il le portait illégitimement : il crut satisfaire à son devoir en promettant de rendre le royaume, après sa mort, à celui sur qui il l'avait usurpé. Alexandre excommunia, en 1259, ce prince devenu le plus puissant de l'Italie, et qui était doublement odieux au saint-siège, comme membre de la maison de Souabe, et comme soutien des gibelins (¹). Un peu plus d'un an après, ce pontife mourut, et eut pour successeur le patriarche de Jérusalem, français de nation, et qui prit le nom d'Urbain IV. Nous verrons bientôt combien de maux naquirent de cette élection.

Urbain avait un caractère plus emporté et plus impatient qu'Alexandre : il ne voulut pas perdre un instant pour terminer enfin l'œuvre si long-temps préparée de la ruine de Manfrédi. Puisqu'il en avait le choix, il désira avoir pour voisin un prince, son compatriote ; à cet effet, il traita directement avec Louis IX,

---

(¹) Nicol. de Jamsilla, hist. ad ann. 1258, t. 8, rer. ital. p. 584. — Diurnali di Matteo Spinelli di Giovenazzo, ann. 1255, t. 7, ibid. p. 1085. — Matth. Paris, ad ann. 1259, p. 989. — Giovanni Villani, l. 6, cap. 76, t. 1, p. 168.

nouveau le royaume de Sicile pour
re, comte d'Anjou et de Provence. Le
ce plus délicate que le pape, se sentit
nce à accepter ce qui appartenait, d'a-
, petit-fils d'un empereur qui avait
foi chrétienne contre les infidèles, et
ment innocent des crimes qu'on repro-
rés, et ce qui ensuite avait été solen-
par Alexandre IV à Edmond, fils du
. Le pontife sut dissiper ces scrupules;
isposait toutes choses pour mieux as-
ce, il renouvela les menaces d'excom-
re les princes d'Allemagne, qui, fa-
troublés dont ils étaient les victimes,
cher vers le seul parti raisonnable,
orradin sur un trône que deux étran-
nt. Urbain reprit ensuite ses négocia-
nce (1264), et il eut la satisfaction de
es couronnées par un heureux succès:
éparer les voies à Charles d'Anjou,
re de faire créer sénateur de Rome, il
ade contre Manfrédi, et dispensa de
ceux qui avaient fait vœu d'aller com-
Sainte, pourvu qu'ils prissent les armes
Sicile (').

, const. 5. *Postquam supernus*, t. 3, bull. part. 1,
d ann. 1262, n. 4. t. 22, p. 64, et ad ann. 1264,
iovanni Villani, l. 7, cap. 5, t. 4, p. 186. — Ex
u..vit. Urban. IV, part. 1, l. 3, rer. ital. p. 593,
l. 2, cap. 9, t. 8, ibid. p. 807. — Contin. Nicol.
592. — Thierric. Vallicolor. vit. Urban IV, part.

Au pape français succéda un pape provençal : Clément IV, qui venait de déclarer formellement que la Sicile n'avait jamais pu appartenir, ni au roi d'Angleterre, ni à Edmond, son fils, vit bientôt les rapides progrès du roi Charles qui, ayant refusé, parce que le pape le lui ordonnait, tout accommodement avec son adversaire, eut le bonheur de gagner complétement la première bataille, dans laquelle Manfrédi se fit tuer pour ne pas survivre à sa fortune. Charles avait menacé son ennemi qu'il appelait le sultan de Nocéra [1] de l'envoyer en enfer : vainqueur, en conséquence, pouvait-il supposer, des absolutions et des bénédictions que le légat pontifical avait prodiguées à son armée, il crut devoir prouver sa reconnaissance à l'église en traitant les restes de Manfrédi comme ceux d'un infidèle et d'un excommunié. Les soldats du comte d'Anjou

2, 4 3, ibid. p. 413 et 418. — Matteo Spinelli di Giovenazzo, diurnali, ann. 1264, t. 7, ibid. p. 1097. — Excerpt. ex Jordan. chron. cap. 234, part. 14 ; in antiq. ital. t. 4. p. 1003.

Il y a là de quoi faire rougir tous les papes, dit l'archevêque actuel de Tarente. Le successeur de Pierre, qui n'a rien à démêler avec les royaumes de ce monde, donne à un prince étranger un royaume sur lequel il n'a aucun droit, et qui florissait en paix sous la protection de son souverain légitime. Le nouveau prince contracte des obligations très onéreuses pour le royaume de Naples où il ne possède rien ni n'a rien à prétendre ; il s'oblige au paiement d'un tribut au saint-siège, au vasselage envers le pape, et à lui fournir un contingent de troupes, sans le consentement du peuple au nom duquel il s'engage, et à l'époque que, n'étant pas le chef de ce peuple, tous ses actes sous ce rapport sont nuls. Cette usurpation solennelle se termine par le couronnement de Charles à Rome (1266), avant qu'il eût même tenté la conquête du pays sur lequel le pape le faisait régner. — Capece Latro, discorso sul potere dei chierici, p. 110.

[1] Ville de Pouille, habitée par des Sarrasins.

rassembla son armée, malgré les anathèmes effroyables que le pape, retiré à Viterbe, avait prononcés contre lui le jour du jeudi-saint (1268). Il passa de là dans le royaume de Sicile, et la fortune, non encore lasse de le poursuivre, le livra entre les mains de son ennemi, après une bataille sanglante, où il s'était trop hâté de croire qu'il était victorieux. Prisonniers de guerre, Corradin et les principaux braves de son armée furent jugés et condamnés par les barons du royaume et les premiers jurisconsultes du temps. Un seul docteur osa conclure à la mort, dans la cause du jeune prince ; et l'infortuné, âgé seulement de seize ans, laissa sa tête sur un échafaud, à Naples, au milieu des larmes et des gémissemens de tout le peuple. Quand le juge Robert de Bari eut fini de lire la sentence, le fils du comte de Flandre, gendre du roi Charles, l'étendit mort à ses pieds, en disant qu'il ne lui était pas permis de condamner un aussi grand et aussi gentil seigneur. Charles n'osa point venger la mort de Robert, et la postérité a confirmé le jugement du comte, en l'appliquant surtout à l'agent couronné du saint-siège qui avait ordonné ce barbare attentat (¹).

Ainsi périt le dernier rejeton de la maison des Hohenstauffen de Souabe, dont les prêtres avaient juré la ruine (²). La haine sacerdotale s'était accrue jusqu'au

---

(¹) Raynald. ad ann. 1268, n. 34, t. 22, p. 245. — Bartholom. de Neocastro, hist. sicul. cap. 9 et 10, t. 13 rer. ital. p. 1023. — Giovan. Villani, istor. l. 7, cap. 29, t. 1, p. 209. — Excerpt. ex Jordan. chron. cap. 255, part. 16, in antiq. ital. med. aevi, t. 4, p. 1006.

(²) La mort de Corradin était manifestement le crime du saint-siége ;

moment où la papauté avait trouvé à assouvir toute sa vengeance.

Giannone, dans son excellente histoire de Naples, prétend même que ce forfait jur'dique fut expressément ordonné à Charles par Clément IV, et il s'appuie des témoignages de Henri Guadelfier, de Jean Villani, de Fazzello, de Collenuccio, etc. — Istor. civile del regno di Napoli, l. 19, cap. 4, § 2, t. 2, p. 537.

Monsignor Capece Latro, archevêque de Tarente et descendant d'un des partisans du malheureux Corradin, s'exprime ainsi sur le supplice de ce jeune prince :

« La papauté inspira et approuva ce traitement cruel. On conserve dans les archives du Vatican un monument impérissable de cette effroyable tragédie : c'est une bulle dans laquelle ce forfait sanguinaire est défendu par les argumens les plus outrageans pour la nature et la société. Et pour que rien ne manquât à cette œuvre d'horreur et d'épouvante, la bulle déclara déchus et privés de tous leurs biens Marin et Conrad Capece, les Filangieri et autres seigneurs, fidèles au roi Mainfroi et au prince Corradin, ainsi que tous ceux qui auraient suivi ce parti. » En effet, les Capece ne purent dans la suite rentrer dans le royaume de Naples qu'en changeant leur nom en celui de Zurlo, Latro, auquel ils ajoutèrent leur vrai nom, celui de Capece, lorsque le danger de porter ce dernier était passé entièrement — Capece Latro, discorso sul potere dei chierici, p. 113

NOTE SUPPLÉMENTAIRE.

Mort d'Innocent IV. — Le pape au purgatoire.

Matthieu Paris a attribué la dernière maladie d'Innocent IV à une cause trop singulière pour que nous négligions de la consigner ici : elle servira d'ailleurs à faire connaître au lecteur quelle était l'opinion générale des contemporains sur le compte de ce pontife. Robert Grosthead ou Grosse-tête, dont nous venons de parler, apparut en songe au pontife pendant sa marche triomphale vers Naples, et, d'un air menaçant, lui adressa ces paroles énergiques : « Misérable pape, tu as fait jeter mes ossemens hors de l'église (probablement qu'Innocent avait passé outre à sa menace de faire déterrer l'évêque de Lincoln, malgré l'opposition de ses cardinaux)! D'où t'est venue cette témerité?... Apprends que tu n'as aucun pouvoir sur moi. Il est vrai que, pendant ma vie, je t'ai reproché hum-blement les nombreuses fautes que tu commettais ; mais c'était là une preuve de l'attachement que j'avais pour ta personne. Il n'y a que ton orgueil qui ait pu te faire mépriser ces bienfaisans avis. » A ces mots le fantôme frappa le pontife de sa crosse épiscopale, ajoute l'historien, et lui donna une pleurésie qui, jointe au chagrin que lui causaient quelques avantages remportés par les troupes ennemies, le conduisit au tombeau. Voyant que ses amis, ses parens et quelques cardinaux pleuraient autour de son lit : « Que désirez-vous de plus ? leur dit-il avec chaleur; ne vous laissé je pas tous riches et puissans? »

Puisque nous avons rapporté ce trait de la vengeance de l'évêque an-glais décédé, nous ajouterons comment le ciel lui-même sembla ap-prouver par deux révélations la sévérité de ce prélat. Peu après la mort d'Innocent, un cardinal dont Matthieu Paris tait le nom par prudence, à ce qu'il prétend, vit le pontife devant le tribunal de Dieu, et l'entendit demander grâce pour ses péchés. La Justice prit alors la parole et accusa le pape de trois crimes : « Tu as créé l'église libre et indépendante, dit-elle à l'Être éternel; Innocent en a fait une vile esclave : tu l'as instituée pour être le salut des pécheurs ; il l'a réduite à n'être plus qu'une banque d'usuriers : enfin tu as voulu qu'elle fût le fondement de la foi, de la justice et de la vérité ; Innocent a ébranlé la foi et les bonnes mœurs, il a exilé la justice, il a obscurci la vérité. Rends-moi donc ce qui m'est dû. » Cette vision fut bientôt confirmée par celle qu'eut le pape Alexan-dre IV, successeur d'Innocent : il entendit répondre à l'ame de ce pontife

qui criait merci devant Dieu, que le temps de pénitence et de miséricorde avait fait place au temps de justice ; et après cette sentence, il vit
ce malheureux pape traîné, par ordre du juge suprême, dans un lieu
de tourmens que nous nommerons charitablement le purgatoire, ajoute
Matthieu Paris.—Vid. hist. Angl. ad ann. 1254, p. 883 et 897; ad ann.
1255, p. 903.

FIN DU LIVRE QUATRIÈME.

LIVRE CINQUIÈME.

LES GUELFES ET LES GIBELINS.

CHAPITRE I.

Triomphe du sacerdoce sur l'empire.— Les rois défendent leurs droits contre le saint-siége.— Politique ambitieuse des papes.— Leur domination déchoit, à mesure que le nombre de ceux qui la leur disputent augmente.— Grégoire X.— Quel était son pouvoir temporel.— Rodolphe d'Hapsbourg.— Second concile œcuménique de Lyon.— Réconciliation politique de l'église grecque avec l'église latine.— Jean XXI, calomnié par les moines.— Nicolas III.— Il se fait céder tous les droits des empereurs aux états de l'église.— Népotisme.— Le pape se brouille avec Charles d'Anjou.

La grande lutte entre l'empire et le sacerdoce était terminée. Les prêtres triomphaient : abattue à leurs pieds, la majesté impériale ne parvint plus à se relever. Au lieu du vaste tableau de la résistance qu'avait opposée jusqu'alors tout le pouvoir civil aux prétentions de la papauté, on ne verra plus que les efforts individuels de tel ou tel état contre les entreprises des pontifes romains. Ceux-ci, en constituant les empereurs maîtres absolus des rois et des papes, avaient, autant qu'il était en eux, rétabli en Occident le colosse redoutable de la puissance romaine ; mais bientôt, effrayés et jaloux de leur propre ouvrage, ils cherchèrent à le détruire, et l'empire humilié devant l'église, ne fut plus qu'un vain nom pour les papes et pour les rois.

Cependant, quoique le pouvoir civil n'eût plus de représentant suprême en Europe, il n'avait pas pour cela cessé d'exister. Les rois de l'Occident entre lesquels il s'était partagé, n'étaient pas moins décidés que les empereurs à soutenir leurs droits, toutes les fois que les papes auraient émis des prétentions subversives de leur souveraineté et de leur indépendance. L'Italie elle-même n'était pas demeurée sans maîtres: les princes gibelins et les républiques guelfes cherchaient également à maintenir leurs prérogatives politiques contre les empiètemens et les usurpations du sacerdoce. Le gibelinisme, quoique encore directement opposé aux papes, ne travaillait cependant que pour lui-même; ses relations avec les empereurs ne tendaient plus à exalter le pouvoir de ceux-ci, mais seulement à se donner, aux yeux des Italiens, des chefs dont le nom, espérait-il, pourrait servir à rehausser l'éclat du parti.

Les guelfes protestèrent de leur attachement aux papes par des motifs semblables. Mais ils avaient cessé de servir d'instrumens passifs à l'ambition de l'église; c'était au contraire l'église qui servait de prétexte à leurs projets ambitieux. Le système politique de l'Europe paraissait être sur le point de changer de direction et de but, et les papes attentifs à cette révolution, travaillaient sans relâche à la faire tourner à leur profit pour qu'elle servît à augmenter leur influence ; ils savaient bien que tout pouvoir fondé sur l'opinion perd ses droits et sa force dès que, par cette opinion, il a cessé de pouvoir acquérir des droits nouveaux et une force plus grande : il décroît et meurt comme il a crû, avec l'idée par laquelle il existe. Il fallait des efforts continuels et redoublés pour que le saint-siège conservât la puissance qu'il s'était si rapidement et si audacieusement créée, surtout depuis que l'aurore de la renaissance des arts et des lettres faisait pressentir que bientôt naîtraient, de toutes parts et dans tous les partis, des ennemis redoutables de l'ignorance et de la servilité, de l'arbitraire et du fanatisme.

Pour concevoir comment, à l'époque que nous allons parcourir, les pontifes catholiques, avec plus de moyens matériels pour réussir qu'au onzième et au douzième siècles, échouèrent cependant plus souvent dans leurs entreprises contre la puissance temporelle, il suffira d'ajouter aux considérations sur lesquelles nous appuyons ici, ce que nous avons fait remarquer au commencement de ce livre. Nous avons dit que la victoire remportée sur l'empire, sans pour cela mettre fin à la résistance que l'empire presque seul avait opposée jusqu'alors aux prétentions du sacerdoce, n'avait fait au contraire que rendre cette résistance plus difficile à vaincre, en la fractionnant et la répartissant entre tous les gouvernemens auparavant secondaires, au moins en rang, et comme tels simples spectateurs de la lutte entre les deux chefs suprêmes de la religion et de l'état. Les papes perdirent l'avantage de pouvoir frapper de grands coups, portant à la fois la terreur dans les ames et tranchant définitivement la question à résoudre, du moment qu'ils n'eurent plus de grands antagonistes. Le combat était devenu moins important, mais aussi la guerre n'était plus terminable : c'étaient sans cesse de nouveaux différends qu'il devenait toujours plus difficile d'étouffer ou d'applanir; à peine un adversaire était-il abattu, que les papes en voyaient d'autres prendre une attitude plus fière et plus menaçante. Leurs forces s'usaient dans ce conflit sans fin, et le respect qu'ils ne pouvaient continuer à inspirer que pour autant qu'il serait incontesté et général, en souffrait encore plus que leur pouvoir. En outre, le saint-siége ne put pallier plus long-temps ses entreprises politiques contre les souverains, ni les cacher sous le prétexte des intérêts de la religion et de l'église, quand la plupart de ces souverains ne furent plus en contact immédiat avec les domaines de cette même église, et qu'ils ne se trouvèrent plus nécessités, comme l'avaient été souvent les empereurs, de paraître heurter quelquefois les droits que les ministres de la religion s'étaient attribués à la considération des hommes. Aussi, les pontifes romains qui continuèrent, malgré tant de motifs pour se montrer plus prudens et plus modérés, à lancer sans ménagement ni discernement les foudres spirituelles, contribuèrent beaucoup par la fréquence des anathèmes et le nombre toujours croissant de têtes sur lesquels ils demeuraient suspendus, à faire généralement mépriser ces armes de la barbarie et de la superstition.

Après environ trois ans de vacance du saint-siége, Grégoire X succéda au pape Clément IV (1274). Les souverains pontifes, à cette époque, malgré l'ambition parfois heureuse, la ruse ou la violence de quelques-uns d'entre eux, n'avaient encore qu'une autorité d'opinion, une influence politique, plutôt qu'un véritable pouvoir temporel dans les provinces plus immédiatement soumises à leur action matérielle. La Romagne et l'exarchat de Ravenne obéissaient aux empereurs comme la Lombardie ; Rome se gouvernait municipalement comme les villes lombardes. Charles, roi de Sicile, sous le modeste nom de vicaire impérial, était le maître de presque toute l'Italie : aux titres que nous lui avons déjà vu prendre dans le livre précédent, il venait encore d'ajouter celui de seigneur de la plupart des villes guelfes, d'ami et de protecteur des autres. Les papes dépendaient de lui en toutes choses, et s'ils osaient résister sous main, c'est-à-dire presque toujours sans fruit, à son énorme pouvoir, ils étaient obligés, en même temps, de le soutenir ouvertement dans les occasions d'éclat, et lorsque leur influence pouvait réellement être comptée pour quelque chose. Nous attribuerons au premier motif les efforts de Grégoire pour rétablir, par son autorité, la paix entre les guelfes et les gibelins (¹), et la nomina-

(1) Déjà en 1258, le cardinal Tesauro Beccheria avait été envoyé à Florence pour pacifier les deux factions ennemies. Suspect de gibelinisme, les guelfes toscans le décapitèrent ; après quoi Dante le condamna à l'enfer (cant. 32, vers. 19), et les Pavesans, ses compatriotes, lui accordèrent les honneurs du martyrologe et par conséquent la béatitude du paradis. Alexandre IV excommunia et interdit la république. Quinze ans après, Grégoire X, traversant Florence avec Charles d'Anjou et Baudoin, empereur de Constantinople, essaya de reprendre les négociations au point où elles étaient demeurées. Mais menacé de la catastrophe qui avait arrêté le premier pacificateur, le pontife se hâta de continuer son voyage vers Lyon. Il mit également la ville sous interdit, et refusa pendant trois ans de la relever des censures, parce qu'elle refusa également de se laisser imposer le rétablissement de la concorde entre les gibelins et les guelfes. — Lastri, osservat. fiorent.

tion de Rodolphe de Hapsbourg, comme roi des Romains [1]; Grégoire ne fut probablement pas fâché de pouvoir se donner un maître moins voisin de ses états, et qu'il espérait avoir toujours, la facilité d'opposer à Charles, si celui-ci continuait à abuser de son titre de vicaire de l'empire. Mais le pontife compensa bientôt cet acte d'autorité par son entière complaisance pour le même Charles, dans son affaire avec les Génois que le roi de Sicile opprimait injustement et avec une perfidie toute monarchique. La commune de Gênes crut pouvoir prendre les mesures politiques ordinaires en pareilles circonstances. Elle se ligua avec les Pavesans, les habitans d'Asti et le marquis du Mont-Ferrat; mais cette alliance contraire aux intérêts de Charles fut anathématisée par le pape, aussi bien que les peuples qui avaient osé la contracter [2] : Muratori s'étonne, avec raison, de ce qu'il appelle cet excès de tyrannie de la part du pouvoir religieux [3].

L'année suivante se tint le grand concile de Lyon, le second parmi les conciles généraux de cette ville,

piazza di S. Apollinare, t. 5, p. 186 et 187; chiesa di S. Gregorio, part. 2, t. 8, p. 67 e seg.

[1] Alphonse de Castille, couronné à Aix-la-Chapelle (1257), soutenait encore ses prétentions sur l'empire. Quoique les intrigues du calife déjà eussent été cause de l'élection d'Alphonse, sa nomination ne fut cependant jamais ratifiée par les papes.

[2] Les Génois avaient déjà été anathématisés plusieurs fois, comme anciens partisans de Corradin : ils le furent plusieurs fois encore dans la suite, et toujours pour les mêmes motifs, politiques exclusivement.

[3] Raynald. ad ann. 1274, n. 62, t. 22, p. 309.—Gregor. pap. X.

et le quatorzième œcuménique. Cinq cents évêques ;
soixante-dix abbés et plus de mille prélats et théologiens y décrétèrent des secours pour la Terre-Sainte,
et reçurent la promesse de l'empereur élu qui devait
commander les nouveaux croisés. Les pères de Lyon
opérèrent, en outre, une de ces solennelles réconci-
liations politiques entre les chefs de l'église grecque
et le saint-siége, dont nous avons parlé plus amplement
dans la première Époque de cette histoire (¹), et que
nous ne rappelons ici que parce qu'elle fut une des
principales causes des différends qui s'élevèrent bientôt
entre les papes et le roi Charles, et qui déterminèrent
enfin les premiers à donner leur ratification pontificale au plan du massacre appelé les *vépres siciliennes*.

En effet, Charles avait donné sa fille à Philippe, fils
de Baudouin II, empereur latin de Constantinople; il
espérait toujours de pouvoir porter ses armes en Orient
dans son intérêt propre, et s'y servir de celles des
croisés, sous prétexte de rétablir son gendre sur le
trône des Grecs. La conversion de l'empereur Paléologue à la foi romaine renversait ses projets et dé-
truisait ses espérances; une fois les deux églises réunies sous la suprématie du saint-siége, celui-ci allait
avoir des devoirs à remplir envers les Grecs, tout
comme envers les Latins, et il n'y aurait plus moyen

constit. 6, *Bonum pacis*. t. 3 bullar. part. 2, p. 7. — Muratori, annali
d'Ital. anno, t. 7. part. 2, p. 204.

(¹) Liv. 14, t. 3, p. 468.

rclusivement et en tout état de

roi angevin.

emarquer que Grégoire X, pour

le siége de Rome ne demeu-

-temps sans pasteur, comme

lit les conclaves à portes closes,

naux, dix jours après la mort

ssent enfermés, et que, dès lors,

une communication ni directe

lehors; enfin il voulut que, le

réclusion, on diminuât le nom-

a table des électeurs, et que,

lt au pain et à l'eau, sous peine

encourir *ipso facto* pour qui-

observé scrupuleusement la loi

royait pouvoir réussir par ces

s à prévenir les cabales et les

on des cardinaux faisait naître

prétentions des souverains ali-

').

succédèrent rapidement, à la

lean XXI (1276) trouva, comme

en V, que la loi sur les conclaves

à des traitemens trop rigoureux

jui les retenait dans ces hono-

celebrand. apud Raynald. ad ann. 1272.

Ibid. ad ann. 1274, n. 1 et seq. p. 344.

lucens. annal. brev. ad ann. 1274, t. 11

, concil. t. 11, p. 974. — Giovanni Vil-

et pernicieux (¹). Son premier soin, après cela, fut d'excommunier solennellement les Véronais et les Pavesans, dont le seul crime était de s'être montrés, quelques années auparavant, partisans de Manfrédi et de Corradin, son neveu, et d'oser encore, après la défaite de ces princes, persister dans le gibelinisme. Jean XXI était d'ailleurs d'un caractère doux et conciliant; il aimait les savans et recherchait leur conversation : il ne faisait point de distinction entre les grands et le peuple, entre le pauvre et le riche; les talens seuls étaient un mérite à ses yeux. Malheureusement, ce pontife, à tant de qualités qui auraient dû le distinguer des papes qui l'avaient précédé, joignait une aversion d'une importance bien plus grande peut-être pour sa réputation future qu'il ne le crut lui-même : il n'aimait pas les moines; et les moines, seuls écrivains de ces temps de troubles, ne nous ont transmis sa mémoire qu'après l'avoir défigurée par les imputations les plus graves et les plus ridicules. Ils l'ont accusé, entre autres, d'avoir composé un livre plein d'hérésies et d'opérations magiques (²), et, ce qui était bien plus

(¹) Soixante-quinze ans après, Benoît XII crut encore devoir adoucir le sort des cardinaux enfermés en conclave. — Vid. constit. 15, *Licet in constitutione*, t. 3, part. 2, p. 313.

(²) Jean répétait sans cesse en mourant : Que deviendra mon livre? qui achèvera mon livre? Presque tous les auteurs qui laissent après eux des ouvrages non terminés, éprouvent la même inquiétude, sans que, pour cela, il faille supposer qu'ils aient écrit des livres de nécromancie. Voici comment les moines ont rapporté la mort du pape.

horrible à leurs yeux, d'avoir préparé un décret de proscription contre les ordres monastiques [1].

Jean XXI n'avait siégé que huit mois. Le cardinal Cajetan Orsini lui succéda et prit le nom de Nicolas III. Ce pape, aussi zélé pour les intérêts de l'église qu'il l'était pour les siens propres, commença d'abord par penser aux premiers, persuadé que, s'il réussissait dans ses vues, il ne trouverait plus ensuite d'obstacle à l'avancement de sa famille. Sa politique consistait à tenir sans cesse en bride le roi Charles de Sicile, par la crainte que le roi des Romains ne réclamât en Italie les droits de l'empire; il faisait, en même temps, sentir à Rodolphe que le saint-siège pouvait encore augmenter le pouvoir de Charles, seul adversaire que le roi de Germanie aurait eu à redouter, s'il avait manifesté le dessein de prendre la couronne impériale. Innocent profita habilement de cette défiance salutaire; il porta Rodolphe à renoncer à tout droit

Jean XXI avait fait bâtir, sur son propre plan, un appartement qu'il s'était particulièrement destiné; il n'y entrait jamais sans éprouver un mouvement de joie qui le faisait sourire. L'appartement terminé, le pape y coucha, et pendant la nuit il subit les conséquences de son ignorance dans l'architecture et l'art de bâtir; il fut écrasé sous la chute du plafond : ce malheur arriva en punition de son orgueil, dirent les moines, et pour empêcher le pape de nuire aux différens ordres religieux qui couvraient alors la surface de l'Europe.

(1) Joann. pap. XX seu XXI, constit. 1, *Licet*, in bull. t. 3, part. 2, p. 201 — Raynald. ad ann. 1276, n. 39 et 45, t. 22, p. 403 et 404. — Martin. polon. chron. schena. p. 448. — Ptolom. lucens. hist. eccl. l. 23, cap. 24 et 25, t. 11 rer. ital. p, 1176 et 1178. — Siffridus, presbyt. missens. epitom. l. 3, ad ann. 1276, apud Georg. Fabric. rer. german. magn. p. 172.

Faenza, Imola, Bologne, Ferrare, Comacchio, Adria, Rimini, Urbin, Montéfeltro et le territoire de Bagno, avec clause expresse, que la donation était la plus réelle possible, et que le roi des Romains se dépouillait à jamais de toute prétention quelle qu'elle fût sur les provinces et les villes mentionnées dans l'acte. Cette cession, depuis la donation de l'exarchat par le roi Pépin, avait régulièrement été faite avec solennité par tous les empereurs, lors de leur avénement au trône; mais cependant elle n'avait encore eu rien de positif jusqu'à cette époque, et les chefs de l'empire avaient été les seuls souverains reconnus dans la Romagne.

Nous ne savons pas si les nouvelles exigences du pape, bien qu'il les appuyât sur les diplomes des empereurs Othon et Henri, diplomes qu'il rapportait en entier, parurent ou non exorbitantes à Rodolphe : elles furent du moins jugées illégales et irrégulières par les historiens du temps, comme le dit Jean Villani, et cela sur ce qu'un simple roi des Romains n'avait pas qualité pour aliéner les droits des empereurs. Au reste, cette libéralité envers l'église et le saint-siége passa pour une amende que Rodolphe devait à celui-ci,

_____

(1) Avant Rodolphe, les empereurs étaient donc les maîtres à Rome. Tout le monde sait cela aujourd'hui, même ceux qui le nient et qu'il est bon de confondre en leur opposant l'autorité d'un pape. Après quoi, on a droit de conclure de leur mauvaise foi sur ce point; qu'ils ne méritent aucune confiance sur tout le reste.

comme n'ayant point encore satisfait au vœu de passer
en Terre-Sainte, qu'il avait contracté au concile de
Lyon devant Grégoire X : ce fut, dans la réalité, la
crainte d'être traité par les pontifes romains comme
l'avait été Frédéric II, son prédécesseur, pour la même
raison, qui porta le roi allemand à se montrer peu
difficile en cette circonstance. Le pape fit ensuite la
guerre dans ses nouvelles provinces; il les conquit sans
peine : et, malgré les petites révolutions subséquentes,
la Romagne est toujours demeurée à l'église, en vertu
de l'axiome énoncé à ce propos par Jean Villani, savoir ; que « ce que les prêtres prennent, ils ne le
rendent plus (¹). »

Restaient les projets de l'ambitieux auteur du népotisme (²), pour procurer des établissemens brillans
et stables à tous les membres de sa famille. Le moyen
le plus prompt et le plus efficace était de leur faire
acquérir de grandes richesses; pour y parvenir, il

(¹) Raynald. ad ann. 1278, n. 45 et seq. t. 22, p. 465; n. 51 ad 53,
p. 469. — Nicol. pap. III epist. 5, t. 2, l. 1, apud eundem, n. 57 et
seq. p. 472. — Ibid. ad ann. 1279, n. 1 ad 7, p. 483 et seq. — Ptolom.
lucens. hist. eccl. l. 23, cap. 32, t. 11 rer. ital. p. 1182. — Ricordan.
Malespini, cap. 204, t. 8, ibid. p. 1022. — Giovanni Villani, hist.
l. 7, cap. 44 e 54, p. 220 e 225.

(²) Il parut, à cette époque, un livre au sujet des maux occasionnés
par le népotisme et intitulé Initium malorum; il commençait à Nicolas III.
Ce pontife, de la famille des Orsini, comme nous l'avons dit, y était
représenté en pape, entouré d'une quantité infinie d'oursins. On disait
généralement alors que l'abbé Joachim, antagoniste du fameux Pierre
Lombard, appelé le maître des sentences, avait composé l'ouvrage saty-
rique dont nous parlons, et même qu'il lui avait été dicté par un esprit
de révélation et de prophétie. — Vid. F. Francisc. Pipin. chron. l. 1,
cap. 20, t. 9 rer. ital. p. 724.

colas III fut le premier des papes, dit Villani, qui
permit ouvertement la simonie dans sa cour (¹), et il
amassa de cette manière des trésors immenses (²). Il
créa sept cardinaux romains, presque tous ses parens
ou ses amis, et entre autres Jacques Colonna : cette
dernière nomination surprit tout le monde, parce
que la famille des Colonna avait été déclarée incapable
à perpétuité de posséder aucune dignité ecclésiastique,
depuis qu'elle avait épousé le parti de Frédéric I
contre le saint-siège. Après cela, Nicolas voulut rehausser l'éclat de son nom en l'alliant au sang royal
de Sicile : il demanda la nièce de Charles pour un de
ses neveux; mais il eut le chagrin d'essuyer un refus
formel, parce que sa souveraineté n'était pas hérédi-
taire, ou, comme répondit Charles d'une manière

(¹) Peu d'années après, Boniface VIII excommunia par une bulle
tous ceux qui auraient donné ou promis la moindre chose, dans l'intention d'obtenir quelque grâce du saint-siège; ceux qui auraient accepté le don ou la promesse; et même ceux qui n'auraient pas dénoncé
les coupables. Cette bulle fut confirmée, en 1411, par Jean XXIII.
Nous ne conseillerions pas aux solliciteurs des diverses faveurs qu'accorde la cour de Rome, de citer ces pièces aujourd'hui. — Vid. Bonifac.
pap. VIII, const. 2, *Excommunicamus*, t. 3, part. 2, bullar. p. 76, et
Joannis pap. XXIII, const. 1, p. 413.

(²) Le Dante a placé Nicolas III dans l'enfer, la tête en bas, le corps
enfoncé dans le rocher, et les jambes en l'air, avec les plantes des pieds
couvertes de flammes, pour crime de simonie : ce pape devait passer
dans un autre lieu de tourmens, lorsque Boniface VIII serait venu le
relever. Hélas! s'écrie le poète italien, de combien de maux ne fut point
cause le premier don que Constantin fit à l'église!.

   Ahi Costantin, di quanto mal fu matre,
     Non la tua conversion, ma quella dote,
    Che da te prese il primo ricco patre! etc.
       (DANTE, *Inferno*, cant. 19, vers. 71, p. 199.)

piquante, parce qu'il ne suffisait pas de chausser de rouge pour prétendre à un parti aussi élevé. Le pape ne pardonna jamais au roi de Sicile cette humiliation : il se ressouvint aussi avec dépit que ce prince, lors de la mort de Jean XXI, avait fait tous ses efforts pour lui faire donner l'exclusion à la papauté, et pour créer souverain pontife un prélat français, dont il aurait disposé sans peine pour ses projets sur l'Italie et sur l'empire des Grecs. La perte des Angevins fut dès ce moment jurée à la cour de Rome : Nicolas III commença par priver Charles du vicariat de Toscane, sous prétexte que ce titre était injurieux au roi des Romains ; il lui ôta aussi la sénatorerie de Rome, en décrétant que dorénavant ni empereur, ni roi, ni duc, ni comte, ni aucune personne puissante ne pourrait être revêtue de cette charge, sans la permission expresse du saint-siége : le successeur de Nicolas la rendit au roi Charles lui-même ([1]).

([1]) Giovanni Villani e Ricordan. Malespini, loc. cit. — S. Antonin. chron. part. 3, tit. 20, cap. 3, § 3, p. 206. — Nicol. III constit. 2, *Fundamenta*, in bullar. rom. Coquelines, t. 3, part. 2, p. 23. — Benvenut. imolens. in comœd. Dant. commentar. apud Muratori, antiquitat. ital. med. ævi, t. 1, p. 1076 et 1079.

CHAPITRE II.

Tyrannie des Français en Sicile.—Jean de Procida trame leur perte.—Il est soutenu par le saint-siége.—Martin IV, ennemi des gibelins.—Il leur fait une guerre cruelle. —Sac de Forli qui leur avait donné asyle —Vêpres siciliennes.—Tous les ennemis des Angevins, excommuniés.—Duel autorisé par le saint-siége.—Les états du roi d'Aragon, donnés à la France.—Excommunications imprudentes lancées contre les Siciliens.—Croisade honteuse contre les Espagnols.

Sur ces entrefaites, d'une part les instances de Philippe, héritier de l'empire que les Latins avaient usurpé sur les Grecs, et son gendre, de l'autre et bien plus encore sa propre ambition avaient fait hâter les préparatifs que faisait Charles pour son expédition contre Constantinople. L'armement était des plus formidables, et le pape, quoiqu'à regret, eût été obligé d'y joindre les forces de l'église, si une circonstance des moins prévues ne fût venue le tirer de l'embarras dans lequel il se trouvait. Charles, loin de ménager les sujets que l'inique libéralité des pontifes romains et le droit de conquête lui avaient livrés, n'avait rien négligé, au contraire, de tout ce qui pouvait le rendre odieux à son nouveau peuple : des exactions, des cruautés, une tyrannie insupportable, des humiliations et des avanies de toute espèce faisaient regretter journellement aux Siciliens et aux habitans de la Pouille le gouvernement plus doux et surtout plus loyal et moins avilissant de la maison de Souabe.

Jean de Procida, noble salernitain, résolut de délivrer ses compatriotes du joug des Français : sans moyens et sans crédit, il sut par son zèle et sa persé-

vérance conduire à bon port une des entreprises les
plus difficiles et les plus perilleuses, et abaisser l'orgueil d'un des premiers potentats de la chrétienté. Il
se rendit d'abord à Constantinople, fit sentir à l'empereur Paléologue le danger dont il était menacé, et
lui fit comprendre que le seul moyen de détourner
l'orage, était de le faire éclater sur la tête de Charles
lui-même. Chargé de l'or que lui avait confié l'empereur des Grecs, et accompagné de ses ambassadeurs,
Jean passa en Sicile et communiqua ses projets de révolte aux principaux barons de cette île, ainsi que
l'espoir d'un secours aussi prompt qu'efficace. Muni
des lettres des seigneurs siciliens, il s'adressa ensuite
à Pierre d'Aragon, époux de Constance de Souabe et
gendre de Manfrédi, et il l'invita à se mettre à la tête
des mécontens, en sa qualité de roi légitime et unique
héritier de Frédéric II.

De là, Jean de Procida alla tenter la fortune à la
cour du pape; déguisé en frère mineur, il fut introduit
près de Nicolas, et le trouvant déjà mal disposé pour
la branche française de Naples, il n'eut aucune peine,
au moyen surtout des magnifiques présens qu'il sut
distribuer à propos au pontife et à Orso Orsini, son
neveu, à faire prendre un tour favorable à sa négociation. Après avoir reçu l'argent du conspirateur napolitain, Nicolas se laissa entièrement convaincre à la
vue des correspondances que Jean de Procida entretenait avec la cour de Constantinople et les mécontens de
Sicile : ce fut là la raison qui décida le pape à refuser
l'assistance qu'il avait promise à Charles pour son ex-

faire élire un pape qui lui fût entièrement dévoué. Il se rendit à Viterbe, où les cardinaux perdaient leur temps en de vaines disputes, depuis six mois : comme le conclave était ouvert, en vertu de l'abolition du décret de Grégoire X, Charles put tout régler à sa volonté. La violence fut le moyen qu'il jugea à propos d'employer : trois cardinaux Orsini, de la famille de Nicolas, furent tenus en prison au pain et à l'eau, et leurs collègues élevèrent sur le saint-siège apostolique (1281) un chanoine de Tours qui prit le nom de Martin IV (¹). Aussitôt, tous les actes du règne précédent furent cassés, et la direction politique fut changée complè-

---

Nicolas III fut le protecteur zélé de l'ordre des frères mineurs. Aussi dirent-ils qu'après sa mort, on trouva son cœur enveloppé dans une robe de franciscain, faite en chair (cor inventum est in panniculo carnis, ad instar habitus fratrum minorum, indutum.) Saint François avait prédit au père de Nicolas que celui-ci embrasserait l'ordre, non extérieurement, mais de cœur. — Compend. chron. fratr. minor. a F. Mariano de Florent. MS. f° 26.

(¹) Le bon chanoine avait un goût décidé, presqu'une passion pour les anguilles : devenu pape, il s'occupa plus des anguilles renommées du lac de Bolséna que du salut des âmes, s'il faut en croire le Dante et son commentateur. Martin IV faisait étouffer dans du vin blanc les anguilles qui devaient être servies sur sa table, afin de leur donner une saveur plus relevée. Le Dante l'a placé dans le purgatoire pour sa gourmandise, et il l'y a condamné à un jeûne des plus austères et des plus pénibles.

> Dal Torso fù, e purga per digiuno
> L'anguille di Bolsena in la vernaccia.

La gastronomie de ce pape donna lieu aux deux vers latins suivans, qui lui furent faits pour épitaphe :

> GAUDENT ANGUILLÆ, QUOD MORTUUS HIC JACET ILLE,
> QUI QUASI MORTE REAS, EXCORIABAT EAS.

Dante, *Purgator.* cant. 24, vers. 20, p. 243. — Benvenut. imolens. comment. in Dant. comœd. t. 1, antiq. ital. p. 1224. — Cancellieri, lettera al chiar. sig. dott. Koreff, sopra il tarantismo, l'aria di Roma, etc., p. 24.

tement : les guelfes et les gibelins pacifiés par Nicolas III, devinrent de nouveau ennemis par la protection exclusive que l'église accorda aux premiers, afin de créer un parti puissant au roi Charles, et par la guerre acharnée qu'elle fit aux seconds. La plupart des gibelins exilés de leur patrie à cette époque, s'étaient retirés à Forli, et y avaient trouvé l'hospitalité et des secours. Martin IV ne voulut point souffrir une opposition aussi évidente à sa volonté suprême. Il excommunia les habitans de Forli, mit leur ville sous interdit, et obligea les ecclésiastiques, tant séculiers que réguliers, à en sortir sans délai. Il fit plus : par son ordre les biens meubles et immeubles des Forlivais furent confisqués à son profit, en quelque province qu'ils se trouvassent (¹). On publia la sentence d'excommunication à Parme, et on l'étendit à tous ceux qui auraient osé conserver en dépôt chez eux la moindre chose qui eût appartenu à un Forlivais : outre la peine spirituelle dont ils ne pouvaient recevoir l'absolution, ni pendant leur vie, ni à l'heure de la mort (²), les recéleurs étaient condamnés à payer de leur propre fortune la valeur de ce qu'ils avaient voulu cacher à l'avidité des ministres de l'église. Les délateurs, en s'empressant d'obéir au décret ponti-

____

(¹) C'est peut-être la première fois que cette espèce de confiscation eut lieu hors des états de l'église.

(²) Les papes se réservaient ordinairement le pouvoir d'absoudre les excommuniés en bonne santé, et laissaient aux confesseurs ordinaires celui d'absoudre les excommuniés moribonds : il n'est point fait mention ici de cette possibilité d'obtenir le pardon et par conséquent d'éviter la mort et les tourmens éternels.

fical, enflèrent le trésor du légat, à Parme seulement, d'environ trois mille livres impériales (¹).

La guerre se faisait avec une fureur incroyable. Mille sapeurs, armés de leurs haches et de tous les instrumens imaginables de destruction, étaient aux ordres de l'église, et se portaient régulièrement trois fois par semaine, avec les autres troupes papales, sur le territoire de Forli, pour dévaster les propriétés et les champs des infortunés Forlivais. Ceux-ci, sous la conduite de Guy, duc de Montefeltro, et aidés des conseils du philosophe Guy Bonatto, leur concitoyen, se défendirent avec le plus grand courage: ils ne négligèrent pas cependant de demander la paix, et ils laissèrent à la discrétion de Martin d'en fixer les conditions. Mais elles ne furent pas de nature à pouvoir être acceptées par un peuple compatissant et généreux. Le pape exigeait que les Forlivais chassassent de leur ville tous les émigrés gibelins, et il refusait de désigner à ceux-ci un endroit quelconque où ils pourraient enfin trouver la sécurité et le repos. Les malheureux gibelins objectèrent à Martin que, retourner dans leur patrie d'où ils avaient été exilés, c'était se dévouer à une mort certaine; et qu'après avoir été chassés de Forli par le pontife, personne n'oserait plus leur accorder une retraite. Tout fut inutile : les députés gibelins et les ambassadeurs forlivais qui les accompagnaient furent renvoyés honteusement de la cour

(¹) Annal. foroliviens. ad ann. 1279, t. 22, rer. ital. p. 143 et seq. — Chron. parmens. ad ann. t. 9, ibid. p. 797. — Giovanni Villani. L. 7, cap. 56, p. 230.

sur nos pas pour rapporter celles dont Nicolas III,
avant de mourir, avait été, sinon l'instigateur, du
moins une des principales causes. Nous avons dit que
le roi d'Aragon avait accepté le don que le pape lui
avait fait du royaume de Sicile, par l'entremise de
Jean de Procida. Les barons siciliens n'eurent plus
rien à désirer, dès qu'ils se virent soutenus par un
chef, sous l'égide duquel ils pourraient se mettre,
aussitôt qu'ils auraient déclaré ouvertement leur rebellion : il est probable également qu'ils crurent devoir hâter le moment de leur délivrance, de peur que
le nouveau pontife, esclave du roi Charles, ne fît
changer les dispositions favorables de Pierre d'Aragon
à leur égard, en révoquant le don du pape Nicolas, et
qu'il ne mît l'empereur Paléologue, contre lequel il
venait de lancer une sentence d'excommunication,
dans l'impuissance de les secourir. D'ailleurs, les succès des Français, en Sicile, étaient montés à leur
comble; à la plus insupportable tyrannie s'était joint
un mépris insultant, plus insupportable encore. Les
choses étaient arrivées au point que la moindre circonstance pouvait faire éclater la revolte; en effet,
une femme fut insultée publiquement hors des portes
de Palerme, le second jour de Pàques (1282), et le
peuple en fureur donna le signal du carnage par les
trop fameuses vêpres siciliennes. Plus de quatre mille
Français périrent dans ce premier massacre : hommes,
femmes, enfans, vieillards, religieux, prêtres, personne ne fut épargné; on porta la cruauté jusqu'à
éventrer les Palermitaines qui avaient épousé des

Français, afin de leur arracher leurs fruits. Bientôt les autres villes de Sicile, et surtout Messine, suivirent l'exemple de Palerme, et les Français qui échappèrent à cette horrible proscription, ne trouvèrent de refuge que sur le continent ([1]).

A peine la faute était-elle commise, que les Palermitains en sentirent toute l'énormité. Ils eurent recours au pape, afin qu'il obtînt leur pardon du roi Charles. Pour mieux le disposer à la miséricorde, ils chargèrent leurs ambassadeurs de parler au vicaire de Dieu sur la terre, comme on parle à Dieu lui-même, dans les prières qu'on lui adresse; tous leurs efforts furent inutiles. Martin donna aux envoyés siciliens une réponse pleine de fiel et d'ironie ([2]). Sur ces entrefaites, Charles s'était porté avec toutes ses forces de terre et de mer contre Messine. La ville offrait de se rendre à des conditions raisonnables qu'elle déterminait; Charles la voulait à discrétion. Les Messiniens préférèrent la mort des braves au supplice des assassins; ils se défendirent avec courage, malgré les menaces d'excommunication de la part du pape qui leur avait ordonné de se soumettre : l'héroïque résistance des assiégés sera à jamais mémorable. L'opiniâtreté

([1]) Giovanni Villani, l. 7, cap. 61, t. 1, p. 232. — Ricobald. ferrariens. pomar. ad ann. 1282, t. 9, rer. ital. p. 142. — Excerpt. ex Jordani chron. cap. 235, part. 7, in antiq. ital. t. 4, p. 1013. — Benvenut. imolens. commentar. in Dant. comœd. t. 1, ibid. p. 1242.

([2]) Les Palermitains avaient écrit au pape : Agnus Dei qui tollis peccata mundi, etc., répété trois fois; Martin leur répondit, trois fois, par la phrase de l'évangile : Ave rex Judæorum, et dabant ei alapam.

des Siciliens et le débarquement de Pierre d'Aragon
dans l'île forcèrent le roi Charles à la retraite; avant
de partir cependant, il écrivit une lettre pleine de
hauteur à Pierre, son concurrent, et en reçut une réponse non moins fière et non moins menaçante. Nous
n'aurions pas fait mention de ces deux pièces, que
quelques écrivains modernes ont cru fabriquées à
plaisir par les historiens du temps, si elles ne présentaient pas la circonstance singulière du titre de roi de
Sicile, pris également par les deux rivaux, et par tous
deux en vertu d'une donation du saint-siége; non authentiques, elles n'en servent que mieux à démontrer
quelle était dès-lors l'opinion publique sur la guerre
dont nous parlons (¹).

Quoi qu'il en soit, le pape lança bientôt des anathèmes terribles contre les rebelles et contre Pierre
qui les soutenait : il déclara que ce dernier, seulement
pour avoir osé attaquer Charles, avait encouru toutes
les censures prononcées précédemment contre quiconque se serait opposé au roi de Sicile. Ce fut en
vain. Charles crut alors n'avoir plus d'autre ressource
que de proposer à son antagoniste de décider leur
querelle par un duel. Pierre accepta; et, selon les
écrivains de cette époque, ses ambassadeurs jurèrent
devant le pape que leur maître aurait observé loyale-
ment les conditions du défi. Rinaldi, prêtre de l'Ora-
toire et continuateur des annales ecclésiastiques du

(¹) Giov. Villani, l. 7, cap. 63, p. 234; cap. 65 ad 68, ibid. et cap.
71 et 73, p. 239 et 240.

gon, de Valence et de Catalogne qu'il tenait de ses ancêtres; il excommunia les amis, les adhérens, les conseillers de Pierre, et ceux qui n'auraient point reçu
avec respect la sentence qui le déposait; il délia ses
sujets du serment de fidélité, et anathématisa, enfin,
tous ceux qui désormais auraient eu la témérité de
l'appeler *roi*, malgré les ordres du saint-siége. Pierre fut
le premier à se soumettre à la défense pontificale sur ce
dernier article, et il s'intitula ironiquement : « Pierre
d'Aragon, chevalier, père de deux rois et seigneur de
la mer. » Martin livra les états de ce prince à la France,
afin qu'elle en disposât en faveur de celui qu'elle ju-
gerait à propos; Charles, comte de Valois et second
fils de Philippe-le-Hardi, fut préféré, et le pape lui
conféra solennellement l'investiture des provinces
d'Espagne, toutefois comme fiefs relevans du saint-
siége, et sous condition de prêter le serment de fidélité prescrit par la bulle de donation. Pour faciliter les
conquêtes de Charles de Valois, le pape mit le royaume
d'Aragon sous interdit, et prêcha une croisade, avec
indulgences de coulpe et de peines, contre Pierre
et les habitans des terres qui lui avaient appartenu (¹).

(¹) Martin. IV constit. 5, *De insurgentis*, in bullar. t. 3, part. 2, p. 31.
— Giovanni Villani, l. 7, cap. 85 e 86, t. 1, p. 248. — Giachetto Malespini, cap. 217, t. 8, rer. ital. p. 1037. — Excerpt. ex Jordan. chron.
cap. 230, part. 7, in antiq. ital. t. 4, p. 1044. — Raynald. ad ann. 1283,
n. 6, t. 22, p. 340. — Bulla deposit. Petr. aragon. 13 cal. april. Urbevet.
ibid. n. 16 ad 23, p. 552 et seq. — Alter. 6 cal. septembr. ibid. n. 25 et
seq. p. 555. — Simon. comit. Mont. Fort. chron. ad ann. 1285, apud
Duchesne, in append. ad t. 5, p. 786.

L'événement ne tarda pas à prouver surabondamment que des anathèmes ne sont nullement le gage assuré de la victoire. Le prince de Salerne, fils du roi Charles, tomba entre les mains du brave Roger dell'Oria, amiral de Pierre d'Aragon, et demeura son prisonnier en Sicile. Les légats de Martin travaillaient sans relâche, sur ces entrefaites, à faire rentrer les habitans de cette île sous l'antique obéissance de la maison d'Anjou; voyant qu'ils faisaient des efforts impuissans, ils eurent recours aux interdits et aux censures, et ils irritèrent tellement les Messiniens par cette mesure rigoureuse et hors de saison, qu'il s'ensuivit un massacre général des prisonniers français détenus à Messine. Il s'en fallut de bien peu que Charles II, prince de Salerne, devenu roi de Naples par la mort du roi Charles, son père, ne pérît sous les coups des Siciliens que l'imprudence des légats avait rendus furieux : ils voulaient le sacrifier à la mémoire du jeune Corradin, et venger sur lui la mort ignominieuse du dernier rejeton mâle des ducs de Souabe, sous les yeux de la fille de Manfrédi, leur reine. Mais la généreuse Constance sut donner le change à l'aveugle animosité de ses sujets, et elle sauva son ennemi, en l'envoyant prisonnier en Catalogne au roi Pierre, son mari (1).

Ce trait ne toucha point le cœur du roi de France, et ne diminua en rien le désir qu'il éprouvait de dé-

---

(1) Giovanni Villani, l. 7, cap. 92 e 95, p. 253 e 255. — Ricobald. ferrariens. in pomario, t. 9, rer. ital. p. 142.

pouiller Pierre de ses états d'Aragon, en vertu des décrets de la cour de Rome. Le cardinal Jean, légat en France, avait prêché la croisade, dès l'an 1284, contre le monarque espagnol : l'année suivante, la guerre entreprise par les Français, appelée *guerre sainte*, parce qu'elle se faisait contre des excommuniés, fut continuée avec acharnement. Les croisés commirent des excès honteux ; ils se rendirent coupables de sacriléges sans nombre pour le service de l'église : mais ils furent bientôt obligés de se retirer sans honneur et sans succès, emportant avec eux le roi Philippe, déjà gravement malade, et qui mourut à Perpignan de chagrin et de fatigue. Pierre d'Aragon et le pape Martin IV venaient également de mourir. Un changement total de personnages promettait aussi un changement de choses, et par conséquent la paix dont l'Italie, la France et l'Espagne avaient un si grand besoin. Cela aurait peut-être eu lieu entre souverains dont le règne n'eût été que de ce monde; mais la haine des prêtres est surhumaine. Toute de principes et d'intérêts, jamais elle n'est exclusivement personnelle. Elle se transmet par esprit de corps comme un héritage, et s'attache à plusieurs générations, jusqu'à ce qu'elle soit satisfaite. Honorius IV, successeur de Martin, aussitôt après qu'il eut pris possession de son siége, renouvela, à plusieurs reprises, les sentences d'excommunication contre toute la famille du roi Pierre, et nommément contre Constance, son épouse, Jacques, son fils et son héritier en Sicile, et contre les deux évêques qui avaient assisté au couronnement de ce dernier (¹).

(¹) Excerpt. ex Jordan. chrou. cap. 235, part. 7, in antiq. ital. t. 4. p. 1015 et 1016. — Nicol. Special. hist. sicul. l. 2, cap. 1 ad 6, t. 10, ibid. p. 947. —Bartholom. de Neocastr. hist. sicul. cap. 91 ad 98, t. 13, ibid. p. 1103. — Giovanni Villani, l. 7, cap. 101 ad 104, t. 1, p. 258 et seq. — Raynald. ad ann. 1286, n. 6 et seq. t. 23, p. 3.

NOTE SUPPLÉMENTAIRE.

Le duel approuvé par l'église.

Les combats singuliers faisaient partie des jugemens de Dieu, et ils ont été, non seulement tolérés et approuvés, mais même conseillés, prêchés et ordonnés par l'église, aussi bien que les épreuves de l'eau, du feu, de la croix, du pain et du fromage, comme on le verra dans une note supplémentaire du second livre, chap. 3, 2ᵉ partie de cette Époque, tome 6. Les prêtres, quoique dispensés de se battre personnellement, n'usèrent pas toujours de cette dispense, et même se firent dispenser, pour pouvoir se battre, de l'obéissance aux canons qui leur défendaient de verser le sang.

Les évêques, au dixième siècle, bien loin de s'opposer aux duels, ratifiaient par leur adhésion les lois qui prescrivaient ces épreuves. Othon II, en 983, assisté des grands et des prélats de son empire, assemblés en diète, c'est-à-dire en une espèce de concile politique à Vérone, publia ses réglemens sur le duel : il fut décidé que la fausseté ou l'authenticité des titres se prouverait par la *monomachis*. Les chanoines, les clercs, les moines et les religieuses purent dès lors défendre canoniquement leurs causes de cette manière, moyennant le bras de leur avocat ou champion.

Au commencement du onzième siècle, les moines de Saint-Denys demandèrent au roi Robert, et obtinrent la permission de soutenir leurs droits et de défendre leurs biens par des combats judiciaires (Damus Deo et sancto Dyonisio... legem duelli, quod vulgo dicitur *campus*). Le monastère de Saint-Germain-des-Prés jouit bientôt de la même faveur. L'empereur saint Henri (1020) sanctionna l'épreuve du duel, non seulement par sa présence, mais aussi par des lois expresses qui reçurent l'approbation des archevêques de Milan, de Ravenne et de Trèves, et de beaucoup d'évêques de son empire. En 1052, le clergé de Volterre obtint spécialement de l'empereur Henri le privilége de vider toutes ses querelles par le duel. Ce prince avait décrété que tout homme accusé d'en avoir tué un autre, sans qu'il y eût de preuves et sans qu'il avouât son crime, subirait, s'il était libre, l'épreuve de la monomachie, s'il était serf, celle de l'eau bouillante : le refus de s'y soumettre entraînait la condamnation. Quarante-six ans après, la dévote comtesse Mathilde ordonna le duel aux bénédictins de Reggio en Lombardie, contre des paysans qui réclamaient un champ possédé par la communauté de ces religieux ; mais le combat fut troublé par les plaintes des moines, qui crièrent au maléfice, dès qu'ils eurent vu le champion de leurs adversaires jeter à la tête de celui qui les défendait, un gant de femme, bariolé de diverses couleurs.

Au douzième siècle (1109), ce furent les chanoines de Notre-Dame de Paris qui obtinrent de Louis VI pour leurs serfs (esclaves) la jouissance du droit des hommes libres, celui de porter témoignage et de se battre ; ce qu'à la demande *raisonnable* de Galon, évêque de Paris, le pape Paschal II se fit, dit-il (le 9 des calendes de février 1111), un devoir de conscience de confirmer, parce qu'il n'était pas juste qu'une famille ecclésiastique fût soumise aux lois qui obligent les séculiers, dont les serviteurs n'étaient point admis en justice à porter témoignage en faveur de leurs maîtres. Louis VI ne tarda pas à étendre ce privilège aux églises de Saint-Martin des-Champs, Saint-Germain-des-Prés, Sainte-Geneviève, Saint-Maur-des-Fossés, etc. Ajoutons à cela que le pape Eugène III consulté sur la légitimité du duel entre serfs ecclésiastiques dans la cour de justice de l'église (l'officialité), le parvis du palais épiscopal ou de la maison de l'archidiacre, répondit : « que chacun fasse comme il a coutume de faire (utimini consuetudine vestra). » Aussi trouvons-nous dans les lettres de Godefroi, abbé de Vendôme et cardinal, que Renaud Chesnel, clerc du diocèse de Saintes, s'était battu avec Guillaume, moine de Vendôme, ce que Godefroi condamne doublement, d'abord comme étant, dit-il, contraire aux lois ecclésiastiques et aux décrets du saint-siége qui défendent le duel, et ensuite parce que le combat singulier entre Guillaume et Chesnel avait eu lieu sans les témoins requis par les lois civiles sur la matière.

Le quatrième concile général de Latran, douzième œcuménique (1215), interdit le duel aux prêtres, ce que le droit canon a ratifié au titre *De clericis pugnantibus*. Mais les laïques en conservèrent encore longtemps l'usage, sinon approuvé, au moins toléré sciemment par l'église, même après que les princes séculiers eurent prononcé des lois prohibitives et sévères à cet égard ; cela se prouve évidemment par le profit que le clergé ne rougissait pas d'en retirer, lorsque l'occasion se présentait, comme firent les chanoines de Saint-Pierre, dont parle Brantome. Un chevalier avait fait vœu, par pénitence, de combattre un autre chevalier et de le livrer à l'église, ce qu'il accomplit exactement ; et les chanoines qui reçurent ce don singulier, réduisirent le chevalier vaincu en servitude, « sans qu'il osât jamais sortir, et se tenait céans (dans le temple catholique) comme esclave et lutin, etc., etc. » On confessait ordinairement ses péchés, avant d'aller se battre en duel, et les prêtres, en donnant l'absolution, promettaient une victoire certaine aux combattans, et « leur en répondaient, dit Brantome, comme si Dieu leur en eût donné une patente.... Force combats, ajoute le même écrivain, se sont faits d'autrefois aux terres de l'église, comme je l'ai vu la première fois que je fus jamais en Italie, le pape les sachant, voire leur accordant; et les sûretés y étaient plus grandes qu'aux autres terres. »

Les duels se faisaient au nom de saint Georges, le bon chevalier, de saint Denis, de madame sainte Marie, mère de Dieu, et de Dieu même. Les combattans faisaient le signe de la croix, et juraient sur l'évangile, par Dieu et par ses saints, avant de s'attaquer. Ces mêmes duels à outrance qui avaient lieu en l'honneur des dames, et pour mériter les bonnes grâces de sa maîtresse, étaient offerts « à la benoîte Trinité, à la glorieuse Vierge Marie et à monseigneur saint Michel, archange. » Il y avait une chapelle dédiée à *la grâce Notre-Dame*, dans l'église de Notre-Dame à Paris, où l'on disait une grand'messe tous les dimanches, et une messe basse tous les jours, pour les chevaliers qui se consacraient à cette sanguinaire dévotion; et on y célébrait un service funèbre et dix-sept messes, pour chaque membre de la confrérie qui s'était fait tuer en duel. Les missels contenaient une *Missa pro duello*, qu'on disait toutes les fois que quelque bretteur le demandait. En 1509, Jules II défendit par une bulle, de permettre encore à l'avenir le duel dans les états de l'église, ce que Léon X confirma, dix ans après, et ce que Pie IV étendit à tous les états catholiques, en 1560 : cependant il fallut bientôt de nouvelles bulles contre les duels, en Aragon, en Catalogne, à Valence, etc.

Vers le milieu du seizième siècle, le concile de Trente avait aussi défendu tout combat singulier, par le dix-neuvième chapitre de sa vingt-cinquième session; mais les casuistes modernes, principalement les jésuites, n'eurent aucune peine à éluder cette défense, en légitimant le principe barbare du point d'honneur, dans ses plus grands excès. Benoît XIV, à l'occasion de plusieurs propositions que quelques-uns de leurs venaient de soutenir en faveur des combats singuliers, confirma, par sa constitution du 10 novembre 1752, les décrets du concile et de Benoît XIII contre les duellistes : il ordonna de plus, que ceux qui mourraient des suites d'un duel, seraient privés de la sépulture ecclésiastique, quoiqu'ils eussent déclaré se repentir de leurs fautes et qu'ils s'en fussent fait donner l'absolution. Néanmoins, il fallut qu'une révolution générale dans les mœurs et les principes en Europe vînt à l'appui de ces lois religieuses, pour faire diminuer un abus que les Barbares y avaient introduit, que l'ignorance avait maintenu et que la religion elle-même avait, pour ainsi dire, sanctifié. — Leg. longobard, Lib. tit. 9, *de homicidiis*, leg. 39, apud Lindenbrog. in cod. leg. antiquar. p. 534. — Eædem, apud Muratori, part. 2, t. 1, rer. ital. p. 468. — Antiq. ital. med. ævi, dissertat. 39, t. 3, p. 638, 641 et 647. — Ducang. glossar. ad vocem *duellum*, t. 2, p. 1668 et seq. et 1673 ; *mono-machia*, t. 4, p. 1023 ; *pugna*, t. 5 , p. 965. — D. Carpentier , supplem. ad Ducange, voce *duellum*, t. 2, p. 175. — Concil. lateranens. IV, cap. 18 , apud Labbe, t. 11, p. 169. — Brantome, disc. 7 , art. 1, *Jeanne I*, t. 2 , p. 505 ; *disc. sur les duels*, t. 8, p. 18 , 53 et 145. — Henri Sauval , hist. et antiq. de la ville de Paris, l. 10, t. 2 , p. 579. — Pallavicini, stor. del concil. l. 24, cap. 7, *decreto di riforma*, n. 19, t. 2 , p. 1021. — Can. et decret. conc. trident. sess. 25, cap. 19 , p. 231. — Lett. provinc. lett. 7, t. 2 , p. 396 ; lettr. 14 , t. 4 , p. 77, 95 et suiv. — Chron. saxon. vid. Recueil des histor. de France, t. 10, p. 231. — Robert. reg. diplomat. n. 19, ibid. p. 591 ; n. 40 , p. 612. — Ex miracul. S. Benedicti, ibid. t. 11 , p. 484. — Gaufrid. II, episcop. carnot. elog. ibid. t. 14, p. 333. — Baluz. miscellan. t. 2 , p. 185 ad 188. — Gallia christian. t. 7, col. 56. — Félibien , hist. de Paris, l. 3 , n. 66, t. 1 , p. 142 et 143. — Ordonnances du Louvre , t. 1, préf. p. 34. — Abb. Lebeuf , hist. du diocèse de Paris, part. 1 , chap 1, *ca-thédrale*, t. 1 , p. 14. — Goffrid. abb. vindocin. l. 3 , epist. 39 ad Petr. Sancton. episcop. in biblioth. patr. , sæcul. 12 , part. 2, t. 21 , p. 36. — Decretal. Gregor. IX, l. 5 , tit. 14 , t. 2 corp. jur. can. p. 246. — Julii , pap. II , constit. 24 , *Regis pacifici*, t. 3 , bull. part. 3, p. 309. — Leon. X const. 34 , *Quam Deo* , p. 467. — Pii IV constit. 24, *Ea quæ*, t. 4 , part. 2, p. 51. — Gregor. XIII const. 18, *Ad romani* , t. 4 , part. 3, p. 255, etc. — Contin. di Muratori, annal. d'Ital. anno. 1752, t. 12 , part. 2 , p. 41.

CHAPITRE III.

Le pape s'oppose à la paix entre l'Espagne et la France. — Gibellinisme de Nicolas IV.
— Il force Charles II d'Anjou au parjure. — Sanglante inimitié entre les Colonna et
les Orsini. — Nullité du pape Célestin V. — Les cardinaux le forcent d'abdiquer. —
Boniface VIII. — Il fait enfermer Célestin. — Affaires de Sicile. — Grandt, archevêque
de Lunden, emprisonné par Éric-le-Pieux. — Éric, condamné par Boniface VIII. —
Il se soumet et est absous. — Proscription des Colonna. — Défense de conseil. —
Croisade contre eux. — Mauvaise foi du pape.

Charles II, de la maison d'Anjou, était toujours
prisonnier en Catalogne, et ne pouvait par cela même
ni penser à reconquérir ce qui lui avait été enlevé, ni
même jouir de ce qui lui, restait encore de villes sur
le continent. On chercha à le tirer de cette position
doublement critique; et, par la médiation de l'Angleterre, il fut résolu que Charles serait libre de reprendre
possession de tout le royaume de Naples, excepté de
la ville de Reggio, en Calabre, qui devait demeurer
au roi Jacques avec la souveraineté de la Sicile : une
seconde condition du traité portait aussi que les Français renonceraient à toutes leurs prétentions sur les
états d'Aragon. Mais Honorius n'approuva point cet
accord : l'an 1287, peu de semaines avant de mourir,
il écrivit à Charles II, pour le blâmer paternellement
du pas important qu'il avait fait sans la participation
du saint-siége, et, en même temps, il cassa tous les articles de la paix que les souverains venaient de signer
si solennellement ([1]).

Un frère mineur, sous le nom de Nicolas IV, prit la

([1]) Raynald. ad ann. 1287, n.4 ad 6, t. 23, p. 19.

place d'Honorius. Créature de Nicolas III, il était, comme lui, gibelin prononcé, et avait épousé tous les intérêts de la famille des Colonna, comme si c'eussent été les siens propres. Il porta si loin son fanatisme à cet égard, qu'il fit cardinal Pierre Colonna qui était marié, et dont la femme fut par conséquent obligée de se faire religieuse. Aussi Nicolas IV fut-il représenté, à cette époque, dans le livre intitulé : *Initium malorum*, sous la forme d'une colonne, au haut de laquelle on voyait seulement la tête du pontife; deux autres colonnes se trouvaient à ses côtés et semblaient le diriger dans ses opérations (¹). Cela n'empêcha pas Nicolas de persévérer dans le système embrassé par ses prédécesseurs, en faveur des guelfes angevins de Naples. Édouard, roi d'Angleterre, s'était tant donné de peine pour rétablir la paix entre les deux familles prétendantes du royaume de Sicile, qu'il avait enfin réussi à faire donner la liberté à Charles II, sur la simple promesse faite à Alphonse, roi d'Aragon, de porter Charles de Valois et toute la maison de France à renoncer aux droits que Martin IV leur avait donnés sur l'Espagne, et de faire confirmer cette renonciation par le saint-siége. Il devait, si ces démarches étaient infructueuses, se constituer de nouveau prisonnier d'Alphonse, à un terme fixé. Nicolas IV, loin de souscrire à cet arrangement, se hâta de l'annuler, et délia Charles d'Anjou

---

(¹) Au dessus de cette représentation que l'on appellerait aujourd'hui *caricature*, se trouvait l'inscription suivante : Nicolaus papa IV, error, confusio concitabitur.

des obligations qu'il avait contractées envers le prince
espagnol pour recouvrer sa liberté, obligations qu'il
appela horribles et abominables : le pape, outre cela,
mit sur la tête du jeune Charles la couronne de Sicile et de Pouille, et accabla Alphonse des malédictions de l'église (¹).

Nicolas IV mourut en 1292; mais les maux dont il
avait été cause demeurèrent après lui, et, pendant
cent cinquante ans, les conséquences de ses actes
remplirent Rome de troubles et de massacres. La protection exclusive accordée aux Colonna avait réveillé
le parti gibelin dans cette ville, ou plutôt l'y avait
fait naître. Les Orsini, autre famille puissante et, par
ce seul motif, ennemie des Colonna, épousèrent le
parti contraire, et la capitale de l'Europe catholique
vit se commettre dans son sein les mêmes horreurs
qui, depuis plus d'un siècle, ensanglantaient toutes
les provinces de l'Italie. Les papes eux-mêmes furent
finalement victimes des désordres que leur ambition
particulière avait fait naître : en effet, on peut
dire, avec fondement, que le népotisme des pontifes
romains fut un des principaux obstacles à l'affermisse-
ment de leur souveraineté réelle comme princes régnans ; car, outre qu'il les empêcha de travailler
avec la même ardeur à la conservation et à l'accrois-
sement de leur puissance universelle sur les rois et
sur les peuples, d'où dépendait exclusivement leur

(¹) Giovanni Villani, l. 7, cap. 118, 124 e 129, p. 267. 271 e 274.
— Raynald. ad ann. 1289, n. 13, t. 23, p. 50. — Fr. Francisc. Pipin.
chronicon, l. 4, cap. 23, t. 9, rer. ital. p. 728.

existence politique, les deux familles dont nous venons de parler, élevées au plus haut degré de puissance, sous les règnes de Nicolas III et Nicolas IV, furent dorénavant les plus dangereuses rivales de la domination temporelle des souverains pontifes sur les états de l'église. Malheureusement pour la tranquillité des peuples, ce ne fut point le seul résultat de la funeste inimitié entre les Colonna et les Orsini.

Elle commença à se manifester dans le conclave assemblé pour l'élection du successeur de Nicolas, Matthieu Orsini, chef de la faction des cardinaux qui voulaient un pape favorable au roi Charles d'Anjou, et Jacques Colonna, à la tête du parti opposé, fomentèrent les troubles du sacré collége pendant près de vingt-sept mois, et cette longue vacance du siège apostolique ne se serait pas même terminée de sitôt, si une circonstance des plus singulières n'était venue y mettre fin. Un pauvre ermite du royaume de Naples avait prédit ce qui était aussi indubitable que naturel, savoir, que les cardinaux mourraient les uns après les autres, s'ils persévéraient dans leurs coupables intrigues. Le cardinal d'Ostie, qui était en correspondance avec le solitaire, communiqua cette prophétie à l'assemblée, et Benoît Gaëtan, que nous verrons bientôt monter sur la chaire de saint Pierre sous le nom de Boniface VIII, tout en se moquant de l'insignifiante vision par laquelle on voulait les épouvanter, en devina sans peine l'auteur, et découvrit son nom à ses collègues. Pierre Morone, ainsi s'appelait l'ermite, devint l'objet de tous les discours des cardinaux.

On vanta sa vertu, sa piété, son humilité; on le jugea digne d'être pape, et il le fut en effet ([¹]).

Mais l'événement ne répondit guère aux espérances qu'avait fait concevoir une élection si extraordinaire et qui par cela même paraissait si immédiatement due à une inspiration divine. Célestin V (ce fut le nom que prit le nouveau pontife) était simple et sans expérience, autant qu'il était doux et vertueux : le cardinal Jacques, son historien, nous l'a dépeint comme un ignorant, sans principes sûrs pour se conduire, toujours prêt à devenir le jouet de l'adresse et de la séduction, ne sachant rien refuser, confondant tout, sans solidité dans les idées, sans gravité dans les opérations. Il ne commettait jamais une faute par méchanceté, ajoute Jacques de Voragine, archevêque de Gênes; mais sa simplicité faisait le plus grand tort à l'église. Il accordait plusieurs fois les mêmes grâces et à diverses personnes. Ses ministres, au moyen des blancs-seings qu'il leur laissait entre les mains, se portaient aux excès les plus scandaleux. Charles, roi de Naples, sut profiter adroitement de la disposition des choses : il s'empara de l'esprit de Célestin, né son sujet, et il le rendit bientôt son esclave. Il lui fit créer douze cardinaux presque tous français ou napolitains; et enfin il lui fit prendre la résolution de transférer la cour pontificale à Naples.

Les cardinaux s'aperçurent alors de la faute dans la-

([¹]) Giovanni Villani, l. 7, cap. 150, t. 1, p. 287. — Jacob. card. in vit. Cœlestin. pap. V, l. 2, cap. 1, part. 1, t. 3, rer. ital. p. 624.

quelle ils étaient tombés, en élisant un homme qui ne savait ni se guider lui-même, ni guider les autres, dans les circonstances épineuses où se trouvait l'église. Ils virent clairement qu'ils n'entraient plus pour rien dans le gouvernement des affaires ecclésiastiques et civiles, parce que le pape, selon les expressions de l'archevêque de Gênes, voulait faire la plupart des choses « dans la plénitude de son pouvoir, ou plutôt dans la plénitude de son ignorance. » Ils cherchèrent à réveiller la délicatesse de sa conscience, et ils le portèrent à renoncer à ses dignités et à sa place, comme le seul remède qui lui restait pour sauver l'église et son âme. Le cardinal Benoît Gaëtan fut le principal instrument de cette nouvelle intrigue : on prétend même qu'il disposa le pape dégénéré, comme l'appelle Ferret de Vicence, à reprendre sa vie solitaire, au moyen de la peur qu'il lui faisait pendant la nuit, en lui annonçant, au travers d'un long tube, les prétendus ordres du ciel. Au reste, Benoît Gaëtan mena fort rudement le bon Célestin, dans tout le cours de la négociation, nous disent les auteurs contemporains; et, pour que la révolution qu'il méditait eût plus de stabilité, il conseilla au pape de promulguer préalablement un décret qui permît aux souverains pontifes de renoncer au gouvernement des affaires de la chrétienté, et aux cardinaux d'accepter leur démission. Benoît était bien sûr que, ce pas important une fois fait, il aurait obtenu sans peine pour lui-même le trône qu'il enlevait à Célestin, puisque le choix du conclave devait dépendre de Charles, et qu'il croyait peu difficile de faire incliner l'esprit du roi en sa faveur. En effet, il alla trouver ce prince, et lui dit que Célestin avait, à la vérité, voulu le servir, mais qu'il n'avait été ni assez adroit ni assez hardi pour le faire; que lui, au contraire, le voudrait et le pourrait. Charles crut ce que lui disait le rusé cardinal; il lui assura les votes des douze cardinaux nommés par Célestin, et Gaëtan, en montant sur la chaire de saint Pierre, prit le nom de Boniface VIII (¹).

Boniface était enflé d'ambition, dur, arrogant et fastueux, selon les chroniques du temps; il méprisait tout le monde, et disait hautement qu'il se croyait tout permis pour l'intérêt de l'église que, sans aucun doute, il confondait monarchiquement, d'abord avec celui de la papauté, puis avec son propre intérêt. Le premier soin de ce pape fut d'annuler toutes les grâces accordées par Nicolas IV et Célestin V, ses prédécesseurs : « il fit brûler les actes du règne de Célestin, dit le cardinal Jacques, et les papiers blancs, signés et scellés que ce pontife avait distribués à ses prélats, afin qu'ils les remplissent comme ils l'entendaient. » Jacques ajoute immédiatement : « que les sénateurs romains firent de même à l'égard des actes de Domitien, après avoir assassiné cet empereur. » Nous avons re-

(¹) Jacob. a Voragine, chrou. januens. cap. 9, ad ann. 1294, t. 9, rer. ital. p. 54. — Ferr. vicentin. hist. l. 2, ibid. p. 966. — Ptolom. cens. hist. eccl. l. 24, cap. 33, t. 11, ibid p. 1201. — Jacob. card. tit. Cœlestin. pap. V, l. 3, cap. 11 ad 19, part. 1, t. 3, ibid. p. 638 et seq. —Bonifac. pap. VIII, constit. 1, *Gloriosus*, t. 3. bullar. part. 2, p. 76. — Excerpt. ex Jordan. chron. cap. 236, part. 1, in antiq. ital. t. 4, p. 1018. — Ib. part. 3, p. 1020. — Giovanni Villani, l. 8, cap. 5 et 6. p. 292 et 293.

marqué ce passage à cause du rapport qu'il présente avec la mort violente de Célestin, dont quelques auteurs ont accusé Boniface VIII. Comme une grande partie de l'église s'opposait à la validité de l'abdication du premier, que plusieurs prélats l'exhortaient même à reprendre les ornemens pontificaux, et que la faiblesse passée de Célestin n'était rien moins qu'un sûr garant de sa constance dans les dernières résolutions qu'il avait prises, Boniface se vit, pour ainsi dire, forcé de s'assurer de lui. Célestin, prisonnier du pontife, chercha à se soustraire à sa puissance : il fut rejoint dans sa fuite par les satellites de Boniface; et, confiné dans la forteresse de Sulmone en Campanie, il finit misérablement ses jours dans la pénitence. L'auteur de la vie de Célestin V nous entretient longuement des souffrances et de la résignation de son héros, dans la prison où le pape le retenait : il nous parle des miracles qu'il fit après sa mort, et va même jusqu'à le comparer à Jésus-Christ, pour le mettre en opposition avec le pontife, son successeur, qu'il appelle Hérode. Boniface VIII fit enterrer le cadavre de Célestin à dix brassées sous terre, de peur qu'on ne le retrouvât, et qu'il ne fût vénéré comme un saint. Il obtint cependant cet honneur et celui de voir ses vertus et ses miracles préconisés par l'église, dix-huit ans après, c'est-à-dire lorsque Clément V, comme nous le verrons dans le livre suivant, eut été forcé par la cour de France à condamner en toutes choses et à outrager la mémoire de Boniface VIII ([1]). L'inspec[...]ne

---

([1]) Le Dante place saint Célestin V en enfer, parmi [...]ut

de Célestin V fit connaître qu'il avait eu la tête percée d'un clou ([1]).

Dès qu'il fut solidement établi sur le trône, Boniface chercha à étendre sa puissance et à faire briller en tous lieux la magnificence pontificale, même par les moyens les plus extraordinaires, dit la chronique de Simon de Montfort ([2]). Il songea avant tout aux affaires de Sicile. Le roi Jacques avait succédé en Aragon, à Alphonse, son frère; et, avant de prendre possession de ses nouveaux états, il avait voulu s'en assurer la tranquille jouissance, en cédant finalement tous ses droits sur la Sicile à Charles, roi de Naples, sur les pressantes instances du pape qui, de son côté, avait obtenu de Charles de Valois une renonciation formelle de ses prétentions sur l'Aragon, en faveur du même roi Jacques. Soit mauvaise foi de ce dernier, soit am-

jamais mérité ni louange ni gloire, parce que la lâcheté de son caractère l'avait fait renoncer à la papauté.

([1]) Jacob. cardin. de elect. et coronat. Bonifat. pap. VIII, l. 1, cap. 4, part. 1, t. 3 rer. ital. p. 643. — Ptolom. lucens. hist. eccl. l. 24, cap. 34, t. 11, ibid. p. 1201. — Benvenut. imolens. in comœd. Dant. comment. t. 1, antiq. ital. p. 1074. — Excerpt. ex Jordani chron. ut supra, t. 4, p. 1049. — Giovanni Villani, l. 8, cap. 5 et 6, p. 293. — Petrus de Aliaco, card. apud Bollandist. vit. sanct. 19 maji, l. 2, n. 15 ad 17. t. 4, p. 495. — Clement. pap. V, constit. 15, *Qui facit*, in bullar. t. 3, part. 2, p. 140. — Petrarch. de vit. soliter. l. 2, sect. 3, cap. 18, p. 266. — Dante, *infern.* cant. 3, vers. 58, f° 20, verso.

([2]) L'auteur anonyme de cette chronique rapporte, dans le même endroit, que, si Celestin V avait fait des miracles pendant sa vie et après sa mort, Boniface VIII en fit également pendant sa vie; mais la puissance d'opérer des prodiges lui manqua merveilleusement à dater de sa mort, ajoute le même écrivain. — Simon. comit. Mont. Fort. ad ann. 1294, apud Duchesne, t. 5, p. 787.

bition du jeune Frédéric, frère de Jacques, soit répu-
gnance des Siciliens pour le joug de leurs premiers
maîtres, toujours est-il que la Sicile ne passa pas encore à cette époque sous la domination des Angevins.
Frédéric fut couronné roi par les Siciliens et excommunié par le pape, ainsi que ses nouveaux sujets et
Jacques d'Aragon. Ce dernier n'eut aucunement à se
louer de la réputation infâme que le pontife chercha
à lui faire en cette circonstance, en le déclarant, on
ne sait sur quels motifs, capable de commettre les
crimes les plus horribles, comme « de couper les ma-
melles de sa mère, de décapiter son frère, et d'arracher les entrailles à ses enfans. »

Boniface lui laissa cependant une voie ouverte pour
détourner de sa tête les foudres de l'église ; c'était, non
de devenir moins cruel, moins sanguinaire, meilleur
en un mot, mais d'obéir aveuglément aux ordres du
saint-siége : il le fit, et il mérita sa grâce à une condition que Boniface aurait dû avoir honte de lui proposer, si le prince était assez vil pour s'y soumettre.
Il consentit à prendre les armes contre son propre
frère, pour faire de nouveau régner les Français sur
la Sicile ; et, à ce prix, il obtint, outre l'absolution
des censures, l'investiture de la Sardaigne et de la
Corse, où le pape ne possédait pas un pouce de ter-
rain, et que Jacques devait conquérir sur les Pisans
ou sur tout autre peuple qui aurait osé conserver sa
souveraineté dans ces îles. Le pape assembla de son
côté une armée considérable pour l'expédition de Sicile : Français, Aragonais, Catalans, Provençaux,

Gascons, accoururent de toutes parts à sa voix, afin
d'obtenir leur part des sommes immenses que Boniface avait résolu de dépenser dans cette guerre, dit
Nicolas Speziale ; cet écrivain ajoute que ces sommes
étaient le produit des biens que Constantin et plusieurs
autres princes pieux avaient donnés, il est vrai, au
pauvre Sylvestre I et à ses successeurs, mais qu'ils
avaient donnés pour que ces pontifes en fissent un
tout autre usage (¹).

Avant d'entrer dans le détail des événemens auxquels Boniface prit une part directe, disons un mot
des entreprises du clergé danois, qu'il soutint de sa
despotique opiniâtreté. Grandt, archevêque de Lunden
et primat du royaume, était fortement soupçonné de
complicité et convaincu de relations criminelles avec
les assassins du dernier roi Éric VI ou Glippink. Ambitieux, brouillon et partisan fanatique de la doctrine
et des actes de Jacques Erlandsen, son prédécesseur,
dont nous avons parlé plus haut, Éric VII, surnommé
Menved ou le Pieux, crut, pour le repos de ses sujets,
devoir s'assurer de la personne de Grandt et le fit jeter
dans une forteresse. Le prélat parvint à s'évader et se
rendit auprès de Boniface VIII qui le reçut comme un
martyr, comme un des saints qui eussent le mieux mérité
de Dieu. Boniface, sur son rapport, s'empressa de condamner Éric et de le faire condamner par Isarn, légat

<hr/>

(¹) Nicol. Special. hist. sicul. l. 3, cap. 42, et l. 4, cap. 2, t. 10, rer.
ital. p. 976 et 991. — Giovanni Villani, l. 8, cap. 13 et 18, p. 298 et
301. — Bonifac. pap. VIII, constit. 5, *Splendor gloriæ*, t. 3, bullar.
part. 2, p. 78.

du saint siége en Danemarck, à payer à Grandt 49,000 marcs d'argent, c'est-à-dire 3,000 comme compensation pour la perte de ses biens, 6,000 comme dommages et intérêts, et 4,000 comme réparation d'honneur. Le légat, outre cela, excommunia le roi, menaça de le déposer, interdit le royaume, et confisqua, au profit de l'archevêque, les biens, les revenus et les droits du roi. Éric VII, ennuyé de l'état de gêne dans lequel le plaçait et du danger continuel que lui faisait courir l'interdit pontifical, envoya à Rome Jonas Likins qu'il chargea d'une lettre par laquelle il demandait humblement pardon au pape, et le conjurait de faire en sorte que, pour ce qui était des autres *brebis* danoises, le glaive de saint Pierre rentrât dans le fourreau; quant à ce qui le concernait personnellement, il osait espérer que le vicaire du Christ, bien plutôt Christ lui-même, consentirait à rendre à son serviteur (le roi de Danemarck) l'oreille qu'il avait perdue. » Satisfait de ces soumissions, le souverain pontife fit absoudre le roi, leva l'interdit qui avait pesé pendant cinq ans sur les Danois, et réduisit à 10,000 marcs d'argent la somme qui devait être payée à Grandt. Cet archevêque fut transféré à Riga, et le siége de Lunden fut conféré par le pape à Isarn pour ses bons services (1).

(1) Olai magni histor. l. 8, cap. 40, p. 341. — J. Meurs. histor. Danor. l. 3, p. 51, 52 et 54. — Pontan. rer. danicar. histor. l. 7, p. 380 et seq. 391 et 398. —De Johann. Graud. inter scriptor. rer. danic. n. 173, t. 6, p. 266 et seq. —Action. advers. Eric. reg. et Johan. Grand. coram curia rom. ibid. n. 174, p. 275 et seq. — Mallet, hist. du Danemarck, l. 4, t. 4, p. 95 et suiv.

L'an 1297, éclata la longue haine entre les papes et la famille des Colonna, et commença la persécution acharnée dont ceux-ci furent l'objet, pendant tout le règne de Boniface VIII. Ils s'étaient montrés contraires à son élection, dans le dernier conclave; ils étaient gibelins (*) et, par conséquent, ennemis de Charles II, roi de Naples : cela suffit pour allumer la colère de l'impétueux pontife, et pour provoquer son implacable vengeance. Il excommunia donc, par une bulle du 10 mai, les cardinaux Pierre et Jacques Colonna, et les déposa du cardinalat, comme partisans de Frédéric, roi de Sicile. Les motifs avoués de cette sentence aussi bizarre qu'inique, devaient servir à prouver que la famille des Colonna avait de tout temps commis des actions abominables, qu'elle commettait journellement de nouvelles horreurs, et que probablement elle ne cesserait pas de sitôt de faire le mal : le pape appela les Colonna, insupportables chez eux, incommodes pour leurs voisins, ennemis de la république romaine, rebelles à la sainte église, perturbateurs du repos de leur patrie, ingrats, gonflés d'orgueil, furieux, détracteurs de Dieu et des hommes; il ajouta

(*) Pierre Crinitus (De honesta disciplina, l. 8, cap. 13) rapporte l'anecdote suivante sur la haine de Boniface VIII contre les gibelins. Boniface était un guelfe si acharné, qu'il n'y avait point d'affront qu'il ne fît souffrir aux princes et aux prélats qu'il soupçonnait d'être du parti contraire. Le jour des cendres, comme Porcheto Spinola, archevêque de Gênes, se fut mis à ses pieds pour recevoir la croix, le pape lui dit : « Souviens-toi que tu es gibelin et que tu mourras avec les gibelins » et il lui jeta les cendres dans les yeux. — Vid. in fascicul. rer. expetend. et fugiend. fol. 44, vers. — Blond. hist. decad. 2, l. 9, p. 286.

qu'ils ne souffraient point de maître et qu'ils ne voulaient point d'égaux, qu'ils ne savaient pas commander et qu'ils refusaient d'obéir, Boniface chercha ainsi
à justifier, autant qu'il était en son pouvoir, le décret
de malédiction qu'il lança contre les Colonna, leurs
fauteurs et adhérens, ceux qui leur donneraient des
conseils ou leur accorderaient le moindre secours, enfin contre ceux qui, après la publication de la bulle
pontificale, considéreraient encore Pierre et Jacques
Colonna comme de véritables cardinaux de la sainte
église. Ce n'est pas tout ; le pape déclara qu'il rendait
tous les Colonna, sans exception, incapables de remplir aucun emploi religieux ou civil, jusqu'à la quatrième génération, et il les cita à comparaître devant
lui au plus tôt, sous peine de confiscation de leurs
biens (¹).

Les deux cardinaux ne crurent pas qu'il fût prudent d'aller se mettre entre les mains d'un ennemi
qui leur montrait si peu de raison et tant de fureur.
Au lieu de se rendre à Rome, ils publièrent, de leurs
terres où ils se trouvaient, un manifeste piquant contre
Boniface VIII, dans lequel ils renouvelèrent la question délicate de sa légitimité comme souverain pontife, et déclarèrent que la renonciation de Célestin V
étant nulle, il avait été impossible de créer un véritable pape pendant la vie de ce dernier. Ils se conten-

(¹) Giovanni Villani, l. 8, cap. 21, t. 1, p. 304. — Excerpt. ex Jordani chron. loco cit. p. 1019. — Bulla, 6 id. mart. maji 1297, apud
Raynald. ad ann. n. 27 ad 33, t. 23, p. 224. — Benvenut. imolens.
comment. in Dant. comœd. t. 1 antiq. ital. p. 1110.

tèrent, concernant l'arrêt de leur condamnation ; d'en
interjeter appel au futur concile. Boniface, dès qu'il
parvint à connaître cette réponse, ne mit plus de
bornes à ses vengeances ; il fulmin une seconde bulle,
le Jour de l'ascension, redoubla les anathèmes, priva
les Colonna de leurs biens temporels, et ordonna de
les traiter en schismatiques et en hérétiques. La croisade prêchée contre eux fut la suite naturelle de cette
dernière excommunication ; et, pour mieux disposer
les peuples à une nouvelle guerre sacrée, le pape eut
soin de déclarer qu'on mériterait, en la faisant, les
mêmes indulgences que le saint siége avait coutume
d'accorder aux croisés de Terre-Sainte (¹).

On commença aussitôt des hostilités dont le succès
ne pouvait être incertain. Le pape prit, l'une après
l'autre, toutes les terres de ses ennemis : la seule ville
de Préneste ou Palestrina l'arrêtait avec son armée,
et il n'y avait aucune apparence même qu'il pût jamais
parvenir à s'en rendre maître par la force. Il s'adressa
à Guy, comte de Montefeltro, que nous avons vu briller comme un des premiers capitaines d'Italie, lors de
la croisade du saint siége contre les malheureux Forlivais. Guy était alors dans les bonnes grâces de Boniface VIII ; il n'avait cependant pas consenti à profiter des
offres brillantes de ce pontife qui voulait l'attirer à son
service à force de largesses, et, de peur de voir sa
conscience et son honneur trop exposés sous les ordres
de ce nouveau maître (ce sont les motifs exprimés de

(¹) Giovanni Villani, ubi supra. — Raynald. ad ann. 1297, n. 34 ad
41, t. 23, p. 226.

sa résolution), il avait pris l'habit de saint François.
Le même principe lui fit refuser de servir personnellement dans la guerre contre les Colonna; il se contenta de donner au pape un conseil qu'il reconnaissait
être aussi criminel qu'il était utile, mais dont Boniface, qui voulait s'y conformer, lui accorda avec une
étrange générosité l'absolution préalable, en même
temps qu'il lui pardonnait toutes ses autres fautes passées et *futures* ('). Le conseil du comte était de beaucoup promettre et de ne rien tenir; ce que le pape
ayant fait, il entra pacifiquement dans Palestrina.
L'intention du frère mineur fut suivie jusqu'à la fin:
contre la foi des sermens, Palestrina fut détruite, et
les Colonna, trompés dans leur attente, furent bientôt
forcés à une nouvelle révolte contre leur perfide ennemi. Un troisième acte d'anathème et de proscription les obligea alors à abandonner leur patrie et à
chercher à l'étranger un asile sûr contre les persécutions de l'église (').

Ils ne pouvaient manquer d'en trouver un en France,
où déjà le mécontentement contre le pape était monté

<hr>

(¹) L'absolution donnée par le pape au comte de Montefeltro n'a
point imposé au Dante, qui a placé le frère franciscain en enfer, parmi
les conseillers frauduleux, parce que, dit le judicieux poète, il n'y a
point de véritable pardon sans repentir, et qu'on ne peut, à la fois, se
repentir d'une action et vouloir la commettre. Guy prétend qu'il serait
parvenu à sauver son ame, si le grand prêtre, le prince des nouveaux
pharisiens (Boniface VIII) ne l'en eût empêché.

(²) Giovanni Villani, l. 8, cap. 23, p. 304. — Benvenut. imolens. in
Dant. comœd. comment. t. 1 antiq. ital. p. 1109 et seq. — Ferret. vicentin. hist. l. 2, t. 9 rer. ital. p. 969. —Fr. Francisc. l'ipin. chron. l. 4,
cap. 44, ibid. p. 744. — Dante, *inferno*, cant. 27, vers. 67.

à son comble, depuis que Boniface n'avait pas craint d'attaquer Philippe-le-Bel avec les mêmes armes et le même acharnement qu'il employait contre tous ceux qui avaient le malheur d'encourir son indignation.

CHAPITRE IV.

Origine de la haine entre Philippe-le-Bel et Boniface VIII. — Bulle *Clericis laicos*. — Réponse du roi. — Le pape cherche à s'excuser. — Il s'immisce dans les affaires de la France. — Extravagante bulle *Unam sanctam*. — Boniface vigoureux contre Philippe-le-Bel. — Le pape accusé d'hérésie et de plusieurs crimes. — Il excommunie et dépose Philippe. — Le roi fait insulter et maltraiter le pape à Anagni. — Boniface VIII meurt furieux. — Benoît XI annule tous les actes de son prédécesseur. — Il ôme en partie les mêmes actes. — Benoît est empoisonné.

Philippe-le-Bel avait refusé de se soumettre à l'arbitrage de Boniface VIII qui s'était offert comme médiateur entre le roi et le comte de Flandres. Le pape se vengea par la publication de la bulle *Clericis laicos*, dont le but était de défendre à Philippe la levée de tout impôt quelconque sur le clergé de France pour couvrir les frais de la guerre. Cette bulle frappait *ipso facto* d'excommunication « les prélats et personnes ecclésiastiques, soit religieuses, soit séculières, de quelque ordre, condition ou état que ce fût, coupables d'avoir payé aux laïques, ou d'avoir promis ou consenti à leur payer, sans l'autorisation du saint siége, une contribution ou taille quelle qu'elle fût, le dixième, vingtième ou centième, ou une autre quantité, partie ou quote-part quelconque de leurs biens ou revenus ou de ceux de l'église, sous quelque titre, couleur ou prétexte que ce pût être, d'aide, prêt, subvention, subside ou don; et les empereurs, rois, princes, ducs, comtes, barons, agens du pouvoir, capitaines, magistrats et gouverneurs, quelque nom qu'ils portent, de villes, bourgs ou lieux quelconques, ainsi que toutes autres personnes de tout rang, condition et état, qui imposeraient lesdites contributions ou tailles, les exigeraient, les percevraient; enfin quiconque leur prêterait sciemment pour cet effet, aide, conseil ou faveur, soit ouvertement, soit en secret. En outre, disait le pape, nous défendons aux prélats et personnes ecclésiastiques, en vertu de l'obéissance qu'ils doivent au saint siége, et sous peine de déposition, de se soumettre à de pareils ordres, sans une permission expresse. »

Philippe-le-Bel répondit à cet acte d'extravagance par un acte de despotisme, c'est-à-dire par la défense expresse faite à tous les Français de correspondre avec l'étranger, et à tous les étrangers de pénétrer dans le royaume de France, ainsi que par celle de laisser sortir de ses états la moindre somme d'argent, pour quelque motif ou sous quelque prétexte que ce fût. Frappé dans ses intérêts, Boniface baissa le ton. Il écrivit au roi (1296) pour l'exhorter à rétracter ce qu'il appelle son erreur, qu'il condamna du reste avec rigueur et dureté. Mais son intention, disait-il pour s'excuser, n'avait aucunement été de le priver de l'assistance que le clergé aussi doit au gouvernement si le royaume en a besoin; il n'avait voulu que mettre un frein aux exactions intolérables et sans fin des officiers de la couronne, en les obligeant d'obtenir le consentement du siége apostolique. Et pour prouver sa sincérité, le pape protesta qu'il ferait vendre jusqu'aux croix et aux calices des églises de France, plutôt que d'exposer ce royaume, si cher au saint siége auquel il a toujours été dévoué, au manque du moindre secours capable de le défendre contre ses ennemis.

Ces explications tardives, ne satisfirent point Philippe-le-Bel. Il empêchait, répondit-il, que l'argent ne sortît de France, parce qu'il en avait besoin pour la France elle-même, circonstance dont il était seul juge, et à laquelle il était maître d'appliquer telle mesure qu'il jugeait convenable, en vertu de la liberté chrétienne dont les laïques ont été doués aussi bien que les clercs. Là dessus le roi établit un parallèle très savant et très théologique entre les uns et les autres également rachetés par le sang de Jésus-Christ. Il démontra après cela que les immunités ecclésiastiques sont fondées à la vérité sur les décrets des pontifes romains, mais que ces décrets n'auraient eu aucune valeur, si les princes séculiers n'avaient pas expressément permis qu'ils en eussent. Or, ces princes ne pouvaient pas par là avoir voulu s'ôter à eux-mêmes tous les moyens que le ciel leur a confiés pour bien gouverner leurs peuples et pourvoir aux nécessités de l'état. Jésus-Christ en disant : « Rendez à César ce qui est à César, » n'a-t-il pas parlé aux évêques et aux prêtres, tout comme aux laïques ? et les premiers, ne sont-ils pas tenus aussi bien que les seconds à subvenir aux besoins communs ? « Et quel homme raisonnable et sensé ne serait saisi d'un étonnement au-delà de toute expression, en entendant le vicaire de Jésus-Christ défendre de payer le tribut à César ? en le voyant lancer l'anathème contre tout clerc qui, sans aucun égard pour les injustes menaces de son chef, oserait tendre une main secourable au roi, son maître, au royaume et en définitive à lui-même, dans la juste proportion de ce qu'il doit à la société dont il est membre? L'église tolère chez les prêtres, nous dirons plus, elle leur permet réellement, pour le mauvais exemple de leurs concitoyens, de prodiguer l'argent aux histrions, de le jeter à leurs amis et parens, et de faire, au détriment des pauvres, des dépenses qui seraient jugées folles, même de notre part, en chevaux, réunions, banquets et autres pompes du monde. C'est cependant là ce que la nature et la raison, le droit divin et le droit humain condamnent également, savoir de ne point s'opposer aux actions coupables, et d'empêcher les bonnes actions, les actions nécessaires. Or, le saint siége commet précisément cette injustice, en défendant sous peine d'anathème aux clercs que la piété des princes a enrichis, engraissés, arrondis, d'assister pour ce qu'ils doivent, ces mêmes princes dans les aggressions iniques auxquelles ils sont en butte, soit par des dons, un prêt, une subvention ou autrement, et de contribuer à nourrir et à solder ceux qui exposent leur vie en combattant pour les prêtres eux-mêmes, pour le roi et pour la France. Il ne comprend donc pas, le pape, que par une telle défense il ne fait autre chose que protéger les ennemis de l'état, trahir la république et se rendre coupable du crime de lèse-majesté? »

Cette lettre et les représentations de Pierre, archevêque de Reims, et des autres évêques et abbés français qui reconnurent franchement qu'il était de leur devoir de supporter une partie des charges du royaume, ébranlèrent Boniface au point qu'il publia de nouvelles excuses sur la malencontreuse constitution *Clericis laicos*, dans celle commençant par les mots *Noveritis nos*, dans laquelle il avoua que, les nécessités de l'état l'exigeant, le roi pouvait, non seulement recevoir des subsides de son clergé, et le clergé les payer au roi, mais même que celui-ci, sans consulter le pontife romain, avait le droit d'imposer les prêtres et de fixer la proportion dans laquelle ils auraient à contribuer aux besoins communs ; que prêtres et évêques étaient obligés de payer l'imposition, nonobstant toute exemption ou privilége quelconques ; et enfin que le roi seul était juge des cas qui nécessitaient ces mesures et de l'étendue qu'il était permis de leur donner.

Mais comme ces diverses interprétations qui coûtaient tant à la superbe romaine, ne changeaient en rien la disposition des choses en France, Boniface VIII ordonna à ses légats d'excommunier publiquement Philippe et ses ministres (1297), si l'on ne se hâtait de déférer à ses avis et à ses remontrances.

Les affaires en étaient à ce point d'irritation, quand l'évêque de Pamiers offensa personnellement le roi, son maître, par des discours insultans et séditieux, dans lesquels il maltraitait également et Philippe et son gouvernement, en disant « que le roi était beau, à la vérité, mais qu'il n'était pas bon ; qu'il n'était ni homme ni bête, mais seulement une image (on ne comprend pas trop ici ce que l'évêque voulait dire); que la naissance du roi était illégitime; que le royaume

serait détruit sous son règne, et que Philippe-le-Bel
ne savait pas gouverner. » Le hardi prélat était accusé, en outre, d'avoir dit que le sacrement de pénitence est une invention des hommes; que la fornication n'est pas un péché, même pour les ecclésiastiques; enfin, que le pape (qui avait érigé tout exprès
pour lui l'évêché de Pamiers) était un diable en chair
et en os, et que, contre Dieu, vérité et justice, il avait
canonisé saint Louis, qui est en enfer.

Quoi qu'il en soit, le roi fit arrêter l'évêque, sous
prétexte qu'il était hérétique *paterin*, et le confia à la
garde de l'archevêque de Narbonne. Boniface, déjà
aigri par tout ce que nous venons de voir, et par l'accueil et les caresses que Philippe ne cessait de faire aux
Colonna réfugiés en France, condamna l'action du roi
dans les termes les plus hautains et les plus révoltans.
Il écrivit, l'an 1301, une lettre circulaire aux évêques
français, auxquels il enjoignit de venir le trouver,
pour régler, d'accord avec lui, les affaires du royaume,
et pour empêcher que les immunités ecclésiastiques ne
continuassent à y être aussi ouvertement violées. En
effet, Philippe-le-Bel, depuis sa brouillerie avec le
pape, avait continué de jouir des revenus de tous les
bénéfices vacans, comme Boniface le lui avait permis
avant cette époque, et il en avait accordé les investitures sans aucun égard pour la cour pontificale. Cependant, la réponse du clergé ne fut rien moins que sa-
tisfaisante pour le pontife : il vit clairement le peu de
fond qu'il y avait à faire sur des prélats étrangers,
qui n'avaient pas craint de lui témoigner leur étonne-

ment de ce qu'il s'était mêlé des intérêts privés de la
France, et de lui dire que le roi ne reconnaissait tenir
sa couronne que de Dieu seul (¹). Voilà le profit que le
saint siége avait retiré de ses nombreuses excommunications; et c'était ainsi que commençait, par une
résistance ouverte au pouvoir temporel des papes sur
les peuples, le siècle qui suivait immédiatement celui
où tous les états de l'Europe avaient été excommuniés,
ou du moins menacés des censures ecclésiastiques !

Les évêques français avaient touché la corde sensible dans leur réponse à Boniface VIII; aussi l'orgueilleux pontife ne put-il déguiser plus long-temps
ses extravagantes prétentions. Il manifesta donc, sans
ménagemens et sans détour, dans la fameuse bulle
Unam sanctam (²), en date du 14 des calendes de dé-

(¹) Literæ, 7 cal. octobr. 4296, ad regem Francor. apud Raynald. ad
ann. n. 24 ad 34, t. 23, p. 240; ad ann. 4297, n. 46 ad 48, p. 236. —
Literæ encycl. ad cler. Franciæ, 7 non. decembr. 4301, ibid. ad ann.
n. 29, p. 345. — Literæ cleri ad Bonifac. pontif. ibid. ad ann. 4302,
n. 42, p. 326. — Corp. jur. canon. VI decretal. l. 3, tit. 23, de immunit.
eccles. cap. 3, t. 2, p. 327. — Giovanni Villani, l. 8, cap. 62, t. 4,
p. 335. — Excerpt. ex Jordani chron. cap. 236, part. 3, t. 4, antiq. ital.
med. ævi, p. 4022. — L'abbé Millot, élem. de l'hist. de France, t. 2,
p. 25, en note.

(²) Cette bulle fut mise au nombre des *Extravagantes*, comme elle le
méritait, selon Giannone qui l'appelle la « veramente stravagante costi-
tutione *Unam sanctam*. » — Istor. civil del regno, l. 19, cap. ult. § 4, t. 2,
p. 545. — Voici quelques-uns des principes auxquels elle enseigne qu'il
faut croire *sous peine de damnation éternelle*. Elle fonde la réunion des
deux pouvoirs entre les mains du pape, sur ce qu'il n'y a qu'une église
catholique et apostolique, hors de laquelle il n'y a ni salut ni rémission
des péchés; sur ce que l'amant du cantique des cantiques n'a qu'une
colombe; sur ce qu'il n'y a qu'un Dieu, une foi, un baptême; sur ce que
Noé ne fit qu'une arche dont il fut le seul pilote; sur ce que la tunique

cembre 1302, son opinion et celle du grand concile
qu'il avait assemblé à cet effet. Cette bulle déclare hérétique et *quasi-manichéen*, quiconque aurait osé soutenir que les deux puissances, temporelle et spirituelle, ne résident pas également dans les papes, parce
que le Saint-Esprit a dit, par la bouche de Moïse, que
Dieu créa le ciel et la terre dans *le principe*, et non
dans les principes; ce qui établit incontestablement
l'indivisibilité du pouvoir, et place le dogme, en vertu
duquel toute créature humaine est soumise au souverain pontife, parmi ceux qu'il faut croire pour être
sauvé (¹).

sans couture de Jésus-Christ ne fut point déchirée; sur ce que l'église
une et unique ne peut avoir qu'un corps et une tête, et non deux têtes
comme les monstres; sur ce que le Seigneur a dit à Pierre : *Pasces mes
brebis*, en général, et non telles ou telles brebis en particulier, etc., etc.
Ce sont là des preuves évidentes, selon la bulle, que le pape tient en
son pouvoir le glaive spirituel et le glaive matériel, le premier par lui-
même, l'autre par le moyen des rois et des guerriers, qui ne peuvent
s'en servir que quand le pontife l'ordonne et pour ce qu'il ordonne, et
pendant seulement aussi long-temps qu'il le permet. (Uterque ergo est
in potestate ecclesiæ, spiritalis scilicet gladius et materialis. Sed is quidem pro ecclesia, ille vero ab ecclesia exercendus. Ille sacerdotis, is
manu regum et militum, sed ad nutum et patientiam sacerdotis.) Cela
prouve aussi (c'est toujours Boniface VIII qui parle) que lorsque les
puissances de la terre sont dans l'erreur, elles doivent être jugées par la
puissance spirituelle, toujours incarnée dans la personne du pape, bien
entendu, qui ne peut elle-même être jugée que par Dieu seul et jamais
par les hommes. Car l'autorité spirituelle, quoique confiée à un homme
et exercée par un homme, est toujours plutôt divine qu'humaine; celui
donc qui lui résiste, résiste aux ordres de Dieu.

(¹) Les mots ne font rien aux choses : Pie VII, qui appelle sectaires
ceux qui prétendent que le pouvoir de gouverner les hommes est indi-
visible, et Boniface VIII, qui anathématise ceux qui soutiennent que ce
pouvoir est divisé, ne veulent l'un et l'autre qu'une seule et même chose,
savoir, maintenir et étendre la puissance du sacerdoce dont ils sont le

Sur ce pitoyable jeu de mots, Boniface édifia son système d'absolutisme sacerdotal, dont la conclusion fut que toute chose ici bas dépend du pape, et que l'on ne peut opérer son salut que pour autant qu'on est intimement convaincu de la vérité de ce prétendu axiome. Philippe fut le premier à prouver qu'il en doutait. Boniface avait envoyé en France un clerc romain, archidiacre de l'église de Narbonne, pour ordonner au roi de reconnaître qu'il tenait du saint siége sa souveraineté civile sur ses états, et pour révoquer la concession que le pape avait faite des dîmes du clergé et des prébendes vacantes. Philippe fit arrêter le légat, et le comte d'Artois jeta au feu les lettres pontificales dont il était porteur (*). Alors le pape, sans nommer le roi de France, l'excommunia indirectement, il est vrai, mais cependant de manière à se faire clairement entendre, ainsi que tous ceux qui avaient empêché le clergé français de comparaître devant le siége apostolique : il excommu-

représentans. Le progrès des lumières pendant cinq siècles a fait seulement que, si Boniface s'arrogeait le pouvoir tout entier, Pie VII paraît se contenter de ce que ce pouvoir n'appartienne pas tout entier aux gouvernemens. — Voyez Essai histor. sur la puissance temp. des papes, part. 3, t. 2, p. 324 et suiv.

(*) Le pape avait écrit la fameuse lettre *Scire te volumus*, conçue en ces termes : « Boniface, évêque, serviteur des serviteurs de Dieu, à Philippe, roi des Français, crains Dieu et observe ses commandemens. Nous voulons que tu saches que tu nous es soumis pour le temporel comme pour le spirituel, etc. » Le roi lui répondit : « Philippe, par la grâce de Dieu, roi des Français, à Boniface qui se dit pape, peu ou point de salut. Que votre extrême fatuité sache que nous ne sommes soumis à personne pour le temporel, etc., etc. » —Du Puy, hist. du différend entre Boniface VIII et Philippe-le-Bel, p. 44.—Millot, élém. de l'histoire de France, t. 2, p. 27.

nia aussi tous les officiers civils du royaume, et priva
de leurs dignités ecclésiastiques les prélats et les
prêtres qui, à l'avenir, auraient prêché, administré
les sacremens, entendu la confession, ou fait la moindre chose pour le service de ceux qui étaient atteints
des foudres de l'église.

Le roi, pour répondre à cette attaque de Boniface VIII, assembla un nombreux concile à Paris, où
l'on accusa le pape d'hérésie manifeste, de simonie,
d'homicides, et d'autres crimes et vilains péchés,
selon Jean Villani, péchés, dit Mézeray dans son Abrégé
chronologique de l'histoire de France, dont il n'est
pas même permis à un chrétien de prononcer le nom.
Il est moins scrupuleux dans sa grande histoire, car
il ajoute aux autres abominations reprochées à Boniface VIII, l'athéisme et l'inceste, et il va même jusqu'à
parler des enfans que le pape, disait-on, avait eus de
ses deux nièces. On trouve, parmi les chefs d'accusation rapportés par Du Puy, d'après les pièces origi-
nales de ce scandaleux procès, que des témoins déposèrent : « que Boniface ne croyait pas à l'immortalité
de l'ame; qu'il rejetait le dogme de la présence réelle;
qu'il soutenait que la fornication est un acte indifférent; qu'il était sorcier; qu'il prétendait que la simonie est permise aux papes; qu'il était sodomite; qu'il
avait fait massacrer plusieurs prêtres en sa présence,
en répétant à plusieurs reprises aux assassins : *frappe,
frappe*; qu'il avait créé cardinal son propre neveu,
homme sans capacité et sans mœurs, du vivant de sa
femme qu'il avait forcée de faire vœu de chasteté; et

de laquelle ensuite il avait eu lui-même deux enfans, etc., etc. » Quoi qu'il en soit, le concile français décida que Boniface VIII ne devait plus être regardé désormais comme pontife légitime; mais qu'il fallait, au contraire, le déposer comme incorrigible. Pour ce qui regardait l'excommunication lancée par Boniface, le roi en appela au futur concile œcuménique (¹).

Un état de choses aussi violent ne pouvait pas durer. Le retour en France de Charles de Valois, frère de Philippe, augmenta encore les troubles. Ce prince, après avoir servi aux desseins politiques de Boniface sur l'Italie, avec l'aide des guelfes, et sur la Sicile, par le moyen de Charles II d'Anjou, dans l'espoir d'être créé roi des Romains par le pape, lorsque celui-ci aurait réussi à renverser et à ruiner complètement Albert d'Autriche, fils de Rodolphe de Hapsbourg, et qui régnait alors en Allemagne; ce prince, disons-nous, avait, outre la honte d'une expédition manquée, à subir le chagrin d'avoir été le jouet de la mauvaise foi du pontife. Ses démêlés avec Philippe-le-Bel avaient totalement changé le cœur de

(¹) Giovanni Villani, loc. citat. — Ferret. vicentin: hist. l. 3, t. 9 rer. ital. p. 1004. — Fr. Francisc. Pipin. chron. l. 4, cap. 41, ibid, p. 738. — Vit. Bonifat. pap. VIII, ex Amalr. Auger. t. 3, part. 2 ibid. p. 438. — Excerpt. ex Jordani chron. loco cit. p. 1023. — Raynald. ann. 1302, n. 12 et 13, t. 23, p. 326 et seq. — Bulla dat. in fest. dedicat. basil. S. Petr. apost. ibid. n. 14, p. 329. — Extravag. comm. l. 1, tit. 8, cap. 1, t. 2, corp. jur. can. p. 394. — Mézeray, abrégé chronol. de l'hist. de France, t. 1, p. 493. — Le même, hist. de France, Philippe-le-Bel, t. 2, p. 950. — Du Puy, hist. du différend d'entre Boniface VIII et Philippe-le-Bel, p. 102. — Chron. Simon. comit. Mont. Fort. ad ann. 1301, apud Duchesne, t. 5, p. 787.

Boniface envers les Français : il avait reconnu Frédéric d'Aragon, comme roi de Sicile, et, cessant enfin de poursuivre en la personne du duc Albert, le meurtrier d'Adolphe de Nassau (c'était ainsi qu'il l'avait appelé jusqu'alors), il avait confirmé l'élection du même Albert, en suppléant, par sa toute-puissance papale, comme il disait, à toutes les irrégularités qui auraient pu s'y rencontrer.

Ce changement inattendu des dispositions de la cour de Rome ne se borna point là : Albert d'Autriche, réconcilié avec le pape et reconnu comme roi des Romains, fut obligé d'épouser tous les intérêts de Boniface VIII, c'est-à-dire de se préparer à faire la guerre à la France, dont le pape venait de lui faire don. Les Flamands, ennemis à cette époque de Philippe-le-Bel, furent également encouragés par le saint siège à prendre les armes, et furent comblés de ses faveurs spirituelles, comme récompense des services qu'ils allaient rendre à l'église, en l'aidant à terrasser son ennemi, le plus prononcé et le plus dangereux. Philippe-le-Bel publia alors les vingt-neuf chefs d'accusation qu'il avait fait dresser contre Boniface, et dont il se réservait de prouver l'exacte vérité devant le premier concile général. Boniface répondit par des imprécations et des anathèmes ; aux clauses des ex-

(1) Quand Albert, après son élection comme roi des Romains par les princes d'Allemagne, avait demandé à Boniface la couronne impériale, le pontife avait reçu ses ambassadeurs, assis sur son trône, la couronne sur la tête et l'épée au poing, et il avait rejeté la demande du nouveau monarque en s'écriant à tue-tête : Moi, je suis César, moi, je suis l'empereur !...

communications rapportées plus haut ('), il ajouta
qu'il déclarait nuls tous les actes du monarque français, tant passés que futurs; délia ses sujets du serment de fidélité, et leur défendit, sous peine de malédiction, de lui obéir('); ôta aux universités du royaume
le pouvoir d'enseigner, et soumit péremptoirement la
France à la juridiction civile du saint siége (').

La patience du roi était à bout; d'après le conseil
d'Étienne Colonna et d'autres hommes sages, tant
Italiens que Français, qu'il avait près de lui, dit Jean
Villani, il envoya en Italie Guillaume Nogaret avec un
crédit très étendu sur les principaux banquiers de
Toscane. Ce hardi émissaire leva des troupes, et, s'é-

---

(1) Dans une de ses formules d'excommunication et d'interdit, Boniface
VIII révoqua toutes les indulgences accordées aux Français par les papes
ses prédécesseurs! Henri Estienne remarque à ce propos que les ames
du purgatoire délivrées en vertu de ces indulgences devaient, par suite
de leur annulation, s'en retourner au lieu de leurs souffrances.—Apolog.
pour Hérodote, chap. 40, n. 2, t. 3, p. 423.

(2) C'était là ce que le pape appelait commencer par les petits remèdes.
Il avait aussi le pouvoir d'en venir aux grands, comme il le dit dans la
même bulle, de faire courber les rois sous une verge de fer, et de les
briser comme un potier brise des vases de terre, puisqu'il tenait la place
de celui à qui Dieu a promis les nations pour héritage, et dont la domination doit s'étendre jusqu'aux dernières limites du monde. A l'exemple
de Dieu même dont il était le vicaire, c'était à lui de juger le puissant
comme le faible, sans acception de personnes. Ces principes, et celui
qu'il vaut mieux obéir à Dieu qu'aux hommes, c'est-à-dire, dans le langage sacerdotal, qu'il vaut mieux obéir aux papes qu'aux magistrats,
feraient pratiquement de tous les vrais catholiques autant de sujets et
d'esclaves du saint siége.

(3) Raynald. ad ann. 1303, n. 1 et seq. et 35 ad 42, t. 23, p. 338 et 352.
— Giovanni Villani, l. 8, cap. 62, p. 335. — Bonifac. pap. VIII, constit.
22, Super Petri solio, in bullar. t. 3, part. 2, p. 103. — Fr. Francisc.
Pipin. chron. l. 4, cap. 47, t. 9 rer. ital. p. 745.

tant adjoint Sciarra Colonna avec plusieurs seigneurs mécontens, il se rendit à Anagni, où le pape tenait alors sa cour, soit que son grand cœur l'aveuglât sur les dangers qui l'environnaient; ajoute l'auteur floren- tin que nous venons de citer, soit que l'énormité de ses péchés eût attiré sur sa tête la colère divine. Cette petite troupe, composée d'environ trois cents cavaliers avec de l'infanterie à proportion, entra dans Anagni, le 7 septembre 1303, en criant d'une voix menaçante : « Vive le roi de France! Meure le pape Boniface ! » Les conjurés s'emparèrent du palais pontifical, d'où tous les cardinaux s'étaient hâtés de prendre la fuite : ils y trouvèrent Boniface VIII, revêtu de toutes les marques de sa dignité, et qui, pendant trois jours entiers, eut la fermeté de résister à leurs menaces et à leurs mau- vais traitemens, sans vouloir céder en rien à leurs in- jurieuses prétentions. « C'est ainsi, dit l'auteur in- connu de la chronique du comte Simon, que ce pape, qui avait fait trembler et obéir honteusement les rois, les pontifes, les religieux et les peuples, fut lui-même assailli, en un même jour, par la crainte, la terreur et l'affliction la plus amère, et que sa soif insatiable de l'or fut punie par la perte de ses trésors et de ses biens. Puissent les prélats de l'église apprendre, par son exemple, à ne plus régner orgueilleusement sur le clergé et sur le peuple !... »

Cependant, Guillaume Nogaret et Sciarra Colonna furent enfin chassés par les Anagniens, et Boniface VIII put s'en retourner librement à Rome, où il avait le projet de se venger solennellement, dans un concile général qu'il voulait convoquer à cet effet. Dès son arrivée, il tomba entre les mains des cardinaux, qui étaient presque tous ses ennemis, à cause de la hauteur et de la dureté de son caractère : la maison même des Orsini, qui lui avait tant d'obligations, surtout pour son acharnement contre la famille Colonna, s'était, dit-on, déclarée son ennemie lors de l'attentat des satellites de Philippe-le-Bel. Quoi qu'il en soit, le cardinal Napoléon Orsini, sous prétexte que les malheurs du pape lui avaient dérangé le cerveau, le retint au Vatican sous bonne garde; et Boniface, au souvenir des violences qu'il avait souffertes, et à l'aspect du honteux esclavage dans lequel il paraissait destiné à passer le reste de ses jours, donna bientôt les marques les plus évidentes de la fureur et du désespoir. Il refusa toute nourriture; le sommeil abandonna ses paupières; il grinça des dents, jeta de l'écume par la bouche, rongea les meubles de son appartement, appela Belzébuth à son secours, et termina enfin lui-même sa triste existence, en se brisant la tête contre le mur.

Le Dante a placé l'ame de Boniface au fond de l'enfer, dans le trou qu'avait occupé avant lui le pape Nicolas III, et que devait bientôt remplir Clément V (¹).

(¹) Frère François Pépin rapporte dans sa chronique, qu'une figure de la Vierge sculptée sur le tombeau de Boniface VIII, de blanche qu'elle était fut trouvée noire le lendemain, sans qu'on pût jamais lui faire reprendre sa première couleur. On fit sur ce pontife l'épigramme suivante; elle servira à nous faire connaître l'opinion qu'avaient de lui ses contemporains :

Nomina bina bona tibi sunt ; nisi verteris illa,
Papa Bonifacius nunc, et quondam Benedictus:
A' te tibi nomen est benefac, benedic, Benedicté ;
Sed hæc convertens, malefac, maledic, Maledicte.

Benvenuto d'Imola, le plus ancien commentateur du poète italien, a été plus modéré; il loue et blâme tour-à-tour Boniface VIII : il l'accuse, il est vrai, de fraude, de simonie et de tyrannie; mais il finit par conclure que c'était un pécheur magnanime, et que, selon la prophétie de Célestin V, son prédécesseur, il était monté sur la chaire de saint Pierre comme un renard, qu'il avait régné comme un lion, et qu'il était mort comme un chien (¹). Nous ajouterons ici, pour n'y plus revenir, que les auteurs ecclésiastiques ont cru répondre à tous les reproches qu'on a faits au pontife dont nous venons d'exposer la triste fin, en rapportant que, trois cents ans après sa mort, son cadavre fut trouvé tout entier, et sans la moindre marque de corruption : ce dont le pape Paul V, qui siégeait alors, eut soin de faire dresser un acte notarié en due forme, avec description minutieuse de l'état dans lequel étaient demeurés les restes de Boniface VIII, qui avait si audacieusement exploité la papauté (²).

(¹) Dans le *Sextus decretalium*, en tête du *proœmium*, p. 8, se trouve une gravure sur bois représentant au premier plan le pape Célestin V avec le Saint-Esprit perché sur le haut de la tête; il est suivi de Boniface VIII qui soutient un renard dont les pattes de devant sont appuyées contre le dos de Célestin, et qui du museau lui escamote la thiare. Dans le fond on voit de nouveau Boniface VIII, les mains liées derrière lui, et entre des gens armés le menant à Rome : ces soldats sont précédés d'un porte-enseigne dont l'étendard représente une *colonne*. Le volume contient aussi les constitutions d'Eugène IV pour l'union des églises grecque, arménienne et jacobite à l'église romaine, la bulle de Julien II contre les élections papales entachées de simonie, etc., et est imprimé par les Giunti de Florence, à Venise, le 20 mai 1514.

(²) Giovanni Villani, l. 8, cap. 63, p. 337. — Ferret. vicentin. hist. l. 8, t. 9, rer. ital. p. 1004 ad 1005. — Vit. Bonifac. pap. VIII, ex MS. Bernard.

Benoît XI. succéda à Boniface. Le premier acte de son pontificat fut d'absoudre Philippe-le-Bel des censures qu'il avait encourues, ainsi que ses complices, dans l'arrestation criminelle de son prédécesseur, excepté le seul Guillaume Nogaret. Il rendit à Pierre et à Jacques Colonna la grâce de Dieu et du saint siége, sans cependant leur restituer, ni le chapeau, ni leurs biens, auxquels probablement ils attachaient plus de prix qu'à la première. Il cassa aussi ou modifia les décrets que Boniface VIII avait lancés, « inconsidérément, et sans l'avis du sacré collège, » contre le roi de France, et contre ses états, et réintégra le royaume dans ses anciens droits et priviléges; comme il était auparavant, jusqu'à rétablir Philippe dans la prérogative de percevoir, pendant deux ans, les dîmes ecclésiastiques. Cet heureux commencement, joint au règne très court de Benoît, aurait pu nous faire croire que, s'il avait siégé plus long-temps, il ne se serait occupé que de réparer les désordres occasionnés par le pape Boniface. Malheureusement, une seconde bulle, publiée trente-quatre jours après le pardon dont nous venons de parler, détruisit toute illusion : elle contredisait directement la première,

Guidon. part. 1, t. 3 ibid. p. 672.—Chron. parmens. ad ann. 1303, t. 9, ibid. p. 848.—Fr. Francisc. Pipin. chron. l. 4, cap. 44, ibid. p. 741.—Simon. comit. Mont. Fort. chron. ad ann. 1303, apud Duchesne, t. 5, p. 788.—Excerpt. ex Jordani chron. cap. 237, part. 4, in antiq. ital. t. 4, p. 1020.—Benvenut. imolens. in Dant. comœd. t. 1, ibid. p. 1074, 1218 et 1219.—Raynald. ad ann. n. 44, t. 23, p. 359.—Dante, Inferno, cant. 19, vers. 52, f. 100 verso.—Gourad. Vecer. de Henric. VIII imperat. apud Urstis. t. 2, p. 65.—Raynald. annal. eccles. ad ann. 1303, n. 44, t. 23, p. 359.

elle dénonçait formellement à l'exécration des
mes quiconque avait coopéré à l'attentat contre
iface VIII ('); elle nommait même plusieurs des
ables, en déclarant qu'ils avaient encouru l'ana-
ne et l'excommunication, et elle les citait à com-
ître, sous peine d'être jugés et condamnés par
umace. Il arriva à Benoît XI, comme à ceux qui
ent contenter tous les partis, c'est-à-dire qu'il fut
ctime de ce qu'il croyait de l'impartialité. Il mou-
(1304), du poison que lui avait fait donner, soit

Le P. Labat, dominicain, prétend que Benoît XI fulmina une
commençant par ces mots : « *Montes Gelboe*, nec ros nec pluvia
nt super vos, ubi ceciderunt fortes Israël, » dans laquelle il excom-
ît tous les habitans d'Anagni et maudissait la ville entière jusqu'à
tième génération, anathème dont on voyait encore les funestes ef-
a commencement du dix-huitième siècle. En 1709, il ne restait ce-
ant plus de toute l'ancienne race anagnienne (c'est toujours le père
qui parle), qu'une vieille fille de soixante ans. Le religieux a eu
le s'étonner bien des fois, dit-il, « de ce qu'on ne l'avait aidée à
promptement rejoindre ses ancêtres, » et il ne réussit à s'expliquer
singularité qu'en ce que probablement le vase de la colère de Dieu
t pas encore vide. Le lecteur s'étonnera également, mais ce sera
longue rancune que le dominicain a prêtée à la Divinité ; de la
ise opinion qu'il avoue avoir conçue des hommes, en les croyant
ilement des assassins, à moins que Dieu ne soit irrité contre eux,
tout de ce qu'il ne fonde toutes ces réflexions que sur une bulle
haire, n'y ayant jamais existé d'autre bulle de Benoît XI contre les
rs de l'enlèvement de Boniface VIII, et par conséquent contre
les habitans d'Anagni, désignés par leurs noms, que celle Nemo-
mo-scelus, des ides de juin 1304. Seulement, du temps de Clément
on croyait, par tradition, qu'il existait une excommunication gé-
confite celle qui a été rapportée par le P. Labat ; et en 1526, les
liens, qui se figuraient d'être plus tourmentés que les autres Italiens
s maladies, les tempêtes, les grêles, les rats, les souris, etc., etc.,
hèrent à s'en délivrer en se faisant relever de censures idéales tant
s annulées par Clément V. — Le P. Labat, voyage en Espagne et
lie, t. 4, p. 82 à 84.

Philippe-le-Bel, soit, comme l'ont avancé quelques auteurs, les cardinaux eux-mêmes, qui lui avaient préparé la mort dans des figues qu'un jeune homme fut chargé de lui présenter de la part d'une abbesse, pénitente du pontife (¹).

Nous dirons, dans le livre suivant, comment les papes se firent volontairement esclaves d'un monarque étranger : on verra qu'en changeant de condition et de théâtre, ils ne changèrent ni de mœurs ni de politique. La dépendance et l'abaissement du saint siége ne furent qu'un motif de plus pour lui attirer le mépris et l'animadversion des hommes.

(¹) Raynald. ad ann. 1303, n. 43, t. 23, p. 358. — Ibid. ad ann. 1304, n. 9 ad 13, in bull. 3 id. maij, p. 377 et seq. — Bulla 7 id. junij, ibid., n. 13 ad 15, p. 379. — Excerpt. ex Jordani chron. cap. 287, part. 2 et 3, p. 1020 et 1023. — Giovanni Villani, l. 8, cap. 80, t. 1, p. 356. — Ferret. vicentin. hist. l. 3, t. 9 rer ital. p. 1013.

FIN DU LIVRE CINQUIÈME.

LIVRE SIXIÈME.

TRANSLATION DU SAINT SIÉGE EN FRANCE.

CHAPITRE I.

Moderne captivité de Babylone. — Effets de la translation du saint siége sur le pouvoir temporel des papes — Son influence sur la religion — Position des papes vis-à-vis des rois chrétiens. — Philippe-le-Bel vend la papauté à Clément V — Conditions de ce marché. — La cour romaine, fixée en France, est toute composée de Français. — Affaires d'Italie. — Bologne, excommuniée. — Bulle terrible contre les Vénitiens. — Ils se font absoudre pour de l'argent. — Injustices du pape. — Guerres contre les gibelins.

Nous touchons à l'époque fameuse que les auteurs ecclésiastiques ont désignée sous le nom de *moderne captivité de Babylone* ('). Les écrivains même les plus dévoués au parti de l'église, tout en défendant la mémoire de chaque pape avignonais en particulier, contre les accusations dont les historiens italiens l'avaient noircie, ont cependant déploré le principe qui avait fait transférer le saint siège en France, et les maux dont cette espèce d'exil avait accablé l'Italie et toute la chrétienté. Les auteurs français ne se plaignent pas moins de l'influence que cette translation a eue sur leur patrie ('). « Le séjour de la cour romaine à Avignon, dit Mézeray, y a introduit trois grands désordres : la simonie, fille du luxe et de l'impiété ; la

---

(1) Raynald. ad ann. 1305, n. 1, t. 23, p. 390.

(2) Peregrinos et perversos mores, calamitatum inductores, in nostram Galliam invexit, dit Nicolas de Clamenges en parlant de la translation du saint siége à Avignon. — De corrupt. eccl. statu, cap. 27, n. 8, p. 25.

chicane, exercice de gratte-papiers et gens oiseux, tels qu'étaient une infinité de clercs fainéans qui suivaient cette cour, et un autre exécrable déréglement à qui la nature ne saurait donner de nom ([1]). »

L'éloignement des papes détruisit bientôt la prépondérance qu'ils semblaient avoir acquise, dans les états dont la libéralité des souverains et les efforts soutenus d'une politique entreprenante les avaient rendus maîtres. Les villes et les provinces se hâtèrent, ou de proclamer leur indépendance, ou de se soumettre à des seigneurs qui, nés dans leur sein et demeurant au milieu d'eux, avaient un intérêt immédiat à leur bienêtre. Les pontifes français, ensevelis dans les délices de la Provence, envoyèrent leurs légats réclamer des droits qu'ils croyaient incontestables. Ceux-ci avaient leur réputation et leur fortune à faire : ils commençaient par conquérir les peuples avec fracas, c'est-à-dire par les asservir, les ruiner, les massacrer; puis ils les dévoraient en silence. Après la guerre et tous les maux qu'elle traîne à sa suite, les malheureux sujets du pape, soumis au joug de l'église, devaient encore rassasier la cupidité de la cour d'Avignon et l'avarice des ministres qu'elle envoyait pour lever de honteuses contributions sur l'Italie.

L'influence de la translation du siége apostolique sur l'opinion des peuples et sur le sort futur de la religion chrétienne, fut moins directe, et surtout moins sensible à cette époque, mais elle n'en fut que plus

([1]) Mézeray, abr. chronol. de l'hist. de France, t. 1, p. 495.

irrésistible 'et' plus 'réelle. On avait jusqu'alors vu avec peine les papes ne chercher qu'à augmenter la puissance matérielle de l'église, et à rehausser son éclat extérieur par tous les moyens et par ceux-là mêmes qui tôt ou tard s'éleveraient contre son indéfectibilité prétendue : on leur avait bien moins encore pardonné leur ambition personnelle ; et l'abus qu'ils avaient presque toujours fait de la religion pour la satisfaire, leur avait mérité le blâme général : comment eût-on patiemment souffert qu'ils servissent, eux et la religion, d'instrumens passifs à l'ambition d'un souverain étranger ? Les princes qui ne profitaient pas de cet abaissement du chef de l'église, s'indignaient de son esclavage, et se montraient prêts à lui refuser leur obéissance, parce qu'ils voyaient clairement qu'ils allaient ne plus obéir à lui seul. En continuant de servir aveuglément le pape, ils devenaient les sujets d'un sujet du roi de France.

On nous objectera peut-être ici l'entière dépendance des empereurs, dans laquelle les souverains pontifes vécurent pendant quatre siècles, après qu'ils eurent relevé cette monarchie suprême en Occident ; mais, quoique réelle, cette dépendance n'entraînait aucune des conséquences que nous venons de signaler. A l'époque de la restauration de l'empire occidental, les papes n'avaient pas abusé de leur pouvoir au point qu'ils le firent dans la suite, et il était impossible que l'empereur osât leur proposer de commettre, pour son avantage particulier, des excès dont ils ne s'étaient point rendus coupables pour eux-mêmes.

Cent cinquante ans après, s'établit la lutte entre le
sacerdoce et l'empire : dès lors, le souverain qui, de
droit, dominait sur Rome et sur l'Italie, n'avait qu'à
manifester quelque sujet de plainte contre les autres
princes chrétiens, pour que les papes prissent aussitôt
la défense de ceux-ci, et qu'ils neutralisassent de cette
manière les efforts, quels qu'ils fussent, de celui qui
avait le malheur d'être leur seigneur suzerain et leur
maître. Ajoutons à ces considérations que l'influence
des empereurs ne pouvait jamais être que légère et
momentanée, dans une ville aussi éloignée de leur ré-
sidence que l'était Rome, et où d'ailleurs ils avaient
cédé aux pontifes suprêmes une grande partie de leur
souveraineté, celle principalement qui est d'un usage
journalier, et qui, par là, frappe davantage la multitude. Cette influence que les rois de l'Europe avaient
pu tolérer, de la part du monarque qui portait le
nom de chef civil de la république chrétienne, changea entièrement d'aspect, quand, par la victoire des
papes dans leur longue guerre contre l'empire, tous
les souverains furent devenus égaux. Le saint siége,
en se mettant, en cette circonstance, entre les mains
de l'un d'eux, après surtout qu'une longue suite d'entreprises audacieuses et violentes avait prouvé au
monde, et ce qu'ils pouvaient faire par eux-mêmes,
et surtout ce qu'une cour adroite et exigente eût pu
leur imposer ; le saint siége, disons-nous, dévoila,
dans toute leur turpitude, les moyens de succès qu'il
avait mis en œuvre jusqu'alors, et il perdit peu à
peu, avec la considération politique dont il avait été

revêtu, presque toute la puissance qui y était attachée. Le schisme de trente-neuf ans qui suivit immédiatement cette faute irréparable, et qui en était une conséquence au moins probable, sapa le pouvoir religieux jusque dans sa base, et le siècle de la réformation se prépara de loin à porter aux papes le coup fatal dont ils ne se relèveront jamais.

Les malheurs que nous allons exposer dans ce livre, commencèrent par le marché honteux que fit l'archevêque de Bordeaux avec Philippe-le-Bel, roi de France, pour obtenir le pontificat suprême, dont ce prince se trouvait pouvoir disposer, en vertu d'une ruse sacerdotale, employée par les cardinaux de son parti, au conclave qui eut lieu après la mort de Benoît XI. Ce pontife n'avait pas régné assez long-temps pour remédier aux désordres, assoupir l'esprit de parti, et éteindre les haines que le règne de son prédécesseur avait fait naître dans le sacré collége. A sa mort, les factions se relevèrent avec une nouvelle fureur, et les cardinaux attachés aux intérêts et à la mémoire de Boniface VIII, résistèrent, pendant près de onze mois, à tous les efforts que les partisans des Colonna, et par conséquent de la France qui les protégeait, firent pour placer sur la chaire de saint

les seconder dans leurs vues. Les amis de Philippe-le-Bel trouvèrent enfin un expédient qui leur réussit : ils proposèrent à leurs adversaires d'élire trois sujets à leur choix, parmi lesquels, à un terme fixé, eux-mêmes auraient été obligés de désigner le pape qui devait être légitimement reconnu par toute l'église.

L'accord fut conclu et ratifié par serment des deux parts : les électeurs du parti de Boniface choisirent trois ennemis capitaux du roi de France, et entre autres, Bertrand du Got, archevêque de Bordeaux et sujet du roi d'Angleterre (¹). Philippe fut averti aussitôt de ce qui se passait, par des courriers que lui expédièrent ses partisans; et, s'étant rendu lui-même près du prélat qu'il jugeait propre à le servir dans ses projets, il lui demanda son amitié, lui prouva qu'il pouvait, d'un seul mot, le faire pape, l'assura de sa bonne volonté à cet égard, et enfin lui offrit les clefs de saint Pierre, à certaines conditions, sur lesquelles Bertrand ne pouvait pas se montrer difficile en cette circonstance. Les conditions, au nombre de six, étaient conçues en ces termes :

1° Le pape réconciliera avec l'église le roi de France et tous ceux qui ont trempé dans l'arrestation de Boniface VIII, et qui ont sévi contre ce pontife; 2° il accordera au roi Philippe la perception des dîmes du clergé de France, pendant cinq ans, pour les frais de la guerre de Flandres; 3° il condamnera et abolira la mémoire de Boniface VIII; 4° il rendra le chapeau aux deux cardinaux Colonna; 5° il supprimera l'ordre des templiers; enfin, le roi se réserve une sixième condition, sur laquelle il ne s'explique point, mais que le pape doit lui promettre de remplir, aussitôt que ce prince l'aura manifestée (²). L'ambitieux arche-

---

¹ (¹) La Guienne appartenait alors aux Anglais.

(²) Quelques auteurs ont prétendu que la promesse d'absoudre le roi

vêque promit avec joie tout ce qu'on exigeait de lui ;
et il aurait probablement promis davantage encore,
si le roi de France avait été moins limité dans ses désirs. Le scandaleux traité fut juré sur l'hostie ou sur
le corps du Christ, comme s'expriment les auteurs
du temps ; les courriers repartirent pour l'Italie, et
Clément V monta sur le siége des apôtres, l'an
1305 (¹).

Si les partisans du pape Boniface furent étonnés à la
vue de la bonne harmonie qui régnait entre le nouveau
pontife et Philippe-le-Bel, leur ennemi, les cardinaux
attachés au même Philippe ne le furent pas moins,
quand ils sentirent toute l'étendue des résultats de
leurs intrigues, et les malheurs auxquels leur trom-

et de réconcilier avec l'église ceux qui avaient surpris Boniface à Anagni
était divisée en deux articles, et que par conséquent la demande de supprimer l'ordre des templiers n'était pas exprimée parmi les cinq conditions imposées par Philippe au pape ; il en est aussi qui font consister
le cinquième point dans l'obligation où serait Bertrand de Got de nommer les cardinaux que le roi lui présenterait. Ils ont eu par-là le champ
libre pour supposer que la sixième condition regardait ces mêmes templiers, et que le pontife y avait satisfait au concile de Vienne, en les
abolissant à perpétuité. D'autres écrivains ont enfin supposé que la grâce
de réserve était l'ordre de fixer à perpétuité le siége papal en France.

(¹) Giovanni Villani, l. 8, cap. 80 e 81, p. 356 e seg. — S. Antonin.
part. 3, tit. 21, cap. 1, p. 263. — Raynald. ad ann. 1305, n. 4, t. 23,
p. 392. — Ferret. vicentin. l. 3, t. 9 rer. ital. p. 1013. — Bernard. Guidon.
vit. Clement. pap. V, t. 3, part. 1, ibid. p. 673. — Ptolom. lucens. hist.
eccles. l. 24, t. 11, ibid. 1226. —Benvenut. imolens. comment. ad Dant.
comœd. t. 1, antiq. ital. med. ævi, p. 1076.

Ce commentateur du Dante rapporte qu'en apprenant l'élection du
prélat français, le cardinal Matthieu Rubæus s'écria, devant le cardinal
Napoléon Orsini : «Hodie fecisti caput mundi de gente sine capite.» —
Ibid. p. 1018.

que les écoliers passèrent à Padoue. Le légat voulut essayer ensuite s'il serait plus heureux à Florence : il y fit annoncer sa prochaine visite, et l'intention qu'il avait de lever les censures que les Florentins avaient encourues pour leur désobéissance envers le saint siége, et l'interdit ecclésiastique sous lequel leur patrie se trouvait. Mais les Italiens du quatorzième siècle, comme on peut le voir dans l'itinéraire de l'empereur Henri VII, méprisaient, encore plus que leurs ancêtres, les foudres papales. Les Florentins prièrent le cardinal Orsini de ne pas se déranger pour eux, et ils lui firent clairement entendre qu'ils sauraient bien se passer de ses bénédictions. En conséquence de cette réponse, l'interdit fut confirmé contre Florence ([1]).

Trois ans après, en punition de ce que les Véronais osaient prétendre à la conquête de Ferrare que le pape convoitait également quoiqu'il n'y eût pas plus de droit qu'eux, et surtout parce que leurs efforts pour s'emparer de cette ville avaient enfin été couronnés d'un plein succès, le pape lança contre la république de Venise la bulle la plus terrible et la plus inique dont on eût encore entendu parler, disent les annales de Muratori. Outre les excommunications, les anathèmes et les interdits accoutumés, Clément V fit déclarer tous les Vénitiens infâmes, et leurs enfans incapables de remplir aucun emploi civil ou religieux, jusqu'à la quatrième génération : leurs biens furent confisqués dans toutes les parties du monde catholique, et chacun eut droit de saisir leurs personnes en quelque lieu qu'ils se trouvassent, et de les vendre comme esclaves. La publication d'une croisade, sous les ordres du cardinal Pellegrue, suivit immédiatement cette bulle, et la guerre sacrée commença. Elle coûta la vie à plusieurs milliers d'individus : cinq mille hommes périrent en un seul jour, savoir, lors de la prise de Ferrare par le prélat; une bulle déclara alors que cette ville était délivrée de la tyrannie des Vénitiens et rendue au saint siège. Les maux dont cette guerre avait été cause n'eurent un terme qu'en l'an 1313, lorsque les Vénitiens se furent décidés à acheter du pape l'absolution générale des censures pour la somme de cent mille florins d'or (¹). Clément leur fit restituer leurs biens, les rendit de nouveau habiles à faire le commerce, à jouir de leurs priviléges et de la liberté; il les réintégra aussi dans leur honneur, ainsi que les trois générations encore à naître (²).

Le même pape avait ratifié, quatre ans auparavant, l'investiture de la Corse et de la Sardaigne, que nous

---

(¹) François Dandolo fut envoyé à cet effet au pape par la république. Il fallut que cet ambassadeur fît amende honorable dans la grand'salle du palais pontifical, à Avignon, marchant *à quatre pattes* et un collier au col. Depuis lors il ne fut plus nommé que *le chien*. — Henr. Estienne, apolog. pour Hérodote, chap. 40, n. 1, t. 3, p. 420.

. (²) Excerpt. ex Jordan. chron. cap. 238, part. 2, t. 4, antiq. ital. p. 1031. — Raynald. ad ann. 1309, n. 6 ad 8, t. 23, p. 463, et ad ann. 1313, n. 31 et seq. t. 24, p. 13. — Simon. Mont. Fort. comit. ad ann. 1307, loc. cit. t. 5, p. 790. — Clement. pap. V, constit. 9, *Pia matris*, t. 3, part. 2, bullar. p. 120. — Ptolom. lucens. vit. Clement. pap. V, in hist. ecclesiast. l. 24, t. 11 rer. ital. p. 1239.

avons vu accordée à Jacques d'Aragon par Boniface VIII,
cette concession ne lui paraissant probablement pas
encore assez arbitraire, il y ajouta le don de Pise que
le roi était par conséquent obligé de dépouiller de son
indépendance, et de l'île d'Elbe qu'il devait conquérir
sur l'empire, comme le dit Muratori, en citant les annales ecclésiastiques. Il est vrai que l'auteur italien a
tu une partie des documens rapportés dans ces mêmes
annales, nous voulons dire la condition qui rendait
nécessaire l'agrément des Pisans pour que la donation
pontificale eût réellement l'effet indiqué ([1]). Cette
clause rend assurément la libéralité de Clément V moins
condamnable; mais elle lui donne en même temps un
tel caractère de niaiserie et d'absurdité, qu'il était
naturel et raisonnable de n'y voir qu'un moyen de
mieux tromper, une formalité qui n'aurait engagé à
rien, supposé qu'on eût pu en venir à l'exécution dé-
sirée ([2]).

Il serait inutile de détailler ici toutes les guerres
que les souverains pontifes faisaient aux gibelins d'I-
talie, par le moyen de leurs légats, de leurs généraux, ou des princes et républiques guelfes, leurs
alliés. Ce ne serait qu'une répétition fastidieuse et
dégoûtante de ce que nous avons déjà dit plusieurs
fois en d'autres occasions, et de ce que nous nous

([1]) Il était de notre devoir de ne pas passer sous silence la légère infidélité de Muratori : il n'est point de raison qui oblige à se montrer
aussi indulgent envers nous, au dix-neuvième siècle, qu'on pouvait
l'être, il y a cinquante ans, envers l'annaliste italien.

([2]) Raynald, ad ann. 1309 n. 24, t. 23, p. 475. — Muratori, annal.
d'Ital. part. 1, t. 8, p. 57.

verrons encore souvent obligés de mettre sous les yeux
du lecteur. Les peines spirituelles et les armes temporelles employées tour à tour dans les mêmes questions
et pour les mêmes intérêts, les excommunications et
les bourreaux, les interdits et les massacres : voilà en
peu de mots l'histoire de ces guerres malheureuses,
fruit de l'ignorance et des préjugés, de la cupidité et
de l'ambition, de la corruption et de la mauvaise foi.
« L'astuce et la perfidie caractérisaient les attaques des
guelfes, dit François Pépin; les gibelins se vengeaient
avec fureur et barbarie (¹). » Les deux partis, celui de
la démocratie et celui de l'aristocratie, étaient également dominateurs, méchans et cruels.

(1) Fr. Francisc. Pipin. chron. l. 4. cap. 44. t. 9 rer. ital. p. 749.

CHAPITRE II.

Il est temps de nous occuper de ce qui manquait à l'entier accomplissement des promesses de Clément V envers Philippe-le-Bel, accomplissement dont dépendait en quelque manière la légitimité du souverain pontife, puisqu'il était le prix convenu d'un siège que, sans cela, le prélat français n'aurait jamais occupé. Le pape avait cherché à donner le change à la haine du roi contre Boniface VIII, en offrant à chaque instant de nouveaux appas à son avidité de pouvoir et de richesses. Il venait de conférer l'empire grec aux Français; et, pour les en faire jouir en toute sûreté de conscience, il avait excommunié Andronic Paléologue qui régnait alors à Constantinople. Outre cela, afin de rendre la résistance des Orientaux presque nulle, il avait défendu à tous rois, princes, universités, corps, etc., de contracter alliance avec eux, de les protéger, de leur donner des conseils, sous peine des plus terribles anathèmes, nonobstant tout privilège dont ils pouvaient être en possession, et sans égard aux autorités qui avaient pu le leur accorder, quand c'eût été le saint siège apostolique lui-même [1].

[1] Bulla, 3 non. junii 1307, apud Raynald. ad ann. n. 7, t. 23, p. 417.

Peu flatté de ces largesses pontificales, Philippe-le-Bel marcha droit au but qu'il s'était proposé : dès l'an 1307, il demanda catégoriquement la condamnation de la mémoire de Boniface; il voulut qu'on déterrât son cadavre et qu'on brûlât ses ossemens; et, afin de motiver cette étrange exigence, il fit dresser, par son clergé et par les principaux avocats de France, un acte qui contenait quarante-trois chefs d'accusation, en matière d'hérésie, contre le pape défunt. Tous les cardinaux s'opposèrent à ce scandaleux procès, les uns comme anciennes créatures de Boniface VIII, les autres pour l'honneur du sacré collége et de tout le clergé. Le pape ne sut quel parti prendre : il n'osait avouer ouvertement qu'il désirait violer le serment qu'il avait fait au roi; il voyait le même danger à s'y montrer fidèle. Pour se tirer d'embarras, il se contenta d'absoudre de nouveau tous ceux qui avaient maltraité Boniface VIII dans l'échauffourée d'Anagni. On lui suggéra, en outre, l'expédient d'objecter à Philippe qu'une affaire aussi délicate que celle de l'infamation d'un pape, et qui regardait l'église en corps, ne pouvait être décidée qu'en un concile œcuménique; et aussitôt cette assemblée solennelle fut convoquée à Vienne en Dauphiné, où Clément espérait être plus libre, et moins gêné par l'influence des Français (¹).

Le pape fut finalement obligé de céder aux puissantes sollicitations du roi de France (1309), et il

---

(¹) Raynald. ann. 1307, n. 10 et 11, t. 23, p. 418. — Giovanni Villani, l. 8, cap. 91, t. 1, p. 366.— Ferret. vicentin. chron. l. 3, t. 9 rer. ital. p. 1016.

commença à recevoir les accusations que les courtisans de Philippe-le-Bel s'empressèrent d'intenter de toute part à la mémoire de Boniface VIII, quoique, de toute part aussi, les peuples catholiques réclamassent contre la honte que cette publicité faisait rejaillir sur le nom chrétien. Les enquêtes durèrent jusqu'au concile de Vienne. Pour ne rappeler ici qu'une seule pièce de ce procès fameux, nous citerons l'acte d'audition des témoins; ils déposèrent que Boniface disait : « que les péchés charnels ne sont pas des péchés; qu'il désirait que Dieu lui fît du bien en cette vie, parce qu'il ne se souciait guère de l'autre; que l'ame des hommes est comme l'ame des animaux; qu'il est ridicule de croire que Dieu puisse être un et trois tout ensemble; que le saint sacrement est une jonglerie; qu'avoir commerce avec une jeune fille ou un jeune garçon est un acte aussi indifférent que de se frotter les mains l'une dans l'autre; qu'il ne croyait pas plus en Marie qu'en une ânesse, et en son fils qu'en un ânon : » ils ajoutèrent « que le pape avait pour maîtresses une femme mariée nommée *donna Cola* (dame Nicole), et la fille de cette même femme; que ses camériers, dans leurs disputes, se reprochaient les sales faveurs dont le pontife les avait honorés ou plutôt flétris; enfin, que celui-ci, en mourant, refusa la confession et la communion (¹). » Néanmoins, au

(¹) Voici textuellement les propos de Boniface VIII, rapportés par les témoins devant Clément V : « Peccata carnalia non esse peccata; Deus faciat mihi bonum in hoc mundo, de alio minus curo quam de una faba; talem animam habent bruta sicut homines; fatuum est credere quod

concile de Vienne, quinzième œcuménique, tenu
pendant les années 1311 et 1312, par trois cents évêques, Clément obtint de Philippe-le-Bel qu'il renon-
cerait à ses poursuites; et, avec lui, se désistèrent également tous ceux qui ne s'étaient acharnés contre le
pontife que pour plaire au roi, leur maître. Deux chevaliers catalans se présentèrent aussi devant les pères,
et ils offrirent de prouver, la lance au poing, envers
et contre tous, l'orthodoxie de Boniface VIII; mais
déjà les champions avaient abandonné l'arène, et la foi
de ce pape fut, sans aucune contradiction, déclarée
catholique et non corrompue.

Après l'avoir emporté sur un point aussi important,
il n'eût pas été prudent à Clément V de se montrer
difficile sur les autres : en conséquence, il abrogea et
cassa définitivement la bulle *Clericis laicos* (¹), et

---

sit unus Deus et trinus ; cum mulieribus et viris non est peccatum magis
quam fricatio manuum ; non credo plus in eo (Maria) quam in asina,
nec in filio plusquam in pullo asinæ ; virgo Maria non fuit plus virgo
quam mater mea ; non credo in Mariola, Mariola, Mariola. » Aller voir
passer le saint sacrement était, selon lui, aller *ad videndum truffas.* Il
abusait de la fille de donna Cola, sa maîtresse, « non tanquam muliere,
sed tanquam puero inter crura ; » ses camériers s'appelaient l'un l'autre
meretrix papæ. Enfin, il y eut plusieurs autres témoignages de bougrerie,
comme s'expriment les actes du procès.

(¹) Nous croyons à propos de répéter ici que la bulle *Clericis laicos* était
celle par laquelle Boniface VIII, pour, comme il s'exprimait, obvier aux
intolérables abus de pouvoir des puissances séculières contre le clergé,
excommunia, *ipso facto,* les empereurs, rois, princes, ducs, comtes,
barons, etc., qui auraient imposé la moindre taxe sur les clercs, sous
quelque titre ou prétexte que ce pût être; les prélats, les personnes ecclésiastiques, régulières ou séculières, qui y auraient consenti et qui auraient obéi; et ceux qui auraient contribué par des secours, des conseils

généralement tous les actes de Boniface contre la France; les fit détruire dans les originaux, accorda l'absolution au roi, approuva sa conduite passée, « comme étant procédée de son grand amour pour le bien et pour l'ordre, » et décréta qu'on ne pourrait jamais, sous les peines les plus graves, inquiéter ni Philippe ni ses héritiers, pour les traitemens violens qu'il avait fait souffrir au pontife romain ([1]). La complaisance de Clément V dans la suppression de l'ordre célèbre des templiers, peut aussi passer pour une espèce de compensation que le pape ne pouvait plus refuser à Philippe-le-Bel, en considération du sacrifice que le roi avait fait en cessant de poursuivre Boniface ·VIII comme hérétique.

L'affaire des templiers avait été déférée par le roi à Clément V, trois ans avant le concile de Vienne, et elle avait été soumise, au moins pour la décision canonique, à l'examen des pères qui devaient y siéger. En attendant que cette pompeuse réunion eût lieu, Philippe avait commencé par faire arrêter tous les chevaliers qui se trouvaient en France : on s'empressa de

---

ou quelque faveur, publiquement ou d'une manière cachée, à de semblables *désordres*. L'absolution de ces iniquités était réservée au pape exclusivement, excepté à l'article de la mort. — Corp. jur. can. sexti decret. l. 3, tit. 23, cap. 3, p. 327.

([1]) Raynald. ad ann. 1309, n. 4, t. 23, p. 461 ; ad ann. 1311, n. 30, p. 518. — Baluz. in vit. pontif. avenionens. t. 1, p. 35, 57, 73 et 105. — Giovanni Villani, l. 9, cap. 22, t. 1, p. 389. — Excerpt. ex Jordan. chron. cap. 237. part. 2, in antiq. ital. t. 4, p. 1021. — Guillelm. de Nangis, chron. continuat. apud Dacher. in specilegio, t. 3, p. 68. — S. Antonin. chron. part. 3, tit. 21, cap. 1, § 2, p. 271. — Du Puy, hist. du différend d'entre Boniface VIII et Philippe-le-Bel, p. 523 et suiv.

l'imiter dans les autres états catholiques, et en peu de temps, quinze mille templiers furent dans les fers. Mais le gouvernement français, puissamment aidé en cela par les commissaires pontificaux, se montra le plus ardent à les poursuivre. Des centaines de templiers furent traînés devant divers tribunaux, et presque tous, amollis par les richesses et la prospérité, cédèrent, les uns aux promesses, les autres aux menaces qu'on ne cessait de leur faire, et confessèrent tout ce qu'on voulut : de ceux qui résistèrent aux ordres de la cour, plusieurs expirèrent dans les tourmens de la torture. Accusés d'impiété, d'idolâtrie, d'avoir contribué à la perte de la Terre-Sainte et à la captivité de Louis IX, et noircis de plusieurs autres vilains péchés, dit Jean Villani dans sa chronique (¹), mais accusés, ajoute-t-il, par le prieur de Montfaucon et par Noffodei (²), templier florentin, que le grand-maître tenait alors prisonniers à Paris pour crimes, cinquante-six chevaliers, ou plutôt cinquante-six martyrs innocens, comme les appelle le commentateur du Dante, furent brûlés à petit feu, non loin de cette ville (1309) (³), et moururent avec un courage héroï-

---

(¹) Ferret de Vicence et la chronique d'Asti rapportent aussi les horreurs dont on chargeait les frères de l'ordre qu'on voulait proscrire, comme la sodomie, l'hérésie, la renégation du Christ, des outrages faits au crucifix, et des choses plus terribles encore, dit Ferret, mais dont il ne faut pas conserver la mémoire.

(²) Le délateur, calomniateur Noffodei, rendu à la liberté, ne tarda pas à commettre de nouveaux crimes qui le menèrent à l'échafaud. — — Lastri, osserval. fiorent. *magione del S. Sepolcro*, t. 7, p. 154.

(³) L'archevêque de Sens en fit brûler d'abord cinquante-quatre, puis

que, en protestant jusqu'au dernier soupir de leur innocence. Ces infortunés avaient été condamnés par l'archevêque de Sens, qui avait présidé un concile de sa province à Paris, et dégradés par l'évêque de cette dernière ville.

Jacques Molay, grand-maître du Temple, et un nombre considérable de chevaliers avaient été conduits devant le pape et le roi, leur ennemi, afin que, par leur confession, ils justifiassent en quelque manière l'infamie qui les attendait tous, ou les tourmens barbares dans lesquels on avait résolu de leur faire perdre la vie. A force de prières et de mauvais traitemens, Jacques Molay et plusieurs chevaliers avaient eu la faiblesse de se laisser arracher une partie des honteux aveux qu'on exigeait. On les renvoya alors à la capitale; les commissaires pontificaux, forts des dépositions qu'on avait réussi à leur extorquer, commuèrent en faveur du grand-maître et de trois chevaliers, la peine capitale que tous les membres de l'ordre avaient encourue, en une prison perpétuelle, afin que cette punition témoignât, tout à la fois, de la clémence du pape et du roi de France à leur égard, et de la juste sévérité des deux pouvoirs à l'égard de leurs frères. Mais, au moment où l'on se préparait à profiter de cette circonstance, pour faire publier avec plus de solennité la condamnation de l'ordre, Jacques Molay

(1310) quatre autres; l'archevêque de Reims et son concile de Senlis firent brûler neuf chevaliers. Tous les conciles français suivirent l'horrible exemple que venait de leur donner la commission pontificale de Paris.

et le frère du dauphin de Vienne désavouèrent et ré-
tractèrent devant tout le peuple ce qu'ils avaient
avoué devant Clément et devant Philippe, abhorrèrent
leur propre lâcheté, et souffrirent en héros la mort
dont ils se proclamèrent eux-mêmes dignes. Deux
chevaliers persévérèrent dans leurs aveux, et vécurent
libres, mais misérables et flétris dans l'opinion des
hommes. Des moines recueillirent, avec une religieuse
piété, les cendres du grand-maître et du chevalier qui
avait partagé son courage et ses malheurs.

Presque tous les auteurs contemporains ont accusé
Philippe-le-Bel d'avoir ordonné le supplice des templiers par la soif des richesses, et dans le seul désir
d'hériter de leurs immenses biens qu'il voulait confis-
quer à son profit. Il suffit d'avoir signalé la servile
complaisance, ou plutôt la complicité de Clément V,
dans cette œuvre d'iniquité, que le pape couronna en
supprimant dans toute la chrétienté, au concile de
Vienne, et, pour ainsi dire, malgré ce concile, l'ordre
du Temple, après avoir reconnu publiquement la
vérité des accusations dont on l'avait si indignement
souillé. Cette suppression émanait, comme Clément
s'exprimait lui-même, non des règles de la justice,
mais seulement d'un acte provisionnel de la puissance
apostolique : il n'en accorda pas moins définitivement
les biens des templiers aux hospitaliers de Saint-Jean,
avec ordre de les racheter du roi de France qui s'en
était emparé. Cette faveur du saint siége, en forçant
les chevaliers de l'Hôpital de contracter des dettes
énormes, manqua d'entraîner leur ruine, au lieu

d'être la cause de leur prospérité comme le pontife était censé en avoir eu l'intention (¹).

Il y avait, depuis la déposition de Frédéric II au concile de Lyon, plus de soixante ans que les états d'Italie soumis à l'empire, et principalement les états guelfes, ne reconnaissaient plus de maîtres; Philippe-le-Bel voulut profiter de cette circonstance pour doubler les moyens dont il disposait déjà de faire plier le pape à ses volontés et à ses caprices, et il demanda pour Charles de Valois, son frère, le titre de chef civil de la république chrétienne. Nous avons vu qu'il avait eu les mêmes projets sous Boniface VIII, et que le peu de complaisance du pontife à cet égard avait été, en grande partie, la cause de ses différends avec le monarque français, et des malheurs qu'ils avaient traînés à leur suite. Rien ne paraissait devoir plus s'opposer aux désirs de Philippe, en cette occasion; mais Clément, déjà victime du trop grand pouvoir

(¹) Raynald. ad ann. 1307, n. 12, t. 23, p. 424.—Id. ann. 1343, n. 39, t. 24, p. 16.— Clem. pap. V, constit. 4, *Regnans in cœlis*, t. 3, part. 2, bullar. p. 113, et constit. 14, *Ad providam*, p. 138.—Voltaire, hist. du parlement, ch. 4, t. 30, p. 29 et suiv. — Ferret. vicentin. l. 3, t. 9 rer. ital. p. 1016 ad 1018. — Guillelm. Ventur. chron. astens. cap. 27, t. 11, ibid. p. 192.—Istor. pistolesi, ibid. p. 518.—Vit. Clement. pap. V, ex MS. Bernard. Guidon. part. 2, t. 3, ibid. p. 463.— Johann. canon S. Victor. in vit. ejusd. pap. ibid. p. 461.— Giovanni Villani, l. 8, cap. 92, t. 1, p. 367 e seg. e cap. 121, p. 380. — Continuat. Guillelm. de Nangis. apud Dacher. in specilegio, t. 3, p. 60.—Bzovius, ad ann. 1311, n. 7 ad 9, t. 14, p. 168; ad ann. 1312, n. 2 et 3, p. 179. —S. Antonin. chron. part. 3, tit. 21, cap. 4, § 3, p. 272.— M. Raynouard, monum. hist. concern. la cond. des chev. du Temple, p. 32, 55, 93 et suiv., 117, 121 et 304 et suiv. — Benvenut. imolens. in comœd. Dant. commentar. t. 1, antiq. ital. med. ævi, p. 1220.— Du Puy, condamnat. des templ. p. 18, 21, 24, 33, 38, 58, 62 et 66.

de ce prince, craignait de voir augmenter encore sa puissance, et, bien loin d'y vouloir contribuer lui-même, il travailla sous main à la nomination de Henri de Luxembourg, qui prit le nom de Henri VII. Ce point important une fois décidé, le pape ne pensa plus qu'à s'assurer du nouveau roi des Romains, par des promesses et par des sermens, et à lui faire pompeusement remettre, par des légats pontificaux qu'il avait revêtus à cet effet de la toute puissance du saint siége, les marques de la dignité impériale, cérémonie dont le non-usage avait, il l'espérait du moins, accru l'influence et le prix parmi les Italiens. Son but réel était d'opposer Henri et ses gibelins au parti français et à Robert, roi de Naples et comte de Provence, à la discrétion immédiate duquel il venait de se mettre, en fixant la cour pontificale à Avignon.

A peine entré en Italie (1312), le nouvel empereur se trouva en guerre avec tous les guelfes, et par conséquent avec Robert, leur chef. Il commença par faire publier contre eux une sentence ridicule, par laquelle il condamnait Robert à mort, le privait de ses états et déliait ses sujets du serment de fidélité ; puis il mit au ban de l'empire toutes les villes révoltées contre lui : enfin il demanda au pape, avec instances, d'excommunier les guelfes, afin que les armes temporelles eussent, après cela, sur eux un effet plus prompt et plus efficace. Clément V, secrétement porté pour le parti de l'empereur, surtout depuis que Robert s'était emparé de la ville de Rome, à main armée, et y commandait en maître, se hâta de préparer les anathèmes et de forger les foudres exterminatrices. Dans ce péril imminent, le roi de Naples s'adressa à Philippe-le-Bel, et celui-ci envoya à Avignon les satellites qui, quelques années auparavant, avaient, avec tant de zèle, exécuté ses ordres à Anagni. En les voyant, le pontife craignit le sort de Boniface, et il fit le vœu bien sincère de renoncer à tout projet de lutter avec ses maîtres à l'avenir : à sa grande joie, les émissaires du roi de France se retirèrent, après avoir seulement enlevé les minutes des bulles et exhalé leur colère dans des menaces et des imprécations (¹). Ce n'est pas tout : Clément changea tellement de maximes et de système, qu'il défendit à l'empereur de troubler Robert dans ses possessions de Pouille, qui ne relevaient que de l'église, et qu'il excommunia quiconque aurait osé enfreindre ses ordres ; ce qui n'empêcha pas l'archevêque gibelin de Pise d'éclater ouvertement en plaintes et en outrages contre le pape. L'an 1314, Henri VII était mort subitement (²), sans avoir pu exécuter ses projets sur l'Italie. Philippe-le-Bel et Robert obligèrent Clément V à annuler la constitution impériale contre le roi de Naples. Le pape le fit, et les Clémentines *Romani* et *Pastoralis* qu'il pu-

---

(¹) Johann. de Germenat. histor. cap. 61, t. 9 rer. ital. p. 1278. — Clément. pap. V, constit. 7, *Divinæ sapientiæ*, bullar. t. 3, part. 2, p. 113; constit. 10, *In humilitatis*, p. 128, et const. 11, *Rex regum*, p. 130.

(²) Il fut empoisonné dans une hostie consacrée, par un dominicain guelfe (Bernard de Montepulciano), à ce que disaient les malveillants, selon quelques auteurs. — Voy. Henr. Estienne, apolog. pour Hérodote, chap. 39, n. 1, t. 3, p. 276.

blia à cet effet, pour mieux remédier aux abus que
l'empereur venait de faire de son pouvoir, furent destinées à donner une nouvelle force aux abus que les
papes cherchaient à faire du leur. On y considéra
comme sermens de fidélité et de vasselage, les promesses que les chefs civils de la république chrétienne
faisaient aux pontifes et à l'église romaine, lors de
leur couronnement (1). « On ne peut mettre en doute,
dit le pape, ni notre domination suprême sur l'empire, ni le droit par lequel nous succédons à l'empereur pendant la vacance du trône (2). » Les Allemands
eurent beau réclamer contre la fausseté de ces principes, ils n'en servirent pas moins de base à la nomination du roi Robert, comme vicaire impérial dans
toute l'Italie, sous condition qu'il céderait ses droits à
l'empereur futur, deux mois après la confirmation de
ce dernier par le saint siége. Cette dignité du prince
français, ainsi que la sénatorerie de Rome, devaient
peu à peu, avec le secours des guelfes, le mener à la
domination de tout le nord de l'Italie (3).

---

(1) Auctoritate apostolica, de fratrum nostrorum consilio, declaramus
illa juramenta prædicta fidelitatis existere et censeri debere.

(2) Nos tam ex superioritate, quam ad imperium non est dubium nos
habere, quam ex potestate in qua, vacante imperio, imperatori succedi-
mus, etc.

(3) Albert. Mussat. hist. augustens. 7.16, rubr. 3, t. 10, rer. ital. p. 543,
et rubr. 4, p. 566.—Ptolom. lucens. hist. eccles. ad ann. 1313, t. 11, ibid.
p. 1240. — Fr. Francisc. Pipin. chron. ad ann. 1313, t. 9, ibid. p. 750.
— Blondus, in hist. decad. 2, l. 9, p. 334. — Corp. jur. can. t. 2 . clementin. l. 2, tit. 9, de jurejurando, cap. 4, p. 355, et tit. 11, de sentent.
et re judic. cap. 2, p. 358.—Lib. vii decretal. clementin. complect. l. 2,
tit. 9 Romani, et tit. 11, Pastoralis, f. 38 et 42 verso. — Bulla Clement.

La même année, Clément V mourut. S'il faut en croire Jean Villani, il aimait les richesses et les plaisirs : son désir immodéré d'amasser de l'argent lui avait fait introduire dans sa cour la plus honteuse simonie ([1]). Tout s'y vendait au plus offrant, et le produit de ces marchés corrupteurs servait à entretenir les désordres des cardinaux et des prélats, qui se croyaient tout permis, puisque le pape lui-même vivait publiquement avec la belle comtesse de Périgord, fille du comte de Foix. Il laissa ses neveux et toute sa famille immensément riches après sa mort ([2]). L'inappréciable trésor dont il avait comblé la caisse pontificale, ne le garan

pap. V, 2 id. mart. apud Raynald. ad ann. 1314, n. 2 et seq. t. 24. p. 49.

([1]) Nous donnerons quelques détails sur la simonie dans une note supplémentaire, à la fin du chapitre.

([2]) Les historiens contemporains ont rapporté, au sujet de la mort du pape, l'anecdote suivante : Peu de temps avant cette époque, Clément avait perdu un neveu qu'il aimait tendrement, et qui, pendant sa vie, avait été employé dans les affaires ecclésiastiques. Le pape désira ardemment de savoir ce qu'était devenue l'ame de son favori ; et , pour l'apprendre, il s'adressa à un nécromancien fameux qui, n'ayant pas voulu prendre les informations par lui-même, transporta en enfer un des chapelains du pontife. Le prêtre, de retour de ce dangereux voyage, raconta à son maître qu'il avait trouvé le neveu chéri dans un lit enflammé, où il était puni à cause de la simonie qu'il avait commise sur la terre ; et que vis à-vis de cette couche de douleur, les démons en fabriquaient une autre plus horrible et plus vaste, dans laquelle le pape lui-même devait subir la peine due à ses crimes. Une aussi terrible prediction ôta à Clément V toute sa gaîté, selon Jean Villani, et hâta sa mort. Les autres écrivains n'ont pas laissé un portrait plus favorable de ce pontife chrétien : le Dante l'a placé en enfer, comme simoniaque, au-dessous de Nicolas III et de Boniface VIII ; et une lettre que le cardinal Napoléon Orsini écrivait dans ce temps-là à Philippe-le-Bel, contient en abrégé l'histoire du mal que Clément, disait-il, avait fait à toute la chrétienté.

pas d'un accident bien propre à rappeler aux prélats
de sa maison le néant des grandeurs dont ils l'avaient
vu entouré. A peine Clément V eut-il rendu le dernier
soupir, que jusqu'à ses domestiques mêmes l'abandonnèrent, pour ne plus songer qu'à piller, chacun
de son côté, une partie des richesses qui lui avaient
appartenu. Il resta à peine un mauvais manteau pour
couvrir son corps; et, demeuré seul dans ce désordre
général, il fut presqu'entièrement consumé au feu
d'un cierge qui était tombé sur le lit où son cadavre
reposait (¹).

(¹) Giovanni Villani, l. 9, cap. 58, t. 1, p. 407.—Albert. Mussat. de
gest. ital. l. 3. rubr. 11, rer. ital. t. 10, p. 606.—Fr. Francisc. Pipin.
chron. ad ann. 1314, t. 9, ibid. p. 740. — Dante, *Inferno*, cant. 19,
vers. 82, f. 104, verso.—Baluz. collect. veter. act. in vit. papar. avenionens. t. 2, p. 289.

NOTE SUPPLÉMENTAIRE.

La simonie.

Nous avons souvent parlé et nous parlerons plus souvent encore de simonie dans cet ouvrage. Nous avons vu les efforts de Grégoire VII pour l'extirper (voyez en outre partie 2, liv. 2, chap. 2, t. 6). Mais il n'était question là que de la seule simonie par laquelle les évêques et les papes se vendaient aux princes, ou du moins achetaient d'eux les dignités de l'église et par conséquent aussi l'autorité religieuse. Grégoire VII et les papes qui adoptèrent ses idées ne cessèrent de lancer toutes les foudres spirituelles sur ceux qui se rendaient coupables d'un crime dont l'effet immédiat, en soumettant le sacerdoce à la puissance civile, était à plus forte raison d'empêcher que le sacerdoce ne réalisât jamais le rêve de toute eur vie, la domination suprême et universelle sur les empires, au moyen de l'autorité infaillible sur les esprits et les consciences.

Mais l'autre simonie, celle qui consistait à vendre aux fidèles les bénéfices, les dignités, les ordres avec les pouvoirs qu'ils confèrent, les indulgences, les sacremens, les prières, les messes, les moindres faveurs comme les grâces les plus considérables, la religion en un mot, et Dieu et le bonheur éternel : simonie qui, sans compromettre, au moins actuellement, le despotisme clérical, n'engageait que sa valeur morale, sa pureté, son désintéressement, sa sainteté, la considération qu'il s'était acquise, et par suite, mais à une époque si éloignée qu'on ne jugeait pas nécessaire de la prévoir, son pouvoir réel, sa force, son existence; celle-là fut non seulement tolérée, mais cultivée avec soin et activité. Du moindre prêtre jusqu'au pape inclusivement, tous se constituèrent marchands de choses réputées saintes, et s'étudièrent à faire prospérer leur commerce le plus possible, en faisant hausser par toutes les subtilités que l'imagination boutiquière peut fournir, le prix de la denrée sur laquelle se fondait leur spéculation. Et les supérieurs se donnèrent bien de garde d'attaquer les abus de leurs inférieurs; car c'était précisément la jouissance de ces abus qui faisait payer cher par ceux-ci aux autres le droit de les faire valoir. Le pape, comme marchand suprême, vendait en gros aux évêques et aux prêtres le droit de vendre en détail aux fidèles les divers moyens de gagner le paradis le plus commodément, le plus promptement et le plus sûrement possible.

De temps en temps quelque prêtre scrupuleux, quelque prélat zélé élevaient la voix contre ces scandaleux abus; leur voix se perdait dans le désert. « La coutume a prévalu, disait Alvar Pélage au commencement du quatorzième siècle (1320) de tarifer les messes à trois ou quatre deniers, un sol chacune ; l'aveugle peuple les achète, et des prêtres simoniaques et scélérats les vendent à ce prix (venditur et emitur a populo ceco et presbyteris simoniacis sceleratis).» Et cent cinquante ans après, Rodoric, évêque de Zamora, se plaignait que les prêtres n'étaient que des marchands, vendant ce qu'ils avaient acheté, et le vendant d'autant plus cher qu'ils l'avaient payé plus cher. Ils ne s'en cachaient pas, comme si c'eût été là une excuse suffisante et légitime. «Je crains beaucoup, ajoutait Rodoric, qu'ils ne confèrent pas la grâce sacramentelle : ils achètent les choses sacrées, ils vendent les choses sacrées, soit ; mais la grâce divine, que par cela même ils n'ont point, comment pourraient-ils la donner aux autres (sacra emunt, sacra vendunt ; sed gratiam non infundunt quam non habent)?».— Alvarus Pelagius, de planctu eccles. l. 2, cap. 27, f. 65 verso.—Rodoric. episcop. Zamor. specul. vitæ human. l. 2, cap. 20, sine pag.

Les réformateurs aussi ne cessaient de tonner contre la vénalité de l'église ; mais celle-ci, en les déclarant hérétiques, dépouillait leurs paroles de toute autorité sur les fidèles. Le livre 5 de la seconde partie est destiné à rendre compte de leurs efforts.

Nous donnerons ici une idée de ce que vendent les évêques ; nous l'empruntons à un mémoire présenté au sénat de Venise dans la seconde moitié du dernier siècle (1768).

Il n'y a point de sacrement ou d'acte sacramentel qui soit exempt de contribution à la chancellerie épiscopale, et par conséquent de simonie. On paie pour la célébration des mariages, pour la prise d'habit clérical, pour suppléer au défaut de légitimité et autres qui s'opposent à l'ordination des prêtres ou du moins la retarderaient, pour célébrer la messe, pour garder, exposer et transporter le très saint sacrement, pour l'autorisation d'entendre la confession, et cela selon les lieux, les temps et les personnes, pour l'autorisation accordée aux prêtres réguliers de baptiser et même d'ôter l'eau des fonts baptismaux, enfin pour recevoir et approuver la profession de foi. On paie les pouvoirs nécessaires pour porter, comme on s'exprime, charge d'ames ; pour bénir les églises, les cimetières, les cloches, les images, les chasubles, les croix, les pierres et les ornemens sacrés ; pour prêcher, exorciser, toucher les saints vases, réconcilier une église profanée, publier des indulgences, suspendre a divinis, excommunier, absoudre les excommuniés. Pour de l'argent on acquiert la faculté d'absoudre des cas réservés et d'accorder l'absolution papale in articulo mortis. Outre les dépenses nombreuses que contient le tarif, pour collation de bénéfices et installation des bénéficiaires, outre celles des cadeaux à faire à l'entourage de l'évêque, dans quelques

diocèses le bénéficiaire est taxé à dix pour cent du revenu de son bénéfice, ce qui, pour escamoter le blâme de simonie, s'appelle un don vo-
lontaire, don sans lequel cependant le bénéfice ne serait pas accordé
au candidat. A l'exemple de ce qui se pratique à Rome pour les grands
bénéfices, les évêques ont bien soin aussi, pour ceux qui dépendent
d'eux, de multiplier le plus possible les collations, en d'autres termes de
multiplier les vacances, c'est-à-dire de transférer sans cesse les bénéficiaires d'une église à une autre, en violation de leurs droits et des canons de l'église. Enfin, les chancelleries épiscopales s'entremettent de
tous les recours au saint siége, et perçoivent pour cela des fidèles, sous
le titre de commission, un droit assez élevé; et comme c'est un de leurs
principaux profits, elles font naître le plus possible de ces recours, qui
obligent ensuite à dépenser beaucoup d'argent à Rome, outre ce qu'il
en a déjà coûté pour avoir la permission de le dépenser. — Scrittura
sopra le tasse delle cancellerie vescovili, collezione di scritt. di regia
giurisdizione, n. 47, t. 17, p. 52 e seg. e p. 61.

CHAPITRE III.

Fourberies du cardinal d'Ossat — Il devient pape sous le nom de Jean XXII. — Sa mauvaise foi. — Le pape, vicaire de l'empire. — Jean XXII. ennemi acharné des gibelins. — Anathèmes contre les Visconti. — Croisade. — Louis de Bavière. — Motifs de la haine du pape contre cet empereur. — Le pape l'excommunie à plusieurs reprises. — Les croisés se livrent à toutes sortes d'excès. — Jean XXII est accusé d'hérésie par l'empereur. — Louis de Bavière, couronné à Rome. — Il fait déposer le pape. — Le pape, condamné à mort. — Nicolas V. — Ce pape est livré à Jean XXII. son rival. — Ambition et cupidité de celui-ci. — Annates. — Prétentions des prêtres depuis à l'inviolabilité.

Les cardinaux divisés entre eux n'entrèrent en conclave que l'an 1316. Obligés d'en venir enfin à une décision quelconque, ils élevèrent sur le siège apostolique, après plus de deux ans de vacance, le cardinal Jacques d'Ossat, de Cahors. Les cardinaux gascons avaient remis entre ses mains leurs droits d'électeurs, dans l'espoir qu'il leur serait favorable ; les Français, les Provençaux et le peu d'Italiens qui restaient, empêchèrent le triomphe de la faction qui leur était contraire, en conseillant à l'adroit prélat de se nommer lui-même. Il ne se fit pas long-temps prier. Né dans la plus basse classe de la société, disent les historiens d'Italie, Jacques parvint d'abord par son mérite et par son instruction dans le droit canon, à occuper le siège épiscopal de Fréjus. Il fut nommé ensuite chancelier du roi Robert, en Provence ; et, décoré de ce titre, il se fit à lui-même des lettres de recommandation pour le pape Clément V, au nom du prince, son maître : il les munit du sceau royal, et les présenta à la cour d'Avignon, sans que Robert en sût la moindre chose. La ruse réussit au-delà de ses souhaits ; appuyé par la protection la plus puissante alors près des sou-

cation et des funestes suites que l'excommunication emporte, à tous rois, patriarches, capitaines, podestats, recteurs, communautés et universités, de prendre le titre réservé aux seuls pontifes suprêmes, ou à celui qu'ils chargeaient expressément de les représenter. Le pape conféra ensuite la légation d'Italie au cardinal Bertrand du Poyet, son favori ou plutôt son fils, comme on le croyait généralement alors (¹), avec le titre de *pacificateur*. Les lettres dont il était porteur étaient conçues en ces termes : « Le souverain pontife, qui a reçu de Dieu le droit de disposer comme il lui plaît des biens spirituels et temporels, et à qui appartient le gouvernement de l'empire, envoie le cardinal Bertrand comme un ange de paix, afin qu'il domine sur toute l'Italie, sur les îles, les montagnes et les plaines ; et pour qu'il arrache, détruise, dissipe, disperse, édifie et plante (²). »

Ce fut enfin le roi Robert qui demeura vicaire impérial par la nomination du saint siége : le titre de

dans sa *Divine comédie* contre les prétentions des papes à la puissance temporelle sur les rois de la terre, il a laissé un livre intitulé *Monarchia*, pour prouver particulièrement que les empereurs ne dépendent en rien des pontifes de Rome, dans l'exercice de leur pouvoir civil. Ce livre fut publié par Simon Schardius, dans sa collection : *De imperiali jurisdictione et potestate ecclesiastica*, à Bâle et à Strasbourg, et séparément à Bâle. Il fut mis à Rome à l'index des livres défendus.

(¹) Jean Villani ajoute à cela que le cardinal ressemblait beaucoup au pape (vid. l. 11, cap. 6, p. 690).

(²) Bulla 11 calend. april. 1317, apud Raynald. ad ann. n. 27, t. 24, p. 59. —Joann. pap. XXI dict. XXII, constit. 1, *Si fratrum*, in bullar. t. 3, part. 2, p. 144.—Johann. canon. S. Victor. in vit. Johann. pap. XXII, t. 3, part. 2 rer. ital. p. 482. — Annal. mediolan. cap. 89, ad ann. t. 16, ibid. p. 696, et ad ann. 1319, p. 697.

seigneur de Gênes que lui avaient conféré les guelfes de cette ville, le rendait l'ennemi personnel des gibelins émigrés, protégés par les Visconti qui gouvernaient Milan. Robert leur faisait la guerre avec ardeur. Le pape se mit en mesure de le soutenir de tout son pouvoir (1320) : il donna ordre au cardinal Bertrand, son légat, de joindre les forces pontificales à l'armée que, de concert avec le roi de Naples, il entretenait déjà en Italie, sous la conduite de Philippe de Valois; les guelfes bannis des villes gibelines, accoururent en foule la grossir encore, et les hostilités commencèrent. Il avait cependant fallu motiver, tant bien que mal, cette soudaine levée de boucliers de la part de la puissance religieuse : c'est ce que fit Jean XXII, en chargeant les inquisiteurs de la foi en Lombardie d'intenter un procès pour hérésie et nécromancie à Matthieu Visconti et à ses fils, maîtres de Milan; à Cane de la Scala, seigneur de Vérone; à Passerino Bonacossi, seigneur de Mantoue; aux marquis d'Este, seigneurs de Ferrare, et aux autres chefs du gibelinisme. Les marquis d'Este consentaient à reconnaître du saint siège la ville où ils dominaient : mais le pape et le roi Robert voulaient qu'ils cédassent tous leurs droits; et comme ils ne purent s'y résoudre, ils furent excommuniés comme hétérodoxes et ennemis du pontife avignonais; Ferrare fut interdite.

Le pape fit également des propositions inadmissibles aux Visconti; elles furent rejetées, ce qui entraîna de nouveaux anathèmes et l'interdit de Milan, de Plaisance, et de toutes les villes que les Visconti possédaient : on ne songea plus qu'à se battre. « On pourrait demander, dit la chronique milanaise, si la guerre que Jean XXII fait à notre patrie était fondée sur la justice. Il est clair qu'elle ne l'était sous aucun rapport ; d'abord parce que le pape n'a point à s'occuper de combats et d'armes, mais qu'il doit se mêler exclusivement de ses affaires spirituelles ; puis, parce qu'on ne peut tout à la fois être juste et chercher à usurper le bien d'autrui. Or, le souverain pontife n'a aucun droit sur la ville de Milan ; c'est donc en opposition à tout principe de justice qu'il dirige contre nous ses attaques. » Au reste, les entreprises militaires du cardinal-légat n'eurent point un succès brillant : Il fut obligé, pour se consoler de ses défaites, de recourir à des moyens qui lui étaient plus familiers, nous voulons parler des malédictions et des censures ecclésiastiques, des dépositions pour hérésie et commerce avec les démons, et finalement de la publication d'une croisade, avec promesse d'indulgences plénières *de coulpe et de peines*, pour quiconque prendrait les armes en faveur de l'église[1].

Le cardinal Bertrand renouvela formellement, bientôt après (1322), la sentence d'excommunication et d'interdit, qu'il destinait à hâter la perte de l'odieuse famille gibeline qui osait lui opposer une résistance aussi obstinée, qui avait assiégé Gênes et qui ne cessait de travailler à l'abaissement des guelfes : on ac-

[1] Giovanni Villani, l. 9, cap. 108, p. 483. — Gualvan. de la Flamma, manipul. flor. cap. 359, t. 11 rer. ital. p. 726. — Chron. astens. cap. 102 et 103, ibid. p. 258. — Annal. mediolan. cap. 91 et 92, p. 697 et 698. — Bonincontr. Morig. chron. Modoet l. 3, cap. 21 et 22 ibid. p. 1118. — Raynald. ann. 1320, n. 10 ad 13, t. 24, p. 129. — Corio, istor. di Milano, all' anno 1318, part. 3, p. 187 e seg.

cusa les Visconti de ne pas croire à la résurrection de
la chair, et de mépriser les censures ecclésiastiques;
on les condamna au feu comme hérétiques, schismatiques et contempteurs des dieux, pour nous servir ici
des expressions de Tristan Calchus; on leur interdit
l'eau et le feu, et on ordonna de les éviter comme la
peste. En outre, on déclara ces mêmes Visconti, leurs
enfans, leurs adhérens et leurs sujets, soumis à toutes
les clauses pénales en usage, dans la législation barbare de l'église pour cause d'hérésie, comme confiscation des biens, esclavage des personnes, etc., etc.
On promit des indulgences plénières et le pardon le
plus entier à tous ceux qui prendraient la croix et les
armes contre eux, et on leur suscita des ennemis de
toutes parts. Cette sentence fut publiée à Gênes, au
grand contentement des guelfes de cette ville : on
voulut aussi l'afficher hors des portes; mais les gibelins qui formaient le siége de Gênes, se hâtèrent de
percer de pierres et de flèches le décret fulminant du
légat. L'église ne tarda pas à le confirmer. Le pape,
convaincu de l'urgence d'employer des moyens plus
vigoureux encore, si l'on voulait en venir à quelque
résultat définitif, appela en Italie Frédéric, duc d'Autriche, et lui promit en récompense de la guerre qu'il
devait porter dans le Milanais, la ratification de son
élection comme chef de la ligue germanique, et le
siége archiépiscopal de Mayence pour son frère (¹).

<hr />

(¹) Georg. Stella, annal. genuens. ad ann. 1322, t. 17 rer. ital. p. 1047.
— Donincontr. Morig. l. 3, cap. 2, t. 12, ibid. p. 1118. — Chron. estens.
cap. 105, t. 11, ibid. p. 260. — Giovanni Villani, l. 9, cap. 145, t. 1.

En attendant que cette négociation fût conclue, l'église ne négligea aucune occasion pour perdre les Visconti et tout le parti gibelin. Pagano de la Torre, patriarche d'Aquilée et ennemi personnel des seigneurs de Milan, publia à Brescia la bulle d'excommunication qui les concernait, prêcha la croisade, arma quatre mille hommes, et remit à son neveu les marques du commandement. Frédéric, comte de Montefeltro et maître d'Urbin, fut anathématisé par le pape comme gibelin, hérétique et idolâtre : le peuple crut ne pouvoir mieux faire, pour se conformer à l'esprit du décret et témoigner sa soumission envers celui qui l'avait lancé, que de massacrer le malheureux Frédéric et son fils, alors podestat de la ville d'Urbin, et de jeter leurs corps à la voirie (1).

L'année suivante, la guerre continua à se faire avec fureur entre le sacerdoce et les Visconti. L'armée papale avait été portée à un nombre de combattans si considérable, que Milan allait enfin succomber sous leurs efforts, quand Louis de Bavière vint à son secours. Demeuré seul maître de l'empire, par ses victoires sur le duc d'Autriche, Louis avait conservé un vif ressentiment des offres de protection et de secours que le souverain pontife avait faites à son rival; et il

p. 444. — Corio, istorie milan., part. 3, f. 192, vers. e seg. — Tristan. Calchi hist. l. 22, apud Georg. Grævium, thesaur. antiq. t. 2, p. 484. — Raynald. ad ann. 1322, n. 5 et seq. t. 24, p. 181.

(1) Jacob. Malvecc. chron. brixian. distinct. 9, cap. 59, t. 14 rer. ital. p. 996. — Annal. cæsenat. ad ann. 1321, ibid. p. 1140. — Giovanni Villani, l. 9, cap. 140, t. 1, p. 442.

embrassa avec ardeur le parti opposé à celui de l'église.
Jean XXII ne put se contenir ; en voyant échapper de
ses mains une conquête sur laquelle il avait compté,
et qui devait établir sur des bases solides le suprême
pouvoir du roi Robert dans toute l'Italie. Outre ce
motif de haine contre Louis de Bavière, il en avait
un autre plus violent, en ce qu'il ne pouvait plus
mettre en doute que le prince allemand ne fût destiné à renverser un vaste plan qu'il avait conçu pour
l'agrandissement temporel du saint siège et l'indépendance italienne. La mémoire de ce projet nous a été
conservée par l'auteur de l'*Essai historique sur la
puissance temporelle des papes,* dans une bulle jusqu'alors inédite, où Jean XXII disait : que l'institution
du pouvoir impérial était vicieuse par sa nature ; ce
qu'une longue expérience, ainsi qu'il s'efforçait de le
démontrer par de nombreux exemples, avait prouvé à
l'évidence : c'est pourquoi, il croyait ne pas devoir tarder
plus long-temps à user de ses pouvoirs spéciaux, ceux
d'arracher et de détruire, et il le faisait en séparant à
jamais l'Italie de l'empire et du royaume d'Allemagne,
de manière à ce que ces états ne pussent plus avoir
désormais aucune communauté de dépendance ni de
juridiction, et qu'ils ne fussent plus jamais réunis en
un seul corps : il déclarait, en conséquence, que,
« par la plénitude de sa puissance, il délivrait l'Italie »
de tout joug étranger, probablement afin de la tenir
sous son seul joug et sous celui de ses délégués. Il fit
plus : de peur que l'empire ne devînt à l'avenir trop
puissant pour que le saint siège pût soutenir contre

lui la liberté italienne, il ajouta qu'il séparait aussi à perpétuité la France de l'Allemagne, au moyen de limites qu'il promettait de tracer nettement, avec le secours des cardinaux, ses frères. Sa conduite en cette circonstance, dit-il enfin, était réglée sur l'exemple de Jésus-Christ, qui, à cause des péchés des hommes, a divisé les royaumes de la terre.

L'approche de l'empereur avec une armée rompit tous les projets du pontife. Aussi, celui-ci ne tarda guère à accuser Louis de Bavière, qu'il appelait le prétendu roi des Romains, d'avoir usurpé ce titre sans l'aveu du saint siége, de s'être mêlé des affaires de l'empire, qui ne ressortissent qu'au pape seulement, pendant la vacance du trône impérial, et d'avoir accordé des secours aux hérétiques, aux schismatiques et aux rebelles, contre l'église. Et en conséquence, Jean XXII excommunia le duc de Bavière, lui défendit de s'attribuer aucun des priviléges réservés au chef civil de la république chrétienne, lui ordonna de déposer les marques de la souveraineté, et de venir mériter son pardon devant le siége pontifical : il voulut que les patriarches, archevêques et évêques cessassent de reconnaître Louis comme roi ou comme empereur, et de lui prêter obéissance, sous peine de suspension; les villes, communautés, universités, et toute personne quelconque, sous peine d'anathême et d'interdit. Le roi des Romains répliqua par un manifeste, dans lequel il protesta contre ce qu'il appelait les innovations tentées par le souverain pontife, et contre ses usurpations sur les droits de l'empire : il en appela au

premier concile général, ou au pape et à ses successeurs, quand ils auraient résidé à Rome (¹).

Cette réponse attira à Louis de Bavière une seconde
et une troisième sentence que le roi Robert fit lancer
contre lui par l'autorité religieuse. Après les excommunications accoutumées, pour les raisons rapportées
dans le paragraphe précédent, Jean XXII précha aussi
une croisade dirigée à la fois contre le roi des Romains
et les Visconti, avec indulgences plénières en faveur
de ceux qui prendraient les armes contre les ennemis
du saint siège. Il dépouilla Louis de tous les droits et
privilèges dont il avait joui autrefois, même de son
droit d'éligibilité à l'empire, parce qu'il était rebelle à
la sainte église, fauteur des hérétiques de Milan, et
protecteur de maître Jean de Jandun, appelé aussi par
erreur *Jean de Gand*, et de maître Marsile Menan-
drino, dit *de Padoue*, grands docteurs en sciences
naturelles, mais aussi grands hérésiarques, puisqu'ils
avaient soutenu que les empereurs sont au-dessus des
souverains pontifes, quant au temporel de leurs états
et à la discipline extérieure de l'église. Le pape eut soin
d'avertir le duc de Bavière qu'il finirait par procéder
contre lui personnellement, comme le voulaient son
hétérodoxie et sa séparation du corps des fidèles (²).

Par malheur pour le pontife, les armes des croisés

(¹) Giovanni Villani, l. 9, cap. 227, p. 476.—Chron. astens. ad ann. 1324,
cap. 112, t. 11 rer. ital. p. 266.— Raynald. ad ann. 1323, n. 30 ad 33,
t. 24, p. 231; n. 34, p. 233.— Essai hist. sur la puissance temp. des
papes, t. 2, part. 1, p. 131 et suiv.

(²) Giovanni Villani, l. 9, cap. 242 e 265, t. 1, p. 481 et 490.— Raynald.
ad ann. 1324, n. 18, t. 24, p. 266; n. 21 et seq. p. 271.

ne prospérèrent pas en Italie : le ciel combattait pour les Visconti, dit Morigia, parce que les troupes papales ne songeaient qu'à voler, saccager, enlever les enfans et les femmes. En effet, battus de toutes parts, les croisés s'adonnèrent au pillage, aux viols, aux massacres et aux incendies; ils emportèrent le riche trésor de la ville de Monza, sans que le cardinal-légat s'opposât le moins du monde à ces déprédations. Louis de Bavière, comme nous l'avons dit, s'était contenté d'interjeter appel au futur concile; il ajouta seulement à l'apologie qu'il avait publiée auparavant, un écrit en trente-six articles, dans lequel il s'attachait à prouver que Jean XXII n'était pas pontife légitime. L'an 1327, il confirma encore son assertion, dans une diète qu'il tint à Trente, en intentant au même pape une accusation formelle d'hérésie. Jean avait vu ses forces se briser contre la puissance des gibelins d'Italie; il avait épuisé ce que les foudres de l'église présentaient de plus effrayant. Il ne lui restait cependant d'autre parti à prendre qu'à renouveler ses malédictions; ce qu'il fit le 23 octobre, en y joignant la menace de toutes les peines imaginables, tant spirituelles que temporelles ([1]).

De Trente, le roi des Romains marcha sur Milan, où il prit la couronne de fer, et puis il alla se faire donner la couronne impériale à Rome. Les évêques

---

([1]) Bonincontr. Morigia, chron. Modoet. l. 3, cap. 24 et 28, p. 1135 et 1141, t. 12 rer. ital. — Giovanni Villani, l. 10, cap. 18, t. 4, p. 544. —Bulla, 10 calend. novembr. 1327, apud Raynald. ad ann. n. 20, t. 24, p. 343.

déposés de Brescia et d'Arezzo furent formellement excommuniés par le pape, pour avoir été présens à la première de ces cérémonies; ceux d'Aléria et de Venise subirent la même peine, dès qu'on eut appris à Avignon qu'ils avaient assisté le prince dans la seconde. Frédéric d'Autriche, quoique vaincu par le duc de Bavière, s'était sincèrement réconcilié avec lui; il avait consenti à le reconnaître comme son chef, et le pape avait perdu de cette manière un de ses plus chauds partisans. Dans cet état de crise, Jean XXII eut l'imprudence de s'embarrasser dans les disputes théologiques qui s'étaient élevées alors : il se déclara contre les ridicules prétentions des franciscains, au sujet de la pauvreté absolue de Jésus-Christ, et les deux princes allemands profitèrent de la faute qu'il avait commise pour se soustraire à son obéissance. Nous ne parlerons pas ici des anathèmes sans nombre que le pape lança contre l'empereur, et que celui-ci ne laissa jamais sans réplique ; nous citerons seulement en passant les seize points au moyen desquels Louis de Bavière, du conseil de plusieurs évêques, prélats, frères mineurs, frères prêcheurs, ermites de saint Augustin, etc., prouva sur nouveaux frais que Jean XXII était décidément hérétique (¹).

Maître absolu dans Rome, que le pape venait d'interdire à cause de l'approbation que le peuple de cette ville avait donnée au couronnement de l'empe-

---

(¹) Giovanni Villani, l. 10, cap. 18 e 19, p. 544. — Ibid. cap. 55 e 56, p. 561. — Chron. veronens. ad ann. 1327, t. 8 rer. ital. p. 644. — Annal. mediolan. cap. 99, t. 16, ibid. p. 704.

reur, celui-ci, aussitôt après cette cérémonie, remit
en vigueur les lois impériales qui condamnaient à
mort toute personne publiquement convaincue du
crime d'hérésie ou de celui de lèse-majesté, et il donna
à cette ratification une force rétroactive, c'est-à-dire
qu'il supposa que ces lois n'avaient jamais pu tomber
en désuétude. Ce n'était là qu'un acte préparatoire à
la scène d'éclat qu'il avait disposée de longue main;
nous voulons parler de la déposition de Jean XXII.
L'empereur, se croyant encore au siècle de Charlemagne, assembla un parlement nombreux à Rome : il
y cita Jacques de Cahors, prêtre, qui se faisait abusive-
ment appeler le pape Jean XXII, et l'accusa d'avoir voulu
transférer à Avignon les titres des cardinaux, affectés
aux églises romaines, d'avoir prêché la croisade contre
le peuple de Rome, de s'être opposé à l'établissement
du dogme de la pauvreté absolue de Jésus-Christ, et
d'avoir confondu le gouvernement temporel avec le
spirituel, en osant attaquer la puissance impériale, et
déposer un souverain dont l'élection en Allemagne
n'avait besoin de la confirmation de qui que ce fût. En
conséquence, il le déclara manifestement convaincu
d'hérésie et de lèse-majesté, et, comme tel, déchu de
tous ses droits; et il le livra à la justice séculière,
afin qu'elle le punît selon l'énormité de ses crimes.
Tous ceux qui, à l'avenir, l'auraient soutenu et protégé, furent déclarés également coupables et soumis
aux mêmes peines. Cet arrêt foudroyant (1328) fut
suivi d'une loi nouvelle qui, au nom de l'empereur des
Romains, obligeait tous les papes, quels qu'ils fussent,

à ne plus s'absenter dorénavant de Rome que pour trois mois consécutifs seulement, s'ils voulaient demeurer pontifes chrétiens légitimes. Après cela, Louis de Bavière présenta au peuple un frère mineur appelé Pierre Rainalucci de Corbara, qui fut généralement agréé, et qui devint pape de cette manière, sous le nom de Nicolas V (¹).

Mais quoique ce nouveau pontife eût eu soin de créer sept cardinaux aussitôt après son élection (²), son

(¹) Giovanni Villani, l. 10, cap. 69, 70, 72, 73 e 115, t. 1, p. 570, 574 e 602. — Raynald. ad ann. 1328, n. 11, 16 et 21, p. 367, 371 et 374. — Gualvan. de la Flamma, de gest. Azon. opuscul. t. 12, rer. ital. p. 998. — Albertin. Mussat. Ludov. bavar. t. 10, ibid. p. 772. — Vit. Johan. pap. XXII, ex Bernard. Guidon. MS. t. 3, part. 2, ibid. p. 491 et seq. — Baluz. vit. papar. avenionens. t. 1, p. 141 et 168.

Une des dernières vies de Jean XXII que nous citons, écrite par un Vénitien contemporain, et rapportée par Baluze, est extrêmement courte : à l'an 1328, le manuscrit contenait en marge des reproches à l'historien, sur ce que son adulation pour la cour pontificale lui avait fait passer sous silence la tyrannie du pape Jean, le massacre des chrétiens qui avait eu lieu par son ordre, son injustice et plusieurs autres de ses actions, toutes également diaboliques. Son intention, en cachant la vérité et en rapportant des mensonges, dit l'auteur de la note, était sans doute d'obtenir le chapeau rouge.... Jean XXII, ajoute-t-il, fut un homme de sang, indigne de gouverner l'église de Dieu.

Voici comment une ancienne chronique lorraine raconte l'élection de Nicolas V : « 1328. En celle année, eut grande esclandre à saincte église : car pape Jean eut excommunié comme hérétique bougre, ennemy de la loi de Jésus-Christ, Louis, duc de Bavière, qui se faisait empereur de Rome ; le dit Louis fit de son othorité consacrer à Rome un aultre pape, qui estoit de l'ordre des frères mineurs, et fut appelé Nicol. » — Chron. de S. Thiebaut de Metz, hist. de Lorraine par dom Calmet, t. 2, p. clxxi.

(²) Une chronique bohémienne dit *douze cardinaux*, et s'exprime en ces termes : « Idem (Nicolas V) factus et quasi pictus antipapa, statim

triomphe cependant fut de courte durée. La puissance de l'empereur, son protecteur, avait jusqu'alors consisté plutôt dans l'opinion qui lui était favorable que dans une force réelle : le manque d'hommes et surtout d'argent l'obligea d'abandonner aux guelfes et à Jean XXII la ville de Rome, où les fréquentes excommunications de ce dernier, et principalement celle qu'il y avait fait afficher par Étienne Colonna, pendant le séjour même de Louis de Bavière, avaient rendu ce prince odieux au peuple, toujours disposé à embrasser la cause de celui qui semble avoir le droit de parler au nom de la Divinité. Nicolas accompagna l'empereur à Pise dans sa retraite, et y prêcha des indulgences plénières pour quiconque, après s'être confessé de ses péchés, abjurerait publiquement le pape, son rival. Un an après, les Pisans livrèrent Nicolas à Jean XXII, et le premier de ces deux pontifes alla déposer sa papauté à Avignon, en plein consistoire. Jean versa des larmes de joie et non de compassion, dit Villani, en voyant à ses pieds un concurrent si redouté. Nicolas V mourut en prison trois ans après sa démission (¹).

Rien ne fut plus facile au pape Jean XXII, que de

fecit duodecim cardinales, sic, ut arbitror, dictos, non a cardine sed cardone, vel forsitan a carbone. » L'auteur ajoute :

Nil melior papa quem talis antipapa,
Hujus enim cappa pungit cunctos quasi lappa, etc.

Chron. Aulæ-Reg. ad ann. 1328, apud Marq. Freher. script. rer. bohemicar. p. 64.

(¹) Giovanni Villani, l. 10, cap. 71, 75, 116 e 164, t. 1, p. 573, 575, 602 e 632. — Raynald. ad ann. 1330, n. 10, t. 24, p. 471.

rétracter, sur son lit de mort (1334), les propositions réputées hérétiques qu'il avait soutenues pendant sa vie, comme nous le verrons dans la seconde partie de cette Époque de notre histoire (¹). Mais il ne réussit pas à pacifier la Romagne, presque tout entière révoltée contre lui, à cause de l'ambition immodérée qu'il avait manifestée, tant pour lui-même que pour le roi de Naples dont il dépendait; il lui était impossible de restituer au clergé et au peuple les immenses sommes qu'il en avait extorquées pour soutenir ses sanguinaires entreprises contre ces mêmes peuples. Malgré les dépenses énormes que lui avaient occasionnées les guerres de Lombardie et l'agrandissement du légat, son fils, il laissa après lui un trésor de plus

(¹) Voy. livre 5, sect. 1, ch. 5, tome 6.

Sous le règne de Jean XXII, les abus des priviléges, prérogatives et immunités du clergé étaient devenus tellement crians, qu'on crut devoir songer en France à y mettre des bornes. Pierre de Cugnères, avocat de l'ordre judiciaire, qui s'était porté partie plaignante contre les prêtres, développa dans un mémoire en soixante-six articles, les empiétemens qui lui paraissaient les moins tolérables des ecclésiastiques sur les tribunaux civils, en jugeant par exemple, les causes des veuves, des pupiles et des orphelins, des pauvres et des malades par charité, en prononçant sur les testamens comme actes religieux, etc. Maître Pierre les accusa aussi de vouloir connaître de toutes les affaires qui regardaient la possession ou la propriété, d'établir dans leurs synodes provinciaux des statuts préjudiciables à l'autorité royale, et de fulminer des censures et des sentences d'interdit, aussitôt que l'on s'opposait à leurs injustes usurpations. « L'église, dit Fleury (disc. VII sur l'hist. ecclés. n. 14, tom. 19, p. xxj), fut mal attaquée et mal défendue, parce que de part et d'autre on n'en savait pas assez, et on raisonnait sur de faux principes, faute de connaître les véritables. » Les abus ne se corrigèrent point; mais on vit naître au moins les appels comme d'abus, qui servirent de digue au torrent envahisseur. — L'abb. Millot; élém. de l'hist. de France, t. 2, p. 72. — Mézeray, hist. de France, *Philippe de Valois*, t. 2, p. 392.

de dix-huit millions de florins d'or en numéraire, et
sept millions de florins en bijoux. « Le bon homme
ne se ressouvenait pas, s'écrie à ce sujet l'historien florentin, des préceptes de l'évangile, par lesquels il
nous est défendu d'amasser sur la terre, afin que
nous ne songions à thésauriser que dans le ciel. »

Jean XXII avait établi les *annates,* source abon-
dante de richesses pour le saint siège, et qui n'est
pas encore entièrement tarie : cette imposition nouvelle faisait couler dans la caisse pontificale, la moitié
du rapport d'une année de chaque bénéfice que le
pape conférait ('). Ce point fondamental une fois posé,
il devint évident que c'était au pape à conférer tous
les bénéfices; et, pour parvenir plus souvent à son
but, il avait soin de déplacer, à chaque vacance, cinq
ou six évêques à la fois, qui tous payaient sans mur-
murer, dans l'espérance de se rembourser bientôt
par eux-mêmes sur l'augmentation de revenu que le
pape leur faisait obtenir. Les annates parurent à la
cour pontificale d'une invention si heureuse que, malgré les réclamations qui s'élevèrent de toutes parts
parmi les fidèles, dès le commencement de cette théologique spéculation, on ne put jamais réussir à la
faire cesser; au contraire, les papes ne se lassèrent
point, jusqu'à la fin du dix-septième siècle, de la protéger par des bulles et des anathèmes ('). Depuis quinze

---

(¹) A la fin du chapitre, une note supplémentaire est destinée à donner
une légère idée de l'origine des bénéfices ecclésiastiques.

(²) Il existe plusieurs excommunications contre ceux qui ne paient
pas les annates : voy. Innocent. VIII const. 4, *Apostolicæ*, in bullar.

ans, Jean XXII avait mis en réserve tous les bénéfices de la chrétienté (¹), et il n'y avait plus que lui qui
en disposât, afin, disait-il, d'empêcher la simonie.
C'est ainsi que les efforts de Grégoire VII, pour rendre
les élections ecclésiastiques au clergé et au peuple, à
qui elles avaient d'abord appartenu de droit et de fait,
demeurèrent sans résultat, seulement cent cinquante
ans après que ces mêmes efforts avaient, comme nous
l'avons vu, souillé de sang le sacerdoce et l'empire :
deux siècles après, la cupide faiblesse des papes
leur fit définitivement rendre aux princes séculiers la
prérogative de distribuer à leur gré les bénéfices ecclésiastiques, prérogative que le fanatique despotisme
du saint siège leur avait arraché avec tant de peine (²).

Avant de terminer ce chapitre, nous signalerons
une usurpation du clergé danois au commencement
du pontificat de Jean XXII. Elle eut lieu à l'occasion
de la succession au trône de Christophe II, frère d'E-

---

t. 3, part. 3, p. 200 (ann. 1485); Julii III const. 27, *Cupientes*, t. 4,
part. 1, p. 304 (ann. 1554); Urban. VIII, const. 56, *Alias*, t. 5, part.
5, p. 222 (ann. 1624); Clement. X const. 82, *Postquam*, t. 7, p. 146
(ann. 1671), etc., etc.

(¹) Benoît XII consolida l'invention des réserves par une bulle, en
1336. — Constit. 10, *Dudum nos*, t. 3, part. 2, bull. p. 242.

(²) Les écrivains qui, d'abord admirent le courage de Grégoire VII, et
cherchent ensuite à excuser la rapacité de Jean XXII et la faiblesse de
ses successeurs, doivent éviter soigneusement tout ce qui peut porter le
lecteur à faire le rapprochement que nous venons d'indiquer : il est trop
odieux aux yeux de la philosophie et de l'humanité, de comparer la
violence des moyens à l'aide desquels la puissance religieuse n'a réussi
qu'à satisfaire son ambition, avec les honteuses conséquences qui en ont
été la suite, lorsque cette même ambition lui a prescrit de se frayer une
nouvelle route.

ric VI. Les prêtres et les nobles lui vendirent cher la couronne dont leur position leur permettait de disposer. Les premiers, outre la confirmation de leurs anciennes immunités et privilèges, ainsi que de toutes les donations qui leur avaient jamais été faites, se firent déclarer exempts de toute charge ou tribut, et de l'obligation de comparaître devant aucun tribunal civil, pour quelque crime que ce pût être, leurs personnes devant en tout état de cause être inviolables aussi bien que leurs propriétés, uniquement soumises les unes et les autres à l'autorité du pape (¹).

(¹) Mallet, hist. du Danemarck, l. 4, t. 4, p. 122. — J. Meurs. histor. Dan. l. 4, p. 67. — Pontan. rer. danicar. histor. l. 7, p. 428.

NOTE SUPPLÉMENTAIRE.

Bénéfices ecclésiastiques.

Dès que le nombre des fidèles fut devenu trop grand, il n'y eut plus pour eux de fond commun ou de caisse de la communauté; cela ne se pratiqua plus que pour les clercs. Cette caisse s'alimentait par le prix de ce que vendaient ceux qui embrassaient la cléricature, et par les dons volontaires des laïques. Chaque clerc en recevait journellement sa part, qui le dispensait de tout soin ou de tout souci temporel, et lui permettait de se consacrer entièrement au service du culte. Après Constantin, l'église acquit des biens immeubles, qui cependant demeurèrent communs au clergé, qui furent administrés en son nom, et dont le revenu fut distribué comme de coutume avec le reste. Les premiers vestiges des bénéfices se manifestèrent mais d'une manière vague, au concile d'Agde (sixième siècle). L'évêque administra et l'archidiacre fit les parts, jusqu'à ce que, quelques soupçons de partialité s'étant manifestés, on créa un économe chargé de ces deux emplois. Le concile de Chalcédoine fit passer cette création en loi.

Mais comme, outre l'entretien des clercs, le fond commun devait encore servir au soulagement des pauvres et à la réparation des temples, on le divisa en trois parts. Celle destinée aux clercs fut commune comme par le passé; excepté que, les curés ne pouvant pas comme les autres prêtres, à cause de leurs fonctions, se trouver aux distributions qui avaient chaque jour lieu à la cathédrale, on leur assigna une portion de biens qui prit le titre de *bénéfice ecclésiastique* et fut spécialement destinée aux besoins de la cure. Ce premier pas en fit bientôt faire un autre : on sépara la masse affectée à l'entretien de l'évêque de celle qui continua à être commune aux clercs, d'où on forma deux menses, l'épiscopale et la capitulaire ou canoniale. Il n'y avait que bien peu de chose à changer dans cet arrangement, lorsque les clercs se furent lassés de la vie commune, et qu'ils eurent commencé à habiter chacun en particulier, pour faire aussi le partage des biens appartenant à une communauté qui, par le fait, avait cessé d'exister. Chaque chanoine eut sa part en propre, et chacune de ces parts devint un bénéfice ecclésiastique.

Il naquit de ce partage un grand relâchement dans la discipline ecclésiastique et plus encore dans les mœurs des prêtres, au point que Charlemagne et après lui Louis-le-Débonnaire, au célèbre concile d'Aix-

la-Chapelle réformèrent les chapitres, en rendant de nouveau les chanoines à la vie commune, sous la règle de saint Chrodegand. Mais le
partage des biens du clergé avait été général dans toute l'église latine;
la réforme se borna aux états gouvernés par les princes que nous venons de nommer, et encore, en opposion aux mœurs corrompues de
l'époque, elle y eut peu de durée. Ceux qui y demeurèrent fidèles s'intitu-
lèrent chanoines réguliers, pour se distinguer des chanoines séculiers
qui avaient redivisé entre eux les revenus du chapitre. — Scrittura di
regia giurisdizione, n. 19, t. 7, p. 198 e seg.

La réforme canoniale du clergé latin était une conséquence de la
tendence de tous les esprits, à cette époque, vers la discipline et la minutieuse régularité monastiques. Nous verrons ailleurs quelles furent
ses conséquences sur l'économie de l'église, en rendant le célibat obligatoire pour les prêtres (livre 2, partie 2, chap. 1, t. 6), et en imposant
la confession auriculaire ou secrète, aux clercs d'abord, puis à tous les
fidèles indistinctement (livre 7, chap. 3, note supplémentaire, tome 5).

CHAPITRE IV.

Caractère de Benoît XII. — Il confirme les censures contre Louis de Bavière. — Efforts des Allemands pour se soustraire au despotisme pontifical. — Absolution des Visconti. — Richesses de Benoît. — Clément VI excommunie Louis de Bavière — Il fait prêcher la croisade contre lui. — Il excite la guerre civile en Allemagne. — Cola di Rienzo. — Horribles malédictions de Clément VI. — Les cardinaux se battent en plein consistoire. — Lois des Florentins contre les immunités du clergé. — Les Visconti, neveux du seigneur de Milan, anathématisés à sa demande. — Lettre du diable au pape. — Mœurs de Clément VI. — Il excommunie Waldemar III. — Ce prince se fait protéger par le saint siége contre les révoltés de ses états.

Benoît XII, nommé pour succéder à Jean XXII, témoigna publiquement son humilité aux cardinaux qui l'avaient élevé sur la chaire de saint Pierre, en s'écriant devant eux : mes frères, vous avez élu un âne ([1]). Benoît, simplement accusé par ses contemporains de dureté, d'avarice, d'avoir aimé à s'enivrer et à entendre des propos déshonnêtes, était, du reste, d'un caractère beaucoup plus modéré et plus équitable que n'avait été son prédécesseur; mais, comme lui, il était esclave de la cour de France et de celle de Naples. Au commencement de son règne, il ne se contenta pas d'écouter avec bonté les propositions de paix que lui faisait l'empereur Louis de Bavière; il fit des avances de son côté : et ces dispositions conciliatrices des deux parts auraient enfin porté leur fruit, si le pape avait pu ne consulter que son propre cœur. Les tentatives de pacification générale furent renouvelées inutilement, en 1338; et alors Benoît ne put s'empêcher de plaindre hautement le sort de l'empereur, en confessant que les fautes qu'il avait commises devaient être imputées

([1]) Giovanni Villani, l. 11, cap. 19 a 21, p. 695.

à Jean XXII, dont l'obstination et l'injustice avaient
naturellement dû lasser la patience de Louis de Bavière. Il ajouta, presqu'en pleurant, que pour lui, il
eût été très résolu de rendre enfin la prospérité avec le
calme à l'empire; mais que Philippe-le-Bel avait menacé de le traiter plus durement encore qu'il n'avait
traité Boniface VIII, s'il osait songer à révoquer les
censures lancées par Jean XXII : ces censures furent
donc de nouveau confirmées.

L'imprudence forcée du saint siège, en cette circonstance, porta un coup mortel à la puissance politique des papes. Louis de Bavière se hâta de convoquer une diète solennelle à Mayence, où l'on mit au
ban de l'empire les princes qui auraient eu le moindre
égard à l'excommunication pontificale, et les ecclésiastiques qui auraient observé l'interdit, et où l'on
décréta que le roi des Romains, légitimement nommé
par les électeurs de l'empire, n'aurait besoin dorénavant d'aucune ratification ou approbation du siège
apostolique, ni pour porter le titre de sa dignité
suprême, ni pour exercer les fonctions du pouvoir
impérial : l'on y ôta aussi aux pontifes romains toute
espèce d'autorité sur l'empire et sur son chef; et on
déclara coupable de lèse-majesté quiconque aurait con-
trevenu aux décisions de la diète (¹). Il ne fallut plus

(¹) Raynald. ad ann. 1385, n. 1 ad 6, t. 25, p. 23 ; ad ann. 1336, n. 8
et 10. p. 120 et 121. — Compend. chronic. FF. minor. MS f° 38 verso.
— Vita di Cola di Rienzo, l. 1, cap. 7, in antiq. ital. med. xvi, t. 3,
p. 277. — Albert. argentinens. chron. ad ann. 1336, apud Uratis. part. 2.
p. 127. — Hainric. Rebdorff. annal. ad ann. 1337 et 1339, apud Marq.

après cela que bien peu de chose pour passer de cette
détermination à celle qui affranchirait les empereurs
de toute dépendance du pouvoir pontifical, détermination qui ne tarda guère à être prise par les princes
d'Allemagne.

Benoît n'éprouva pas les mêmes difficultés, lorsqu'il
voulut absoudre la famille des Visconti, qui désirait
revenir au giron de l'église. Luc ou Luchino Visconti,
seigneur de Milan, et Jean, évêque et seigneur de
Novare, se firent relever des excommunications prononcées contre eux, moyennant une somme de cinquante mille florins d'or, qu'ils versèrent dans le trésor papal. Ils abjurèrent, en outre, l'hérésie politique,
appelée *marsilienne*, qui attribuait aux empereurs le
droit de créer et de déposer les souverains pontifes
chrétiens; ils reconnurent que, pendant la vacance
de l'empire, le pape au contraire avait celui de nommer un vicaire en Italie, et ils promirent de n'obéir
désormais qu'au seul souverain dont il aurait légitimé
l'élection par son approbation suprême. Un an après
(1342), Benoît mourut, et laissa une mémoire que les
moines se plurent à charger des plus noires couleurs,
parce que, pendant son pontificat, il avait travaillé
avec zèle au rétablissement de l'ancienne discipline
monastique. De la Fiamma, frère dominicain, nous
apprend qu'on trouva, à la mort de ce pontife, quinze
cents corbeilles, contenant chacune trente mille florins

Freher. t. 1, p. 615 et seq. — Pfeffel, abrégé chronol. de l'hist. du droit
publ. d'Allem. t. 1, p. 444. — Vita Benedict. XII, apud Murator. rer.
ital. script. t. 3, part. 2, p. 549.

d'or; il possédait aussi pour deux cent mille florins d'anneaux précieux. Le même auteur ajoute que, de son temps, trois papes furent accusés d'hérésie, savoir, Boniface VIII, Jean XXII et Benoît XII : on prouva, dit-il, dans un livre, et par plusieurs bonnes raisons, que ce dernier nommément avait été hérétique, fils et cousin d'hérétiques (¹).

Clément VI qui lui succéda, plus ardent et moins modéré que lui, n'eut rien de plus pressé que de confirmer les anathèmes de Jean XXII contre Louis de Bavière, malgré les pressantes instances de celui-ci pour obtenir la paix, et ses promesses d'accepter toutes les conditions que le saint siège lui aurait imposées. Clément ne put refuser de s'expliquer; mais il eut soin de le faire de manière à ce que l'empereur fût obligé de rejeter ses demandes : il exigeait que Louis confessât toutes les hérésies qui lui avaient été imputées; qu'il déposât l'empire, jusqu'à ce qu'il plût au pape de lui accorder de nouveau la couronne; qu'il se mît personnellement, avec ses fils, à la discrétion du souverain pontife, et qu'il lui cédât en toute propriété plusieurs domaines et plusieurs droits impériaux. Les princes allemands furent indignés de l'abaissement auquel on voulait réduire leur chef, et la diète, en jurant de défendre Louis de Bavière, attira une autre fois, sur la tête de ce prince, les foudres de l'église. Clément VI le condamna comme

(¹) Raynald. ad ann. 1341, n. 29 ad 32, t. 25, p. 254. — Gualvau. de la Flamma, gest. Azon. t. 12 rer. ital. p. 1039 et 1044.

Voyez la première note supplémentaire, à la fin du chapitre.

hérétique, c'est-à-dire comme disciple des hérésiarques Marsile de Padoue et Jean de Jandun, déjà anathématisés par le pape Jean XXII et par un concile, pour avoir attaqué l'autorité absolue du saint siége. Les conseillers, fauteurs et adhérens de l'empereur furent également excommuniés; ainsi que ceux qui auraient fait alliance avec lui ou qui auraient eu avec lui la moindre relation, et qui lui auraient livré du grain, du vin, du drap, du bois, du fer, des armes, etc. Le pape fit prêcher la croisade, et accorda aux dévots qui se seraient repentis et confessés de leurs péchés avant de prendre les armes dans cette expédition sacrée, les mêmes indulgences dont jouissaient autrefois les croisés en Terre-Sainte. L'objet le plus important de ce coup de politique de la part du sacerdoce, fut de faire demeurer encore l'Italie sans maître étranger, et sous le pouvoir des pontifes avignonais, et surtout de ne point perdre les sommes considérables que le vicariat de l'empire rapportait à la cour pontificale, chaque fois qu'elle avait l'occasion de le vendre aux seigneurs italiens, pendant la vacance du trône des césars (¹).

Il ne suffit pas à Clément d'avoir privé l'empereur de tout droit sur l'Italie, il fallait encore qu'il pût lui ôter les moyens de songer à y relever jamais sa puissance, et, pour cet effet, il lui suscita un rival en Allemagne, qui, quoique généralement méprisé sous

(¹) Albert. argentinens. chron. ad ann. 1843; apud Urstis. t. 2, p. 184. — Reynald. ad ann. n. 42 ad 58, t. 25, p. 523 et seq.

le nom d'*empereur des prêtres*, n'en causa pas moins
à sa patrie les maux les plus cruels. Rien n'est plus
digne de remarque que de voir le pape faire naître,
d'un seul mot, la confusion et la guerre dans tout
l'empire occidental, par la nomination de Charles IV
de Bohème, comme roi des Romains, tandis que Cola
de Rienzo, plébéien de la classe inférieure du peuple,
enlevait au même pape la domination civile de Rome;
s'élevait, sous les titres de « tribun auguste, chevalier
du Saint-Esprit ; le fort et le bon, libérateur de Rome
et protecteur d'Italie, » au-dessus de l'empereur et des
rois ; sommait le pape de venir résider, avec ses cardinaux, dans l'évêché dont il était le directeur spirituel; citait Louis de Bavière, Charles de Bohème et
les électeurs impériaux, à rendre compte devant lui
de leurs opérations et de leurs droits.

La nomination de Charles en Allemagne avait naturellement dû être précédée à la cour d'Avignon d'une
nouvelle sentence de condamnation contre l'empereur
Louis. Le pape non-seulement se prêta sans peine à la
lancer; mais encore, outre la menace des peines accoutumées, il s'y emporta jusqu'à prononcer ces horribles
paroles : « Nous implorons Dieu tout-puissant, et
nous le supplions de réprimer la démence du prédit
Louis, de dompter et de briser son orgueil, de le renverser par la force de sa droite, de le livrer entre les
mains de ses ennemis et de ceux qui le poursuivent,
et de le faire succomber devant eux. Qu'il soit entouré
de pièges, sans les connaître, et qu'il s'y laisse prendre. Qu'il soit maudit en entrant, qu'il soit maudit en

sortant. Que le Seigneur le frappe de vertige, d'aveuglement et de fureur d'esprit. Que le ciel lance ses foudres sur lui. Que la colère de Dieu tout-puissant et des bienheureux Pierre et Paul s'enflamme contre lui. Que tout l'univers combatte contre lui. Que la terre s'ouvre et l'engloutisse vivant. Que son nom périsse en une seule génération, et qu'il disparaisse de la surface de la terre. Que tous les élémens lui soient contraires. Que son habitation devienne déserte. Que les mérites de tous les saints qui sont morts servent à le confondre, et que, dès cette vie, ils étendent sur lui leur vengeance. Que ses fils soient chassés de leurs maisons, et que, sous ses propres yeux, ils soient livrés entre les mains des ennemis acharnés à leur perte (¹)! »

(¹) Ce précieux monument du délire sacerdotal renferme aussi les clauses les plus insolentes des autres sentences d'excommunication, comme : la cassation, par la plénitude de la puissance apostolique, de tout traité et de toute opération de l'empereur et de qui que ce fût avec lui ; et l'absolution de tout serment prêté à ce sujet (leges, prohibitiones, præcepta, confederationes.... cassamus et irritamus, ac cassa et irrita nunciamus, juramenta super iis vel aliquibus ex iis de ipsis observandis præstita, cum vincula iniquitatis esse non debeant, relaxantes de apostolicæ plenitudine potestatis); la déclaration d'infamie contre Louis de Bavière, en vertu de laquelle il devait perdre toute faculté de tester, d'hériter, de porter témoignage, de plaider sa propre cause ou de la faire plaider par d'autres, et d'appeler des sentences prononcées contre lui (omnis audientia est ipsi in quocumque negotio deneganda, omnisque proclamationis et appellationis beneficium ei est specialiter interdictum); la confiscation à perpétuité de tous ses biens ; la déclaration d'inhabileté de ses fils et de ses petit-fils, qui devaient ne plus jamais être capables de posséder aucun bénéfice ecclésiastique, ou de remplir aucun office public (universa ipsius bona sunt perpetuo confiscata, ejusque filii et nepotes ad nullum sunt unquam beneficium ecclesiasticum, nullumque publicum officium admittendi); l'ordre aux

Ce scandaleux décret d'excommunication avait passé sans difficulté au consistoire des cardinaux ; il n'en fut pas de même quand il fut question d'y confirmer l'élection du nouvel empereur. Le sacré collége était divisé en deux factions ; dont l'une composée des cardinaux français, à la tête desquels se trouvait le cardinal Talleyrand de Périgord, soutenait avec chaleur la cause de Charles de Bohême ; l'autre dirigée par le

puissances séculières d'employer toutes leurs forces pour exterminer l'empereur Louis, ou du moins le chasser des terres soumises à leur juridiction (omnes sæculares potestates ipsum Ludovicum de terris eorum jurisdictioni subjectis pro viribus exterminare tenentur) etc., etc. Après cela, suivent les infernales imprécations que nous avons rapportées dans le texte. Comme elles ne se trouvent point dans Fleury, le moins partial des historiens catholiques de l'église, nous croyons utile de les transcrire ici dans les termes originaux. « Divinam suppliciter implóramus potentiam, ut Ludovici præfati confutet insaniam, deprimat et elidat superbiam, et eum dexteræ tuæ virtute, ipsumque in manibus inimicorum suorum et eum persequentium concludat, et tradat corruentem ante ipsos. Veniat ei laqueus quem ignorat, et cadat in ipsum. Sit maledictus ingrediens, sit maledictus egrediens. Percutiat eum Dominus amentia et cæcitate, ac mentis furore. Cœlum super eum fulgura mittat. Omnipotentis Dei ira et beatorum Petri et Pauli... exardescat in ipsum. Orbis terrarum pugnet contra eum : aperiatur terra, et ipsum absorbeat vivam. In generatione una deleatur nomen ejus. Cuncta elementa sint ei contraria. Habitatio ejus fiat deserta, et omnium sanctorum quiescentium merita illum confundant, et in hac vita super eum aperte vindictam ostendant, filiique ipsius ejiciantur de habitationibus suis, et videntibus ejus oculis, in manibus hostium eos perdentium concludantur, etc., etc. » — Raynald, annal. eccles. loco cit. — L'abbé Fleury, à qui il faut le reconnaître, sa position ne permettait guère de s'étendre davantage, ne dit à ce sujet que ces seuls mots : « Enfin, il [le pape] le charge (l'empereur) de malédictions. » — Hist. ecclés. L. 96, n. 31, t. 20, p. 62.

A la fin du chapitre, nous avons placé une note supplémentaire, destinée à faire connaître quelques-unes des formules d'excommunication les plus remarquables. Voyez n° 2.

cardinal de Comminges était attachée aux intérêts du
roi de Hongrie, avec lequel Louis de Bavière et tous
les princes allemands s'étaient étroitement ligués, à
cette époque, pour venger, de concert avec lui, la
mort cruelle d'André, son frère (¹). La dispute s'a-
nima à tel point que les deux cardinaux se dirent
publiquement des injures, et que même Comminges
s'emporta jusqu'à reprocher à son collègue d'avoir
trempé dans le meurtre d'André ; ce qui du reste n'é-
tait pas entièrement dénué de fondement. Les chefs de
parti étaient armés, et déjà leurs poignards brillaient
à la vue du turbulent consistoire : heureusement, tout
se termina par de vaines bravades, et Charles IV, couronné roi des Romains par dispense pontificale, sans
les cérémonies accoutumées en pareille circonstance,
put compter sur les faveurs du saint siége tant que
vivrait Louis de Bavière, son rival. A la mort de ce
prince, le pape commença à redouter le trop grand
pouvoir de Charles, demeuré sans concurrent à l'empire : il se rapprocha même de la formidable ligue des
guelfes italiens, afin de pouvoir, le cas échéant, mieux
résister à l'empereur qui, par les droits que lui donnait son nouveau titre et par la puissance du roi de
Hongrie, son gendre et maître de tout le royaume de
Naples, aurait pu facilement soumettre l'Italie à sa
domination. C'est ainsi, dit Jean Villani, que l'église
a toujours voulu pouvoir créer et anéantir les empe-

(1) Voyez la troisième note supplémentaire, à la fin du chapitre.

reurs, selon son caprice et l'intérêt du moment (¹).

Cependant, ce prétendu droit à une autorité suprême et absolue , droit fondé en partie sur des
croyances encore vivaces, en partie sur le respect
pour le sacerdoce qui s'usait tous les jours, commençait à s'ébranler par sa base dans les divers états de
l'Europe catholique, et était depuis long-temps presque nul en Italie. La faiblesse politique des papes
d'Avignon , jointe à leur mauvaise administration spirituelle, diminua encore le peu de respect que les
Italiens avaient conservé pour le pouvoir religieux (¹).

(¹) Albert. argentinens. chron. ad ann. 1346 , apud Urstis. part. 2,
p. 135. — Vita di Cola di Rienzo , l. 1 , cap. 26 , antiq. ital. med. ævi ,
t. 3 , p. 454. — Giovanni Villani, l. 12 , cap. 59, 77, 89 e 109, p. 868,
888 , 896 e 916. — Clement. pap. VI , consût. 10, *Romanus pontifex* ,
in bullar. t. 3 , part. 2 , p. 308. — Raynald. ad ann. 1346 ; n. 6 et 7 ,
t. 25 , p. 391 et 392.

(²) Si les autres peuples avaient connu, aussi bien que les Italiens,
les vices de cette administration spirituelle, ils n'auraient pas été plus
religieux qu'eux. Clément VI qui avait condamné, dans Louis de Bavière,
l'hérésie de croire qu'un pape n'est pas plus puissant qu'un empereur
romain, accorda *canoniquement* à Jean II dit le Bon , roi de France
(1351), à Jeanne , son épouse, à tous les rois et à toutes les reines qui
leur auraient succédé, la faculté de choisir un confesseur régulier ou
séculier quelconque, qu'il autorisa d'avance à les absoudre de tous péchés, même réservés, et de tous vœux faits et à faire, le seul vœu de
chasteté et celui d'aller en Terre-sainte exceptés, ainsi qu'à les délier de
toutes promesses et de tous sermens qu'ils ne pourraient commodément
tenir, sauf à y substituer quelqu'autre œuvre de piété (In perpetuum
indulgemus ut confessor.... vota per vos forsitan jam emissa, se per
vos et successores vestros in posterum emittenda.... necnon juramenta
per vos præstita , et per vos et eos præstanda in posterum, quæ vos et
illi servare commode non possetis, vobis et eis commutare valeat in alia
opera pietatis, etc.). — Clement. pap. VI epistol. 5 et 6 ad Joann. reg.
et Joann. regin. apud Dachery, in specilegio , t. 3 , p. 724. — Les rois
ont-ils tous reçu de pareilles prérogatives du saint siège ? ou bien croient-

Les Florentins, peuple aussi sincèrement guelfe qu'il était zélé républicain, en donnèrent une preuve éclatante à cette époque; ils réduisirent presque à rien les antiques immunités du clergé, ordonnèrent que les prêtres fussent jugés par les tribunaux ordinaires comme les laïques, et qu'ils fussent livrés au bras séculier s'ils offensaient quelqu'un de ces derniers, sans qu'aucun appel à la puissance spirituelle, aucune protection de la haute prélature, pût leur servir en la moindre chose. Jean Villani, tout en blâmant cette loi nouvelle dans sa patrie, et en avouant même qu'il croyait excommuniés *ipso facto* ceux qui avaient contribué à la porter, confesse cependant la nécessité où s'était trouvé le gouvernement de la république, de réprimer les abus crians que le clergé ne cessait de faire de ses dangereuses prérogatives, pour opprimer les faibles et maintenir ses propres usurpations (').

Il nous reste à rapporter une des actions les moins honorables de Clément VI, avant de passer au règne de son successeur. Nous avons vu que Benoît avait vendu la paix et l'absolution des censures ecclésiastiques à Luchino Visconti, seigneur de Milan; Clément voulut lui prouver toute l'importance du pardon qu'il avait obtenu, et combien l'amitié de la cour pon-

ils qu'ayant été accordées solennellement à la dynastie de l'un d'entre eux, il suffise de régner pour se prévaloir, en toute sûreté de conscience, de ces concessions pontificales? Au reste, l'astuce monarchique, couverte du manteau de la religion, a toujours été une mauvaise action inspirée par une superstition funeste : aujourd'hui, l'heure a sonné où c'est aussi un mauvais calcul basé sur une absurdité.

(') Giovanni Villani, l. 12, cap. 42, p. 850.

tificale pouvait être utile à ses desseins ambitieux.
Luchino, fidèle aux maximes des tyrans, avait exilé,
pour soupçons, ses neveux Bernabos et Galéaz qu'il
craignait et, par conséquent, haïssait mortellement :
le pape, à sa demande, les accabla de toutes les foudres de l'église ; les déclara hérétiques, païens et
abominables ; les priva du droit de se marier en noces
légitimes, et défendit qu'après leur mort on leur ac-
cordât la sépulture ecclésiastique. Les deux frères
persécutés étaient sans défense en ce moment ; ils
durent se borner à charger trois jurisconsultes de
protester contre cette attaque gratuite et infâme du
saint siége (c'est ainsi que la qualifie Bernardin Corio), et d'en appeler en leur nom à l'empereur. Des
traits pareils expliquent ce que rapporte Matthieu Villani, en parlant d'un des consistoires de Clément VI,
où des prélats hardis et satyriques firent répandre
une lettre « du prince des ténèbres, datée du centre
du Tartare, en présence de tous les démons, et adres-
sée au pape, vicaire de Satan, et à ses dignes conseillers, les cardinaux : » ce n'était, en effet, pas sans
raison que l'enfer les louait chacun de ses vices particuliers, et tous ensemble du zèle qu'ils mettaient à
bien servir la cause du diable (¹). La lettre finissait
par les complimens de la Superbe, mère des membres
du sacré collége ; de l'Avarice, de l'impudicité et des
autres péchés, leurs sœurs.

    L'an 1352, Clément avait cédé la place à Inno-

(¹) A la fin du chapitre se trouve une note supplémentaire (n° 4) destinée à donner une légère idée des mœurs papales à Avignon.

cent VI : il laisse après lui une cour vénale et corrompue par son exemple. Ses amours, pendant qu'il
n'était encore qu'archevêque de Rouen, n'avaient pas
été un mystère pour le public ; lorsqu'il fut élevé sur
la chaire de saint Pierre, il retint près de lui la comtesse de Turenne, de qui seule dès ce moment dépen-
dirent toutes les grâces accordées par le souverain
pontife, et qui sut bien s'en faire payer par les solliciteurs. « Clément créa des cardinaux si jeunes et de
mœurs si dissolues et si déshonnêtes, disent les auteurs italiens, qu'il en résulta les plus grandes abominations dans l'église (1). »

Il est remarquable que ce même Clément VI crut
devoir pousser le scrupule jusqu'à excommunier Waldemar III, surnommé Atterdag ou le Lent, roi de
Danemarck, parce qu'il avait entrepris le pélerinage
de Jérusalem sans en avoir auparavant demandé et
obtenu la permission du saint siége (1345). Trois ans
après, le même pape le releva des censures. Nous
ajouterons ici pour ne plus devoir y revenir, que
Waldemar, sans cesse en discussion avec sa noblesse
et quelques-unes de ses villes, se rendit tout exprès
à Avignon pour se plaindre à Urbain V. Ce pape, flatté
d'avoir à soutenir un roi, ordonna aux évêques danois
de réduire les rebelles en les menaçant des foudres de
l'église. Il prit Waldemar et ses sujets fidèles sous la
protection spéciale de saint Pierre et du saint siége ,

---

(1) Bernard. Corio, istorie milanesi, part. 8, f° 232 vers. — Matteo
Villani, l. 2, cap. 48, t. 8, p. 117, e l. 3, cap. 43, p. 164. — Fleury,
hist. ecclés. l. 96, n. 9, t. 20, p. 133.

et fit le roi participant de toutes les bonnes œuvres
qui se faisaient dans la communion catholique : il accorda en outre de nombreuses indulgences aux Danois
qui prieraient pour leur prince légitime. Waldemar
s'adressa aussi à Grégoire XI qui promit d'excommunier la noblesse opposante, après toutefois qu'il se
serait assuré par un examen approfondi de la justice
des réclamations du roi de Danemarck. Celui-ci ne
reçut probablement pas la réponse de Grégoire, car il
mourut neuf semaines après qu'elle eut été écrite (¹).

(¹) Spondan. annal. eccles. ad ann. 1348, n. 16, t. 1, p. 694 et 695.
— Raynald. annal. eccles. ad ann. 1364, n. 14, t. 26, p. 99. — Pontan.
rer. danic. histor. l. 8, p. 500. — Mallet, hist. du Danemarck, l. 4, t. 4,
p. 180 et 218.

C'est cependant en réponse à la lettre de Grégoire XI que Waldemar III
est censé avoir écrit la fameuse épître qu'on va lire : « Waldemar roi,
au pontife romain, salut. Je tiens l'être, de Dieu; le royaume, de ses
habitans ; mes richesses, de mes ancêtres ; la foi, de vos prédécesseurs :
à moins que vous ne me soyez favorable, je vous renvoie celle-ci par
les présentes. Adieu. »

NOTES SUPPLÉMENTAIRES.

I

N° 1. — La sœur de Pétrarque, prostituée au pape. — Cette anecdote a été niée sans fondement.

Benoît XII était un des moins mauvais de tous les papes qui siégèrent à Avignon. L'anecdote suivante dont les auteurs qui ont écrit la vie de Pétrarque chargent la mémoire de ce pontife, servira à nous faire mieux apprécier ses prédécesseurs et ses successeurs, pendant la moderne captivité de *Babylone*.

Amoureux de la sœur de Pétrarque, jeune fille âgée de dix-huit ans et d'une rare beauté, Benoît proposa au poète lui-même de la lui abandonner, et promit en récompense de le faire cardinal (*cardinalem se facturum promittit, dummodo illa suo concederetur arbitrio*); ce à quoi Pétrarque répondit que le chapeau de prince de l'église, loin d'être une récompense et un honneur, était devenu une honte, une infamie, qu'il fallait éviter et avoir en horreur (*tam fœtidum galerum capiti non esse ponendum, sed fugiendum, abominandumque omnibus, tanquam nefandum et dedecorosum*). Ce fut Gérard, son autre frère, qui la livra au libertinage du souverain pontife des chrétiens. Pétrarque indigné écrivit le sonnet célèbre : *Io non vo più cantar come solea*; quitta Avignon, et se retira en Italie. Gérard repentant maria sa sœur et se fit chartreux. Nous verrons dans la note supplémentaire, à la fin de ce chapitre, de quelles couleurs le chantre de Laure peignit la cour du prêtre-roi. — Hieron. Squarzafic. vit. Franc. Petrarch; int. viror. illustr. et memorabil. vit. f° 5 verso et 6. — Squarciafico cité par Duplessis Mornay, myst. d'iniq. f° 473. — J. Nevisan, sylv. nuptial. l. 4, n. 84, p. 384.

Nous avons rapporté le fait sur l'autorité de Squarciafico, ancien biographe de Pétrarque. Le trouvant trop honteux pour les papes, on a cherché plus tard à le nier; la Biographie universelle dit catégoriquement que l'histoire est entièrement fausse, et entre autres preuves qu'elle apporte est celle que *Pétrarque n'a point eu de sœur*. Nous répondrons à cela que *Pétrarque a eu une sœur*. L'existence de celle-ci est constatée authentiquement par un extrait des *archives des droits sur les actes publics*, de la ville de Florence (archivio delle gabelle dei contratti) : elle se nommait *Selvaggia* (Sauvage). Le Baldelli où nous puisons ce document, pense néanmoins que l'histoire de la prostitution de la sœur de Pétrarque au pape, par son propre frère Gérard, est controuvée. Il en donne pour raison que jamais Pétrarque n'a parlé de cette aventure. Comme si, pour la fidélité des mémoires de sa vie, ce grand poète avait nécessairement dû dévoiler lui-même à la postérité le scandale de sa famille, qui suivit de si près l'infâme proposition que lui avait faite Benoît XII. On pourrait objecter le caractère connu de ce pape, moins flétri dans l'opinion que celui de ses collègues de France. Mais, Baldelli lui-même a levé cette difficulté en mettant l'anecdote sur le compte de Clément VI, dont l'impudente dissolution des mœurs est avouée par tous les écrivains. Bref : Pétrarque avait une sœur ; son frère Gérard, après une jeunesse déréglée, se fit chartreux ; les papes d'Avignon n'étaient guère scrupuleux sur les moyens de satisfaire leurs passions pour le pouvoir, l'argent, la bonne chère et les femmes. Tout cela réuni ne prouve pas encore que ce que rapporte Squarciafico soit vrai ; mais cela rend du moins l'assurance avec laquelle on a dit que c'était faux bien extraordinaire. Quant à nous, nous avons produit les pièces du procès : que le lecteur prononce. — Michaud, biograph. univers. art. *Pétrarque*, t. 23, p. 625, en note. — G. B. Baldelli, del Petrarca e delle sue opere, illustraz. art. 3, n. 4, p. 189 e 190, ed in una nota.

N° 2. — Formules d'excommunication. — Ravisseurs des biens de l'église. — Les saints dépouillés ; les saints maltraités.

Les formules d'excommunication qu'on va lire sont toutes du neuvième au onzième siècle, et destinées, comme celle lancée contre Louis de Bavière, à effrayer ou à punir les usurpateurs et ravisseurs des biens de l'église.

Ils sont privés de la participation aux mérites de Dieu, Père, Fils et Saint-Esprit, de Marie, des anges, des apôtres, des martyrs, de tous les saints, jusqu'à ce qu'ils aient restitué et se soient soumis. Et s'ils ne se hâtent de s'amender et de réparer le tort qu'ils ont fait à notre médiocrité, disent les pasteurs si orgueilleusement humbles du troupeau catholique, nous les frappons d'une éternelle malédiction et les condamnons sous un anathème perpétuel. Qu'ils souffrent la colère du Juge Suprême ; qu'ils soient repoussés de l'héritage de ses élus, et qu'ils n'aient plus rien de commun, ni avec les chrétiens en temps présent, ni avec Dieu et ses saints en temps à venir : qu'au contraire ils soient relégués avec le diable et ses ministres dans les tourmens de la flamme vengeresse et d'une douleur sans fin. Qu'ils soient en horreur au ciel et à la terre, et que dès ici bas ils soient torturés du supplice de l'enfer. Qu'ils soient maudits dans leur habitation. Qu'ils soient maudits aux champs. Maudite soit la nourriture de leur corps, et maudit le fruit de leurs entrailles. Maudit soit tout ce qu'ils possèdent, depuis le chien qui

abîmés de plaisir en les voyant jusqu'au coq qui chante pour eux. Qu'ils
partagent le sort de Dathan et d'Abiron, que l'enfer a engloutis vivans ;
d'Ananie et de Saphire, qui mentirent aux apôtres du Seigneur et
moururent aussitôt ; de Pilate et de Judas, traîtres au Seigneur. Qu'ils
n'aient d'autre sépulture que celle des ânes, et qu'ainsi leur lampe s'é-
teigne au milieu des ténèbres ! Amen. » — Edm. Martène, de antiq.
eccles. ritibus, t. 2, cap. 4, 1 formul. excomm. t. 3, p. 454.

« Que Michel et tous les anges les maudissent et les détruisent, et
qu'ils les précipitent avec le diable et ses compagnons du haut du
royaume des cieux. Que saint Pierre et tous les apôtres les maudissent
et les détruisent, et qu'en vertu de la puissance qu'ils ont reçue de Dieu,
ils les lient dans ce siècle et les gardent dans le siècle futur. Que saint
Étienne et tous les martyrs les maudissent et les détruisent, et qu'ils
changent leur superbe en une humiliation éternelle. Que saint Martin
et tous les confesseurs et prêtres les maudissent et les détruisent, et
qu'ils leur fassent partager en enfer le sort des hérétiques qui ont bou-
leversé la sainte église. Que Marie la sainte Mère de Dieu et toutes les
vierges les maudissent et les détruisent, et qu'elles les jettent dans l'enfer
avec les perturbateurs de l'église. Que tous les saints de Dieu les maudissent et les détruisent, et qu'ils les fassent torturer dans les tourmens
avec les détracteurs et les persécuteurs des bons. … Qu'ainsi ils soient
maudits dans les siècles, et que leurs prières leur soient imputées à
crime. Qu'ils soient condamnés par leurs juges. Que leurs jours soient
en petit nombre, et que le diable sans cesse à leur droite efface leur
mémoire sur la terre ! …

« Maintenant, par l'autorité du Père et du Fils et du Saint-Esprit, et
des saints canons, qu'ils soient maudits et damnés sans retour ; et qu'ils
soient séparés de la société de tous les saints et de tous les chrétiens.
Qu'il n'y ait personne qui les plaigne. S'ils tombent malades, que personne n'aille les visiter ; que leur confession ne soit point entendue ;
qu'on ne prie pas Dieu pour eux ; qu'ils ne reçoivent point la communion ; qu'ils ne soient point ensevelis. Mais puisqu'ignorant la puissance
de Dieu, ils ont voulu se rendre insensibles (se dépouiller de l'humanité), qu'ils partagent avec des chiens la sépulture des chiens, et qu'ils
périssent avec le diable et ses compagnons dans les tourmens de l'enfer.
Qu'ils soient donc damnés ; qu'ils le soient pour le présent et pour toujours ; et à moins qu'ils ne se repentent et ne s'amendent ; que leur
lampe s'éteigne à jamais ! Amen. Que cela soit ainsi ! que cela soit
ainsi ! » — Ibid. formul. 2, p. 455.

« … Que leurs fils deviennent orphelins, et leurs femmes veuves ;
que leurs fils faibles et tremblans soient chassés et réduits à mendier
leur pain ; qu'ils soient eux-mêmes attendris à leurs habitations ; que

l'usurier spécule sur leur subsistance, et que des étrangers jouissent du fruit de leurs travaux. Fais, ô mon Dieu, que tous ceux qui veulent posséder ton sanctuaire comme un héritage, fais qu'ils soient comme une roue ou comme le fétu de paille enlevé par le vent! — Réponse. Amen.

» Poursuis-les dans ta fureur comme le feu qui dévore la forêt et comme la flamme qui brûle les montagnes; et couvre leur face d'ignominie, afin qu'ils rougissent, qu'ils soient confondus et qu'ils périssent! — R. Amen.

» Les malédictions que le Seigneur a lancées sur les fils d'Israël par la bouche de Moïse, qu'elles retombent sur ceux qui pillent et ravagent les terres et les maisons de saint Pierre; qu'ils soient maudits à la ville, qu'ils soient maudits aux champs et en tous lieux! — R. Amen.

» Que leurs celliers soient maudits; que maudit soit le fruit de leurs entrailles et le fruit de leurs terres! — R. Amen.

» Que maudit soit tout ce qui leur appartient, et qu'ils soient maudits eux-mêmes lorsqu'ils sortent de chez eux et lorsqu'ils y rentrent! — R. Amen.

» Que le Seigneur les chasse de sa terre promptement! — R. Amen.

» Que le Seigneur les frappe de faim et de soif, de misère, de froid, de la fièvre, jusqu'à ce qu'ils succombent! — R. Amen.

» Que le Seigneur les livre à leurs ennemis et qu'ils tombent sous les yeux de leurs pères! — R. Amen.

» Que leurs cadavres deviennent la proie des oiseaux du ciel et des animaux de la terre! — R. Amen.

» Que le Seigneur les frappe d'une plaie horrible, et de la gale, de la rogne, de folie et d'aveuglement! — R. Amen.

» Qu'ils marchent à tâtons au milieu du jour, comme l'aveugle marche à tâtons dans les ténèbres! — R. Amen. »

Par le pouvoir conféré à saint Pierre et à ses successeurs, s'ils ne s'amendent, « nous leur fermons le ciel, et leur refusons la terre pour leur servir de sépulture, afin qu'ils soient engloutis dans l'enfer inférieur, et qu'ils soient éternellement punis de leurs crimes! — R. Amen. » — Ibid. formul. 4, p. 437.

» Que Dieu tout-puissant et tous ses saints les maudissent de la malédiction perpétuelle dont ont été frappés le diable et ses anges. Qu'ils soient damnés avec Judas, le traître, et Julien l'apostat. Qu'ils périssent avec Dacien et Néron. Que le Seigneur les juge comme il a jugé Dathan et Abiron, que la terre a engloutis vivans. Qu'ils soient effacés de la terre des vivans, et que leur mémoire s'évanouisse. Qu'ils soient surpris d'une mort honteuse, et qu'ils descendent vivans dans l'enfer. Que leur semence disparaisse de la surface de la terre. Que leurs jours soient peu nombreux et misérables. Qu'ils succombent sous la faim, la soif, le nudité et toute espèce d'angoisses. Qu'ils souffrent la misère, les maladies pestilentielles et tous les tourmens. Que leurs propriétés soient maudites. Qu'aucune bénédiction, aucune prière ne leur soient utiles, mais qu'elles se convertissent en malédictions. Qu'ils soient maudits toujours et partout; qu'ils soient maudits la nuit, le jour et à toute heure; qu'ils soient maudits dormant et veillant; qu'ils soient maudits jeûnant, mangeant et buvant; qu'ils soient maudits parlant et se taisant; qu'ils soient maudits chez eux et hors de chez eux; qu'ils soient maudits aux champs et sur l'eau; qu'ils soient maudits du sommet de la tête jusqu'à la plante des pieds. Que leurs yeux deviennent aveugles, leurs oreilles sourdes, leur bouche muette; que leur langue s'attache à leur gosier; que leurs mains ne palpent plus; que leurs pieds ne marchent plus. Que tous les membres de leur corps soient maudits. Qu'ils soient maudits debout, couchés, assis. Qu'ils soient maudits d'ici à toujours, et que leur lampe s'éteigne devant la face du Seigneur au jugement dernier. Que leur sépulture soit celle des chiens et des ânes. Que les loups rapaces dévorent leurs cadavres. Que le diable et ses anges les accompagnent à jamais! » — Ibid. formul. 6, p. 440.

A la fin du douzième siècle, Eudes de Vaudémont, évêque de Toul, fit publier, au synode général de son diocèse, ses statuts contre les ravisseurs de biens ecclésiastiques. Quoiqu'ils ne soient pas accompagnés des formules de malédiction dont nous venons de donner des exemples, ils rentrent cependant tellement dans le sujet que nous traitons, par les mesures rigoureuses qu'ils prescrivent, que nous en rapporterons les principales dispositions. Il était défendu, sous peine d'anathème, de célébrer la messe dans tout lieu où les ravisseurs de biens ecclésiastiques avaient déposé leurs rapines ou le produit de leurs rapines, et même dans tout lieu où lesdits ravisseurs coucheraient ou par où ils passeraient (il est inutile de rappeler ici quels terribles effets l'anathème et l'interdit avaient aux yeux des peuples de cette époque, et par conséquent la haine qu'inspiraient ceux qui attiraient ces fléaux sur un pays). Était également et *ipso facto* mis sous interdit tout lieu où auraient été mis en vente les objets enlevés, ainsi que celui où le prix de cette vente aurait été dépensé : vendeurs et acheteurs étaient excommuniés jusqu'à entière restitution et satisfaction complète. Les habitans des lieux frappés d'interdit, évidemment innocens du crime qui avait provoqué la sentence, recevaient le viatique à leur mort, mais ne pouvaient être ensevelis en terre sainte qu'après la levée de l'interdit et l'absolution formelle des coupables. Si les seigneurs de ces lieux avaient coopéré à la spoliation ou favorisé le recèlement des objets ravis, tous les autres lieux soumis à leur juridiction étaient atteints par la sentence ecclésiastique. Les magistrats, officiers ou gens de guerre, instrumens des rapines dont il s'agit, étaient excommuniés ; et la sentence étant rendue publique, les prêtres du diocèse étaient dans l'obligation de la promulguer tous les dimanches : aucune levée de l'interdit ni aucune absolution ne pouvaient être prononcées, même après la restitution des choses enlevées, si ce n'est lorsque l'évêque s'était déclaré pleinement satisfait. L'excommunication frappait en outre quiconque accordait le logement, une seule nuit, aux ravisseurs : et à moins qu'on ne prouvât en ce cas qu'on ignorait le vol, on devait dix sols par nuit à l'église pour recevoir l'absolution. Les clercs et les moines coupables de ce chef étaient, de plus, déchus à perpétuité de tout bénéfice et de tout office dans le diocèse. Si l'on enterrait par force un corps dans un cimetière interdit, l'église dont il dépendait était interdite de même jusqu'à ce qu'on eût exhumé le cadavre, qu'il était défendu de déposer jamais en terre sainte : les agens de cet acte de violence et de violation, s'ils mouraient avant d'avoir été absous, étaient également privés à perpétuité de la sépulture ecclésiastique. Les seigneurs qui prenaient en réquisition pour leurs transports, les bœufs, chevaux, ânes, etc., de l'église, étaient excommuniés, ainsi que ceux qui leur vendaient, louaient ou donnaient lesdits animaux de somme ou de trait pour les employer aux travaux mentionnés ; les lieux où étaient déposés les objets portés ou voiturés de cette manière étaient placés sous interdit, jusqu'à réparation aux églises ou aux monastères et satisfaction à l'évêque. Enfin, tout prêtre célébrant pour un seigneur excommunié était excommunié lui-même, et privé à perpétuité de tout office et bénéfice dans le diocèse. — D. Calmet, hist. génér. de Lorraine, l. 22, chap. 29, t. 2, p. 145 et 146; ibid. preuves, ex authent. monast. Belli Prati, p. cccxiv et seq.

Quelque catholique que fût l'auteur de l'histoire de Lorraine, il ne peut s'empêcher d'avouer que, sous une pareille législation religieuse, lorsque les seigneurs ne cherchaient qu'à vexer et à spolier leurs voisins, aussi bien sujets de l'église que vassaux d'autres seigneurs, l'excommunication enveloppait bientôt tout le monde et l'interdit pesait sur tous les lieux. Le peuple qui avait obéi à ses maîtres ou qui seulement n'avait à se reprocher que de vivre sous l'obéissance de ces maîtres, était puni innocent pour les vrais coupables. Ceux-ci méprisaient les censures ou trouvaient moyen de s'y soustraire ; le peuple gémissait sous le mal réel qu'elles lui faisaient et plus encore sous celui que de superstitieuses terreurs y attachaient dans son esprit. L'ignorance, le désordre, la corruption, la misère et la douleur régnaient sans contre-poids sur des malheureux échus en partage par voie d'hérédité ou de conquête à des tyranneaux brutaux et stupides qui, après avoir joui pendant leur vie des biens qu'ils volaient à l'église et à d'autres, achetaient de l'église, pour après leur mort, les éternelles jouissances promises à la justice et à la charité. — Vid. ibid. p. 147.

Du reste, comme nous l'avons déjà fait observer, l'église ne déployait ordinairement ce luxe de sévérité et de terrorisme que contre ceux qui, comme elle s'exprimait, tentaient de réduire *les pauvres serviteurs de Dieu* à une entière misère, et à vivre dans la douleur, la privation des choses de première nécessité et le manque absolu de ce qu'il faut pour couvrir la nudité du corps. Outre l'exagération de ses formules de malédiction ou plutôt d'imprécation, elle eut recours jusqu'environ le quatorzième siècle à des cérémonies propres à inspirer aux dévots l'horreur la plus sainte et la haine la plus efficace contre ceux qu'elle avait l'intention de perdre. Par exemple : les autels étaient dépouillés de leurs ornemens, et frappés de verges et de bâtons; les croix, les reliques et les images des saints, posées par terre sur des orties et couvertes d'épines; les portes de l'église fermées, hors une seule, la plus petite et la moins honorable.

Et qu'on ne s'étonne pas des mauvais traitemens exercés en ces circonstances envers les images et les restes des saints et même envers les images de Dieu. Cette singulière pratique de dévotion était mise en usage lorsque le désir d'obtenir quelque chose était grand, et celui d'être vengé des ravisseurs des biens de l'église l'était toujours plus que tout autre désir quelconque.

Nous voyons une femme à qui l'avocat ou le protecteur d'un couvent de bénédictins avait fait un tort grave, se rendre à l'église de la communauté, monter à l'autel, le découvrir et le battre de verges en criant: « Benoît, vieux paresseux, léthargique, que fais-tu ? Ta dors ? Laisseras-tu long-temps tes serviteurs à la merci de ceux qui les outragent ? » Et, dit l'écrit du temps, saint Benoît exauça l'apostrophe : l'avocat fut miraculeusement puni.

En 1358, il fut formellement défendu de descendre les saints de leurs niches ou des autels pour les exposer d'une manière honteuse, de les fouetter, déchirer, briser ou noyer, pour les provoquer à faire des miracles, les punir de ce qu'ils n'en faisaient plus, ou de ce qu'ils n'avaient pas empêché tel ou tel malheur contre lequel on avait invoqué leur protection, etc., etc. — Ducange, glossar. voce *proclamatio*, t. 5, p. 878; *clamor ad Deum*, t. 2, p. 857. — Dom Carpentier, supplem. voce *altare*, t. 1, p. 173; *reliquiæ*, n. 1, t. 5, p. 563 et 564. — Voyage littér. de deux bénédictins, part. 5, p. 291. — Ed. Martene, de antiq. eccles. ritibus, l. 3, cap. 5, *de clamore pro tribulatione*, t. 5, p. 429 ad 432. — Ex miracul. S. Benedicti, voy. Recueil des histor. de France, t. 11, p. 484 et 488.

No 3. — Meurtre d'André de Hongrie, roi de Naples. — La reine Jeanne et le pape.

André, après avoir épousé Jeanne Ire, reine de Naples, venait d'être assassiné par les amans de sa femme, et, comme le prétendent plusieurs auteurs, sur un ordre de celle-ci. Collenuccio dit qu'André fut étranglé, « di voluntà e commissione della regina. La cagione per molti si dice che fù perchè detto Andreasso, ancorchè fusse molto giovene, non era si bene sufficiente alle opere veneree, come lo sfrenato appetito della regina averia voluto. » Giannone, sur le témoignage de Costanzo, cherche à disculper la reine Jeanne. Au reste, le règne de cette femme, au moins infortunée, si elle ne fut encore coupable, donna occasion à faire les deux vers suivans :

> La vulva regge; ohimè gridan le lingue,
> Il feminil governo il regno estingue.

Vid. Pandolfo Collenuccio, istor. di Napoli, l. 5, f° 136 e 143 vers. — Giannone, stor. civil. del regno, l. 23, cap. ult. t. 3, p. 257.

Aussitôt que la nouvelle du meurtre d'André fut parvenue à la cour d'Avignon, le pape excommunia les coupables, quels qu'ils pussent être, soit qu'ils eussent directement contribué à ce crime, soit qu'ils n'y eussent eu qu'une part indirecte. Il chargea même le comte Novello de prendre les informations les plus minutieuses et les plus exactes dans le royaume de Naples pour s'assurer de la vérité, et de punir d'une manière exemplaire les auteurs de l'attentat ; ce qui eut lieu pendant l'année 1345 et une partie de l'année suivante. Mais ce premier mouvement de justice ne pouvait être de longue durée, de la part d'un pape qui était résolu de servir la France, aux dépens même de son propre honneur, dit Matthieu Villani : il demeurait d'ailleurs dans les états de la reine Jeanne, et, ne pouvant plus long-temps refuser à cette femme ambitieuse et déréglée la récompense de son crime, il ne craignit point de l'absoudre et de lui accorder les dispenses nécessaires pour son mariage avec Louis, prince de Tarente, son cousin germain, son amant et un des meurtriers de son mari. Le cardinal de Périgord, oncle du prince, avait ardemment sollicité près du pape, pour obtenir ces dispenses que toute la catholicité jugea, avec raison, abominables et scandaleuses; il contribua par cette démarche à augmenter les soupçons d'une odieuse complicité dans toute cette affaire, soupçons que l'on avait depuis long-temps conçus contre lui, comme nous l'avons vu plus haut. Le pape, sans se laisser émouvoir par les clameurs publiques, reçut honorablement à Avignon la reine Jeanne et le prince, son époux ; il confirma même formellement leur mariage, et donna par là un nouveau motif au peuple de témoigner son mécontentement. — Giovanni Villani, istor. fiorent. l. 12, cap. 51, 98 e 114, p. 860, 903 e 923. — Matteo Villani, ist. l. 1. cap. 26, t. 3, p. 19, e l. 2, cap. 24, p. 97.

Nº 4. — Mœurs de la cour papale en France.

Pétrarque, dans ses lettres *sine titulo*, nous représente la cour d'Avignon à cette époque sous un aspect bien dégoûtant. Nous disons *à cette époque*, quoique les différens éditeurs des œuvres latines de Pétrarque, et ceux qui ont enrichi de leurs commentaires la vie de ce poète italien, ne nous ont laissé aucune indication sur le temps où ces lettres ont été écrites; mais un passage de la quinzième, où l'auteur avoue que les deux Cléments avignonais avaient fait plus de mal à l'église que les sept premiers Grégoires n'avaient pu lui faire de bien, nous paraît suffire pour appliquer aux prélats de la maison de Clément VI l'énergique peinture que nous soumettons aux réflexions du lecteur.

« On trouve en ces lieux, dit Pétrarque à son ami, en lui parlant d'Avignon, le terrible Nemroth, Sémiramis armée, l'inexorable Minos, Rhadamante, Cerbère, Pasiphaë, amante du taureau, le Minotaure, monument scandaleux des plus infâmes amours, enfin tout ce qu'on peut imaginer de confusion, de ténèbres et d'horreurs. C'est ici la demeure des larves et des lémures, la sentine de tous les vices et de toutes les scélératesses (epist. 7 sine titulo, p. 718). » — « Je ne rapporte que ce que j'ai vu moi-même, dit encore l'auteur que nous venons de citer, et non ce que j'ai entendu raconter par d'autres. Je sais par ma propre expérience qu'il n'y a ici ni piété, ni charité, aucune foi, aucun respect, aucune crainte pour la Divinité, rien de saint, rien de juste, rien d'humain. L'amitié, la pudeur, la décence, la candeur y sont inconnues; la vérité!... trouverait-elle un refuge dans une ville où tout est plein de fictions et de mensonges, l'air, la terre, les maisons, les places publiques, les portiques, les vestibules, les appartemens les plus secrets, les temples, les tribunaux et jusqu'au palais pontifical?..... (epist. 12, p. 723). »

Enfin, la seizième lettre de cette précieuse collection est la plus forte comme elle est aussi la plus intéressante par ses détails, et la plus longue. Nous ne résistons pas à la tentation de la traduire presque tout entière. « On y perd (à la cour d'Avignon: ce sont les expressions de Pétrarque) ce qu'on possède de plus précieux, la liberté d'abord, puis la paix, la joie, l'espérance, la foi, la charité, en un mot tous les biens de l'ame: mais dans le domaine de l'avarice, rien n'est regretté pourvu que l'argent reste. L'espoir d'une vie future est considéré ici comme une illusion vaine, ce qu'on raconte des enfers comme une fable; la résurrection de la chair, la fin du monde, et Jésus-Christ, juge suprême et absolu, sont

nis au rang des inventions puériles. L'amour de la vérité y est taxé de
démence, l'abstinence de rusticité, la pudeur de sottise honteuse; la li-
cence, au contraire, est estimée grandeur d'âme, la prostitution même
à la célébrité. Plus on accumule de vices, plus on mérite de gloire;
une bonne renommée est regardée comme ce qu'il y a de plus méprisable, la réputation comme la dernière des choses..... Ce que je dis
n'est ignoré de personne..... Je passe sous silence la simonie, l'avarice,
la cruauté qui ne respecte aucuns sentimens humains, l'insolence qui se
méconnaît elle même, et les prétentions de la vanité, etc.....

» Je me hâte d'arriver à un point plus odieux à la fois et plus plaisant.
Qui, en effet, ne rirait et ne s'indignerait en même temps, à la vue de
ces enfans décrépits (les cardinaux et les prélats), avec leurs cheveux
blancs et leurs amples toges sous lesquelles ils cachent une impudence
et une lasciveté que rien n'égale?... Des vieillards libidineux poussent
l'oubli de leur âge, de l'état qu'ils ont embrassé, et de leurs forces, jusqu'à ne craindre ni déshonneur ni opprobre : ils consument dans les
festins et dans les débauches les années qu'ils devraient employer à régler leur vie sur celle du Christ. Mais bientôt ces excès sont suivis d'autres
excès encore, et de tout ce qu'offrent de plus condamnable l'impudicité
et le libertinage. Les indignes prélats croient arrêter ainsi le temps qui
fuit devant eux, et ils ne voient d'autre avantage dans la vieillesse, si
ce n'est celui qui rend licite pour eux, et dans leurs idées, ce dont les
jeunes gens eux-mêmes ne seraient pas capables... Satan d'un air satisfait assiste à leurs jeux, il se fait l'arbitre de leurs plaisirs; et, constamment placé entre ces vieillards et les jeunes vierges qui sont les honteux
objets de leurs nauséabondes amours, il s'étonne de ce que ses tenta-
tions sont toujours au dessous de leurs coupables entreprises..... Je ne
dirai rien des viols, des rapts, des incestes, des adultères; ce ne sont
plus là que des badinages pour la lubricité pontificale. Je tairai que les
époux des femmes enlevées sont forcés au silence par un exil rigoureux,
non seulement loin de leurs foyers domestiques, mais encore loin de leur
patrie. Je ne m'appesantirai même pas sur le plus sanglant des outrages,
celui par lequel on force les maris de reprendre leurs épouses prosti-
tuées, surtout lorsqu'elles portent dans leur sein le fruit du crime des
autres, outrage qu'on a bientôt l'occasion de répéter, puisque la femme
doit retourner dans les bras de son premier amant dès qu'elle peut de
nouveau servir à ses infâmes plaisirs; outrage enfin qui ne cesse que
quand cet amant est pleinement rassasié, ennuyé, dégoûté. Le peuple
connaît ces choses aussi bien que je les connais moi-même, et il ne s'en
cache plus : car la douleur a surmonté la crainte, et les menaces du libertinage n'imposent plus à l'indignation.

» J'omettrai, dis-je, tous ces articles, et je passerai à une anecdote qui

excitera en vous le rire plutôt que la colère...: Nous avons, entre autres
fameux personnages, un petit vieillard lascif comme un bouc, ou davantage encore s'il est possible de trouver quelque chose qui surpasse en lasci-
vité et en infection ce puant animal : or, soit qu'il craigne les voleurs,
soit qu'il ait peur des revenans ; ce prélat n'ose jamais coucher seul la
nuit ; et, comme le célibat est à ses yeux ce qu'il y a de plus triste et de
plus misérable, il a soin de contracter tous les jours de nouveaux liens.
Sans cesse époux fortuné, il jouit de plaisirs aussi agréables qu'ils sont
variés, quoique il ait déjà passé la soixante-dixième année de son âge, et
qu'à peine sept dents entières lui soient restées dans la bouche. Plusieurs
pourvoyeurs étaient depuis long-temps occupés, et occupés sans relâche,
à chercher matière à son inconstance ; l'un d'eux surtout, aussi corrompu
que lui, parcourait tous les quartiers de la ville, entrait dans toutes les
maisons, et particulièrement dans celles où une plus grande pauvreté
semblait lui promettre plus de facilité pour l'exécution de ses projets : il
répandait avec adresse, ici de l'argent, là des bijoux, en un autre endroit
les restes du souper de son maître ; selon les circonstances il offrait, ca-
ressait, et savait recourir à propos aux argumens qui font fléchir l'esprit
des femmes; il chantait même parfois pour les attendrir : car il est des
prêtres qui ont renoncé aux hymnes de l'église pour ne consacrer leurs
voix qu'aux chœurs profanes et aux chansons de mauvais lieux. D'ailleurs ses talens sont notoires ; et le peuple le montre au doigt, en disant
qu'il a porté bien des brebis dans la gueule du vieux loup. Je pourrais
vous raconter ici une infinité d'histoires ridicules autant que scandaleuses ; contentez-vous du trait suivant.

« L'entremetteur dont nous venons de parler avait réussi, à force de promesses, à séduire une jeune fille pauvre, ou une élève courtisane,
comme il vous plaira de l'appeler, et l'avait fait consentir à se montrer
complaisante envers un prélat dont le rang élevé, disait-il, et les immenses richesses compensaient amplement ce que l'âge lui avait ôté d'a-
mabilité et de charmes. La nouvelle Psyché se laissa conduire de bonne
grâce dans l'appartement nuptial, où elle devait être honorée des embrassemens d'un époux qui lui était encore inconnu. Aussitôt qu'il apprend son arrivée, le vieillard impatient ne peut plus supporter un
moment de retard : il vole vers sa proie, il l'embrasse ; ses lèvres pen-
dantes la couvrent de baisers; il témoigne par de légères morsures combien est ardent son désir de consommer ce nouveau mariage. Mais la
malheureuse victime, surprise d'une aversion subite à l'approche du fé-
tide septuagénaire et à la vue de sa figure rebutante, s'écria qu'on
l'avait appelée pour le service d'un grand et illustre prélat, et non pas
pour un prêtre décrépit et difforme; qu'elle ne prétendait pas qu'on lui
fît la moindre violence, et que si on le tentait elle saurait bien se dé-

fendre au moyen de ses cris, de ses gémissemens et de ses ongles; qu'en un mot, tant qu'il lui resterait des forces elle ne permettrait aucunement qu'un aussi hideux vieillard abusât d'elle. En prononçant ces mots elle pleurait amèrement, malgré tous les efforts que faisait le prélat pour fermer sa jolie bouche en y appliquant tour à tour une main desséchée ou des lèvres racornies et baveuses. Il cherchait en vain à étouffer les plaintes et à essuyer les pleurs de la jeune personne; ses phrases obscures et entrecoupées (car outre ses autres agrémens, il est tellement bègue qu'on peut à peine comprendre ce qu'il dit) étaient peu capables de rendre le calme à l'ame de la belle affligée. Voyant enfin que toutes ses tentatives étaient inutiles, le bon vieillard se jette dans un cabinet voisin; il saisit le chapeau rouge qui distingue les pères conscrits des autres dignitaires de l'église, et le posant majestueusement sur sa tête chauve et blanchie par les années : « Je suis cardinal, crie-t-il en rentrant, je suis cardinal, ma fille, ne craignez rien. » A ces mots, son amante encore en pleurs, mais déjà consolée, et par ce qu'elle voyait et par l'espoir que cette aventure avait réveillé dans son ame, marcha sans contrainte vers le lit de l'hyménée, accompagnée non par Junon, la déesse du mariage, mais par Tisiphone et Mégère. C'est ainsi que le vétéran des amours, le prêtre de Bacchus et de Vénus impudique, obtint sur sa facile conquête un triomphe pour lequel, sans employer les armes accoutumées, il n'avait eu recours qu'à son ample toge et à son éclatant chapeau. Qu'on applaudisse maintenant, la pièce est terminée ! elle vous aurait plu davantage si vous en aviez connu le principal acteur, et si vous connaissiez les autres prélats, ses collègues, sur lesquels je pourrais vous citer mille anecdotes encore, mais qui ne seraient pas toutes également risibles : ces traits honteux n'inspirent le plus souvent que le dégoût et l'horreur (epist. 16, p. 729 ad 734). »

Il n'est pas nécessaire d'avertir que nous nous sommes vu obligé d'adoucir beaucoup d'expressions que la langue latine permet d'employer, mais qui ne se souffriraient pas dans une traduction française : par exemple, nous n'avons pu rendre littéralement, ni *calidi atque præcipites in Venerem senes*, ni *in libidines inardescunt*, ni *ipse (Sathan) seniles lumbos stimulis incitat*, ni *violatas conjuges et externo semine gravidas*, etc., etc. — Le lecteur qui désirerait de plus amples détails sur cette matière, pourrait consulter, parmi les autres épitres de Pétrarque, celle où il invective contre ce qu'il appelle la rage de l'avarice pontificale (l. 6 familiar. epist. 1 , ad Hannibal. tusculan. p. 655); et celle où, exprimant son désir de voir le saint siége de nouveau établi à Rome, il s'efforce de prouver aux cardinaux que l'Italie produit, aussi bien que la Provence, du bon vin, du gibier et des fruits; que son climat est agréable, et qu'on y peut vivre commodément et sans crainte (l. 7 rer.

senil. epist. ad Urban. V, p. 811). Nous ne parlerons pas des poésies de Pétrarque et surtout des fameux sonnets 15, 16, 17, et 24 de la troisième partie (ils commencent par ces mots : *Dell' empia Babilonia; Fiamma dal ciel; Fontana di dolor*, et *L'avara Babilonia*) : ils sont assez connus, et se trouvent d'ailleurs entre les mains de tous les amateurs des belles-lettres et de la poésie.

CHAPITRÉ V.

Innocent VI. — Excommunication des Ordelaffi, et ses suites. — Croisade. — Défense de
Césène par Cia, femme de François Ordelaffi — État de l'Italie à cette époque. —
Le seigneur de Milan, excommunié parce qu'il était puissant. — Croisade contre lui.
— Il méprise les foudres papales. — L'anarchie et l'ignorance triomphent en Italie. —
Trahisons des *pasteurs* de Grégoire XI. — Les Florentins font révolter toute l'Italie
contre le pape. — Grégoire jure de les exterminer. — Bulle abominable contre eux. —
Ils résistent courageusement. — Conduite atroce des légats pontificaux. — Pillage de
Faënza. — Massacres de Césène. — Sac de Bolséna.

Innocent VI ne fit que suivre les projets de Clément VI, son prédécesseur : il permit le couronnement de l'empereur Charles IV à Rome, comme une
conséquence de la nullité de ce prince, et parce que
le roi de Hongrie, son allié, avait cessé de se mêler
des affaires du royaume de Naples. Du moment que
cette cérémonie n'offrait pas de danger pour la puissance des papes, elle leur devenait évidemment avantageuse, puisqu'en faisant exercer au saint siége un
acte de haute souveraineté dans Rome, elle semblait
rappeler aux peuples, et son autorité sur les chefs de
l'empire, et son pouvoir suprême dans l'ancienne
capitale du monde. Innocent envoya aussi le cardinal
espagnol Egide ou Gilles Albornoz avec des pleins-
pouvoirs pour un temps illimité, comme son légat en
Italie, où la domination temporelle des souverains pontifes était fortement ébranlée ([1]). Le légat commença

[1] Les légats volaient et pillaient de leur mieux; les propriétaires,
pour se soustraire à leurs spoliations, les faisaient assassiner. C'est ce
qui arriva au cardinal Ceccano, légat de Clément VI au royaume de

excommunier les Ordelaffi, seigneurs de Forli,
r les vaincre ensuite plus facilement. Il y avait
g-temps que le comte François, chef de cette fa-
le, vivait dans la disgrâce du saint siége, et qu'il
t encouru les censures ecclésiastiques. On rapporte
, lorsqu'il avait entendu la première fois sonner

s (1350). Menacés de sa visite, c'est-à-dire de la perte de leurs
, de ceux de leurs églises et même des vases et des ornemens pré-
de leurs temples, car rien n'était sacré aux yeux des ministres
ficaux, les habitans d'un bourg empoisonnèrent le vin qui fut
h la table du prince romain. « Or, celui-ci était un des meilleurs
rs de l'église de Dieu (era de' buoni bevitori che avesse in quel
o la chiesa di Dio). » Ceccano mourut, les uns disent d'indigestion,
tres du poison qui lui avait été donné. Ce qui ferait croire à la
ro version, c'est que toutes les personnes de sa suite moururent
d'intervalle les unes des autres. Les barons de la terre où cet
nent avait eu lieu, donnèrent le sac au bagage du cardinal et de
s, riche des dépouilles des peuples. « Le corps du légat fut pu-
dit le naïf chroniqueur, et trouvé gras comme un veau de lait
iorpo de lo legato fu opierto. Grasso era dentro, come fossi vitella
e). » Embaumé et chargé en travers sur un âne comme un ballot,
ransporté à Rome, à l'église de Saint-Pierre, où était la chapelle
amille. « On ne le plaça pas, mais on le jeta dans le caveau, de
re qu'il tomba sur le ventre, et il demeura de cette manière.
donc ce qu'est la vie humaine, ce qu'est la gloire du monde, ce
nt les honneurs ! Ce prélat si élevé en dignité, entouré de tant de
qui ne rêvait qu'argent, honneurs; palais somptueux, sociétés
tes, est là maintenant, seul, etc. Toutes ses richesses n'ont pu
un vil ouvrier à prendre la peine de poser son cadavre pour qu'il
iché, comme la décence le requiert, sur le dos (Là lò jettato.
i allocato. Anco fu jettato sì che cadde immoccuti, e così im-
to remase. Considera dunqua, che ene la vita humana, che ene
ia de lo munno, che ene lo honore. Homo pomposo, aito pre-
he desiderava la moneta, li honori, le granne casamenta, le hono-
s compagnie, jace solo, etc. Nè soie riecheझze vaisero che uno vile
ie faticase a destenere quello cuorpo, secunno debitam figuram,
). » — Vita di Cola di Rienzo, l. 3, cap. 3, apud Muratori, antiq.
d. ævi; dissertat. 36, t. 3, p. 487 et seq.

les cloches qui annonçaient la sentence d'excommunication lancée contre lui, il en avait aussitôt fait sonner d'autres pour excommunier de son côté le pape et les cardinaux, en disant que, pour lui, leurs anathèmes ne l'empêcheraient pas de vivre aussi agréablement qu'il l'avait fait jusqu'alors. Il chassa l'évêque, et força les prêtres, ses sujets, à célébrer les offices de l'église en dépit de l'interdit. François Ordelaffi haïssait le clergé, disent les anciens écrivains, parce qu'il se rappelait les mauvais traitemens qu'il avait eu à souffrir sous le cardinal du Poyet : il déclarait hautement qu'il ne voulait pas dépendre des prêtres. Du reste, il était très honnête homme, et les Forlivais lui étaient sincèrement attachés ; il leur avait fait beaucoup de bien, avait marié leurs filles, doté les orphelines et secouru les pauvres. Le légat espagnol publia la croisade contre lui, avec des indulgences pour tous ceux qui s'enrôleraient sous les drapeaux de l'église.

Cette guerre devint célèbre par la belle défense de la brave Cia, femme de François Ordelaffi, assiégée dans Césène par les troupes papales. Un soulèvement des Césénates l'obligea de se retirer dans le château qu'elle fut enfin forcée de rendre, après les efforts les plus courageux : elle demeura prisonnière du légat, avec ses enfans, la capitulation qu'elle avait signée ne contenant d'autre condition que la liberté de ses soldats. Le comte François se défendit encore pendant deux ans dans Forli : il fit, d'abord, mourir cruellement tous ceux qui lui parlaient de céder à la nécessité ; mais enfin, réduit à sa seule forteresse, et d'ailleurs sans soldats, parce qu'il n'avait pas de quoi les payer, il demanda l'absolution et la paix. Le légat ne manquait au contraire ni d'hommes ni d'argent; car il recrutait sans cesse de nouveaux croisés, et il recevait de grosses sommes au moyen des indulgences qu'on prodiguait à tous ceux qui, par des secours pécuniaires, participaient à la destruction des ennemis de l'église. C'est ainsi, dit à ce sujet Matthieu Villani, que l'avarice des prêtres sut profiter des circonstances, pour dépouiller les riches de leurs grands biens, et pour ôter aux pauvres jusqu'au nécessaire. Bernabos Visconti, devenu seigneur de Milan à la mort de son oncle, fut le seul qui ne permit pas dans ses états ce honteux trafic; mais il souilla, par un trait de cruauté horrible, cet acte de sa vigilante police : il fit rôtir le prêtre que le légat avait envoyé à Milan pour y prêcher la croisade (¹).

Plusieurs provinces de la malheureuse Italie étaient réduites, à cette époque, à n'avoir que le choix de leurs tyrans. Les Romains avaient été surchargés d'impositions exorbitantes par Innocent VI, qui avait beaucoup de peine alors à se défendre dans Avignon contre la grande *compagnie* des troupes mercenaires, commandée par l'archiprêtre de Périgueux : ils se constituèrent en république. Mais incapables de se

---

(¹) Matteo Villani, l. 6, cap. 14 e 28, t. 3, p. 331 e 338; l. 7, cap. 58, 59, 64, 68, etc., p. 403, 406, 409, etc. ; cap. 77, p. 414. — Innocent. pap. VI, constit. 1, *Cum onus*, in bullar. t. 3, part. 2, p. 314. — *Vita di Cola di Rienzo*, l. 3, cap. 7 ad 11, in *scriptor. ital. med. ævi*, t. 3, p. 497 et seq.

soutenir par eux-mêmes, principalement à cause de
la guerre acharnée que leur faisaient les nobles, ils
se donnèrent de nouveau au saint siége (1362), avec
la seule restriction que le cardinal Albornoz ne jouirait
d'aucun pouvoir dans leur ville. L'historien Florentin
que nous avons souvent cité, croit que ce trait de la
part du peuple romain étonnera tous ceux qui connaissent l'ancienne histoire de Rome [1].

La même année mourut Innocent VI, dont Pierre
Azarius ne nous a pas laissé un portrait très avantageux [2], et Urbain V lui succéda. Allié des princes et
seigneurs lombards contre la puissance redoutable de
Bernabos Visconti qui menaçait leur indépendance
politique, le nouveau pontife eut recours aux armes
ordinaires de l'église : il déclara le seigneur de Milan
excommunié, hérétique et schismatique, parce qu'il
se croyait un dieu sur la terre [3], et il comprit dans
son terrible décret, dit Matthieu Villani, les sujets de
Bernabos, s'ils lui demeuraient fidèles, ses soldats et
jusqu'à ses descendans encore à naître, parce que d'un
sang hétérodoxe [4]. On organisa une croisade nom-

<hr>

[1] Matteo Villani, l. 8, cap. 13, e l. 11, cap. 25, t. 3, p. 437 e 443.

[2] Petr. Azar. chron. cap. 12, t. 16, rer. ital. p. 370.

[3] Innocent dépouilla Visconti de ses honneurs civils et militaires, de
ses biens, de ses titres, de ses droits et de ses prérogatives ; il délia ses
sujets du serment de fidélité, annula son mariage et ordonna à sa
femme de se séparer de lui : en un mot, il le soumit à toutes les peines
contenues dans les sentences promulguées jusqu'à ce jour contre les
hérétiques, ainsi que ses fauteurs, ses adhérens et ses conseillers, qui
tous également devaient être, aussi bien que lui, considérés comme
hérétiques et schismatiques, et punis comme tels.

[4] Cela est clairement défendu dans le droit canon, où, on ne sau-

breuse contre l'ambitieux Visconti (¹); les indulgences
de coulpe et de peines, pour quiconque se confesserait,
communierait et irait porter la guerre dans les provinces milanaises, furent promises et distribuées pendant une année entière, au bout de laquelle le rusé
Bernabos sut forcer Urbain V à demander honteusement la paix, et à l'acheter même au prix de cinq
cent mille florins d'or. Le pape ne l'observa pas néanmoins, dit Corio, parce qu'il était prêtre, et que,
comme tel, il faisait, non ce qu'il avait promis, mais
ce qu'il croyait de son intérêt de faire (²).

Au reste, ce n'était pas la première excommunication lancée contre Bernabos; ce ne fut pas non plus
la dernière. Il reçut toujours ces sentences pontificales
avec le plus grand mépris. Les historiens rapportent
même qu'après avoir un jour honorablement accueilli

rait trop le répéter, on trouve les décisions les plus contradictoires.
Puisque, dans le nombre, il y en a aussi de raisonnables, c'était aux
papes à s'en étayer pour commettre le moins possible d'injustices. Après
avoir rapporté le passage de saint Augustin, qui défend d'anathématiser
un fils pour les péchés de son père, Gratien ajoute : « Il résulte évidemment de cette autorité qu'il n'est pas permis d'excommunier quelqu'un
pour les péchés d'un autre ; et ils sont dépourvus de tout motif raisonnable, ceux qui, pour le péché d'un seul, portent une sentence d'excommunication contre toute une famille. Car l'excommunication injuste ne nuit pas à celui qu'elle semble frapper, mais bien à celui qui
l'a prononcée. » — Decret. part. 2, caus. 24, quæst. 3, cap. 1, p. 338
et 339.

(¹) Voyez les notes supplémentaires, à la fin du chapitre, n° 1.

(²) Matteo Villani, l. 11, cap. 31 e 41, p. 117 e 122. — Filippo
Villani, l. 11, cap. 64, p. 136. — Bernard. Corio, istorie milanesi,
part. 3, fº 237. — Vit. Urbani V, part. 2, t. 3, rer. ital. p. 630. — Raynald. ad ann. 1363, n. 2, t. 26, p. 78.

le cardinal de Beaufort (qui fut depuis Grégoire XI)
et l'abbé de Farfa, qui étaient venus lui signifier une
de ces foudroyantes condamnations, il s'arrêta tout
d'un coup avec eux au milieu d'un pont, en les re-
conduisant à leur logement, et il leur demanda ce
qu'ils aimaient mieux en ce moment, manger ou
boire. Dès qu'ils eurent répondu en tremblant qu'ils
aimaient mieux manger, il leur fit mâcher et avaler,
en sa présence, le parchemin sur lequel la bulle du
pape était tracée, le cordon de soie auquel pendait le
sceau de plomb, et ce sceau lui-même (¹).

. Plus les papes demeuraient en Provence, plus on
ressentait en Italie les maux occasionnés surtout par
l'anarchie et l'ignorance (²) qu'y perpétuait une absence aussi longue. Or, tout semblait annoncer que
cette absence serait éternelle. Clément VI avait acheté
l'état d'Avignon de la reine Jeanne, pour trente mille
florins d'or; Urbain VI déclara hautement, au moment
de son élection, qu'il désirait voir mourir subitement
le premier pape qui aurait l'intention de reporter le
siège pontifical à Rome. Forcé par les circonstances,
ce pontife s'était, à la vérité, embarqué pour l'I-

_____

(¹) Andr. Gataro, istor. padovana, t. 17 rer. ital. p. 160.

(²) Nous ne rapporterons qu'un seul fait : il servira à faire apprécier
à leur juste valeur les louanges qu'on est dans l'habitude de donner
aux moines, pour avoir conservé les sciences et les lettres. Que de richesses littéraires se sont perdues à jamais dans l'abîme de l'oubli,
parce que les hommes se sont avisés trois siècles trop tard, d'aller arracher d'une main hardie ce précieux dépôt aux eunuques infidèles qui
l'avaient sous leur garde !.. Voyez la deuxième note supplémentaire à
la fin du chapitre.

talie('); mais, pas plus que les cardinaux qui l'entouraient, il n'avait pu se priver au-delà de trois ans des délices de la France, et il était retourné mourir à Avignon, en 1370 ('). Grégoire XI, son successeur, se ligua, comme lui, avec les alliés lombards, et, comme lui, il excommunia les frères Bernabos et Galéaz Visconti ('). Mais il serait inutile d'arrêter nos regards sur les guerres de la Lombardie, où les légats, lieutenans du pape, ne jouaient qu'un rôle secondaire; il est temps de parler des massacres qu'ils préparèrent dans les états pontificaux, et qu'ils ne cessèrent d'animer par leur présence. La trève conclue avec le seigneur de Milan avait tari une des principales sources de leur revenu; leur insatiable cupidité leur fit bientôt trouver l'occasion de rallumer le feu de la discorde.

L'an 1375, en pleine paix, le cardinal Guillaume, légat à Bologne, voulut enlever par trahison aux Florentins la terre de Prato. La république de Florence, irritée de cette infraction manifeste au droit des gens, jura de se venger. Elle en avait tous les moyens : les pasteurs (c'était ainsi qu'on appelait les envoyés de Grégoire XI en Italie) avaient aliéné tous les cœurs par leurs exactions, leur avarice, leurs perfidies et leur cruauté ('). Au cri de liberté que les Flo-

---

(') Urbain V fit son entrée à Rome comme un tyran, dit Corio, entouré de soldats et accompagné des malédictions du peuple. — Vid. istorie milanesi, part. 3, f° 241 vers.

(') Matteo Villani, l. 1, cap. 18, e l. 11, cap. 26, t. 3, p. 14, e 144.

(') Raynald. ad ann. 1373, n. 10 ad 12, t. 26, p. 235.

(') Voici un trait de la conduite des *pasteurs*: c'est celui de l'abbé

rentins firent entendre, toutes les villes des états de l'église se révoltèrent. On se ligua de toute part contre l'iniquité des clercs, disent les chroniques du temps; en peu de mois, plus de soixante villes se rangèrent sous l'étendard de l'indépendance, qui venait d'être déployé par les Toscans, et il ne resta plus, ni dans la Marche, ni dans le duché de Rome, ni dans le patrimoine de saint Pierre, aucune terre qui voulût obéir à l'église. Les uns adoptèrent le régime républicain; les autres élurent un seigneur particulier pour les gouverner: le saint siége perdit à la fois tous ses droits, et on massacra les étrangers qui voulaient les soutenir. « Tout cela fut clairement l'effet de la justice du Seigneur, dit l'historien de Sienne, à cause des

qui gouvernait Pérouse. Son neveu entrait de force chez toutes les femmes qui lui plaisaient, pour les violer, ou il les faisait arracher de chez elles par ses satellites; et, quand les citoyens osaient se plaindre de ces excès, leur gouverneur ecclésiastique répondait, sans se troubler, que les Italiens avaient eu tort de croire que la nation française fût composée d'eunuques. Un jour, il condamna gravement son neveu qui avait enlevé une femme à son mari, à la rendre au demandeur, dans l'espace de cinquante jours, sous peine de la vie. — Vid. Gazat. chron. ad ann. 1375, t. 15 rer. ital. p. 95.

Il n'y avait que bien peu d'années cependant qu'avait été tenu le concile de Naples, province de Samarie, qui condamne tout adultère à être châtré et sa complice à avoir le nez coupé, à moins que son mari ne consente à la reprendre. Or, ne perdons jamais ce principe de vue: l'église est une; ce qu'elle décide en un lieu, comme ce qu'elle a décidé en un temps quelconque, elle est censée le vouloir partout, l'avoir toujours voulu, et elle le voudra toujours. Le concile samaritain, que nous venons de citer, célébré en 1545 par Garmond, patriarche latin de Jérusalem, l'archevêque de Césarée, les évêques de Nazareth, Bethléem, Rama, etc., en présence de Baudouin, deuxième roi de la ville sainte, outre la disposition dont nous avons parlé, contient encore les suivantes, trop remarquables pour être laissées dans l'oubli:

énormes péchés et de la conduite inique et scélérate
des pasteurs, des prélats et des clercs de la sainte
église de Dieu. » On ne voulut plus de prêtres, si ce
n'est pour le spirituel seulement, ajoute la chronique
de Plaisance, qui ne manque pas de trouver cette nouvelle disposition des choses très juste et très conve-
nante (¹).

Rien n'égale la colère du souverain pontife, à la
nouvelle des pertes que le saint siège ne cessait de
faire; il ne s'occupa plus que de projets de vengeance
contre ceux qui en étaient les auteurs. Malheureusement pour lui, l'église avait plusieurs fois épuisé ses
foudres dans des occasions moins importantes, et il
ne lui restait, dans cette situation critique, qu'à suivre

Chap. 5. Les coupables mutilés comme nous avons dit plus haut,
étaient en outre bannis.

Ch. 7. Même punition pour les entremetteurs et entremetteuses.

Ch. 8. Les sodomites, tant patiens qu'agens, brûlés.

Ch. 12. Le chrétien qui couche avec une Sarrasine subira l'amputa-
tion de la partie coupable; on coupera le nez à sa complice (si quis cum
consentiente sibi Saracena concubuisse probatus fuerit, ementuletur;
illa vero naso truncetur).

Ch. 13. Si quelqu'un viole sa propre esclave, elle sera confisquée; il
sera châtré (ipsa quidem infiscabitur, ipse vero extestificabitur).

Ch. 14. Même peine pour le coupable, si c'est l'esclave d'un autre.

Ch. 15. La femme chrétienne couchant volontairement avec un Sarrasin aura le nez coupé (enasetur); son complice sera châtré (eviretur).
Tous deux seront bannis.

Ch. 16. Le Sarrasin et la Sarrasine qui s'habilleront à la manière des
Francs seront esclaves de l'état (infiscentur).

Vid. Christian. Lupum, varior. patr. epistol. ad concil. ephesin.
cap. 228, p. 484 ad 486.

(¹) Cronica di Bologna, t. 18 rer. ital. p. 496. — Gazata, chron. regiens. ad ann. 1375, ib. p. 85. — Chron. placentin. ad ann. t. 16, ibid.
p. 520. — Cronica sanese, t. 15, ibid p. 247.

servilement les traces de ses prédécesseurs. Grégoire XI jura de détruire Florence et d'en exterminer
les habitans : il les excommunia et mit l'interdit sur
leur ville, pour plusieurs raisons qu'il énuméra dans
sa bulle. « L'horrible bruit de la fureur cruelle et des
scélératesses infinies, exercées par les impies Florentins, fils de la perdition, contre Dieu, leur créateur,
et contre la sainte église romaine, a rempli l'univers, »
dit-il. Ces crimes étaient : d'avoir soumis les inquisiteurs de la foi à certaines lois portées par le gouvernement civil ; d'avoir fixé le nombre des *familiers* de
l'inquisition, à qui il serait permis de marcher armés
dans la ville ; d'avoir laissé impunis quelques excès
commis par la populace contre le grand inquisiteur ;
d'avoir ordonné que les lettres papales pour la collation des bénéfices fussent soumises à l'approbation
des prieurs du gouvernement ; d'avoir mis hors la loi
les clercs accusés qui réclamaient leurs priviléges ecclésiastiques ; enfin, d'avoir excité et protégé la rebellion des états de l'église. En conséquence, le pape décréta que les ames des Florentins appartiendraient au
démon ; que leurs biens immeubles, en quelque lieu
qu'ils se trouvassent situés, seraient saisis et confisqués ; qu'eux-mêmes seraient personnellement faits esclaves ou vendus comme tels par les chrétiens qui
parviendraient à les priver de la liberté ; et qu'il était
permis à chacun de les maltraiter et de les tuer,
comme s'ils étaient des infidèles, sans le moindre re-
mords de conscience (¹). Leurs biens meubles devaient

_____

(¹) Les historiens du temps sont contredits sur ce point par la bulle

appartenir de droit au premier occupant ; tout commerce leur était interdit ; ils étaient déclarés infâmes ; ils ne pouvaient ni tester, ni hériter ; il était défendu à la loi de les protéger contre ceux qui chercheraient à leur nuire ; leur postérité serait, comme ils étaient eux-mêmes, incapable de remplir aucun emploi civil ou religieux ; et tous les souverains de la chrétienté étaient appelés à combattre la république de Florence ([1]). On exécuta scrupuleusement, au royaume de Naples et dans plusieurs provinces de France et d'Angleterre, une partie de ces inqualifiables ordres du saint siége, ceux surtout qui regardaient la saisie et la confiscation des biens, et l'esclavage des personnes : Venise, Pise et Gênes, au contraire, furent interdites, parce qu'elles n'avaient pas suivi un exemple aussi inhumain. On ne rencontrait en Italie que malheureux Florentins qui fuyaient, de toutes parts, la cruauté du pape et la lâche soumission des princes qui n'avaient pas le courage éclairé de lui désobéir ([2]).

d'excommunication telle que nous l'avons aujourd'hui : elle défend de mutiler les Florentins ou de les mettre à mort.

([1]) Gazata, chron. regiens. ad ann. 1376, t. 18 rer. Ital. p. 87.—Annal. mediolan. cap. 139, t. 16, ibid. p. 763.—Sozomen. pistor. specimen histor. ad ann. ibid., p. 1096. — Poggii Bracciolini hist. l. 2, p. 63. — Raynald. ad ann. n. 1 ad 6, t. 26, p. 278.—Ghirardacci, della istor. di Bologna, part. 2, l. 25, p. 349. — Leonard. Aretin. delle hist. fiorent. l. 8, f. 167 et seq.—Marchionne di Coppo Stefani, istor. fiorent. l. 9, rubr. 754, frà le delizie degl' eruditi toscani, t. 14, p. 144. — Scipione Ammirato, istor. fiorent. l. 15, part. 2, t. 1, p. 697 e seg.

([2]) «Signor mio, Giesù Cristo, s'écria devant un crucifix, en présence du pape, Donato Barbadori, un des ambassadeurs florentins, après avoir entendu prononcer cette inique sentence : signor mio, Giesù Cristo,

Cependant les intrépides chefs de la république ne perdirent point courage : on créa une magistrature extraordinaire et spéciale, uniquement chargée de la guerre contre le pape, et les huit membres qui la composaient furent bientôt, à cause de leur emploi, appelés les *huit saints*. A Florence et à Pise, on força les prêtres à n'avoir aucun égard aux censures pontificales, parce qu'elles étaient prononcées par des hommes sans conscience, et à célébrer les offices divins comme auparavant, sous peine des plus fortes amendes, puisqu'il ne s'agissait aucunement, en cette circonstance, des intérêts de la religion, mais seulement de la méchanceté et de la rapacité des pasteurs de l'église. Le pape eut beau redoubler ses excommunications : ni ses menaces, ni les offres de la paix, mais d'une paix honteuse, qu'il fit faire aux Florentins, ne purent ébranler leur constance. Ce ne fut qu'en 1376, lorsqu'ils reconnurent, par une ambassade solennelle, le pape Urbain VI, successeur de Grégoire, que les haines réciproques furent enfin étouffées, à des conditions honorables pour les deux partis (¹).

Nous croyons avoir suffisamment prouvé que le fléau de la guerre avait été apporté aux Italiens par les légats pontificaux; il nous reste à dire comment les prêtres

dalla sentenza data presenzialmente dal tuo vicario come superiore, io me ne appello al giorno tremendo, che tu dei venire a giudicare il mondo, come da ingiustamente pronunziata.

(¹) Cronica sanese, anno 1377, t. 15 rer. ital. p. 255. — L'Ammirato, istor. di Firenze; l. 13, part. 2, t. 1, p. 709. — Poggii Bracciolini, histor. l. 2, p. 73 et seq. — Leonard. Aretin. loco cit. f. 172 verso.

surent rendre le massacre général. Bologne avait suivi
le torrent, et, soutenue par les Florentins, elle avait
chassé les agens du pape. Le cardinal Guillaume de
Saint-Ange, dont nous avons eu déjà occasion de parler, outré de l'affront qui lui avait été fait, prit à sa
solde la compagnie stipendiée des Anglais, et ne mit
plus de bornes à sa fureur. Qu'on nous permette de
rapporter ici littéralement les expressions de la chronique bolonaise : « Ce monseigneur le cardinal, dit-
elle, qui était un vrai diable d'enfer; attendait tous
les soirs avec impatience, comme un homme maudit
qu'il était, le rapport détaillé des maux horribles
dont le chef des Bretons nous accablait journellement.
Celui-ci présentait son épée toute ensanglantée au
cardinal, en lui disant : aujourd'hui j'en ai tué tant;
Plus il disait, plus Guillaume se réjouissait; il absol-
vait alors son capitaine, et bénissait les armes qu'il
portait sur lui, comme si nous eussions été des rené-
gats. » Aussi les Bolonais refusèrent-ils opiniâtrément
de se rendre à des gens dont ils avaient depuis si long-
temps ; disaient-ils ; éprouvé l'insolence, l'avarice,
l'arrogance et l'orgueil : le cardinal indigné leur fit
déclarer qu'il ne se retirerait point avant d'avoir lavé
ses mains et ses pieds dans leur sang; paroles, remarque Poggio Bracciolini (le Pogge), qui eussent
paru exécrables, même dans la bouche de Phala-
ris (¹).

Ce n'est pas tout : on aurait eu peine à décider, à

(¹) Cronica di Bologna, t. 18 rer. ital. p. 505. — Pogg. Bracciolini,
l. 2, histor. p. 66.

cette époque, s'il était plus avantageux aux peuples
d'être dans le parti de l'église ou de lui faire la guerre.
L'évêque d'Ostie, qui gouvernait Faenza, ville alors
fidèle au saint siège, avait appelé près de lui, de peur
d'une révolte, le fameux et cruel Hakwood, que les
Italiens nomment Acuto, avec les troupes anglaises.
Les stipendiaires, admis comme amis et alliés du siège
apostolique, demandèrent à hauts cris la paie qui leur
avait été promise de la part du pape; mais l'évêque
n'avait pas de quoi satisfaire à leurs désirs. Il prit le
parti d'abandonner Faenza au général anglais, qui en
chassa tous les habitans, au nombre de onze mille.
Trois cents des principaux citoyens furent retenus en
otages, afin d'en tirer une grosse rançon. Les femmes
furent également réservées, mais pour servir à la brutalité des officiers et des soldats; environ trois cents
individus, et principalement des enfans, périrent dans
le désordre, et la ville entière fut livrée au pillage (¹).

Mais ceci n'était rien en comparaison des massacres
de Césène, qui eurent lieu deux ans après. Cette ville
était aussi du petit nombre de celles qui avaient embrassé le parti de l'église, et elle avait reçu dans ses
murs les troupes anglaises, commandées par le sanguinaire Robert, cardinal de Genève (depuis Clément VII), pour nous servir ici de l'épithète que lui
donne Muratori dans ses annales. « Plût au ciel, s'é-
crient les historiens du temps, que ce chef des per-

---

(1) Gazata, chron. regiens. ad ann.1376, t. 18 rer. ital. p. 86. — Cronica di Bologna, ibid. p. 501. — Hieronym. Rubeus, hist. ravennat. l. 6,
ad ann. apud Grævium, thesaur. antiq. ital. t. 7, part. 1, p. 594.

fides Bretons ne fût jamais venu en Italie! » Pendant
qu'il séjournait à Césène, il s'éleva une dispute entre
des gens de la classe inférieure du peuple et les soldats
anglais : les Césénates, poussés à bout par les cruelles
exactions et les avanies qu'ils avaient journellement à
souffrir de la part des troupes mercenaires, prirent les
armes, et trois cents Anglais furent tués dans cette
émeute. Robert de Genève, indigné d'une défaite où
il lui paraissait d'avoir été personnellement vaincu,
appela à son secours Hakwood, qui était demeuré à
Faenza avec ses soldats, après le sac de cette ville : il
lui promit, ainsi qu'à ses troupes, des indulgences plénières et le pillage de Césène, s'il en passait incontinent tous les habitans au fil de l'épée. Le capitaine
anglais répondit qu'il réduirait en peu de temps les
Césénates à l'obéissance du saint siége ; mais ce n'é-
tait point là l'intention du cardinal. « C'est du sang
qu'il me faut, » s'écria Robert ; et Hakwood eut beau
chercher à lui faire considérer les suites terribles
qu'allait entraîner cet ordre barbare, le cardinal demanda encore du sang, et il finit par couper court à
toute réplique, en ajoutant : Je le veux. Dès lors, le
carnage commença. Plus de cinq mille personnes
(Théodoric de Niem dit huit mille), hommes, femmes,
vieillards, infirmes, furent égorgées sans pitié. Les
petits enfans étaient écrasés contre la pierre, les
femmes enceintes éventrées, et leurs fruits jetés au
feu : tous les puits de la ville étaient comblés de cadavres. Le cardinal de Genève assistait à cette scène
affreuse ; il ne cessait de crier aux soldats : « Tuez-les

tous, tous !... ». Césène fut entièrement saccagée, les
églises et les monastères pillés, les religieuses violées.
Mille femmes, parmi lesquelles on avait choisi les plus
belles pour servir aux plaisirs des Anglais, furent en-
voyées à Rimini, et huit mille Césénates réduits au
plus extrême désespoir, allèrent, loin de leur patrie,
tremper de larmes le pain que la compassion accordait à leur malheur. « Néron, dit avec justice la chronique de Bologne en cet endroit ([1]), Néron ne com-
mit jamais de pareilles horreurs, et le peuple douta
un moment s'il ne devait pas abjurer la religion du
pape et des cardinaux, par la seule raison qu'elle
était professée par de tels monstres ([2]). »

Nous nous arrêtons : c'est assez parler de sang et de
carnage. Il serait inutile, après la tuerie de Césène,
de rapporter encore le sac de Bolséna, où les frères
mineurs, accoutumés de longue main aux trahisons,
comme le dit la chronique d'Est, introduisirent les

([1]) « C'étaient là des choses à faire renier la foi, dit cette chronique
(Perchè queste erano cose da far uscire di fede). »

([2]) Matthæus de Griffonibus, memor. historic. ad ann. 1377, t. 18 rer.
ital. p. 189. — Chron. estens. ad ann. 15, ibid. p. 508. — Cronica ri-
minese, ibid. p. 917. — Cronica di Siena, ibid. p. 252. — Cronica di Bologna, t. 18, ibid. p. 510. — Muratori, annali d'Italia, t. 8, part. 2,
p. 301. — Poggii Bracciolini hist. l. 2, p. 67. — Theodoric. de Niem,
hist. schismat. papist. l. 2, cap. 2, f. 34. — Leonard. Aretin. dell' istor.
fiorentin l. 8, f. 171.

Hakwood est enterré au *Duomo* (Santa-Maria-del-Fiore ou Santa-
Reparata) à Florence. Son monument est surmonté d'une statue équestre
qui le représente avec cette inscription :

JOANNES. ACUTUS. EQUES. BRITANNICUS. DUX. ÆTATIS. S
UÆ. CAUTISSIMUS. ET. REI. MILITARIS. PERITISSIMUS. HABITUS. EST
PAULI. UCCELLI. OPUS

Bretons appelés alors *les gens de l'église;* cinq cents individus périrent en cette circonstance (¹).

Toute réflexion est superflue.... Nous terminerons en répétant d'après l'historien de Ravenne, que le pape comprit enfin de combien de maux son éloignement de l'Italie était cause, et qu'il résolut de fixer de nouveau à Rome le siége de la cour pontificale, qui en était éloigné depuis soixante-dix ans.

(¹) Chron. estens ad ann. 1377, t. 15 rer. ital. p. 504.—Cronica sanese, ibid. p. 256.— Rubeus, hist. ravennat. loco cit.

NOTES SUPPLÉMENTAIRES.

No 1. — Les Visconti, tyrans atroces, ne sont anathématisés que pour hérésie.

Despotes, les Visconti, par la force des choses, furent bientôt aussi des tyrans : ils étaient soupçonneux, sévères et cruels. Luchino nourrissait de grands dogues qui lui servaient de gardes, et il leur donnait à dévorer les malheureux qui ne les avaient pas traités avec les égards qu'il croyait dus aux chiens d'un seigneur de Milan : c'est ce qui arriva à un jeune Allemand qui était venu lui présenter des cerises. Bernabos, neveu de Luchino, ne lui cédait en rien, sous ce rapport. Galéaz, frère de Bernabos, avait inventé, pour les traîtres, des supplices qui font horreur. Les tourmens duraient pendant quarante jours consécutifs, et on avait la barbare précaution de laisser au patient un jour de repos, après chaque exécution partielle. Le condamné devait d'abord boire de la chaux délayée dans de l'eau et du vinaigre ; ensuite on lui arrachait la peau de la plante des pieds, et on le faisait marcher sur des pois secs. On lui coupait une main ; puis, après l'intervalle d'un jour, l'autre main ; puis un pied, puis l'autre : on lui crevait les yeux ; on lui coupait le nez ; on le mutilait de la manière la plus atroce et à différentes reprises, etc., etc. Enfin, le quarantième jour, on terminait ses maux avec sa vie ; et, après l'avoir tenaillé, on l'étendait sur la roue (Vid. Vit. di Cola di Rienzo, l. 1, cap. 9, in antiq. ital. t. 3, p. 305. —Matteo Villani, l. 7, cap. 48, t. 3, p. 398. — Petr. Azarius, in chron. cap. 14, t. 16 rer. ital. p. 410).

Cependant, ce ne sont point là les crimes que le pape a reprochés aux Visconti, dans ses lettres d'excommunication. Nous avons vu Luchino, d'abord persécuté, puis protégé par le saint siège, sans qu'il en fût devenu ni plus humain ni meilleur ; et les infâmes Bernabos et Galéaz ont été anathématisés pour hérésie !.... C'est au duc Jean-Galéaz Visconti, fils de ce dernier, que Boniface IX accorda, pour le prince et ses sujets, des indulgences plénières qu'ils pouvaient mériter sans confesser leurs péchés et sans en être contrits. Nous en parlons dans une note sur ce pape, part. 2, liv. 4, sect. 2 de cette Époque, ch. 3, tome 6.

No 2. — Grossière ignorance des moines au XIVe siècle.

Benvenuto d'Imola, le père des commentateurs du Dante, et qui vivait dans la seconde moitié du quatorzième siècle, nous a conservé l'anecdote que nous allons rapporter, et qu'il dit tenir du fameux Boccace, son maître : nous copierons avant tout le latin naïf de l'écrivain.

Dicebat enim (Boccaccius de Certaldo), quod dum esset in Apulia, captus fama loci, accessit ad nobile monasterium Montis Cassini...., et avidus videndi librariam, quam audiverat illic esse nobilissimam, petivit ab uno monacho humiliter, velut ille qui suavissimus erat, quod voleret ex gratia sibi aperire bibliothecam. At ille rigide respondit, ostendens sibi altam scalam : Ascende, quia aperta est. Ille lætus ascendens, invenit locum tanti thesauri sine ostia vel clavi ; ingressusque, vidit herbam natam per fenestras, et libros omnes cum bancis coopertis pulvere alto. Et mirabundus cœpit aperire, et volvere nunc istum librum nunc illum, invenitque ibi multa et varia volumina antiquorum et peregrinorum librorum. Ex quorum aliquibus erant detracti aliqui quinterni, ex aliis recisi margines chartarum, et sic multipliciter deformati. Tandem miratus labores et studia tot inclitorum ingeniorum devenisse ad manus perditissimorum hominum, dolens et illacrymans recessit. Et occurrens in claustro, petivit a monacho obvio, quare libri illi pretiosissimi essent ita turpiter detruncati. Qui respondit, quod aliqui monachi volentes lucrari duos vel quinque solidos, radebant unum quaternum, et faciebant psalteriolos, quos vendebant pueris ; et ita de marginibus faciebant brevia, quæ vendebant mulieribus. Nunc ergo, ô vir studiose, frange tibi caput pro faciendo libros. — Vid. Antiq. ital. med. ævi, t. 1, p. 1296. — « Boccace disait que, se trouvant en Pouille, le désir de visiter un lieu célèbre le fit aller au fameux monastère du Mont-Cassin. Curieux de voir la bibliothèque qu'il avait entendu citer comme une des plus belles qu'il y eût, il s'adressa humblement à un moine, avec toute la douceur qui lui était naturelle, et lui demanda d'avoir la bonté d'ouvrir la salle où étaient les livres. Le moine répondit durement, en lui montrant un long escalier : Montez, elle est ouverte. Boccace tout joyeux, monta aussitôt, et trouva le lieu destiné à renfermer un si grand trésor sans porte et sans clé. Y étant entré, il vit l'herbe qui croissait par les fenêtres, et, tant les livres que les bancs, couverts d'une épaisse poussière. Rempli d'étonnement, il commença à ouvrir et à feuilleter les livres, l'un après l'autre, et il y trouva un grand nombre de divers volumes d'ouvrages anciens et étrangers. Des cahiers entiers avaient été enlevés des uns, les marges avaient été coupées des autres ; la plupart étaient gâtés de différentes manières. Enfin, indigné de voir que le produit des études et des travaux de tant d'illustres génies fût tombé entre les mains d'hommes les plus ignorans et les plus corrompus, il se retira, accablé de douleur et les larmes aux yeux. Il demanda à un des moines qu'il rencontra dans le cloître, pourquoi des livres aussi précieux avaient été si honteusement lacérés. Le moine répondit que quelques religieux, pour gagner deux ou cinq sols, ratissaient un cahier (de parchemin), et en faisaient de petits psautiers qu'ils vendaient aux enfans; il en était de même des marges, sur lesquelles ils écrivaient des oraisons qu'ils vendaient aux femmes. Hé bien! ô hommes d'étude, cassez-vous la tête et faites des livres! »

Souvent l'on ratissait ainsi un manuscrit entier et peut-être unique d'un ouvrage ancien, pour éviter la dépense qu'aurait entraînée l'achat de parchemin neuf, et on y faisait copier quelque traité d'un père de l'église. C'est à ces monumens de la barbarie des moines, que le chanoine Mai espère arracher des richesses long-temps enfouies.

FIN DU SIXIÈME LIVRE ET DU TOME QUATRIÈME.

TABLE.

ERRATA.

—

Page 10, ligne 13 : modifiaient, *lises* modifiait.
Ibid.   ligne 14 : modifiait, *lises* modifiaient.
Page 66, ligne 2 : per orbitum, *lises* per obitum.
Page 224, ligne 7 : que avait mis Grégoire, *lises* que Grégoire avait mis.

Lightning Source UK Ltd.
Milton Keynes UK
UKHW012236110219
337137UK00006B/1088/P